KB060423

민사기록의 이해

박광서 · 송백현 · 최종원

박영사

머리말

　"그의 가슴에 비수를 꽂았다." 이 문장을 소설 속에서 만났다면 흥미롭게 긴장감을 즐길 수도 있겠다. 그러나 이 문장을 수사기록에서 만났다면 이야기가 달라진다. 무슨 글이든 문맥이 중요하다. 같은 맥락에서, 독자가 누구인지 생각하지 않고 글을 쓴다는 것은 무모한 행동이다. 법률가의 글쓰기도 마찬가지다. 내가 작성하고자 하는 법률문서가 어떠한 문맥 속에 자리하는지, 그 문서의 독자가 누구인지, 그 문서가 어떤 기능을 하는지를 고려하지 않을 경우 그 문서는 내가 얻고자 하는 목표를 이루는 데 별 도움이 되지 못한다.

　필자들은 2017년 2월부터 2020년 2월까지 사법연수원과 법학전문대학원에서 민사재판실무를 비롯한 실무과목들을 가르쳐 보는 행운을 누렸다. 강의현장에서 특히 민사재판실무 강좌에서 느낀 안타까운 점은, 학생들이 배우고자 하는 법률문서, 이를테면 소장, 답변서, 준비서면과 검토보고서가 어떠한 문맥 속에 위치하는지, 그 독자가 누구인지, 그 문서가 어떤 기능을 하는지에 대한 인식이 명료하지 않을 뿐만 아니라 그 문서의 작성원리에 관하여 배울 수 있는 기회가 많지 않다는 사실이었다.

　이 책은 민사재판과 관련하여 법학전문대학원 학생들을 비롯한 예비 법조인들이 작성하게 될 소장, 답변서, 준비서면과 재판연구원이 작성하는 검토보고서의 작성원리를 다룬다. 현재 시중에 나와 있는 민사기록 교재는 변호사시험이나 모의시험의 기출문제에 관하여 답안을 제시하고 설명하는 내용이 주류를 이루고 있다. 민사기록을 처음 대하는 법학전문대학원 학생들이 곧바로 복잡하고 다양한 논점이 뒤섞여 있는 기출문제를 접하고 학습하는 것은 쉬운 일이 아니다. 그러나 어려운 문제도 쟁점 단위별로 나누어 살펴보면 쉬운 문제들의 집합이라는 사실을 알 수 있다. 이 책은 실무에서 자주 다루어지는 대표적이고도 전형적인 민사적 쟁점별로 모의기록을 제시함으로써 이에 관한 법률문서 작성의 원리를 이해하고 그 기초를 다지는 데 주안점을 두었다.

　이 책의 구성은 다음과 같다. 제1장은 변호사의 입장에서 당사자로부터 제시받은 상담자료들을 검토하는 원리를 다루고, 제2장은 소장, 답변서, 준비서면, 반소장 및 항소장의 작성원리를 설명한다. 제3장은 민사기록을 검토·분석하는 원리를, 제4장은 재판연구원이 작성하는 검토보고서의 작성원리를 다룬다. 제5장에서는 앞서 살펴본 상담자료와 기록의 검토원리를 기초로 소장, 검토보고서 등의 법률문서를 실제로 작성하여 볼 수 있도록 총 10개의 민사 모의기록을 제시하였다. 제5장은 대체로 변호사시험 민사기록형의 형태를 감안하여 상담일지와 첨부자료들을 제시하고 이를 토대로 먼저 소장을 작성하게 하고, 피고의 답변서를 추가로 제시한 후 이를 반박하는 취지의 준비서면을 작성하게 한 다음, 다시 변론조서를 추가로 제시하여 검토보고서를 작성하는 형태를 취하고 있다. 상대방의 주장이나 항변을 예상하여 이를 반박하는 내용도 반영하여 소장을 작성하도록 하는 것이 변호사시험 민사기록형 문제의 주류적 추세이기는 하나, 실제 법조인으로서 작성해야 할 법문서의 형태와는 차이가 있어서 실무를 익히는 데에는 이와 같이 연습하는 것이 필요하다고 보았기 때문이다. 다만, 변호사시험을 대비할 수 있도록 변호사시험 민사기록형 형태와 동일하게 피고의 예상되는 주장이나 항변을 소장 안에 반영하여 기재하도록 하는 문항도 모의기록별로 별도로 제시하여 두었다. 끝으로 제5장 뒤에 [부록]으로 실무상 자주 등장하는 소송물이나 항변에 관하여 요건사실을 어떠한 방식으로 기재하는지에 관하여 기재례를 소개하여 두었다.

지난 2020년 8월에 출간된 『형사기록의 이해』에 보내어 준 독자 분들의 성원에 깊은 감사의 말씀을 드린다. 이 책의 기획 역시 사법연수원과 법학전문대학원에서 만난 예비 법조인들의 실무적 학습에 대한 열망에서 비롯되었다고 하여도 과언이 아니다. 지면을 빌려 법학전문대학원에서 수학하고 있는 여러 후배님들과 이 책의 가장 큰 밑거름이 되어 주신 사법연수원을 거쳐 간 여러 교수님들께 감사의 말씀을 드리고 싶다. 이 책의 편집·교정·출판 작업을 맡아 주신 박영사의 여러 관계자 분들께도 감사의 말씀을 전한다.

아무쪼록 이 책이 예비 법조인들에게 민사사건 법률문서를 작성함에 있어 그 원리를 이해하는 데 안내자 역할을 하기를 바라고, 다른 한편 변호사시험에서 민사기록형 시험을 준비하는 여러 후배님들에게 도움이 되기를 기대해 본다.

2021년 2월
수원, 순천, 전주 법원에서
박광서, 송백현, 최종원

차 례

제3장   민사기록의 검토

제4장　　검토보고서의 작성원리

제5장　　유형별 기록검토

일러두기

1. 법령 표기

가. 법령의 조문은 집필 당시에 시행되는 것을 기준으로 하였다.

나. 민사소송법은 '법', 민사소송규칙은 '규칙'으로 표기하였다.

다. 그 밖의 법령들은 원칙적으로 약어를 사용하지 않았다.

2. 문헌 약어표

가. 사법연수원 교육발전연구센터, 2020년도 법학전문대학원 민사재판실무
☞ 민사재판실무

나. 사법연수원 2019 민사실무 ☞ 민사실무

다. 사법연수원 교육발전연구센터, 2020년도 법학전문대학원 민사재판실무 강의
노트 ☞ 강의노트

라. 법원실무제요 민사소송[I][II][III], 법원행정처(2014. 2.) ☞ 실무제요[I][II][III]

3. 각종 서식

　　본서에 수록된 민사기록에 관련된 각종 서식과 재판연구원의 『검토보고서』
양식은 사법연수원에서 발간된 모의기록과 강평자료 등에서 인용하거나 이를 기
초로 적절히 수정하였거나 또는 일선 법원에서 사용하고 있는 양식을 활용한 것
임을 밝혀 둔다.

01

상담자료의 검토

01

**민사기록의
이해**

제 01 장
상담자료의 검토

I 서론

다양한 색깔과 모양의 장난감 블록 더미를 가지고 무엇을 만들 수 있을까? 소방차를 만들 수도 있고, 멋진 정원이 있는 집을 만들 수도 있다. 그러나 장난감 블록을 처음 만져본 사람이라면 블록 더미를 가지고 무엇을 만들어 낼 수 있을지 잘 알기 어렵다. 무턱대고 소방차를 만들다가 타이어 1짝이 모자라거나 사다리가 없는 것을 발견하고 상심할 수도 있다. 그러나 블록 전문가라면 다를 것이다. 오랜 학습과 경험을 통해서 웬만한 설계도를 숙지하고 있어서 블록의 모양, 개수, 색깔을 분석해 보면 원하는 모양의 장난감을 완성할 수 있을지 가늠할 수 있다.

당사자로부터 수집된 사실관계가 장난감 블록이라고 한다면, 변호사는 이러한 블록으로 완성품을 만드는 역할을 수행하는 전문가다. 그것이 장난감 블록이라면 얼마든지 이것저것 만들어 보다가 생각했던 대로 되지 않으면 부수고 다시 만들어 보면 되지만, 민사재판에서는 불리한 판결이 확정되면 더는 같은 사실관계를 재료로 다시 판단받지 못하게 될 수 있다. 법률전문가의 도움이 필요한 이유다.

II 의뢰인으로부터 수집해야 할 정보

변호사는 상담을 통해서 의뢰인으로부터 사실관계를 파악하고 의뢰인이 희망하는 바가 무엇인지를 수집해야 한다. 즉, 의뢰인으로부터 사실관계와 희망사항을 수집·정리해야 한다. 법률전문가가 아닌 의뢰인은 여러 가지 사실관계를 장황하게 벌여 놓거나 정리되지 않은 희망사항을 두서없이 토로하는 경우가 많다. 상담을 통해서 변호사는 의뢰인이 처해진 상황과 관련된 사실관계를 주의 깊게 파악하고, 이를 토대로 법률적 검토를 거쳐 그 희망사항을 실현시킬 수 있을지를 판단해야 한다.

1. 사실관계의 파악

의뢰인은 변호사에게 자신의 분쟁과 관련된다고 생각하는 여러 가지 사실관계를 알려 줄 것이다. 그러나 법률전문가가 아닌 의뢰인은 어떤 사실관계가 법적 분쟁의 해결에 필수적인 것인지를 정확히 알 수 없다. 변호사는 그러한 사실관계 중에서 의뢰인에게 유리한 법률효과를 발생시킬 수 있는 것을 골라낼 수 있어야 한다.

법률전문가가 아닌 의뢰인은 유리한 법률효과를 발생시킬 수 있는 사실관계를 누락할 수도 있다. 변호사는 의뢰인으로부터 그 사실관계를 수동적으로 수집하는 것에 그쳐서는 안 되고, 분쟁해결에 필요한 사실관계를 적극적으로 발굴하고 조사해야 한다.

사실관계에 대한 파악을 마쳤다면, 이를 증명할 수 있는 관련 서류 등 증거를 확보하고 검토해야 한다. 의뢰인에게 유리한 사실이 존재하더라도 이를 증명할 자료가 없다면 상대방이 그 불리한 사실을 스스로 인정하지 아니하는 한, 유리한 판결을 받을 수 없다. 어떤 사실에 관해서 어느 정도의 증명이 필요할 것인가는 원칙적으로 법관의 자유심증 영역에 속하는 것이어서 쉽게 판단하기 어렵다. 결국 변호사가 다양한 사건 처리에 관한 경험과 학습을 통해서 이를 가늠할 수밖에 없다. 통상적으로는 관련 당사자가 직접 해당 서류로써 법률행위를 한, 이른바 처분문서(매매계약서, 영수증 등)가 가장 중요하고, 문제되는 사실관계를 직접 경험한 제3자의 진술서 또는 증언이 그 다음으로 중요하며, 이를 전해 들었다는 제3자의 진술서나 증언이 그 다음으로 가치가 있다고 할 수 있다.

[그림1]의 예를 살펴보자. 김갑동이라는 의뢰인이 변호사 최정의를 찾아와 상담한 내용을 요약한 상담일지이다.

[그림1]

<table>
<tr><td colspan="6" align="center">의뢰인 상담일지</td></tr>
<tr><td colspan="6" align="center">변호사 최 정 의 법률사무소
서울 서초구 서초대로10길 11, 1200호(서초동, 완승빌딩)
☎ : 02-532-3000, 팩스 : 02-532-3001, e-mail : justicechoi@naver.com</td></tr>
<tr><td>접수번호</td><td>2021-100</td><td>상담일시</td><td colspan="3">2021. 2. 25.</td></tr>
<tr><td>상담인</td><td>김갑동
010-4563-9600</td><td>내방경위</td><td colspan="3">지인소개</td></tr>
</table>

【상 담 내 용】

1. 김갑동은 관할 지자체의 허가를 받아 폐지 등 폐기물을 수집하고 관리하는 업무를 하고 있던 중 고등학교 동창회에 갔다가 주식회사 현솔제지에서 영업부장으로 근무하고 있던 친구 이을남을 만나게 되었다. 주식회사 현솔제지는 폐지 등을 재활용해서 골판지를 제조하는 회사였다. 이을남은 폐지 등 원재료가 항상 부족하므로 김갑동이 주식회사 현솔제지에 폐지류를 공급해 주면 좋겠다고 하였다. 그래서 김갑동은 이을남의 소개로 2018년 4월부터 주식회사 현솔제지에 폐지류를 공급하는 일을 해오고 있다.

2. 김갑동은 2018. 4. 1.부터 매월 1일에 1회씩 1톤의 폐지류를 공급하고 대금은 1톤당 500만 원을 지급받기로 하였다. 주식회사 현솔제지는 매월 10일에 전월 공급된 폐지류 대금을 지급하여 왔는데, 경기불황과 영업부진 탓에 2019년 1월분부터 폐지류 공급대금을 연체하였다. 김갑동은 친구 이을남과의 인연을 생각해서 계속 대금지급을 유예하여 주었다. 그러다가 도저히 더 이상은 곤란해서 2020. 4. 1. 주식회사 현솔제지 담당자를 찾아갔더니 담당자는 2019년 1월분부터 2020년 3월분까지 폐지류 공급대금 7,500만 원을 2020. 11. 30.까지 지급하여 주겠다고 약속하였다. 그런데 주식회사 현솔제지는 위 지급기일을 지나 현재까지도 대금을 지급하지 않고 있다.

3. 그래서 김갑동은 2020. 12. 10. 주식회사 현솔제지에 위 대금의 지급을 독촉하는 취지의 내용증명을 발송하였다. 그런데 주식회사 현솔제지는, 김갑동이 공급한 폐지류로 인해 최종 생산품 골판지에 하자가 많이 발생하였고 불량률이 계속 증가하고 있다는 사정을 들면서 대금지급을 거절하였다.

【의뢰인 희망사항】

김갑동은 주식회사 현솔제지로부터 지급받지 못한 폐지류 공급대금 7,500만 원을 지급받고 싶다.

김갑동은 주식회사 현솔제지로부터 폐지류 공급대금 7,500만 원을 지급받기를 희망하고 있다. [그림1]의 상담내용에 비추어 볼 때 폐지류 공급계약은 매월 1톤씩의 폐지류를 매도하고 그 대금을 지급받는 내용의 일종의 매매계약으로 보인다. 그렇다면 동산 매매계약에 따른 매매대금청구의 요건사실에 해당하는 <매매계약 당사자/ 계약일자/ 목적물/ 대금>을 구성요소로 하는 매매계약 체결사실[1]에 주목하여야 한다. 위【상담내용】중 제1항은 매매계약 체결에 이르게 된 경위사실에 불과하다.【상담내용】중 제2항에 위 요건사실에 부합하는 정보들이 집중하여 열거되어 있다. 이 부분에서 필요한 요건사실들을 정확히 파악하고 정리하여야 한다.

【상담내용】중 제3항을 보면, 상대방인 주식회사 현솔제지가 매매목적물인 폐지류의 하자에 관하여 주장할 것으로 예상된다. 이를 대비하여 의뢰인으로부터 하자 관련 사실관계를 파악하고 있어야 하고 관련 자료들도 수집하여야 한다. 실제 소송과정에서 상대방이 하자 항변을 하여 올 경우를 대비하여야 하기 때문이다.

변호사시험 민사기록형 문제에서는 상담일지 안에【사건관계인의 주장】란을 두어 의뢰인과 상대방의 주장의 요지를 정리하여 제공하여 주는 것이 일반적이다. 그런 경우에는【사건관계인의 주장】란에서 해당 주장을 추가 확인하여 관련 요건사실들을 상기하면서 이에 대한 증거들을 탐색하여야 한다.

한편, 의뢰인이 제출하는 상담일지에 첨부되어 있는 서증들에 유의하여야 한다. 앞서 정리한 요건사실에 부합하는 증거들이 있는지 확인하여야 하고 반대로 상대방이 제출할 수 있는 항변들에 부합하는 증거들이 있는지도 점검하여야 하기 때문이다. [그림2]는 김갑동이 상담의뢰시에 소지하고 있던 물품공급계약서를 보여 주고 있다. 앞서 파악한 매매대금청구에 관한 요건사실에 부합하는 내용이 기재되어 있음이 확인된다.

---

1 민사재판실무 319쪽

[그림2]

물품공급계약서

주식회사 현솔제지(이하 '갑'이라고 한다)와 김갑동(이하 '을'이라고 한다)은 아래와 같이 폐지류 공급계약을 체결한다.

제1조(공급기간)
 을은 2018. 4. 1.부터 5년간 갑에게 폐지류를 공급한다.
제2조(공급방식)
 을은 1톤의 폐지류를 매월 1일에 1회 갑이 지정하는 작업장에 공급한다.
제3조(대금지급)
 ① 폐지류 1톤당 500만 원으로 한다.
 ② 갑은 매월 10일에 전월 공급대금을 지급한다.
(이하 생략)

[그림3]은 상담단계에서 김갑동이 함께 소지하고 있었던 회신서인데, 상대방인 주식회사 현솔제지가 향후 주장할 것으로 예상되는 '하자 항변'에 부합하는 내용이 기재되어 있음을 알 수 있다.

[그림3]

회신서

발신인 : 주식회사 현솔제지
수신인 : 김갑동

1. 귀하의 내용증명을 잘 받았습니다.
2. 귀하가 그동안 공급한 폐지류로 인해 발신인의 최종 생산품 골판지에 하자가 많이 발생하였고 불량률이 계속 증가하고 있습니다. 현재 그 하자로 인해 손실액을 평가하고 있습니다.
3. 본사는 위와 같은 문제들이 완전히 해결될 때까지 귀하에 대한 대금지급을 보류하도록 하겠습니다.

2020. 12. 20.
주식회사 현솔제지
대표이사 장한솔 (직인)

2. 희망사항의 정리

의뢰인에게는 현재의 분쟁을 해결하기 위한 희망사항이 있다. 예를 들어 ① 어떤 사람과 친족관계에 있음을 확인해 달라거나, ② 고용주로부터 부당하게 해고를 당했는데 해고가 무효임을 확인해 달라거나, ③ 부동산을 매도하여 이전등기를 해 주었는데 대금을 받지 못해서 부동산을 되찾고 싶다고 해 보자. 변호사는 이러한 희망사항이 우선 법률적으로 민사소송을 통해서 청구할 수 있는 것인지, 그 희망사항을 법률적으로 어떻게 구현할 것인지부터 검토해야 한다.

위 ①의 예를 보면, 친족관계가 있다 하여 그 자체로써 당연히 어떤 구체적인 권리관계가 존재하는 것은 아니므로 그 친족관계의 존부 자체는 확인의 이익이 없다.[2] 이 경우 의뢰인이 진정으로 확인을 구하고자 하는 구체적인 법률관계를 캐물어 법률적으로 청구 가능한 부분이 있는지 확인해야 한다.

위 ②의 예를 보면, 의뢰인이 정년이 지났는지, 또는 소송 중에 정년이 경과될 수 있는지 여부를 검토해야 한다. 해고 무효 확인소송을 제기하였으나 소송 도중에라도 정년이 이미 지났다면 확인의 이익이 없어서 각하될 수 있으므로,[3] 이러한 경우라면 부당해고 이후의 임금을 청구하는 등 법률적으로 가능한 것으로 희망사항을 정리하여야 한다.

위 ③의 예를 보면, 매매에 따라 이전등기를 마쳤다면 그 소유권은 상대방에게 있고 상대방이 대금을 지급하지 않았다고 하더라도 그것만으로 매매가 무효가 되는 것이 아니어서 먼저 매매계약을 무효화시켜야만 비로소 부동산의 등기를 말소시키고 부동산을 되찾아 올 수 있다. 계약을 무효화시키는 방법에는 착오나 사기, 강박 등을 이유로 하여 취소권을 행사하거나 상대방의 채무불이행을 이유로 하여 해제권을 행사하는 경우가 있다. 이때 소유권의 회복만 필요하다면 소유권의 득실변경은 등기가 있어야 하므로, 매매를 원인으로 한 소유권 이전등기의 말소를 청구할 필요가 있게 되고, 그 부동산을 상대방이 점유하고 있다면 부동산의 인도를 청구할 필요가 있게 된다. 의뢰인의 '되찾아 온다'는 희망사항을 법률적으로 의미 있고 분쟁을 실효적으로 해결할 수 있는 '소유권이전등기의 말소'와 '부동산의 인도'로 구체화해야 한다.

변호사는 이러한 모색 과정에서 그 희망사항을 현실화시키는 데 필요한 사실관계를 의뢰인으로부터 적극적으로 수집하는 피드백과정을 거쳐야 할 수도 있다. 앞서 본 [그림1]의 예에서 보자면, 【의뢰인 희망사항】란에서 보는 것처럼 의뢰인 김갑동은 폐지류 공급대금 7,500만 원의 지급을 구하고 있는데, 상담과정에서 밝힌 내용대로 김갑동이 2019년 1월부터 2020년 3월까지 계약내용대로 매월 1톤씩 폐지류를 공급한 것이 사실인지 확인되고 이에 관한 증거를 수집할

---

2 대법원 1971. 3. 9. 선고 70므39 판결
3 대법원 2004. 7. 22. 선고 2002다57362 판결

수 있다면, 담당 변호사로서는 공급대금의 청구를 준비해야 한다.

한편, 지연손해금 등 부대청구에 관하여도 유의하여야 한다. 구하는 원금이 소액일 경우 의뢰인은 이자나 지연손해금에 대하여 크게 신경쓰지 않는 경우가 많다. 그러나 원금의 규모에 따라서는 이자나 지연손해금 자체도 상당한 금액에 이를 수도 있고 금액이 크지 않더라도 이자나 지연손해금 전부에 대해서도 이를 지급받기를 희망하는 당사자가 있을 수 있을 뿐만 아니라, 의뢰인에게 법률상 가능한 최대한의 권리를 회복시켜 주는 것이 바람직하므로 이자와 지연손해금의 발생시기, 적용 가능한 약정비율이나 법정비율을 정확히 검토하여야 한다.

Ⅲ 법적 논증의 검토 순서

의뢰인으로부터 사실관계와 희망사항을 정리했다면, 이를 어떤 순서로 검토해야 할까? 결국 이 과정은 민사법 지식을 종합적으로 총 동원해야 가능한 작업이다. 방대한 민사법에 대한 전체적인 구조와 해당 부분의 구체적인 지식을 갖추어야 한다. 민사법의 전체적 구조에 비추어 다음과 같이 정리해 볼 수 있겠다.

1. 물권의 성립 여부

의뢰인의 희망사항은 보통 돈을 지급받거나 물건에 관한 권리를 취득하는 등으로 어떠한 권리를 실현해 달라는 경우가 많을 것이다. 민사법적인 권리 중 재산권은 크게 물권과 채권으로 나눌 수 있다. 먼저 당사자가 주장하는 사실관계를 통해서 소유권과 같은 물권이 성립하는지를 먼저 검토해 봐야 한다. 우리 민법은 물권에 관해서 성립요건주의를 취하고 있어서 물권의 성립 여부를 판단하는 것이 비교적 쉬울 뿐만 아니라 물권은 대세적 권리이기 때문에 물권에 기초하여 발생하는 소유권에 기한 방해배제청구권과 같은 권리를 행사함으로써 의뢰인의 희망사항을 손쉽게 만족시켜 줄 수 있다.

예를 들어 의뢰인이 아파트를 소유하고 있는데 상대방이 무단히 이를 점유하고 있어서 그로부터 부동산을 되돌려 받고 싶어 한다고 해 보자. 이러한 경우 등기부를 검토하면 아파트의 소유관계를 확인할 수 있다. 그 다음 의뢰인이 아파트를 소유한 사실과 현재 상대방이 이를 점유한 사실만 주장·증명하면, 상대방이 점유할 정당한 권원이 있다는 점에 관하여 주장·증명하지 않는 한, 소유권에 기한 방해배제청구권의 행사로써 상대방에게 아파트의 인도를 청구할 수 있게 된다.

2. 채권의 성립 여부

물권이 성립한다고 볼 만한 사실관계가 없거나, 당사자의 요구가 이와 무관한 것이라면 채권의 성립을 검토해야 한다. 채권의 발생원인을 크게 보자면 두 가지, 계약과 법률이라고 말할 수 있다.

가. 계약이 있는 경우

대부분의 민사적 채권관계는 당사자 사이의 계약에서 비롯된다. 당사자 사이에 매매, 소비대차, 임대차 등과 같은 계약을 체결하였다면, 별도의 법률 규정이 없더라도 그 계약에서 정한 바에 따른 권리와 의무가 발생한다는 것이 사적자치의 핵심적 내용이라고 할 수 있다. 따라서 우선 의뢰인이 관련자와 어떠한 계약을 체결하였는지 여부를 검토해야 한다. 예를 들어 의뢰인이 상대방과 매매계약을 체결하였다면 매매계약의 내용이 분석의 핵심 대상이다.

1) 분쟁해결에 관한 약정이 있는 경우

다음으로 해당 문제의 해결에 관한 구체적인 약정이 존재하는지를 살펴보아야 한다.

예를 들어 의뢰인이 상대방에게 부동산을 매도했는데, 그 대금을 지급받지 못하고 있어서 상대방으로부터 대금을 지급받고자 한다고 해 보자. 이때 의뢰인은 부동산에 관하여 특정 대금으로 정한 매매계약이 체결되었다는 사실만을 주장·증명하면 상대방에게 그 대금의 지급을 청구할 수 있다.

만약 의뢰인이 매매계약에 따라 이전등기를 마쳤으나 상대방이 대금을 지급하지 않고 있어서 부동산에 관한 소유권이전등기의 말소를 청구하고 싶다고 하자. 이를 위해서는 앞서 설명한 바와 같이 매매계약을 무효화시켜야 한다. 해제권을 행사하려고 한다면 이제는 해제와 관련된 약정이 존재하는지 살펴야 한다. 가령 의뢰인과 상대방 사이에 "매도인은 매수인으로부터 지급기일에 대금을 지급받지 못하면 매매계약을 해제할 수 있다."고 약정하였다고 해 보자. 이 경우 위와 같은 약정에 기한 해제권의 행사를 통해서 손쉽게 위 매매계약을 무효화시킬 수 있을 것이다.

이처럼 민사분쟁은 이와 관련된 약정이 존재하는지, 그러한 약정을 어떻게 해석할 것인지를 둘러싼 논쟁이 주를 이룬다고 해도 과언이 아니다.

2) 분쟁해결에 관한 약정이 없는 경우

분쟁상황을 규율할 구체적인 약정이 존재하지 아니한다면 이러한 상황에 적용될 수 있는 법률 규정을 찾아보아야 한다. 예를 들어 위의 예에서 매매계약이 체결되었으나 해제권에 관한 위와 같은 약정이 존재하지 않는다고 해 보자. 이때에는 민법이 정한 해제요건을 충족해야 매매계약을 무효화시킬 수 있다. 통상 이를 임의법규라고 한다. 즉, 민법 제544조에서 정한 절차와 방법, 그리고 이에 관한 법리에 따라 매매계약을 해제시킬 수 있다.

나. 계약이 없는 경우

분쟁 당사자들 사이에 앞서 본 바와 같은 관련된 계약이 없는 경우에는 법률의 규정에 의해서 채권이 발생할 수 있다. 민법이 정하는 사무관리, 부당이득, 불법행위가 대표적인 예이다.

의뢰인이 착오로 송금한 돈을 되돌려 받고 싶어하는 경우 의뢰인과 상대방 사이에는 아무런 법률관계를 맺은 바 없기 때문에 상대방에게 부당이득 반환청구권을 행사하여야 한다. 상대방이 차임을 미지급하다가 임대차관계가 종료되었음에도 목적물을 반환하지 않고 계속 사용하고 있다면, 임대차계약기간 중에 발생한 차임은 임대차계약에 기한 채권에 해당하고, 임대차종료 이후에 목적물의 사용으로 인한 상대방의 이익은 계약에서 정한 적이 없으므로 부당이득에 해당하여 그 반환을 청구할 수 있게 된다.

상대방이 의뢰인의 물건을 손괴하였다면 상대방의 고의, 과실로 인하여 특정한 금액 상당의 재산상 손해가 발생한 사실을 주장·증명하여 불법행위 책임을 물을 수 있다.

특히 사무관리, 부당이득에 관한 법리는 당사자들 사이에 법률행위가 존재하였으나 그것이 무효로 밝혀지거나 취소된 경우에 둘 사이의 법률관계를 정리할 때 자주 활용될 수 있다.

Ⅳ 필요한 의사표시나 절차의 준수 여부

이와 같은 사실관계에 대한 법률적 검토에서 조심해야 할 것은 그와 같은 법률적 효과의 발생에 어떠한 의사표시나 절차를 거쳐야 할 필요가 있는 경우가 있다는 점이다.

예를 들어 어떤 계약이 민법 제103조가 정하는 반사회질서에 해당하여 무효인 경우에는 소송을 통해서 이를 주장하기만 하면 되고 별도로 무효를 선언하는 의사표시는 필요 없다. 이와 달리 사기나 강박을 이유로 취소를 주장한다면, 별도로 상대방에 대한 취소의 의사표시가 있어야 비로소 계약의 효력이 상실된다. 즉, 후자의 경우에는 소를 제기하기 전에 내용증명 등의 수단을 통하여 취소의 의사표시를 하거나, 적어도 소장이나 답변서, 준비서면 등에 사기나 강박을 이유로 취소한다는 취지를 기재하고, 소장이나 답변서, 준비서면 부본의 송달로써 의사표시를 한다는 점을 명시해야 한다.

앞서 본 매매계약의 해제의 경우 자동해제약정이 존재하지 않는 한, 상대방에게 적법하게 해제의 의사표시를 하여야 한다. 이 경우에도 소송 외에서 내용증명 우편 등을 통하여 별도로 해제의 의사표시를 하거나, 적어도 소장 등에 해제의 의사표시를 한다는 취지를 명시해야 한다.

V   상대방의 특정과 사건의 구성

의뢰인으로부터 수집한 사실관계를 정리하고 이로써 어떤 법률적 효과를 발생시킬 수 있다는 분석을 마쳤다면 사건을 구성해야 한다.

적극적으로 권리를 주장하는 것이라면, 그 권리가 발생하기에 필요하고도 충분한 사실관계, 즉 요건사실을 주장하고 그에 따라 누구를 상대방으로 하여 어떠한 청구를 할 수 있을 것인지 정해야 한다. 이 사안에서 누구를 상대방으로 하여 문제 삼는 것이 당사자에게 유리할 것인지, 그를 상대로 물권을 주장할 것인지, 아니면 채권을 주장할 것인지, 채권을 주장한다면 계약상 채권을 주장할 것인지, 불법행위로 인한 손해배상채권을 주장할 것인지 등을 판단해서 당사자에게 가장 유리하고 권리구제에 적합하도록 사건을 구성해야 한다.

소극적으로 권리의 부존재를 다투는 것이라면, 상대방이 주장하는 권리의 발생 요건사실이 충족되지 않았음을 지적하거나, 그 권리가 소멸되었다고 볼 만한 별도의 사실관계를 주장하여야 할 것이다.

사건을 구성할 때 다수의 상대방에 대해서 여러 가지 청구가 가능할 수도 있다. 이때에는 누구를 상대방으로 어떤 청구를 하는 것이 당사자에게 가장 유리한지, 실효적인지, 증명 가능한지 등을 고려하여 정해야 한다. 상대방 A에 대해서 손쉽게 계약상 책임을 물을 수 있다고 하더라도 그가 자력이 없다면, 증명의 난도가 높아지기는 하나 다른 상대방을 상대로 불법행위로 인한 손해배상책임을 묻는 것이 실효적인 방법일 수 있다(채무불이행 책임을 묻는 경우 채무자가 고의, 과실의 부존재에 관해 증명책임을 지나 불법행위로 인한 손해배상책임을 묻는다면 채권자가 상대방의 고의, 과실의 존재에 관해 증명책임을 진다).

물권에 기한 청구나 채권에 기한 청구가 모두 가능한 때와 같이 권리가 경합하는 경우도 있다. 예를 들어 원고가 소유하고 있는 아파트를 상대방에게 임대하였는데, 상대방이 임대차기간이 종료되었음에도 이를 반환하지 아니하고 있다고 해 보자. 이 경우 원고는 아파트의 소유권에 기한 방해배제로서 상대방에게 아파트의 인도를 구할 수 있다. 이때에는 의뢰인이 아파트의 소유자인 사실과 상대방이 이를 점유하고 있는 사실만 주장·증명하면 되고, 상대방이 적법한 임차권 등 정당한 점유할 권원의 존재를 주장·증명하지 아니하는 한, 상대방에게 그 인도를 청구할 수 있게 된다. 채권에 기한 청구를 한다면, 의뢰인과 상대방 사이에 임대차계약이 체결되고 임대차기간이 종료되었음을 주장·증명하여야 한다. 변호사로서는 어떤 권리에 기하여 어떤 청구를 하는 것인지에 따라 소장에 기재할 청구원인사실이 달라질 수 있음을 유념하여야 한다.

Ⅵ 예제

다음의 예를 들어 이상의 경우를 검토해 보자.

의뢰인 상담일지

(상담자 : 김갑동, 상담일시 : 2021. 3. 2)

【상 담 내 용】

1. 김갑동은 2018. 3. 1. 이을남에게 김갑동이 소유하고 있는 X점포를 임대차보증금 2억 원, 월차임 100만 원(선불), 기간 2018. 3. 1.부터 2022. 2. 28.까지로 정하여 임대하였다.
2. 임대차계약서에는 임대인의 사전 동의 없이는 제3자에게 전대할 수 없고, 무단 전대시 임대인은 임대차계약을 해지할 수 있다고 약정하였다.
3. 이을남은 위 점포에서 지물포를 경영하다가 경영이 악화되자 김갑동으로부터 허락을 받지 않고 2020. 2. 1. 오병규에게 X점포 전부를 임대차보증금 1억 원, 월차임 50만 원으로 정하여 전대하였고 당일 임대차보증금을 지급받은 다음 오병규에게 인도하였다.
4. 현재 오병규는 그곳에서 아이스크림 가게를 경영하고 있다.

【의뢰인 희망사항】

김갑동은 적절한 상대방을 상대로 X점포를 되찾아 올 수 있도록 소를 제기하고 싶다.

김갑동이 X점포를 되찾아 오는 방법과 상대방에 대해서 살펴보자.

우선 현재 X점포를 점유하고 있는 자가 오병규이므로 그를 상대로 어떤 청구를 할 수 있을까? 김갑동은 X점포의 소유자이고, 오병규가 이를 점유하고 있으므로 물권적 청구권을 행사하는 것이 가장 간편할 것이다. 이때 김갑동은 X점포의 소유자인 사실과 오병규가 이를 점유한 사실만 증명하면 소유권에 기한 방해배제청구권을 행사하여 X점포를 인도받아 올 수 있다. 이 때 상대방인 오병규는 스스로 점유할 정당한 권원이 존재함을 증명해야 하는데, 오병규가 주장할 수 있는 것은 전대차관계이다. 그러나 김갑동에게서 동의받은 적이 없으므로 결국 전대차 주장으로는 김갑동에게 대항할 수 없다.

다음으로 이을남과의 관계에서 생각해 보자. 이을남은 김갑동으로부터 X점포를 임차하였으므로 X점포를 사용, 수익할 권리가 있다. 또한 전대를 하고 있기는 하나 법률상 X점포를 간접 점유하고 있다고 볼 수도 있다. 따라서 이을남을 상대로도 그 인도를 청구해야 실효적으로 X점포를 확보할 수 있다. 비록 이을남이 무단히 전대하여 계약을 위반하였으나 계약을 위반한 사실만으로는 임대차계약의 효력에 영향이 없다. 소유권에 기한 물권적 방해배제로써 그 인도를 청구하더라도 이을남은 임대차계약에 기하여 이를 점유할 권리가 인정될 수 있다. 결국 임대차계약을 무효화해야만 오병규와의 관계에서 X점포를 되돌려 받을 수 있게 된다. 이를 위해서는 임대차계약을 해지해서 무효화시켜야 한다. 따라서 이을남을 상대로는 무단 전대를 이유로 임대차계약을 해지하고 그 원상회복으로 X점포의 인도를 구해야 한다.[4]

결국 정리하자면, 직접 점유자인 오병규와 간접 점유자인 이을남을 공동피고로 삼아서 X점포의 인도를 구하는 청구를 하여야 할 것이고, 이때 오병규를 상대로는 소유권을 주장하여 그 방해배제로 X점포의 인도를 구하고, 이을남을 상대로는 오병규에 대한 무단 전대를 이유로 해지의 의사표시를 함으로써 임대차계약을 해지하고 그 원상회복으로 X점포의 인도를 구해야 할 것이다.

---

4 대법원 2013. 6. 27. 선고 2011다5813 판결은 "불법점유를 이유로 하여 부동산의 인도를 청구하는 경우에는 현실적인 점유자를 상대로 하여야 하는 것과 달리, 약정에 의하여 인도를 청구하는 경우에는 그 상대방이 직접점유자로 제한되지 아니하며 간접점유자를 상대로 하는 청구도 허용된다. 다만 다른 사람의 직접점유로 인하여 간접점유자의 인도의무의 이행이 불가능한 경우에는 그러하지 아니하며, 이 경우 인도의무의 이행 불능은 단순히 절대적·물리적으로 불능인 경우가 아니라 사회생활에서의 경험법칙 또는 거래상의 관념에 비추어 볼 때 채권자가 채무자의 이행의 실현을 기대할 수 없는 경우를 말한다."고 판시하고 있어서 이에 비추어 보면, 위와 같은 임차인 이을남에 대한 인도청구는 전차인 오병규의 직접점유로 인하여 간접점유자 이을남의 김갑동에 대한 인도의무의 이행이 불가능하지 아니한 경우에 한하여 가능할 것이다.

02

소장, 답변서, 준비서면 등의
작성원리

민사기록의
이해

제 02 장

소장, 답변서, 준비서면 등의 작성원리

I 소장

1. 소장의 성격

글이란 글을 쓰는 이유를 명확하게 하고 그 독자가 누구인지를 분명히 해야 그 효용을 발휘할 수 있다. 민사소송에 있어서 소장을 법원에 제출하는 이유는 무엇이고, 그 독자는 누구인가?

소는 법원에 소장을 제출함으로써 제기한다(법 제248조). 소장은 원고가 구체적 사건의 사실관계에 관하여 법을 적용하여 원하는 바대로의 권리법률관계를 선언해 줄 것을 요구하는 문서라고 할 수 있다. 따라서 일차적인 독자는 법원에서 권리 유무를 판별하는 업무를 맡은 법관이다. 법관은 기본적으로 법을 알고 있다고 여겨지기는 하나, 법관이 원고의 의도대로 법을 해석하여 적용할 것이라는 보장은 없다. 법관은 사건에 관한 구체적인 사실에 관해서는 아무것도 알지 못한다. 민사소송의 당사자들은 법관을 상대로 어떠한 사실관계가 존재하고 이에 관해서 어떠한 법을 적용하여 최종적으로 어떠한 재판을 해야 하는지를 설득해야 한다. 원고는 소장을 통해서 구체적인 법률관계의 선언을 구할 **당사자**를 밝히고, 법원으로부터 선언받고자 하는 법률관계에 관한 주문, 즉 **청구취지**를 특정하여야 하며, 법원이 그와 같은 청구취지를 선언할 수 있도록 **청구원인**에서 필요하고도 충분한 **법리**와 **사실관계** 및 **법률효과**를 밝혀야 한다. 이것이 소장의 실질적인 최소한이다.

물론 소장의 독자에는 의뢰인인 원고나 상대방 당사자인 피고도 포함되고, 공개된 변론을 거치는 동안 일반시민도 포함될 수 있다. 이 모든 것을 염두에 두고 최적화된 소장을 쓴다면 가장 훌륭한 소장을 작성했다고 말할 수 있겠다. 그러나 아무리 원·피고나 일반시민의 눈시울을 뜨겁게 하는 명문장으로 소장을 작성하여 제출하였다고 하더라도, 유리한 판결을 받기에 필요한 법리나 사실이 일부라도 누락된다면 소장으로서는 자격미달이다.

아래에서는 이러한 관점에서 소장의 필요 최소한이 무엇인지에 관해서 서술하고자 한다. 이를 습득한다면, 법실무가를 양성하는 법학전문대학원 과정의 학습목표를 충분히 달성했다고 볼 수 있을 것이다. 특히 소장의 각 영역별로 어떤 원리에 따라 기술하여야 할지를 실무상 자주 문제되는 부분을 중심으로 설명한다.

2. 소장의 기본적 구조

[그림1]

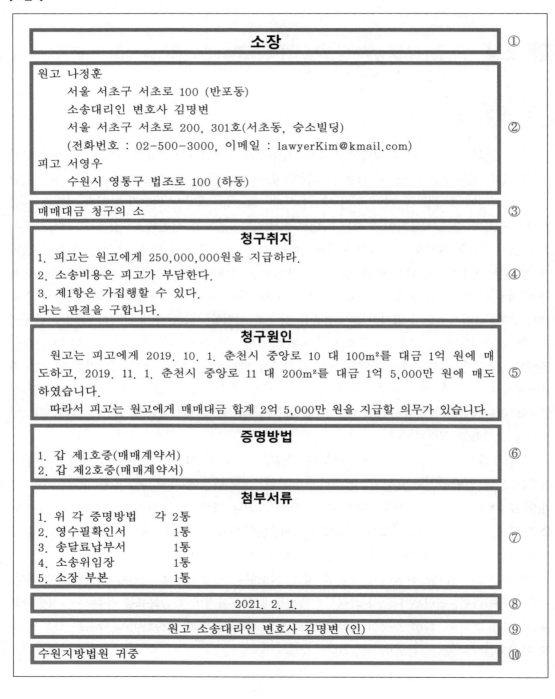

소장	①
원고 나정훈 　　서울 서초구 서초로 100 (반포동) 　　소송대리인 변호사 김명변 　　서울 서초구 서초로 200, 301호(서초동, 승소빌딩) 　　(전화번호 : 02-500-3000, 이메일 : lawyerKim@kmail.com) 피고 서영우 　　수원시 영통구 법조로 100 (하동)	②
매매대금 청구의 소	③
청구취지 1. 피고는 원고에게 250,000,000원을 지급하라. 2. 소송비용은 피고가 부담한다. 3. 제1항은 가집행할 수 있다. 라는 판결을 구합니다.	④
청구원인 　원고는 피고에게 2019. 10. 1. 춘천시 중앙로 10 대 100m²를 대금 1억 원에 매도하고, 2019. 11. 1. 춘천시 중앙로 11 대 200m²를 대금 1억 5,000만 원에 매도하였습니다. 　따라서 피고는 원고에게 매매대금 합계 2억 5,000만 원을 지급할 의무가 있습니다.	⑤
증명방법 1. 갑 제1호증(매매계약서) 2. 갑 제2호증(매매계약서)	⑥
첨부서류 1. 위 각 증명방법　　각 2통 2. 영수필확인서　　　　1통 3. 송달료납부서　　　　1통 4. 소송위임장　　　　　1통 5. 소장 부본　　　　　　1통	⑦
2021. 2. 1.	⑧
원고 소송대리인 변호사 김명변 (인)	⑨
수원지방법원 귀중	⑩

소장에는 당사자와 법정대리인, 청구의 취지와 원인을 적어야 하고(법 제249조 제1항), 소장에는 준비서면에 관한 규정을 준용한다(법 제249조 제2항). 한편, 준비서면에는 당사자의 성명·명칭 또는 상호와 주소, 대리인의 성명과 주소, 사건의 표시, 공격 또는 방어의 방법, 상대방의 청구와 공격 또는 방어의 방법에 대한 진술, 덧붙인 서류의 표시, 작성한 날짜, 법원의 표시를 적고, 당사자 또는 대리인이 기명날인 또는 서명하여야 한다(법 제274조 제1항).

이와 같은 규정 취지를 반영한 소장의 기재사항은 위 [그림1]의 기재와 같이, ① 표제, ② 당사자(법정대리인 또는 소송대리인 포함), ③ 사건의 표시, ④ 청구취지, ⑤ 청구원인, ⑥ 증명방법, ⑦ 첨부서류, ⑧ 작성일자, ⑨ 작성자의 기명날인 또는 서명, ⑩ 법원의 표시로 나눌 수 있다. 그중 가장 실질적인 부분은 ② 당사자, ④ 청구취지, ⑤ 청구원인이라고 할 수 있다. 이하 실질적인 위 부분을 먼저 살펴보고, 나머지 부분을 설명하기로 한다.

3. 당사자

가. 누구를 당사자로 삼을 것인가?

법원은 민사소송을 통하여 당사자 사이의 구체적인 법률관계를 선언하는 것을 임무로 한다. 따라서 소장에는 누가 누구를 상대로 청구하는 것인지를 우선 밝혀야 한다. 민사재판의 효력은 당사자 사이에서만 미치는 것이 원칙이므로(법 제218조), 당사자를 잘못 지적하여 소를 제기한다면 유리한 판결을 선고받더라도 권리 구제에 아무런 도움이 되지 못할 수 있다. 분쟁의 실효적인 해결을 위해 누구를 당사자로 삼아야 할 것인지를 신중하게 검토하여 정해야 한다.

1) 이행의 소

이행의 소는 현존하는 법률관계를 실현시키는 것을 내용으로 하는 소이다. 원칙적으로 이행의 소에서는 피고로 지목된 자가 당사자 적격을 가지므로[5] 피고를 삼는 데 법률상 제한이 있는 것은 아니다. 다만 원고에게 당면한 문제를 가장 실효적으로 해결할 수 있는 자를 상대로 해야 한다. 이행의 소는 대부분 그 실현을 위해 강제집행으로 나아갈 수 있으므로 문제를 종국

---

5 대법원 2005. 10. 7. 선고 2003다44387,44394 판결, 대법원 1994. 6. 14. 선고 94다14797 판결. 예외적으로 판례는 이행의 소 중 하나인 소유권이전등기말소의 소의 피고 적격을 등기의무자로 제한하고 있다(대법원 1994. 2. 25. 선고 93다39225 판결). 따라서 소유 명의자가 아닌 자를 피고로 삼아 그 등기의 말소를 구하는 소는 원칙적으로 부적법하다. 다만 예외의 예외로서 등기부상 진실한 소유자의 소유권에 방해가 되는 불실등기가 존재하는 경우에 그 등기명의인이 허무인 또는 실체가 없는 단체인 때에는 소유자는 그와 같은 허무인 또는 실체가 없는 단체 명의로 실제 등기행위를 한 자에 대하여 소유권에 기한 방해배제로서 등기행위자를 표상하는 허무인 또는 실체가 없는 단체 명의 등기의 말소를 구할 수 있다(대법원 2019. 5. 30. 선고 2015다47105 판결).

적으로 해결할 수 있는 가장 강력한 수단이 될 수 있다. 따라서 이행의 소를 제기하는 원고라면 강제집행으로 나아갈 수 있다는 점에 유의해서 상대방의 자력 등을 조사하여 강제집행을 통하여 실효적인 만족을 얻을 수 있는 당사자를 피고로 정할 필요가 있다.

한편 민법 제404조 제1항에 의하면, 채권자는 자기의 채권을 보전하기 위하여 채무자의 권리를 행사할 수 있다. 즉, 채권자는 자신의 채권을 보전하는 데 필요한 경우에는 자신의 권리뿐만 아니라 채무자의 다른 채무자, 즉 제3채무자에 대한 권리를 행사할 수도 있다. 채권자대위권을 행사하는 소에 있어서 채권자는 직접 원고가 되고, 피고는 대위되는 채권(피대위채권)의 채무자, 즉 제3채무자가 된다. 이때 채권자대위권의 행사로 보전되는 채권(피보전채권)의 채무자는 당사자가 아님에 주의하여야 한다.[6]

2) 확인의 소

확인의 소는 현존하는 법률관계의 확인을 구하는 소이다. 다만 적극적으로 이행을 청구할 수 있는 권리가 있어서 이행의 소를 제기할 수 있다면 이행의 소를 제기하는 것이 강제집행까지 보장받을 수 있으므로, 이행의 소가 가능함에도 확인의 소를 제기하는 것은 분쟁의 최종적 해결을 위해 적절하지 않을 수 있다. 요컨대 확인의 소는 확인의 이익이 있는 경우에만 허용된다.[7] 이러한 제약이 있기 때문에 통상 확인의 소는 채무부존재 확인의 소의 경우와 같이 이행의 소를 제기할 수 없거나 그것이 부적절할 경우에 활용된다. 확인의 소의 경우 확인의 이익이 인정되는 상대방을 피고로 삼아야 그 소가 적법해질 수 있으므로, 이행의 소의 경우보다 당사자의 선택에 더 신중해야 한다.

예를 들어 단체의 대표자나 구성원의 지위에 관한 확인소송은 해당 대표자나 구성원을 상대로 제소하는 경우에는 그 청구를 인용하는 판결이 내려진다 하더라도 그 판결의 효력이 해당 단체에 미친다고 할 수 없기 때문에 대표자 또는 구성원의 지위를 둘러싼 당사자들 사이의 분쟁을 근본적으로 해결하는 가장 유효적절한 방법이 될 수 없으므로, 대표자 또는 구성원 개인을 상대로 한 청구는 확인의 이익이 없어 부적법하게 된다.[8] 따라서 이러한 확인의 소는 해당 단체 자체를 피고로 삼아 제기하여야 한다.[9]

---

6 물론 피보전채권을 같이 청구하는 경우에는 채무자를 당사자로 삼을 수 있고, 이때 채무자와 제3채무자를 공동피고로 삼아 소를 제기할 수 있다.

7 확인의 소에서 '확인의 이익'이란 당사자의 권리 또는 법률상 지위에 현존하는 불안, 위험이 있고 이를 제거함에는 확인판결을 받는 것이 가장 유효적절한 수단일 때에 인정되므로, 이행의 소를 제기할 수 있는데도 확인의 소를 제기하는 것은 특별한 사정이 없는 한 불안 제거에 실효가 없고 소송경제에 반하여 '확인의 이익'이 없다(대법원 1991. 10. 11. 선고 91다1264 판결).

8 대법원 2015. 2. 16. 선고 2011다101155 판결 등 참조

9 이때 청구취지는 "이순규(주소 : 서울 관악구 봉천로 12)가 피고의 대표자 지위에 있지 아니함을 확인한다."라고 쓰면 된다.

3) 형성의 소

형성의 소는 현재 존재하는 법률관계를 법원의 판결을 통해 변경하는 소이다. 사적자치의 원칙상 민사법적 권리법률관계는 당사자 사이의 계약 등 법률행위에 의해서 형성되는 것이 일반적이다. 형성의 소는 국가기관인 법원이 개입하여 당사자 사이의 법률관계를 변경하는 것이므로 법률이 법원에 그러한 권능을 부여한 경우에만, 그리고 법률이 정한 당사자 사이에서만 그러한 청구가 가능하다. 따라서 형성의 소의 경우 법률이 정한 원고가 법률에 정한 피고를 상대로 법률이 정한 내용의 법률관계의 형성을 법원에 청구할 수 있다는 점에 주의하여야 한다.

예를 들어 채무자 A가 채권자 甲의 금전채권에 기초한 강제집행을 회피하려고 자신의 유일한 재산인 X토지를 동생 B에게 증여한 후 소유권이전등기를 마친 사안에서, 채권자 甲이 B에게 넘어간 부동산을 채무자 A에게 회복시키고자 한다고 가정해 보자. 누구를 상대로 어떤 소송을 제기해야 할 것인가? 이미 A는 B에게 증여를 원인으로 X토지에 관하여 소유권이전등기를 마쳤기 때문에 증여계약을 무효화하지 않고는 X토지에 관한 소유권이전등기를 A 앞으로 원상회복할 수는 없다. 만일 위 증여가 사해행위에 해당한다면 민법 제406조에서 정한 바에 따라 사해행위 취소의 소를 제기하여 위 증여계약을 취소시킬 수 있다. 이처럼 이미 형성된 법률관계를 법원으로 하여금 취소할 수 있도록 허용하는 사해행위 취소의 소는 형성의 소이고, 위 조항의 해석에 따르면, 채권자가 그 법률행위의 상대방인 수익자나 그로부터 전득한 자를 상대로 제기할 수 있다. 이러한 지식을 전제로 하면 원고는 채권자 甲으로, 피고는 수익자 B로 표시해야 한다. 상식에 기대어 채무자 A를 피고로 삼아 사해행위 취소의 소를 제기하였다면 이 부분 소는 부적법하여 각하될 것이다. 결국 어떠한 형성의 소를 제기할 수 있는지, 해당 형성의 소는 누가 누구를 상대방으로 삼아야 하는지, 어떤 법률관계의 형성을 구할 수 있는지에 관해서는 이를 허용하는 법률에 관한 해석을 둘러싼 민사법적 지식이 있어야 올바르게 판단할 수 있다.

4) 공동소송

① 연대채무를 청구하는 것과 같이 소송물인 권리나 의무가 **공통**되거나, ② 하나의 사고에 관하여 여러 사람을 상대로 손해배상 책임을 묻는 것과 같이 사실상 또는 법률상 공통된 **원인**에 의해 발생한 것이거나, ③ 소송물인 권리나 의무가 같은 **종류**이거나 같은 종류의 원인으로 말미암은 경우에는 여러 명의 원고가, 또는 여러 명의 피고를 상대로 소를 제기할 수 있다(법 제65조). 통상 공동소송의 경우 소제기 당시에 정하지 않은 당사자를 소제기 이후에 임의로 추가할 수는 없으니 주의해야 한다.[10]

---

10 대법원 1998. 1. 23. 선고 96다41496 판결. 다만 필수적 공동소송이나 예비적, 선택적 공동소송의 경우에는 제1심 변론

나. 어떻게 표시할 것인가?

[그림2]

```
        ...
┌─────────────────────────────────────────────────────────┐
│ 원고    나권리                                            │ ①
└─────────────────────────────────────────────────────────┘
    ┌─────────────────────────────────────────────────────┐
    │ 서울 서초구 서초로 100 (반포동)                       │ ②
    └─────────────────────────────────────────────────────┘
    ┌─────────────────────────────────────────────────────┐
    │ 소송대리인 변호사 김명변                              │
    │ 서울 서초구 서초로 200, 301호(서초동, 승소빌딩)       │ ③
    │ (전화번호 : ... 이메일 : ... )                       │
    └─────────────────────────────────────────────────────┘

  피고    1. 서채무

              수원시 영통구 법조로 100 (하동)

        ┌───────────────────────────────────────────────────┐
        │ 송달장소 수원시 영통구 월드컵로 100 (원천동)       │ ④
        └───────────────────────────────────────────────────┘
        ┌───────────────────────────────────────────────────┐
        │ 미성년자이므로 법정대리인 부 서춘택, 모 이정아     │ ⑤
        └───────────────────────────────────────────────────┘
        ┌───────────────────────────────────────────────────┐
        │ 2. 주식회사 무상                                   │ ⑥
        └───────────────────────────────────────────────────┘

              수원시 팔달구 월드컵로 310 (우만동)

        ┌───────────────────────────────────────────────────┐
        │ 대표이사 이정아                                    │ ⑦
        └───────────────────────────────────────────────────┘
        ...
```

위 ①처럼 당사자 표시의 **첫째 줄**에는 자연인인 경우 **성명**을 기재하고, 법인인 경우는 위 ⑥처럼 그 **명칭**을 표시한다.

민사사건의 판결서에는 성명과 주소로만 당사자를 표시하고 원칙적으로 **주민등록번호**를 기재하지 않는다.[11] 따라서 소장에 주민등록번호의 기재가 필수적인 것은 아니다.[12]

종결시까지 법원의 허가를 받아 당사자를 추가할 수 있다(법 제68조, 제70조).

[11] 민사판결서의 경우, 개인정보보호법의 취지에 따라 2015. 1. 1.부터는 등기의 의사표시를 명하거나 공유물분할을 내용으로 하는 판결서를 제외한 민사판결서의 당사자 등 표시란에 주민등록번호를 기재하지 않고 성명과 주소만 기재하였었다. 그러나 개정 민사소송규칙(대법원규칙 제2771호)의 시행에 따라 **2018. 3. 26.부터는** 등기의 의사표시를 명하거나 공유물분할을 내용으로 하는 판결서의 당사자 등 표시란에도 주민등록번호를 기재하지 않게 되었다[재판서 양식에 관한 예규(재일 2003-12)(재판예규 제1687호) 제9조 제1항 참조]. 이로써 등기소에서 집행절차가 이루어지지 않는 자동차등록 등 등록의 의사표시를 명하는 민사판결서의 경우에만 원고·피고 등 표시란에 주민등록번호를 기재한다. 참고로 대법원의 규칙이나 예규는 대법원 종합법률정보(https://glaw.scourt.go.k)에서 확인할 수 있다.

[12] 2019 민사실무, 44쪽. 다만 민사집행규칙 제19조 제1항 제4호는 강제집행을 하기 위해서 법원에 집행문을 내어 달라는 신청을 할 때 집행권원에 채권자·채무자의 주민등록번호가 적혀 있지 않은 경우에는 채권자·채무자의 주민등록번호에 관한 사항을 밝히도록 규정하고 있다. 이처럼 강제집행으로 나아갈 경우에는 채무자의 주민등록번호를 밝혀야 하므로, 강제집

위 ②처럼 **둘째 줄**에는 **주소**를 기재한다. 주소는 당사자의 특정뿐만 아니라 소송 관련 서류를 송달할 기준이 된다. 주민등록상 주소와 실제 거주지가 다른 경우는 주민등록상 주소를 우선 기재하고 실제 거주지는 ④와 같이 별도로 **송달장소**라는 항목으로 기재하는 것이 좋다.[13]

다음 줄에는 위 ③처럼 변호사와 같은 **소송대리인**이나, 미성년자와 같이 소송무능력자에 대해서는 위 ⑤처럼 그를 대리할 **법정대리인**, 법인인 경우 위 ⑦처럼 그 **대표자**를 표시한다.

여기서 판결의 효력을 직접 받는 당사자는 첫째 줄에 한꺼번에 표시하는 것이 원칙이다. 파산관재인은 파산선고를 받은 채무자를 대신해서 소송의 당사자가 된다.[14] 따라서 파산채무자에 대한 소를 제기하기 위해서는 파산채무자가 아닌 파산관재인을 소송의 당사자로 삼아야 한다. 즉,

피고 파산채무자 김복동의 파산관재인 박관재
　　　서울 서초구 서초로 200 (반포동)

라고 적어야 한다.[15] 파산관재인은 채무자의 대리인이 아니라 파산관재인이 바로 당사자 적격자이기 때문이다.

4. 청구취지

가. 작성의 원칙

청구취지는 소제기를 통해서 법원으로부터 받고자 하는 판결의 주문이다. 소송의 가장 핵심적인 부분이라고 해도 과언이 아니다. 소를 제기하는 목적이 바로 청구취지와 같은 주문의

행을 염두에 둔다면 소장에 주민등록번호를 쓰지 않더라도 상대방의 주민등록번호를 미리 수집해 둘 필요가 있다. 한편, 전자소송의 경우 피고가 사용자등록과정에서 주민등록번호와 주소를 입력하여야 하므로 위와 같은 문제가 없다.

13 앞서 본 바와 같이 강제집행을 위해서 집행문의 부여를 신청하는 경우에는 채무자의 주민등록번호를 밝혀야 하므로, 만일 피고의 주민등록지와 다른 곳을 주소로 표시된 판결이 확정되어 그에 따라 강제집행으로 나아간다면, 주민센터 등을 통해서 피고의 주민등록상 주소와 주민등록번호를 확인하기 어려워 실제 강제집행이 곤란해 질 수도 있다. 한편 소유권이전등기를 신청하는 경우에는 등기의무자의 주소를 증명하는 정보를 등기소에 제공하여야 하는데(부동산등기규칙 제46조 제1항 제6호 단서), 만일 소유권이전등기를 명하는 판결 상에 기재된 등기의무자인 피고의 주소가 주민등록지가 아니라면, 주민등록등본과 같이 피고의 주소를 증명하는 정보를 확보하거나 그 동일성을 증명하기 어려울 수 있어서 이 경우에도 피고의 주민등록지를 파악하여 이를 주소로 표시할 필요가 있다.

14 채무자 회생 및 파산에 관한 법률 제359조

15 잘못된 예(아래의 예는 당사자가 피고 김복동이고, 파산관재인이 그 대리인이라는 뜻이 되어 부적절하다) :
　피고 김복동
　　　서울 용산구 신흥로 100 (후암동)
　　　파산관재인 박관재
　　　서울 서초구 서초로 200 (반포동)

판결을 선고받고자 하는 것이기 때문이다. 법원은 사건의 심리결과 청구취지 이상의 권리가 존재하는 것으로 확인되더라도 **처분권주의 원칙**(법 203조)에 따라 당사자가 제기하는 청구취지의 한도 내에서만 권리의 존부를 선언할 수 있다. 결국 청구취지를 잘못 적시한 위험은 원고가 질 수밖에 없다.

법원이 청구취지와 같은 주문의 판결을 선고하여 그것이 확정되면, 이를 기준으로 당사자 사이의 법률관계가 확정된다. 특히 이행의 소의 경우 이를 토대로 강제집행으로 나아갈 수 있게 된다. 판결에 따라 강제집행을 담당하는 공무원은 원칙적으로 판결의 주문만을 보면서 강제집행 업무를 수행할 뿐이다. 따라서 별도로 청구원인이나 그 밖에 청구취지 이외의 다른 부분을 참조하지 않더라도, 청구취지에 적힌 문장의 해석만으로도 구체적인 강제집행금액이나 강제집행의 대상과 행위를 특정할 수 있도록 하여야 한다. 목적물이 많거나 특정을 위해 기재할 사항이 많아서 청구취지란에 그대로 적으면 너무 길어지거나 산만해져서 청구취지를 한눈에 파악하기 어렵다면 별지를 활용하여 소장 뒤에 첨부하는 방식으로 청구취지를 쓸 수 있다. 이 경우에도 별지 내용은 청구취지의 일부가 된다. 요컨대 청구취지는 오로지 기능적 관점에서 산술적으로나 해석상 빈틈이 없도록 엄밀하게 적어야 한다.

나. 이행의 소의 경우

1) 금전지급의 청구

금전지급을 구하는 청구취지는 그 기재만으로 누가 누구에게 구체적으로 얼마의 지급을 구하는지를 특정할 수 있어서 강제집행에 지장이 없도록 하여야 한다.

① 피고는 원고에게 10,000,000원을 지급하라.
② 피고 이을남, 최병기는 연대하여[16] 원고에게 10,000,000원을 지급하라.
③ 피고들은 원고에게 각 5,000,000원을 지급하라.

위 ①은 누가 누구에게 얼마의 지급을 구하는지 명확하게 특정되어 있음을 알 수 있다. 위 ②는 중첩관계를 표시한 것으로, 피고들 중 누구에게든 10,000,000원을 강제집행할 수 있다는 뜻이 되어 역시 특정에 문제가 없다(다만 원고는 누구에게든 총 1,000만 원을 받으면 추가로 강제집행할 수 없게 된다). 위 ③은 피고들이 피고 A, B인 경우, 피고 A는 원고에게 500만 원을, 피고 B 역시 원고에

---

[16] 법률상 연대의무를 지는 경우 "연대하여"로 표시하고, 그 외에 부진정연대의무 등과 같이 같은 금액을 공동으로 책임을 지는 경우는 "공동하여"로 표시한다. 다만 어음법 내지 수표법에 따라 그 전액에 관하여 공동책임을 지는 경우는 법률 문언에 따라 "합동하여"라고 표시한다(어음법 제47조 제1항, 수표법 제43조 제1항 참조).

게 500만 원을 개별적으로 지급하라는 뜻이다. 만일 위 ③에서 "각"을 누락했다면, 분할채무의 원칙(민법 제408조)이 적용되어, 피고별로 균등하게 나눈 금액, 즉 250만 원씩을 개별적으로 청구한 셈이 된다. 글자 하나로 인해서 큰 금액 차이가 발생할 수도 있으므로 주의해야 한다.

다음으로는 지연손해금과 같은 부대청구 부분에 대하여 본다.

① 피고는 원고에게 10,000,000원과[17] 이에 대하여 2018. 1. 1.부터 이 사건 소장 부본 송달일까지는 연 5%의, 그 다음 날부터 다 갚는 날까지는 연 12%의[18] 각 비율로 계산한 돈을 지급하라.

② 피고는 원고에게 10,000,000원과 그중 3,000,000원에 대하여는 2018. 1. 1.부터, 7,000,000원에 대하여는 2018. 7. 1.부터 각 이 사건 소장 부본 송달일까지는 연 5%의, 그 다음 날부터 다 갚는 날까지는 연 12%의 각 비율로 계산한 돈을 지급하라.

위 ①은 실무상 가장 많이 쓰는 유형의 청구취지이다. 원금금액은 특정이 되어 있으나, 연 5%의 비율로 계산할 종기가 "이 사건 소장 부본 송달일까지"로 적혀 있고, 연 12%의 비율로 계산할 종기가 "다 갚는 날까지"로 적혀 있어서 그 특정 여부에 의문이 들 수 있다. 그러나 그 특정은 강제집행시까지 가능하면 족하다. "이 사건 소장 부본 송달일"은 소송 중에 특정될 것이고, "다 갚는 날"은 강제집행 과정에서 특정될 수 있으므로 이 정도의 기재로도 문제는 없다.

위 ②는 원금 중 금액별로 이자나 지연손해금의 기산일이 서로 다른 경우에 관한 청구취지의 기재이다. 어느 경우이든 정확하게 이자나 지연손해금을 계산하여 강제집행에 문제가 없도록 하여야 한다. 시기나 종기가 누락되면 이에 관한 강제집행도 불가능하게 될 수 있다.

다음의 예를 보면서 청구취지에 어떤 문제가 있는지 살펴보자.

---

17 이를 "10,000,000원 **및**"으로 표현할 수도 있다. 다만 "10,000,000원에 대하여"로 표현하는 것은 원본을 제외하고 지연손해금만 구하는 취지가 될 수 있으므로 주의하자.

18 참고로 금전채무의 전부 또는 일부의 이행을 명하는 판결을 선고할 경우, 금전채무 불이행으로 인한 손해배상액 산정의 기준이 되는 법정이율은 그 금전채무의 이행을 구하는 소장 또는 이에 준하는 서면이 채무자에게 송달된 날의 다음 날부터는 연 12%가 된다(소송촉진 등에 관한 특례법 제3조 제1항, 소송촉진 등에 관한 특례법 제3조 제1항 본문의 법정이율에 관한 규정 참조). 따라서 통상 금전지급을 구하는 소를 제기하는 경우, 당사자 사이에 종전에 약정한 이자율 내지 지연손해금률이 연 12%에 미치지 못한다면, 소장 부본 송달일 다음 날부터 다 갚는 날까지는 연 12%의 비율로 정한 지연손해금의 지급을 청구할 수 있고, 그렇게 하는 것이 원고에게 유리하다.

〈연습문제〉

> ① 피고는 10,000,000원을 지급하라.
> ② 피고는 원고에게 매매대금 10,000,000원을 지급하라.
> ③ 피고는 원고에게 10,000,000원과 이에 대하여 2020. 1. 1.부터 연 12%의 비율로 계산한 돈을 지급하라.
> ④ 피고는 원고에게 10,000,000원에 대하여 이 사건 소장 부본 송달일 다음 날부터 다 갚는 날까지 연 12%의 비율로 계산한 돈을 지급하라.
> ⑤ 피고들은 원고에게 10,000,000원을 지급하라.
> ⑥ 피고는 원고에게 10,000,000원과 이에 대하여 2020. 1. 1.부터 2020. 12. 31.까지는 연 10%의, 그 다음 날부터 이 사건 소장 부본 송달일까지는 연 5%의, 그 다음 날부터 다 갚는 날까지는 연 12%의 각 비율로 계산한 돈을 지급하라.

위 ①은 피고가 이행하여야 할 상대방, 즉 "원고에게"가 누락되어 있어서 부적절하다.

위 ②는 강제집행 자체에는 지장이 없으나, 돈의 성격을 "매매대금"이라고 적은 부분은 불필요하기 때문에 부적절하다. 청구취지에는 오로지 판결의 주문으로 구하는 것만 적어야 하고, 불필요한 군더더기를 기재해서는 안 된다는 점에 유의해야 한다.

위 ③은 연 12%로 계산해야 할 종기의 기재가 없기 때문에 강제집행 금액을 특정할 수 없어서 부적절하다.

위 ④는 그 자체로 잘못된 것은 아니나, 이는 10,000,000원의 원본은 청구하지 아니한 채 이에 대한 지연손해금만 청구하는 뜻으로 이해되므로, 그 진의가 원본의 지급도 구하는 것이라면 잘못된 기재가 된다. 이때에는 "10,000,000원에 대하여"를 "10,000,000원과 이에 대하여"로 수정해야 한다. 청구취지는 한 글자의 누락으로도 큰 차이가 발생할 수 있으므로 오해가 발생하지 않도록 물샐 틈 없이 철저하게 작성해야 함을 주의하자.

위 ⑤에서 여러 명의 피고들을 상대로 1,000만 원을 피고의 수로 분할한 금액만큼을 각각 청구하는 경우라면 그 청구취지의 기재에 잘못이 없으나, 피고들이 연대채무자 또는 부진정연대채무자들로서 피고들을 상대로 총액 1,000만 원을 중첩적으로 청구하는 것이라면 위 ⑤는 "연대하여", "공동하여"를 누락한 잘못이 있게 된다. 여러 명을 상대로 소를 제기할 경우에는 중첩관계의 표시를 누락하지 않도록 유의하여야 한다.

위 ⑥은 위법한 것은 아니지만, 원고가 피고와 이자율을 연 10%로 약정한 경우임에도 변제기 이후의 지연손해금을 약정이율보다 낮은 법정이율을 적용하여 청구하는 것이라면 원고에게 불리한 내용이므로 부적절하다.[19] 따라서 ⑥은 민법 제397조 제1항 단서에 따라 지연손해금에 대

---

19 대법원 2017. 9. 26. 선고 2017다22407 판결 등 참조

한 비율도 약정이자에 대한 비율을 적용하여 "피고는 원고에게 10,000,000원과 이에 대하여 2020. 1. 1.부터 이 사건 소장 부본 송달일까지는 연 10%의, 그 다음 날부터 다 갚는 날까지는 연 12%의 각 비율로 계산한 돈을 지급하라."라고 기재하는 것이 바람직하다.

2) 인도 등 특정행위의 청구

물건의 인도와 같이 특정행위의 이행을 청구하는 경우를 보자. 인도와 같은 대체적 작위의무의 경우는 강제집행이 가능하므로[20] 강제집행에 장애가 발생하지 않도록 집행 대상물과 이에 대한 행위 내용을 정확하게 특정하는 것이 필요하다.

① 피고는 원고에게 서울 강남구 삼성동 101(선릉로50길 1) 지상 목조 슬레이트지붕 단층 주택 300m²[등기기록상 표시 : 같은 동 101(선릉로50길 1) 지상 목조 기와지붕 단층 주택 250m²]를 인도하라.

② 피고는 원고에게 별지 자동차의 표시 기재 자동차를 인도하라.

자동차의 표시

자동차등록번호 30쿠3030
차종 승용차
용도 자가용
차명 쏘렌타
형식 및 연식 4853A - 12 2015
차대번호 KMASFDRE343FE
원동기형식 G4FC

---

[20] 민법 제389조 제2항 후단

③ 피고는 원고에게 과천시 중앙동 1(관문로 47) 지상 별지 도면 표시 창고 40m²를 철거하라.

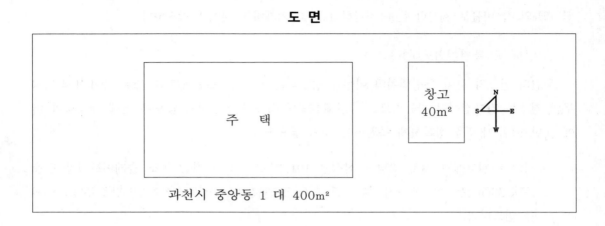

도 면

주 택

창고
40m²

과천시 중앙동 1 대 400m²

위 ①은 실무상 자주 있는 부동산에 대한 인도를 구하는 청구취지이다. 의무자와 권리자, 집행 대상물과 행위를 특정하면 된다.[21] 주의해야 할 점은 등기부상 표시와 실제 현황이 서로 다른 경우 실제 현황을 중심으로 적어야 한다는 것이다.[22] 집행관은 실제 부동산에 임하여 그 현황을 기준으로 강제집행 업무를 수행할 것이기 때문이다.

위 ②는 자동차의 인도를 구하는 청구취지이다. 자동차등록증에 기재된 주요사항을 활용하여 집행대상인 자동차를 특정했다.[23]

위 ③은 건물의 철거를 구하는 청구취지이다. 도면을 활용하여 강제집행 대상을 정확하게 특정했다.

3) 의사의 진술을 구하는 청구

의사의 진술을 명한 판결이 확정된 때에는 그 판결로 권리관계의 성립을 인낙하거나 의사를 진술한 것으로 본다(민사집행법 제263조). 따라서 상대방의 의무가 특정한 의사를 진술하는 것일 경우에는 달리 강제집행절차가 있는 것이 아니고 의사의 진술을 명한 판결이 확정되면 당사자가 그 주문에 기재된 의사를 진술한 것으로 의제된다. 따라서 원고의 필요에 따라 상대방이 해야 할 의사의 진술 내용을 정확하게 청구취지에 특정해야 한다.

---

21 통상 토지의 경우 "지번"으로 특정하고, 건물의 경우는 지번+"지상"+구조, 층수, 용도, 면적으로 특정한다.
22 민사재판실무 87쪽
23 민사재판실무 89쪽

① 피고는 김삼순(주소 : 서울 서초구 방배로 32)에게 2018. 3. 1. 피고와 김삼순 사이에 체결된 임대차계약에 따른 피고의 김삼순에 대한 임대차보증금반환채권 중 1,000만 원이 2019. 5. 1. 원고에게 양도되었음을 통지하라.

② 피고는 원고에게 강원 평창군 평창읍 1 전 100m²에 관하여 2020. 5. 1. 매매를 원인으로 한 소유권이전등기절차를 이행하라.

③ 피고는 원고에게 강원 평창군 평창읍 1 전 100m²에 관하여 춘천지방법원 평창등기소 2018. 10. 1. 접수 제21345호로 마친 소유권이전등기의 말소등기절차를 이행하라.

위 ①은 피고가 원고에게 임대차보증금 반환채권 중 일부를 양도하였으나 그 양도통지의무를 해태하고 있어서 피고로 하여금 채권양도를 통지할 것을 구하는 청구취지이다. 상대방이 해야 할 의사표시의 내용을 그 필요에 따라 적절히 표현해 주면 된다.[24]

위 ②는 매매에 기한 소유권이전등기절차에 관한 의사표시를 구하는 청구취지이다. 여기서 단순히 "～등기절차를 이행하라."라고 표시하여 마치 특정 행위에 대한 청구인 것처럼 보이나, 그 성격은 의사진술을 구하는 청구취지의 일종임에 주의하여야 한다. 부동산등기법은 원칙적으로 등기를 등기권리자와 등기의무자가 공동으로 신청하도록 규정하고 있어서(부동산등기법 제23조 제1항), 부동산에 관하여 매매계약을 체결하고 그에 따라 소유권이전등기를 하려면 매매계약과는 별도로, 매도인이 매수인에게 해당 부동산에 관하여 매매에 따른 소유권이전등기를 신청하겠다는 의사가 필요하다. 매매계약을 체결하였음에도 매도인이 소유권이전등기에 관한 신청의사를 표명하지 않는다면, 위와 같은 청구취지의 소를 제기하여 그 승소판결을 받아 그것이 확정되면 매도인의 소유권이전등기에 관한 신청의사가 있는 것으로 의제된다.[25] 그러면 매수인(등기권리자)은 자신의 신청의사와, 위 판결로 간주된 매도인(등기의무자)의 신청의사를 모두 갖추게 되어 관할 등기소를 통하여 소유권이전등기를 마칠 수 있게 된다.

이 경우 구체적인 청구취지의 내용은 등기사항이 무엇인지에 따라 정해진다. 그러한 등기사항에 대한 등기의무자의 신청의사를 대신하는 것이기 때문이다. 신청의사에는 각종 등기에 관하여 부동산등기법에서 요구하는 내용이 포함되어야 한다. 예를 들어 소유권이전등기에 관하여는 부동산등기법 제48조 제1항에 따라 순위번호, 등기목적, 접수연월일 및 접수번호, 등기원인 및 그 연월일, 권리자를 기재해야 한다. 이때 순위번호나 접수연월일 및 접수번호는 등기신청시에 그 절차에 따라 정해지는 것이므로 매도인의 등기 신청의사에 포함될 필요는 없고,

---

24 단, 위 판결은 피고의 의사표시만 의제하므로, 실제로 그 확정판결을 해당 채무자에게 보내 주어 도달케 하여야 통지의 효과가 발생한다.

25 따라서 이에 기해서 등기소를 통하여 등기를 실행하는 것은 엄밀한 의미에서 강제집행에 해당된다고 볼 수 없다.

나머지 **등기목적**(가령, 소유권이전), **등기원인 및 그 연월일**(가령, 2020. 5. 1. 매매), **권리자**가 등기의 신청의사에 포함되어야 한다. 따라서 이전등기를 구하는 청구취지에는 이 세 가지가 포함되어야 하고, 이들 중 하나라도 누락되면 승소판결을 받고도 등기를 할 수 없는 경우가 발생할 수 있다.

위 ③과 같이 이미 마쳐진 소유권이전등기를 말소할 것을 구하는 청구취지의 경우, 원칙적으로 말소되는 등기만 특정하면 되고 이전등기의 경우와 같이 말소하게 된 원인을 적을 필요는 없다. 부동산등기법 제57조에 의하면, 해당 등기의 등기명의인 등 이해관계인의 승낙이 있으면 그 등기를 말소할 수 있기 때문이다. 통상 말소되는 대상 등기는 해당 **등기소명칭**, 등기의 **접수일자와 접수번호, 등기목적**(가령, 춘천지방법원 평창등기소 2018. 10. 1. 접수 제21345호로 마친 소유권이전등기)으로 특정된다.

그렇다면 전세권설정계약에 따라 전세권의 등기를 구하는 청구취지는 어떻게 써야 할까? 부동산등기법 관련 규정을 살펴보아야 답을 알 수 있다. 부동산등기법 제72조 제1항에 따르면, 소유권이전등기의 경우와 같은 위 사항, 즉 등기목적, 등기원인 및 그 연월일, 권리자 이외에 전세금(또는 전전세금), 범위, 존속기간, 위약금 또는 배상금, 민법 제306조 단서의 약정, 전세권설정이나 전전세의 범위가 부동산의 일부인 경우에는 그 부분을 표시한 도면의 번호를 기록하도록 하고 있다.[26] 따라서 전세권의 등기를 구하는 청구취지에는 위 사항이 잘 포함될 수 있도록 하면 된다.

다. 확인의 소

확인의 소는 확인을 구하는 법률관계를 특정하고, 이에 대해서 확인을 구하는 취지를 명시하면 된다.

① 원고의 피고에 대한 2018. 5. 1. 소비대차계약에 기한 원금 10,000,000원과 이에 대한 이자 및 지연손해금 채무는 존재하지 아니함을 확인한다.

② 원고의 피고에 대한 2018. 5. 1. 소비대차계약에 기한 채무는 1,000만 원을 초과하여서는 존재하지 아니함을 확인한다.

③ 이순규(주소 : 서울 관악구 봉천로 12)가 피고의 대표자 지위에 있지 아니함을 확인한다.

④ 강원 평창군 평창읍 1 전 100㎡가 원고의 소유임을 확인한다.

---

26 위 사항 중 전세금, 범위 및 전세권설정이나 전전세의 범위가 부동산의 일부인 경우에는 그 부분을 표시한 도면의 번호를 제외한 나머지 사항은 약정이 있는 경우에 한한다(부동산등기법 제72조 제1항 단서).

위 ①은 통상적인 채무 부존재 확인을 구하는 청구취지이다. 부존재의 확인을 구하는 채무를 당사자와 차용일자, 채무내용으로 특정하였다. 그 밖의 법률관계도 통상적으로 당사자와 행위일자, 행위내용으로 특정하는 것이 보통이다.

위 ②는 원고가 피고로부터 2018. 5. 1. 5,000만 원을 빌렸다가 4,000만 원을 갚아서 현재 채무가 1,000만 원밖에 안 남았음에도, 피고가 여전히 5,000만 원의 채무가 남아 있다고 주장하는 경우에, 원고가 변제로 소멸한 4,000만 원 부분의 채무가 부존재함을 확인받고자 하는 청구취지이다. 상식적으로 생각하면 부존재하는 4,000만 원을 청구취지에 명시하여 "피고의 원고에 대한 2018. 5. 1. 소비대차계약에 기한 4,000만 원의 채무는 존재하지 아니함을 확인한다."고 적고 싶을 수도 있으나, 이와 같은 표현은 위 소비대차로 4,000만 원을 빌렸는데 전부 다 갚아서 현재 위 채무가 모두 소멸하였다는 주장으로 읽힐 수 있기 때문에 엄밀하지 못한 표현이 된다. 따라서 어색해 보일 수는 있으나 위 ②와 같이 표현하는 것이 정확하므로 이를 잘 익혀 두어야 한다.

위 ③은 단체를 상대로 특정인이 그 대표자 지위에 있지 아니함의 확인을 구하는 청구취지이다. 이 경우도 그 확인을 구하는 특정인과 확인을 구하는 내용을 명시하면 된다. 앞서 설명한 바와 같이 위 소는 단체를 피고로 삼아야 하고, 그 특정인을 피고로 삼아서는 확인의 이익이 인정되지 않는다.

위 ④는 소유권의 확인을 구하는 청구취지이다. 공동소송이어서 확인을 구하는 당사자가 구별되어야 하는 경우라면, 그 앞에 "원고 김갑동과 피고 이을남 사이에"와 같이 확인을 구하는 당사자를 추가하여 주면 된다.

라. 형성의 소

형성소송의 경우 바꾸고자 하는 대상인 법률행위와 변경을 구하는 취지를 정확하게 명시하면 된다.

① A와 피고 B 사이에 강원 평창군 평창읍 1 전 100m²에 관하여 2020. 6. 2. 체결된 증여계약을 취소한다.
② 피고의 2020. 7. 1. 주주총회에서 김윤상을 대표이사로 선임한 결의를 취소한다.

위 ①은 앞서 예로 든 사해행위 취소의 경우를 청구취지로 표현한 것이다. 취소할 사해행위에 해당하는 증여계약을 당사자와 행위일자, 대상물로 특정한 다음 이를 '취소한다.'라고 적으면 된다.[27] 형성의 소는 법원에 법률관계를 변경할 권한을 부여한 것이므로, 취소의 주체는

---

[27] 사해행위 취소의 소는 그 취소를 구하는 형성의 소와 그 재판에 따른 형성의 결과 원상회복을 구하는 이행의 소가 복합적으

법원이다. 따라서 "～를 취소한다."라고 적어야 하고, "피고는 ～를 취소하라."라고 적지 않는 다는 점에 주의할 필요가 있다.

위 ②는 상법 제376조에 따라 주주총회 결의 취소를 구하는 청구취지이다. 마찬가지로 취소대상인 결의를 일자와 결의안을 명시하는 방법으로 특정하였다. 결의가 길거나 여러 개인 경우에는 별지를 활용하는 것이 좋다. 즉, 청구취지에 "피고의 별지 목록 기재 각 결의를 모두 취소한다."라고 적고, 별지에 해당 결의를 특정하여 기재하면 된다.

마. 대위청구

앞서 언급한 바와 같이 민법 제404조에 의하면, 채권자는 자기의 채권을 보전하기 위해서 채무자의 권리를 행사할 수 있다. 이에 따라 채권자는 필요한 경우 채무자의 권리를 행사하기 위하여 채권자대위의 소를 제기할 수 있고, 이때 원고는 채권자가 되고 피고는 피대위채권의 채무자, 즉 제3채무자가 된다고 설명하였다. 원칙적으로 보전의 필요성이 인정되고, 그 권리가 채무자에게 전속적인 것이 아닌 한, 대위되는 권리에 특별한 제한이 없기 때문에 앞서 설명한 다양한 청구취지를 채권자대위권의 행사로써 제기할 수도 있다.

① 피고 C는 **소외 B**(주민등록번호 : 860921-1928345, 주소 : 용인시 수지구 죽전로 30)에게 강원 평창군 평창읍 1 전 100m²에 관하여 춘천지방법원 평창등기소 2018. 10. 1. 접수 제 21345호로 마친 소유권이전등기의 말소등기절차를 이행하라.

② 1. 피고 C는 피고 B에게 강원 평창군 평창읍 1 전 100m²에 관하여 2020. 5. 1. 매매를 원인으로 한 소유권이전등기절차를 이행하라.
　 2. 피고 B는 원고 A에게 제1항 기재 토지에 관하여 2020. 6. 1. 매매를 원인으로 한 소 유권이전등기절차를 이행하라.

③ 피고는 **원고에게** 10,000,000원을 지급하라.

로 결합되어 있다. 따라서 사해행위 취소를 구하고 그 원상회복을 위해서는, "2. 피고 B는 A에게 제1항 기재 토지에 관하여 춘천지방법원 평창등기소 2020. 6. 8. 접수 제1234호로 마쳐진 소유권이전등기의 말소등기절차를 이행하라."와 같은 이행의 소의 청구취지를 추가할 필요가 있다. 만일 종전에 존재했던 근저당권이 사해행위 이후에 말소되어 소유권이전등기의 전부 말소가 불능한 경우에는 일부 취소와 가액배상을 구하는 청구취지를 적어야 하는데(대법원 2002. 4. 12. 선고 2000다63912 판결, 대법원 2001. 9. 4. 선고 2000다66416 판결 등), 이때에는 가액배상의 범위 내에서 취소를 구하여야 하고, 해당 가액의 지급과 취소를 명한 판결의 확정일 다음 날부터 계산한 지연손해금의 지급을 청구할 수 있다. 이 경우 청구취지는 "1. A와 피고 B 사이에 강원 평창군 평창읍 1 전 100m²에 관하여 2020. 6. 2. 체결된 증여계약을 10,000,000원의 한도 내에서 취소한다. 2. 피고 B는 원고에게 10,000,000원과 이에 대하여 이 판결 확정일 다음 날부터 다 갚는 날까지 연 5%의 비율로 계산한 돈을 지급하라."가 된다.

A가 B로부터 X토지를 매수하고 대금을 전부 지급하였는데, 그에 따른 소유권이전등기를 마치기 전에 C가 매매계약서 등을 위조하여 X토지에 관하여 C 앞으로 소유권이전등기를 마쳤다고 해 보자. 원칙적으로는 B가 C를 상대로 C 앞으로 마쳐진 소유권이전등기의 말소를 청구하고, A는 B를 상대로 매매를 원인으로 한 소유권이전등기를 청구하여야 할 것이다. 그런데 B가 C 앞으로 마쳐진 소유권이전등기의 말소를 청구하지 않는 경우가 있을 수 있다. 이럴 경우 A는 B를 대위하여 직접 C를 상대로 C 앞으로 마쳐진 소유권이전등기의 말소를 청구할 수 있다.

위 ①은 채권자대위권을 행사하여 원고 A가 피고 C를 상대로 위조된 매매계약서 등을 원인으로 마쳐진 소유권이전등기의 말소를 청구하는 청구취지다. 여기서 실무상 채무자의 표시 앞에 '소외'라고 써 주기도 하는데 이는 채무자가 이 사건의 당사자가 아니라는 뜻이다(다만 '소외'의 표시가 필수적인 것은 아니다).

다만, 부동산등기법 제48조 제2항에 의하면, 등기관이 등기부에 권리자에 관한 사항을 기록할 때에는 권리자의 성명, 주민등록번호, 주소를 함께 기록하여야 하고, 부동산등기규칙 제46조 제1항 제6호에 의하면, 등기신청을 하는 경우 등기권리자의 주소 및 주민등록번호를 증명하는 정보를 등기소에 제공하여야 하므로, 소송의 당사자 아닌 자가 등기권리자가 되는 위와 같은 대위청구의 경우에는 판결문에 등기권리자의 성명, 주민등록번호, 주소가 표시되어야 판결에 따른 등기를 신청할 수 있다. 따라서 청구취지에 등기권리자인 채무자의 성명, 주민등록번호, 주소를 적을 필요가 있다.

위 ②는 채권자대위권을 행사하여 채무자 B를 대위하여 C를 상대로 매매를 원인으로 한 소유권이전등기의 청구와 채무자 B를 상대로 매매를 원인으로 한 소유권이전등기의 청구를 병합하여 소를 제기하는 경우이다. 이때 C에 관한 청구취지 제1항은 채권자대위청구이고, B에 관한 청구취지 제2항은 채권자대위청구가 아니다.

채권자대위의 소에서 채권자의 채무자에 대한 권리, 즉 피보전채권은 채권자의 자격에 관한 문제에 불과하고, 위 소의 소송물은 채무자의 제3채무자에 대한 권리, 즉 피대위채권이다. 채권자대위의 소는 기본적으로 피대위채권의 실현을 목적으로 하므로, 피고인 제3채무자에 대한 의무이행의 상대방은 위 ①과 같이 피대위채권의 채권자, 즉 피보전채권의 채무자로 표시하는 것이 원칙이다. 당사자가 아님에도 청구취지에 그 표시가 필요한 경우이다.

단, 채권자가 자기의 금전채권을 보전하기 위하여 채무자의 금전채권을 대위행사하는 경우 제3채무자로 하여금 채무자에게 지급의무를 이행하도록 청구할 수도 있지만, 직접 대위채권자 자신에게 이행하도록 청구할 수도 있다.[28] 이처럼 대위채권자가 채무자의 제3채무자에 대한 금

---

28 대법원 2016. 8. 29. 선고 2015다236547 판결

전채권을 직접 자신에게 이행하도록 청구하는 경우 청구취지는 위 ③과 같게 된다. 그 결과 당사자 표시와 청구취지만으로는 그 소가 채권자대위권에 기한 것인지 알기 어렵고, 청구원인 까지 살펴보아야 비로소 채권자대위권의 행사로 인한 것이라는 점을 알 수 있다.

바. 소송비용 부담

소송비용은 패소자가 부담하는 것이 원칙이고(법 제98조), 법원은 판결을 선고할 때 직권으로 소송비용 부담에 관한 재판을 하여야 하나(법 제104조), 법원에 주의를 환기시키기 위해 실무상 청구취지에 이를 적고 있다. 원고는 승소판결을 구하는 것이므로, 단순히 "소송비용은 피고가[29] 부담한다."라고만 적으면 충분하다.

사. 가집행의 선고

재산권의 청구에 관한 판결은 가집행의 선고를 붙이지 아니할 상당한 이유가 없는 한 직권으로 담보를 제공하거나, 제공하지 아니하고 가집행을 할 수 있다는 것을 선고하여야 한다(법 제213조 제1항 본문). 이때 법원은 직권으로 가집행 선고를 하는 것이지만, 법원의 주의를 환기시키기 위해서 가집행 선고가 가능한 경우에는 청구취지에 가집행할 수 있다는 취지를 적는다. 원래 판결에 따른 강제집행은 그 판결이 확정되어야 가능한 것이나, 이와 같이 가집행할 수 있다는 취지의 주문이 포함된 판결이 선고되면, 그 판결의 확정 전이라도 강제집행으로 나아갈 수 있게 된다.[30]

그러나 신분권과 같이 재산권의 청구에 해당하지 아니하거나, 강제집행을 전제로 하지 아니하는 확인의 소 등과 같은 경우에는 판결이 확정되더라도 집행력이 발생하지는 않으므로 가집행을 선고할 수 없다. 또한 확정이 되어야 비로소 효과가 발생하는 의사진술을 명하는 판결(소유권이전등기절차의 이행을 명하는 판결 등)이나 사해행위 취소 등과 같은 형성의 소에 관한 판결에는 원칙적으로 가집행을 선고할 여지가 없다.[31] 따라서 이러한 경우에는 청구취지에 가집행할 수 있다는 기재를 해서는 안 된다.[32]

---

29 피고가 여러 명이라면 "소송비용은 피고들이 부담한다."가 될 것이다.
30 민사집행법 제24조
31 가집행선고에 관한 보다 자세한 설명은 민사재판실무 153~159쪽 참조
32 [그림5] 반소장에서 소유권이전등기절차의 이행을 구하는 청구취지에는 가집행할 수 있다는 기재가 없음에 유의하라.

5. 청구원인

청구취지가 권리나 의무의 선언이라면 청구원인은 이를 정당하게 할 이유이다. 즉, 청구취지와 같은 권리나 의무가 발생해야 함을 설득력 있게 논증하는 영역이 청구원인이다. 그러면 어떠한 논리적 과정을 통해서 권리나 의무가 발생하는지를 보자.

기본적으로 민사법적 논증은 3단논법을 전제로 한다. 추상적 **법리**에 구체적인 **사실관계**를 적용하여 결론을 내리면 구체적인 권리 또는 의무가 발생하거나 권리나 의무의 발생이 저지되는 등의 구체적인 **법률효과**가 발생하는 것이다. 따라서 청구원인에서는 ① 청구취지와 같은 법률효과가 발생하기에 충분한 **법리**와 ② 이러한 법리의 법률요건에 해당하기에 충분한 구체적인 **사실**, 그리고 ③ 법리에 사실관계를 적용하여 그 **법률효과**로 발생한 구체적인 권리나 의무를 명시해야 한다. 그래야 법원이 이를 심사하여 청구취지와 같은 주문의 판결을 선고할 수 있게 된다.

구체적인 청구원인의 내용은 어떤 청구취지를 주장하는가에 따라 매번 달라지므로, 이에 관해서 일률적으로 설명하기는 어렵다. 실제로는 민사법 각 영역의 법률요건과 법률효과에 관한 개별적인 학습과 연구에 의하여 결정될 것이다. 다만 이 책에서는 아래와 같은 사례를 예로 삼아 '청구원인'의 기본적인 작성원리를 제시하고자 한다.

의뢰인 A와 상대방 B는 평소 서로 농사를 도와주면서 이웃집에 살고 있었다. B가 건강이 나빠져서 농사를 더는 지을 수 없게 되자 B는 A에게 자신이 소유하던 X토지를 매수해 줄 것을 권유하였고, 이에 따라 A와 B는 2020. 3. 1. X토지에 관하여 매매계약을 체결하였다. 당시에 매매대금은 1억 원으로 정했고, 계약금 1,000만 원은 위 계약일에 지급하였으며, 중도금은 없이 잔금 9,000만 원은 2020. 4. 1. 지급하기로 하였다. 위 매매계약에서 당사자 중 일방이 계약을 위반하면 상대방에 대하여 계약금 상당액을 지급하기로 하였고, 소유권이전등기는 잔금을 지급받음과 동시에 이행하기로 약정하였다. A가 잔금기일에 나머지 9,000만 원을 전부 지급하였으나, 상대방 B는 그 배우자가 매매에 반대한다면서 소유권이전등기의무의 이행을 차일피일 미루었다. A는 2020. 5. 1. B에게 2020. 5. 10.까지 이전등기에 필요한 서류를 제공해 달라는 뜻이 담긴 내용증명을 보냈다. 그럼에도 B는 지금까지 소유권을 이전해 주지 않고 있다.

가. 법리

기본적으로 법원은 법을 알고 있다고 여겨지므로, 통상적이고 평이한 법리의 경우는 이를 적을 필요가 없다. 가령 매매나 소비대차 같은 경우, 매매계약이 성립되면 매매대금을 지급할 의무가 있다거나, 돈을 빌려주었으면 갚아야 한다는 법리까지 적을 필요는 없다.

그러나 상법 제376조에서 정하는 주주총회 결의 취소의 소의 경우와 같이 법이 그 요건과 절차, 효과를 특별히 정하고 있고, 원고의 청구가 이에 해당함을 주장하는 경우라면, 이에 관한 법리를 법원에 상기시키기 위해서 적어 줄 필요가 있다.

나아가 관련된 법률 문언에 다양한 해석 가능성이 있고, 그것에 관해서 원고에게 유리한 해석이 채택되어 적용될 필요가 있는 경우라면, 원고가 그와 같은 해석을 하게 된 논거부터 시작하여 그와 같이 해석해야 하는 이유를 자세히 논증하여 적시할 필요가 있을 것이다. 결국 어느 정도로 적을 것인가의 문제는 일률적으로 말하기 어렵고 다양한 경험과 학습을 통해서 익혀 나갈 수밖에 없겠다.

위 사안에서 원고가 단순히 매매계약에 따른 소유권이전등기절차의 이행을 청구한다고 하면, 달리 이에 관해 법리[33]를 적을 필요는 없다. 그러나 위 사안에서 원고가 매매계약을 해제하고 원상회복으로 지급된 매매대금의 반환을 구한다면, 매매계약의 해제에 관한 법리와 해제 시 원상회복의 범위에 관한 법리를 적어 주는 것이 일반적인 실무례이다. 원고가 더 나아가 계약금 상당액의 손해배상을 청구하고자 한다면, 손해배상액의 예정에 관한 법리도 적어야 할 것이다. 즉, 이 경우에는,

"당사자 일방이 그 채무를 이행하지 아니하는 때에는 상대방은 상당한 기간을 정하여 그 이행을 최고하고 그 기간 내에 이행하지 아니한 때에는 계약을 해제할 수 있습니다(민법 제544조 본문). 계약이 해제되면 각 당사자는 상대방에 대하여 원상회복의무가 있고(민법 제548조 제1항 본문), 이때 반환할 금전에는 그 받은 날로부터 이자를 가산하여야 합니다(민법 제548조 제2항). 또한 당사자는 채무불이행에 관한 손해배상액을 예정할 수 있고(민법 제398조 제1항), 위약금의 약정은 손해배상액의 예정으로 추정됩니다(민법 제398조 제4항)."

정도로 적을 수 있겠다.

나. 사실

사실관계는 청구원인 중 가장 핵심적인 영역이라고 해도 과언이 아니다. 법원은 원고가 주장하는 사실을 전혀 알지 못하기 때문이다.[34] 사실관계에 관하여는 앞서 적시한 법리를 적용하여 청구취지와 같은 법률효과가 발생하기에 필요하고도 충분한 정도로 그 요건사실을 밝혀야 한다.

---

33 부동산에 관하여 매매계약이 체결되면 소유권이전등기를 마쳐 주어야 한다.

34 간혹 기록형 시험에서 소장을 쓰라는 문제에 대하여, 사례형이나 논술형 답안과 같이, 사실관계에 관한 언급 없이 쟁점을 밝히고 법리만 적은 답안이 제출되는 경우가 있다. 위와 같은 본문의 내용을 고려해 본다면, 이 같은 답안에 소장으로서의 가치가 있다고 보기 어렵다.

　　따라서 당사자로부터 수집한 사실을 전부 그대로 나열하는 것은 바람직하지 못하다. 주장의 요지가 흐려질 수도 있을 뿐만 아니라, 필요한 사실이 누락될 수도 있으며, 의뢰인에게 불리한 사실을 자백하는 것이 될 수도 있기 때문이다. 청구취지와 같은 효과가 발생하기에 필요하고도 충분한 사실만을 추려서 기재하고, 불필요한 사실은 적지 않는 연습이 필요하다.

　　사실관계는 주체, 일시, 상대방, 목적물, 행위의 순서로 적는 것이 좋고, 되도록 권리자를 주어로 적는 것이 자연스럽다.

　　위 사례에 관하여 보면, 어떤 청구취지를 삼아 소를 제기하느냐에 따라 청구원인에 적어야 할 사실이 달라진다. 만일 A가 B를 상대로 소유권이전등기절차의 이행을 청구한다면, 다음과 같다.

　　"원고는 2020. 3. 1. 피고로부터 X토지를 대금 1억 원에 매수하였습니다."

　　이때 피고가 X토지 소유자라거나[35] 계약금이나 잔금일, 그 밖에 위약금을 정했다거나 피고가 소유권이전등기의무를 이행하지 않는다는 등의 사실은 언급할 필요가 없다. 이러한 사실은 상대방의 위와 같은 의무가 발생함에 있어 필수적인 것이 아니기 때문이다.[36]

　　만일 매매계약을 해제하고 매매대금의 반환과 계약금 상당의 손해배상을 청구한다면 그 청구원인은 다음과 같다.

　　"원고는 2020. 3. 1. 피고로부터 X토지를 대금 1억 원으로 하되 계약금 1,000만 원은 계약일에 지급하고, 잔금 9,000만 원은 2020. 4. 1.에 지급하기로 정하여 매수하였습니다. 위 매매 당시 일방이 계약을 위반하면 상대방에게 계약금 상당액을 지급하기로 약정하였습니다. 피고는 원고로부터 계약일에 계약금을, 잔금일에 잔금을 전부 지급받았음에도[37] X토지에 관하여 소유권이전등기의무를 이행하지 않았습니다.[38] 원고는 2020. 5. 1. 피고에게 위 의무를 2020. 5. 10.까지 이행할 것을 최고하였으나 피고는 현재까지도 그 의무를 이행하지 아니하고 있습니다. 이에 원고는 이 사건 소장 부본의 송달로써 위 매매계약을 해제하고자 합니다."

　　단순히 소유권이전을 청구하는 경우와 달리 위와 같이 매매계약의 해제를 주장한다면, 매매계약의 체결, 상대방의 채무불이행 및 동시이행관계에 있는 반대채무의 이행 또는 이행제공, 상대방에 대한 상당한 기간을 정한 채무이행의 최고, 그럼에도 상대방의 상당한 기간 내의 채

---

35 타인 소유의 매매 역시 유효하기 때문에 토지 소유자 여부는 요건사실에 해당하지 않는다.

36 민사재판실무 326쪽

37 이 경우 상대방의 소유권이전등기의무는 원고의 잔금지급의무와 동시이행 관계에 있으므로, 원고가 잔금을 지급함으로써 동시이행항변권이 소멸되었음을 밝혀야 상대방의 소유권이전등기의무 불이행이 위법하게 되어 상대방의 위법한 채무불이행이라는 해제의 요건이 충족될 수 있다.

38 통상적으로 상대방의 채무불이행사실 자체는 요건사실로 등장하는 경우가 매우 드물다. 그러나 이 사안처럼 해제를 주장하는 경우에는 상대방의 채무불이행 사실이 해제의 요건사실 중 하나를 구성하므로 이를 적어야 한다.

무불이행, 해제의사표시의 도달이 모두 필수적인 요건사실이 된다.[39] 이처럼 매매계약을 해제하려면 해제의 의사표시를 하여야 하는데, 위 사례에서 A가 해제의사표시를 한 점이 드러나 있지 않다. 따라서 소장 부본의 송달을 통하여 해제의사표시를 한다는 점 역시 소장에 기재할 필요가 있다.

다. 결론(법률효과)

결론 부분에서는 사실을 법률요건에 적용하여 그에 따른 법률효과가 발생하는 모습을 보여 주어야 한다. 앞서 적시한 법리 및 사실과 중복되는 듯이 보일 수도 있으나, 법률효과가 발생하는 구체적인 과정을 보여 주어야 하므로 이를 적는 것이 필요하다. 위 사례에서 원고가 소유권이전등기절차의 이행을 청구하는 경우라면, 단순히 "따라서 피고는 원고에게 위 매매계약에 따른 소유권이전등기절차를 이행할 의무가 있습니다."라고 적어 주면 충분하다.[40]

그러나 위 사안에서 해제를 주장하여 대금 상당액의 반환과 계약위반으로 인한 계약금 상당액의 손해배상을 청구한다면, 다음과 같이 적는다.

"따라서 위 매매계약은 위 해제의 의사표시로써 적법하게 해제되었으므로, 피고는 원고에게, 원고로부터 지급받은 매매대금 1억 원과 그중 계약금 1,000만 원에 대해서는 이를 받은 날인 2020. 3. 1.부터, 잔금 9,000만 원에 대해서는 이를 받은 날인 2020. 4. 1.부터 각 이 사건 소장 부본의 송달일까지는 민법이 정한 연 5%의 비율로 계산한 법정이자를, 그 다음 날부터 다 갚는 날까지는 소송촉진 등에 관한 특례법이 정한 연 12%의 비율로 계산한 지연손해금을 각 지급할 의무가 있습니다.

또한, 피고는 위와 같이 채무를 불이행하였고, 원고와 피고가 위 매매계약에서 정한 계약금 상당액의 위약금에 관한 약정은 손해배상액의 예정으로 추정되므로, 피고는 원고에게 계약 위반으로 인한 손해배상금 1,000만 원과 이에 대하여 원고가 그 이행을 최고하는 이 사건 소장 부본의 송달일 다음 날부터[41] 다 갚는 날까지 소송촉진 등에 관한 특례법이 정한 연 12%의 비율로 계산한 지연손해금을 지급할 의무가 있습니다."[42]

---

39 보다 자세한 설명은 민사재판실무 327~330쪽 참조.

40 이 경우 청구취지는 "피고는 원고에게 X토지에 관하여 2020. 3. 1. 매매를 원인으로 한 소유권이전등기절차를 이행하라." 가 될 것이다.

41 위약금 1,000만 원에 대해서는 변제기의 정함이 없으므로 피고는 이행청구를 받은 그 다음 날부터 지체책임이 있다(민법 제387조 제2항)

42 이 경우 원고에게 가장 유리한 청구취지는 "피고는 원고에게 110,000,000원과 그중 10,000,000원에 대하여는 2020. 3. 1.부터, 90,000,000원에 대하여는 2020. 4. 1.부터 각 이 사건 소장 부본 송달일까지는 연 5%의, 그 다음 날부터 다 갚는 날까지는 연 12%의, 10,000,000원에 대하여는 이 사건 소장 부본 송달일 다음 날부터 다 갚는 날까지 연 12%의 각 비율로 계산한 돈을 지급하라."가 될 것이다. 청구취지는 앞서 적은 청구원인 중 권리발생의 이유, 해당 날짜와 돈의 성격을

사실을 적을 때는 권리자를 주어로 쓰는 것이 바람직한 반면, 결론 부분에서는 상대방에게 어떤 의무가 있음을 선언하는 것이므로, 여기서는 의무자를 주어로 적는 것이 바람직하다.

라. 직권조사사항에 관한 기재

직권조사사항은 당사자의 주장이 없더라도 법원이 직권으로 그 존부를 조사해야 하는 사항을 말한다. 주로 소의 적법요건인 경우가 많다. 즉, 당사자능력이나 당사자적격이 있는지, 단체가 당사자인 경우 대표권이 있는지, 전속관할 위반이 아닌지, 등기말소를 구하는 청구취지인 경우 상대방이 등기의무자인지, 확인의 소의 경우 확인의 이익이 있는지, 형성의 소의 경우 법령에서 소제기가 허용된 당사자인지 등이 실무상 주로 문제되는 직권조사사항이다.

이와 같은 직권조사사항에 관하여도 경우에 따라서는 이를 기재할 필요가 있다. 예를 들어 법인을 당사자로 삼아 소를 제기하는 경우 적법한 대표자를 표시하여야 하는데, 등기부에 현재 그 대표자로 기록되어 있는 자를 표시한다면, 특별히 대표권이 인정되는 이유에 대해 적을 필요는 없다. 그러나 임시지위를 정하는 가처분 등을 통해서 잠정적인 대표자 지위를 얻은 자를 그 단체의 대표자로 표시한다면, 그 당사자가 법원의 적법한 가처분에 의해 선임된 당사자임을 밝힐 필요가 있을 것이다. 등기의 말소를 구하는 소를 제기하면서 그 상대방이 현재 등기 명의자라면 이로써 소의 이익이 있다는 점을 밝힐 필요는 없겠으나, 현재 등기 명의자가 아님에도 그를 상대로 등기의 말소를 구할 수 있는 예외적인 상황[43]이라면 이에 관해 위 소가 적법함을 밝혀 줄 필요가 있다. 결국 직권조사사항에 관하여 얼마나 적어줄 필요가 있는가 하는 점은 사건의 성질에 따라, 그리고 그것이 쟁점이 될 가능성이 있는지 여부에 따라 달라진다고 할 것이다.

법원은 직권조사사항에 관하여 심사를 한 후 특별히 문제가 없거나 상대방이 이를 쟁점으로 삼아 본안 전 항변 등으로 주장하지 않으면 원칙적으로 판결문에 따로 그 적법 여부에 대한 이유를 적지 않는다.

그러나 소장에서는 직권조사사항 중에서 ① 채권자대위의 소에서의 피보전권리 및 보전의 필요성, ② 장래이행의 소에서의 미리 청구할 필요, ③ 확인의 소에서의 확인의 이익은 항상 기재하여야 하는 것으로 이해할 필요가 있다. 그 이유는 다음과 같다. 채권자대위의 소에서 청구원인에 피보전권리 및 보전의 필요성에 대한 언급 없이 피대위채권의 발생에 관한 요건사실

삭제한 최종 결론과 정확하게 일치하여야 한다.

[43] 등기부상 진실한 소유자의 소유권에 방해가 되는 불실등기가 존재하는 경우에 그 등기명의인이 허무인 또는 실체가 없는 단체인 때에는 소유자는 그와 같은 허무인 또는 실체가 없는 단체 명의로 실제 등기행위를 한 자에 대하여 소유권에 기한 방해배제로서 등기행위자를 표상하는 허무인 또는 실체가 없는 단체 명의 등기의 말소를 구할 수 있다(대법원 2019. 5. 30. 선고 2015다47105 판결).

만을 기재하면, 피대위채권의 채권자도 아닌 원고가 어떤 자격으로 채무자의 권리를 주장하는지 알 수 없게 된다. 장래이행의 소에서 미리 청구할 필요를 밝혀 주지 않을 경우, 변제기가 도래하지 않았음에도 상대방이 이를 이행할 의무가 있다고 판단하게 되는 이유를 알 수 없게 된다. 또한 확인의 소는 이른바 '확인소송의 보충성' 원리에 비추어 원고가 왜 그와 같은 확인을 구하는지를 밝혀 줄 필요가 있다.[44]

마. 경위사실에 관한 기재

소제기에 이르기까지 당사자를 둘러싼 역사적인 사실관계를 경위사실로 적어 주는 경우가 종종 있다. 가사사건에서 이혼을 청구하면서 상대방의 행위가 이혼의 원인이 된 경우 그 불법행위로 인한 손해배상으로 위자료를 청구하는 경우나, 계속적 거래관계를 전제로 한 청구의 경우 그간의 당사자 사이의 역사적 사실관계를 적어주지 않으면 법원이 사건을 제대로 이해하기 어려울 수도 있다. 이러한 경우에는 요건사실은 아니지만, 경위사실을 적는 것이 사건의 이해에 도움을 줄 수 있다.

그러나 경위사실에 매몰되어 필수적 요건사실을 누락하는 일이 없어야 한다. 특히 법학전문대학원 과정에서의 시험이나 변호사시험이라는 관점에서 보자면, 이 부분은 설득력을 강화시키기 위해 부가하여 기재하는 것일 뿐 필수적인 것은 아니라는 점을 항상 주의해야 하고, 되도록 경위사실을 적지 않고, 필수적 요건사실만 기재하는 연습이 필요하다.

바. 상대방의 예상 항변에 대한 주장

법학전문대학원의 기록형 시험에서는 상대방이 주장할 것으로 예상되는 항변에 대한 주장을 소장에 반영하여 적을 것을 요구하는 경우가 있다. 상담자료에서 이미 상대방과 내용증명을 주고받는 등의 방법으로 서로 일정한 주장이 오간 것을 전제로 한 것이다. 1개의 서면으로 다양한 능력을 테스트하기 위한 학습목적에 따라 이루어지고 있는 것으로 보인다.

다만 실무에서 소장에 상대방의 항변을 미리 예상하여 이에 대해 반박하는 내용을 적는 것은 그다지 좋은 전략이라고 보기 어렵다. 소제기 이전에 오간 공방이 소제기된 이후에 그대로 반복된다고 예상할 수도 없고, 오히려 자신의 반박카드를 미리 보여 줌으로써 반격이 무력화될 수도 있으며, 잘못하면 스스로 불리한 사실을 미리 자백하는 경우도 발생할 수 있기 때문이다. 따라서 소장에는 되도록 청구취지를 정당화할 만한 법리와 사실만을 적는 것이 좋다.

다만 학습목적상 시험에서 이와 같은 것을 요구할 필요성이 있음을 부정할 수는 없으므로,

---

44 이에 관하여 보다 상세한 설명은, 제4장 검토보고서의 작성원리 IV. 단계별 검토요령 2. 소송요건의 존부(본안 전 판단)에 대한 검토요령 가. 본안 전 항변이 없는 경우 1) 직권조사사항을 검토한 결과 소송요건의 흠결이 발견되지 않은 경우 참조

이 경우에는 실제 소송에서 상대방이 그와 같은 주장을 하는 것을 전제로 이를 반박하는 준비서면을 쓴다고 생각하고, 소장의 청구원인란에 그 기재를 추가하면 족하다.

6. 그 밖의 기재사항 등

[그림1]에 기재된 그 밖의 기재사항은 다음과 같다.

소는 법원에 소장을 제출함으로써 제기하는 것이므로, 위 ①과 같이 이 서면이 소장임을 명시하여야 한다.

위 ③과 같이 사건명을 적는다. 원고가 소장에 적은 사건명은 법원에서 사건명으로 사용하게 되므로 사건의 성격을 잘 드러낼 수 있는 용어를 사용하여 적절히 적어 준다. 여러 가지 청구를 하는 경우에는 대표적인 것 중 1개를 선정하여 "등 청구의 소"라고 적어 주면 족하다.

위 ⑥, ⑦과 같이, 소장과 함께 제출하는 서증 등의 증명방법과 첨부서류를 적어야 한다(규칙 제63조). 이때 증명방법으로 원고가 제출하는 서증은 "갑" 다음에 제출순서에 따른 번호를 붙여서 "갑 제1호증"으로, 피고가 제출하는 서증은 "을" 다음에 제출순서에 따른 번호를 붙여서 "을 제1호증"으로 표시해야 하고, 당사자가 여럿일 경우에는 갑 다음에 가, 나, 다 등의 가지부호를 붙여서 "갑가 제1호증, 갑나 제1호증"과 같이 표시해야 한다(규칙 제107조). 한편 서증을 제출한 때에는 상대방의 수에 1을 더한 수의 사본을 함께 제출하여야 한다(규칙 제105조 제2항 본문). 1부는 법원에 소송기록으로 편철하고 나머지는 상대방 당사자에게 송달하여 주어야 하기 때문이다. 따라서 ⑦ 첨부서류 중 증명방법은 상대방의 수에 1을 더한 수만큼 기재하여야 한다. 통상 나머지 첨부서류로는, 소정의 인지대를 납부하였음을 증명하는 '영수필확인서'(민사소송 등 인지규칙 제29조, 제28조의2 참조), 송달료를 납부하였음을 증명하는 '송달료납부서'(규칙 제19조 제1항 제1호 참조), 변호사 등 소송대리인의 소송대리권을 증명하는 소송위임장과 피고의 수에 상응하는 소장 부본을 기재한다. 다만 통상 시험에서는 위 증명방법이나 첨부서류에 관한 기재는 생략되는 경우가 많다.

소장도 문서이므로, 위 ⑧, ⑨와 같이 문서의 작성일자와 작성 명의자를 밝혀 주어야 한다.

소장의 제출 상대방인 해당 법원도 위 ⑩과 같이 밝혀야 하는데, 민사소송법의 관할 관련 규정에 따라 이 사건에 관하여 관할권이 인정되는 법원 중 하나를 지정해야 한다.

소장은 특별한 사정이 없으면 A4(가로 210mm×세로 297mm) 크기의 용지에 세워서 적되, 위로부터 45mm, 왼쪽 및 오른쪽으로부터 각각 20mm, 아래로부터 30mm(장수 표시 제외)의 여백을 두어야 하고, 글자크기는 12포인트(가로 4.2mm×세로 4.2mm) 이상으로 하며, 줄간격은 200% 또는 1.5줄 이상으로 작성해야 한다(규칙 제4조 제2항).

Ⅱ   답변서

1. 답변서의 기본구조

피고가 원고의 청구를 다투는 경우에는 소장의 부본을 송달받은 날부터 30일 이내에 답변서를 제출하여야 한다(법 제256조 제1항).[45] 답변서 역시 앞서 본 소장과 같이 준비서면에 관한 규정이 준용된다(법 제256조 제4항). 이와 같은 규정취지에 따라 답변서의 기본적 구조는 다음의 [그림3]과 같은 예시 답변서 기재와 같다.

---

[45] 피고가 답변서를 제출하지 아니하는 때에는 청구의 원인이 된 사실을 자백한 것으로 보고 변론 없이 판결할 수 있다(법 제257조 제1항).

[그림3]

# 답변서	①
사　건 2021가합1234 매매대금 청구	②
원　　　고 나정훈 피　　　고 서영우 　　　　　소송대리인 변호사 윤찬준 　　　　　수원시 영통구 법조로 100, 601호(하동, 신대빌딩) 　　　　　전화번호 : 031-539-2002 이메일 : ycj@kmail.com	③
위 사건에 관하여 피고의 소송대리인은 다음과 같이 답변합니다.	④
청구취지에 대한 답변 1. 원고의 청구를 기각한다. 2. 소송비용은 원고가 부담한다. 라는 판결을 구합니다.	⑤
청구원인에 대한 답변 　원고가 2019. 10. 1. 피고에게 춘천시 중앙로 10 대 100m²를 대금 1억 원에 매도한 사실은 피고도 다투지 아니합니다.	⑥
원고는 원고가 2019. 11. 1. 피고에게 춘천시 중앙로 11 대 200m²를 대금 1억 5,000만 원에 매도하였다고 주장하나, 피고의 동생인 서웅우가 원고로부터 위 대지를 매수한 것일 뿐, 피고가 위 대지를 매수한 사실은 없습니다.	⑦
한편 피고는 원고에게 2019. 10. 15. 춘천시 중앙로 10 대 100m²에 관한 매매대금 1억 원을 지급하였습니다. 위 변제로 위 매매대금 지급의무는 소멸하였습니다.	⑧
증명방법 1. 을 제1호증(서웅우의 사실확인서)	⑨
첨부서류 1. 위 증명방법　　2통 　…	⑩
2021. 3. 1.	⑪
피고 소송대리인 변호사 윤찬준 (인)	⑫
수원지방법원 제3민사부 귀중	⑬

2. 표제(①)

답변서라는 표제를 적어 준다.

3. 사건번호 및 사건명(②)

원고가 소장을 접수하면 법원은 원고가 지정한 사건명을 활용하여 사건번호를 지정한다. 접수년도 다음에 민사 제1심 단독사건은 "가단", 합의사건은 "가합"으로 기재하고 나머지 번호는 접수순서 등을 변수로 하여 법원이 부여한다. 소장 부본을 송달받으면 그 사건번호와 사건명을 알 수 있으므로 이를 적어야 답변서가 해당 사건에 정확히 편철될 수 있다.

4. 당사자표시 및 답변 문언(③, ④)

소장에 이미 당사자의 이름과 주소 등이 기재되어 있으므로 답변서에는 위와 같이 간략히 기재하면 충분하다.

그리고 아래와 같이 답변한다는 취지의 문언을 적어주는 것이 실무상 관례이다. 이 부분은 필수적인 것은 아니다. 다만, 피고가 여러 명이어서 다수의 답변서가 제출되는 경우, 누가 답변서를 제출하는 것인지 밝혀둔다는 의미가 있다. 이를 밝혀 두지 않으면, 답변서 말미의 작성명의자를 보아야 누가 답변하는 취지인지 알 수 있게 되어 불편하다. 따라서 피고가 여러 명일 경우 "위 사건에 관하여 **피고 이을남의 소송대리인은** 다음과 같이 답변합니다."와 같이 적어줄 필요가 있다.

5. 청구취지에 대한 답변(⑤)

[그림3]의 ⑤, ⑥처럼, 답변은 청구취지에 대한 답변과 청구원인에 대한 답변을 나누어 적어 준다. 원고의 청구 중 피고가 다투는 범위를 명확하게 하기 위한 것이다. 청구취지와 마찬가지로 법원에 선고할 것을 요청하는 주문을 적어주면 된다. 청구를 다투는 경우라면 통상 "**원고의 청구를 기각한다.**"로 적는 것이 보통이다. 다만, 원고의 소가 부적법하다고 본안 전 항변을 하면서 소가 적법하더라도 원고의 청구를 다투는 취지라면, "**이 사건 소를 각하한다. 또는 원고의 청구를 기각한다.**"라고 적는 것이 정확하다.

청구취지에 대한 답변에 원고의 청구취지를 인정하는 취지를 기재하고, 그것이 변론기일에 진술되면 청구인낙의 효과가 발생할 수 있으므로 이 부분 기재 역시 신중하게 검토하여 다투는 범위를 구체적으로 적어야 한다.[46]

6. 청구원인에 대한 답변(⑥, ⑦, ⑧)

답변서 중 가장 실질적인 내용을 담고 있는 부분이다.

가. 본안 전 답변(본안 전 항변)

원고의 소가 부적법한 경우라면 피고가 이를 지적하지 않거나, 나중에 지적한다고 하더라도 원칙적으로 이로써 소가 적법하게 되는 것은 아니다. 소송요건의 흠결 여부는 원칙적으로 법원의 직권조사사항이기 때문이다.

그러나 원고의 소가 부적법하다면, 이와 같은 사정들은 본안의 심리에 들어가는 관문 역할을 하는 것이므로 본안(本案), 즉 원고 청구의 당부에 관한 공격 또는 방어방법에 앞서서 주장하는 것이 바람직하다.

특히 임의관할을 위반한 소제기의 경우 피고가 관할위반이라고 항변하지 아니하고 본안에 대하여 변론하면 그 법원에 관할권이 발생하고(법 제30조), 분쟁발생시 중재를 통해서 이를 해결하도록 하는 중재합의가 존재함에도 이를 위반하여 법원에 소를 제기한 경우 상대방은 본안에 관한 최초의 변론 전에 중재합의가 있다는 항변을 하여야만 이를 이유로 소 각하 판결을 받을 수 있다(중재법 제9조). 따라서 이와 같이 본안에 관한 변론으로 인해서 치유될 수 있는 소송요건의 경우 이를 다투고자 한다면 반드시 답변서 첫 머리에 이에 관한 본안 전 항변을 적어야 한다.

나. 본안의 답변

1) 청구원인사실에 대한 답변

소장을 받은 피고는 상대방의 여러 가지 주장사실에 대해서 그 인정 여부를 밝혀야 한다. 실무상 이를 '인부(認否)'라고 한다. 상대방의 여러 가지 주장사실에 대해서 일부라도 답변이 누락되면, 변론 전체의 취지로 보아 그 사실에 대하여 다툰 것으로 인정되는 경우가 아닌 한, 자백한 것으로 간주된다(법 제150조 제1항). 따라서 상대방이 여러 가지 사실을 주장하는 경우, 이에 대해서 일부라도 답변을 누락하는 것은 자백이 성립되어 매우 위험하므로 우선 이에 관해서 빠짐없이 답변하는 것이 중요하다.

---

46 만일 앞의 예에서 피고가 원고의 청구취지 중 1억 원의 청구는 이를 인낙하나, 나머지 부분은 다툰다고 한다면, "1. 피고는 원고에게 1억 원을 지급하라. 원고의 나머지 청구를 기각한다. 라는 판결을 구합니다."라고 적으면 될 것이다.

가) 자백

먼저 원고의 청구원인 중 다투지 아니하는 부분을 기재하여 준다. [그림3]의 ⑥에서 보는 바와 같이 피고는 2019. 10. 1. 매매는 인정하고 있다. 따라서 이 부분이 변론기일에 진술된다면 자백이 성립한다. 자백이 성립한 부분은 이를 증명할 필요가 없고, 법원도 당사자의 자백에 구속되어 재판해야 한다.

나) 부인

부인은 상대방에게 유리한 요건사실의 존재를 인정하지 않는 것이다. 이를 인정하면 앞서 본 바와 같이 자백이 성립할 것이고, 부인을 한다면 상대방은 그 주장사실을 증명할 책임이 있다. 상대방이 원고라면 청구원인사실이 이에 해당한다. [그림1]에 제시된 소장의 사안에서 원고는 두 차례에 걸친 매매사실을 주장하면서 그 매매대금의 지급을 청구하고 있다. 원고가 주장하는 위 매매사실은 원고에게 유리한 사실로서 원고가 증명책임을 진다. 이에 대해서 위 ⑥에서 보는 바와 같이 2019. 10. 1. 매매는 피고가 이를 자백하여 더는 증명할 필요가 없게 되었으나, 위 ⑦에서 보는 바와 같이 2019. 11. 1. 매매에 대해서는 그 매수인이 피고라는 원고의 주장을 부인하고 있다.

부인은 단순부인과 간접부인으로 나눌 수 있다. 단순부인은 단순히 원고의 주장사실이 인정되지 않는다고만 다투는 것이고, 간접부인은 원고 주장사실과 양립 불가능한 사실을 들어서 원고의 주장사실이 인정되지 않는다고 다투는 것이다. 간접부인은 아래에서 볼 항변과 유사해 보일 수 있다. 그러나 상대방의 주장과 양립 불가능한 사실을 들어 부인을 하면 간접부인이라고 할 수 있고, 양립 가능한 사실을 들어 다투면 항변이라고 할 수 있다. 간접부인은 단순히 상대방 주장사실이 인정되지 않는다고 다투는 것에서 더 나아가 상대방 주장사실이 존재한다고 볼 수 없는 사실관계까지 주장하는 것이라고 보면 된다.

단순부인이든 간접부인이든 모두 부인이므로 원고가 그 주장사실을 증명하여야 할 책임이 있고, 피고가 간접부인하였다고 하여 그가 주장하는 반대사실에 대한 증명책임을 지지 않는다. 즉, 위 ⑦에서 보듯이, 피고는 2019. 11. 1. 매매에 대해서 피고가 아니라 피고의 동생인 서응우와 사이에 매매계약이 체결되었다고 주장하고 있다. 피고와 피고의 동생 서응우가 동시에 하나의 매매계약의 매수인이 될 수는 없다. 즉, 피고는 양립 불가능한 사실을 들어 원고의 청구원인사실에 관해 간접부인하고 있는 것이다. 따라서 2019. 11. 1. 매매가 원고와 피고 사이에 체결되었다는 사실을 증명할 책임은 여전히 원고에게 있고, 피고가 위 매매의 매수인이 서응우임을 증명할 책임을 지지는 않는다.[47]

---

[47] 다만, 원고가 처분문서를 제출하는 등으로 청구원인사실에 대해 어느 정도 증명하였다면, 피고가 원고의 주장사실과 양립 불가능한 반대사실을 적극적으로 증명하는 등(위 예에서 서응우와의 매매계약 체결사실)의 활동을 통해서 원고의 증명활동

단순부인을 할 것인지, 간접부인을 할 것인지는 의뢰인을 상담한 변호사가 원고의 소장 기재 청구원인사실과 그 증명 가능성 등을 종합하여 신중하게 판단하여 결정해야 한다. 원고가 일차적으로 청구원인 요건사실을 증명하기 어려운 경우라면 단순부인에 그쳐도 좋겠으나, 어느 정도 그 증명 가능성이 존재하는 경우라면, 원고가 주장하는 사실과 양립 불가능한 사실을 내세워 간접부인하는 것이 더 설득력을 높이는 길이 될 수도 있다.

다) 부지

상대방이 주장한 사실에 대하여 알지 못한다고 진술할 수도 있다. 실무상 '부지'라고 한다. 이 경우 그 사실을 다툰 것으로 추정한다(법 제150조 제2항). 그러나 자신의 행위에 관한 것 또는 자신의 이름으로 작성된 문서에 대해서는 알지 못한다고 다투는 것은 부적절하다.[48] 주로 자신이 관여한 바 없는 제3자의 행위나 제3자의 이름으로 작성된 문서에 대해서는 부지로 다툴 수 있다.

2) 항변

항변은 상대방이 증명책임을 지는 요건사실에 관하여 양립 가능한 별도의 사실을 들어서 상대방의 청구를 다투는 방법이다. 엄밀히 보면 항변은 상대방의 청구원인사실에 대한 답변은 아니고 청구취지와 같은 법률효과를 저지할 별도의 사실관계를 주장하는 것이다.

예를 들어 [그림3]의 ⑧과 같은 변제항변의 경우를 보자. 매매계약이 성립되었다는 사실과 매매대금을 지급하였다는 사실은 두 가지 사실이 모두 다 사실로 인정되어도 모순이 없다. 즉, 양립 가능한 사실이다. 원고의 주장 사실이 모두 인정된다고 하더라도, 피고가 주장하는 변제항변이 받아들여진다면, 원고의 주장사실에 의해서 발생한 채권은 결국 소멸하게 되어 원고의 청구를 저지할 수 있게 된다.

항변을 할 때에는 다음과 같은 점을 주의해야 한다. 먼저 상대방의 주장사실에 대하여 무턱대고 항변사실을 주장하는 것은, 상대방의 주장사실을 다투지 않는 결과가 될 수 있으므로 신중해야 한다. 즉, 항변을 할 때에는 상대방의 주장사실을 인정하면서 곧바로 항변할 수도 있고, 상대방의 주장사실을 다투면서, 상대방의 주장사실이 인정될 것을 대비하여 예비적으로 항변을 할 수도 있다. 후자의 경우는 다소 모순된 행동으로 비춰질 우려가 있기는 하나, 그 자체로 어떠한 문제가 있는 것은 아니다.

또한, 부인의 경우와 달리 항변자가 그 요건사실에 관해 증명책임을 진다는 점도 주의를 요

을 방해할 필요가 있을 수는 있다.
48 물론 너무 오래되거나 복잡다기한 사건인 경우에는 예외적으로 기억이 정확하지 않다고 부지로 다툴 수도 있다.

한다. 위 ⑥, ⑦과 같은 부인의 경우는 피고가 인정하지 않는 요건사실을 단순히 지적하기만 하면 되지만, 변제항변에 해당하는 위 ⑧의 경우에는 "피고가 2019. 10. 15. 매매대금 1억 원을 지급하였다."와 같이 변제로 인정될 수 있기에 필요하고도 충분한 구체적인 요건사실을 모두 적시하고 이를 증명하여야 한다.

항변의 경우 요건사실 이외에, 청구원인에서 설명한 바와 같이 요건사실을 법리에 적용한 법률효과를 적어 주어야 한다. 즉, 이때에도 소장의 청구원인에서 설명한 바와 같은 3단논법에 따른 서술, 즉 **법리-사실-법률효과**를 나누어 적을 필요가 있는 것이다. 다만, 이 중 법리의 경우 통상적이고 평이한 법리는 그 기재를 생략하여도 무방하다.

이러한 항변사실에는 통정허위표시, 변제, 시효소멸, 상계와 같이 청구취지로 구하는 채권의 발생 장애사유가 되거나 소멸의 원인이 되는 강력한 것부터, 단순히 변제기 연기 항변이나 동시이행 항변처럼 채무 자체는 인정되나 그 시기나 행사방법에 제한을 가하는 다소 약한 것까지 다양하게 존재할 수 있다.

상대방이 주장하는 채권의 존재를 다투는 여러 가지 방법이 가능한 경우라면 효과가 강력한 순서부터 차례로 주장하는 것이 효과적이다. 따라서 우선 부인을 먼저 주장하고, 그 다음에 항변을 주장하되, 항변들 중에서는 앞서 본 채권발생의 장애나 소멸의 원인이 되는 강력한 것부터 시작하여 단순히 연기나 동시이행을 구하는 다소 약한 것의 순서로 주장하는 것이 바람직하다. 실무상 변제, 시효소멸, 상계, 동시이행항변의 순서를 지키는 것이 좋다.

3) 법리에 관한 주장

그 밖에도 원고가 청구원인에서 주장하는 법리에 관해서 다른 의견이 있거나 피고에게 유리한 법리를 주장할 필요가 있다면, 적절한 위치에 이에 관한 반박이나 주장을 기재하는 것이 필요할 수도 있다.

7. 그 밖의 기재사항

[그림3]의 나머지 ⑨ 증명방법,[49] ⑩ 첨부서류, ⑪ 작성일자, ⑫ 작성명의인은 소장의 해당 부분에 관한 설명과 같다.

⑬ 법원표시는 소장과 달리 담당재판부까지 특정하여 기재한다. 소장 접수시 사건번호가 부여되면서 특정 재판부로 사건이 배당되고, 피고는 그 특정된 재판부로부터 소장 부본 등을

---

[49] 답변서에는 규칙 제65조 제2항에 따라 입증이 필요한 사실에 관한 중요한 서증의 사본을 첨부하여야 한다.

송달받기 때문이다.

또한 원고가 소장에 증거방법으로 서증의 사본을 첨부하여 제출하였다면, 피고가 그 서증에 대응하여 그 진정성립(그 서류가 거기에 적힌 명의자의 의사에 따라 작성되었음)의 여부를 밝히는 경우가 있다. 이를 '서증의 인부'라고 한다. 상대방이 제출한 서증의 진정성립에 관해서 이를 인정하는 경우에도 요건사실에 관한 경우와 같이 자백이 성립되므로,[50] 그 인정 여부는 신중하게 검토할 필요가 있다.

피고가 그 작성명의자인 경우에는 진정성립을 인정하거나 부인하여야 하고, 부지로 다투는 것은 부적절하다. 제3자 명의의 문서인 경우에는 그 진정성립에 관해 잘 모를 경우 부지로 다툴 수 있다. 피고가 진정성립을 부인하거나 부지로 다툴 경우 상대방이 그 진정성립을 증명할 책임이 있다.

Ⅲ 준비서면

1. 준비서면의 기본구조

변론기일에서의 집중적인 변론 진행을 위하여 당사자는 변론을 서면으로 준비하여야 한다(법 제272조).[51] 앞서 보았듯이 준비서면에는 당사자의 성명·명칭 또는 상호와 주소, 대리인의 성명과 주소, 사건의 표시, 공격 또는 방어의 방법, 상대방의 청구와 공격 또는 방어의 방법에 대한 진술, 덧붙인 서류의 표시, 작성한 날짜, 법원의 표시를 적고, 당사자 또는 대리인이 기명날인 또는 서명하여야 한다(법 제274조 제1항). 이러한 규정 취지를 반영한 준비서면의 기본구조는 [그림4]의 기재와 같다.

---

50 대법원 2019. 7. 11. 선고 2015다47389 판결 등 참조
51 준비서면에 적지 아니한 사실은 상대방이 출석하지 아니한 때에는 변론에서 주장하지 못한다(법 제276조 본문).

[그림4]

준비서면 ①

사   건 2021가합1234 매매대금 청구 ②

원   고 나정훈
피   고 서영우 ③

원고 소송대리인은 다음과 같이 변론을 준비합니다. ④

1. 피고 주장의 요지
   피고는, 원고가 피고에게 춘천시 중앙로 10 대 100m²를 매도한 사실은 다투지 아니하면서 그 대금을 이미 변제하였다고 주장하는 한편, 원고가 피고에게 춘천시 중앙로 11 대 200m²를 매도한 사실은 이를 부인하면서 피고의 동생 서응우가 원고로부터 매수한 것이라고 다투고 있습니다. ⑤

2. 매매 관련 주장에 대하여
   그러나 갑 제2호증(매매계약서)의 기재에 의하면, 피고가 원고로부터 춘천시 중앙동 11 대 200m²를 매수한 사실 역시 충분히 인정됩니다. 피고가 제출한 을 제1호증(서응우의 사실확인서)의 기재에 의하더라도, 서응우가 피고로부터, 피고가 서응우를 위해 위 대지를 매수하였다는 것을 전해 들었다는 사실이 인정될 뿐이므로 피고가 위 토지를 매수하였다는 사실의 인정에 방해가 되지 않습니다. ⑥

3. 변제항변에 대하여
   그리고 피고가 원고에게 그 주장과 같은 일시에 1억 원을 지급하였다고 주장하나, 원고는 그와 같은 돈을 피고로부터 받은 사실이 없습니다. ⑦

2021. 3. 15. ⑧

원고 소송대리인 변호사 김명변 (인) ⑨

수원지방법원 제3민사부 귀중 ⑩

2. 표제, 사건번호, 당사자표시, 준비서면 문언(①~④)

이에 관해서는 앞서 본 답변서에 관한 설명과 같다. 특히 준비서면 문언을 통해 당사자들 중 준비서면을 누가 제출하는 것인지 밝혀 주는 것이 좋다.

3. 준비서면의 실질적 내용(⑤~⑦)

이 부분에서는 공격 또는 방어의 방법, 상대방의 청구와 공격 또는 방어의 방법에 대한 진술을 기재하면 된다. 위 사안에서 원고는 위 ⑤와 같이 상대방의 주장을 요약한 다음 위 ⑥, ⑦과 같이 이에 관한 당사자의 입장을 적었다. 여기서 상대방의 주장에 대한 요약 기술이 필수적인 것은 아니다.

상대방의 부인에 대해서는 원고가 부인된 요건사실을 증명할 책임이 있으므로, 원고가 주장한 요건사실이 인정된다는 점을 중심으로 적어야 한다. 원고는 위 ⑥에서 상대방이 매매사실을 부인하는 것에 대해서 자신이 제출한 증거에 의하면 매매사실을 증명할 수 있다는 취지로 주장하고 있다. 피고가 간접부인을 하면서 양립 불가능한 사실을 주장하고 있고 이에 관한 증거를 제출하고 있다면, 위 ⑥에서처럼 그 증명력에 관한 변론이 필요할 수 있다.

상대방의 항변에 대해서는 원고 역시 피고와 마찬가지로 두 가지 전술, 즉 부인과 재항변을 할 수 있다. 위 ⑦에서 원고는 상대방이 주장하는 변제 항변에 대해서 부인하고 있다. 따라서 피고는 그가 주장하는 변제사실을 증명할 책임을 진다.

원고는 상대방의 항변에 대해서 그 항변사실과 양립 가능한 별개의 사실을 주장하여 재차 항변할 수 있다. 예를 들어 원고가 대여금을 청구함에 대하여 피고가 변제기로부터 10년이 경과하여 원고의 소가 제기되었다고 주장하면서 시효소멸 항변을 한다고 해 보자. 피고가 주장하는 항변사실, 즉 변제기로부터 소제기까지 10년이 지난 사실은 원고의 청구원인인 대여에 관한 요건사실과 양립 가능한 사실로서 원고의 대여금 채권을 소멸시키는 항변에 해당한다. 만일 원고가 10년이 경과되기 전에 피고 소유 재산에 대해서 가압류결정을 받아 집행함으로써 시효가 중단되었다고 주장한다면, 이는 독립한 사실로서, 시효소멸항변을 저지할 수 있는 시효중단의 재항변을 한 것이 된다. 이때에는 원고가 변제기로부터 10년이 경과하기 전에 가압류를 신청하여 그 결정을 받아 집행한 사실에 관해서 증명책임을 지게 된다.

또한 상대방의 법률적 주장에 대해서 다른 의견을 갖고 있거나 별도의 법률적 주장이 필요하다면 언제든지 적절한 위치에서 이에 관한 의견을 표명할 수 있음은 소장이나 답변서에서와 같다.

4. 나머지 기재사항(⑧~⑩) 등 기타 주의사항

나머지 ⑧ 작성일자, ⑨ 작성명의인, ⑩ 법원표시는 소장이나 답변서의 해당 부분에 관한 설명과 같고, 준비서면에도 별도로 제출할 증명방법이나 첨부서류가 있으면, 이를 표시하여 기재하면 된다.

준비서면의 분량은 원칙적으로 30쪽을 넘어서는 아니 되고(규칙 제69조의4 제1항), 준비서면에는 소장, 답변서 또는 앞서 제출한 준비서면과 중복·유사한 내용을 불필요하게 반복 기재하여서는 아니 된다(규칙 제69조의4 제3항). 그리고 준비서면은 그것에 적힌 사항에 대하여 상대방이 준비하는 데 필요한 기간을 두고 제출하여야 하며(법 제273조), 새로운 공격방어방법을 포함한 준비서면은 변론기일 또는 변론준비기일의 7일 전까지 상대방에게 송달될 수 있도록 적당한 시기에 제출하여야 한다(규칙 제69조의3).

Ⅳ 반소장

1. 반소장의 구조

반소는 원고의 본소[52]가 제기되어 있는 기회를 이용하여, 피고가 원고의 본소 청구나 방어의 방법과 관련된 별개의 청구를 원고를 상대로 제기하는 소이다(법 제269조 제1항). 반소의 절차는 본소에 관한 규정이 적용되므로(법 제270조), 반소 역시 반소장의 제출로 제기된다.

---

[52] 반소가 제기되면 원래 원고가 구하던 소를 '본소'라고 칭한다.

[그림5]

반소장 ①

본소사건 2021가합1234 매매대금 청구
반소원고(본소피고) 서영우   ②
반소피고(본소원고) 나정훈

소유권이전등기청구의 반소
위 본소사건에 관하여 반소원고(본소피고)는 다음과 같이 반소장을 제출합니다.   ③

반소 청구취지

1. 반소피고(본소원고)는 반소원고(본소피고)에게 춘천시 중앙로 10 대 100m²에 관하여 2019. 10. 1. 매매를 원인으로 한 소유권이전등기절차를 이행하라.   ④
2. 반소로 인한 소송비용은 반소피고(본소원고)가 부담한다.
라는 판결을 구합니다.

반소 청구원인

반소원고(본소피고, 이하 '피고'라고만 합니다)는 2019. 10. 1. 반소피고(본소원고, 이하 '원고'라고만 합니다)로부터 춘천시 중앙로 10 대 100m²를 대금 1억 원에 매수하였습니다.

따라서 원고는 피고에게 위 대지에 관하여 위 매매를 원인으로 한 소유권이전등기절차를 이행할 의무가 있습니다.

원고는 본소에서 피고를 상대로 위 대지에 관한 매매대금 1억 원의 지급을 청구하고 있고, 피고가 이를 모두 변제하였다고 항변한 바 있으나, 만일 위 항변이 받아들여지지 않는다면, 통상 매매로 인한 대금지급의무와 소유권이전등기의무는 동시이행관계에 있으므로, 피고로서는 원고로부터 위 대지에 관하여 위 매매를 원인으로 한 소유권이전등기를 받기 전에는 원고의 본소 중 위 대급지급청구에 응할 수 없습니다.   ⑤

이에 원고의 본소 중 위 대급지급청구에 관하여 동시이행항변을 함과 동시에 반소로써 원고를 상대로 위 대지에 관하여 위 매매를 원인으로 한 소유권이전등기절차를 이행할 것을 청구합니다.

증명방법

1. 을 제2호증(...)   ⑥

첨부서류

1. 위 증명방법   2통   ⑦
   ...

2021. 3. 20.   ⑧

반소원고(본소피고) 소송대리인 변호사 윤찬준 (인)   ⑨

수원지방법원 제3민사부 귀중   ⑩

2. 기재사항

반소장의 기재사항은 소장의 기재사항과 다르지 않다. 위 ①과 같이 표제를 반소장으로 쓰고, 위 ②와 같이 본소 사건번호와 당사자를 기재하되, 피고를 반소원고로, 원고를 반소피고로 표현하면 된다. 이때 본소피고나 본소원고와 같은 본소에서의 지위는 괄호 안에 표기하는 것이 실무례이다.

위 ③과 같이, 본소와 별도로 반소의 사건명을 기재하여야 한다. 반소에 관해서도 본소와는 별도로 사건번호와 사건명이 부여되기 때문이다. 사건명은 본소의 경우와 같이 쓰되, 마지막에 '반소'라고 기재하면 된다. 반소의 경우 위 ③과 같이 반소문언을 적는 것이 실무례이다.

반소 청구취지나 청구원인 등 나머지 기재에 관한 설명은 본소의 그것과 거의 동일하다. 위 ④, ⑤와 같이, 항상 당사자의 지위표시가 혼동되지 않도록 주의할 필요가 있다.

반소로는 본소의 청구나 방어의 방법과 관련된 청구가 가능하다. 위 반소장의 예에서 피고는 원고의 피고에 대한 소유권이전등기의무로 원고의 매매대금 청구에 관하여 동시이행의 항변을 할 수 있는데, 피고는 동시이행항변을 함과 동시에 위 소유권이전등기절차의 이행을 반소로써 청구하고 있으므로 그 관련성이 인정된다.

이처럼 반소의 요건으로 본소의 청구나 방어의 방법과의 관련성이 요구되므로, 반소 청구원인에 그 관련성에 관한 기재를 적어야 한다. 반소에 대한 변론은 본소에 대한 변론과 함께 진행되므로, 위와 같은 본소 청구에 대한 방어의 방법이 적힌 반소장이 변론기일에 진술되면, 별도로 본소에 대한 준비서면을 제출하지 않더라도, 본소 청구에 대한 방어방법으로서 역할을 하게 된다.

나머지 ⑥ 이하 기재는 소장 등의 설명과 같다.

Ⅴ 항소장

1. 항소장의 구조

항소는 항소장을 제1심 법원에 제출함으로써 하고(법 제397조 제1항), 항소장에는 ① 당사자와 법정대리인, ② 제1심 판결의 표시와 그 판결에 대한 항소의 취지를 적어야 한다(법 제397조 제2항). 그리고 항소장 역시 앞서 본 바와 같은 준비서면에 관한 규정이 준용된다(법 제398조).

[그림6]

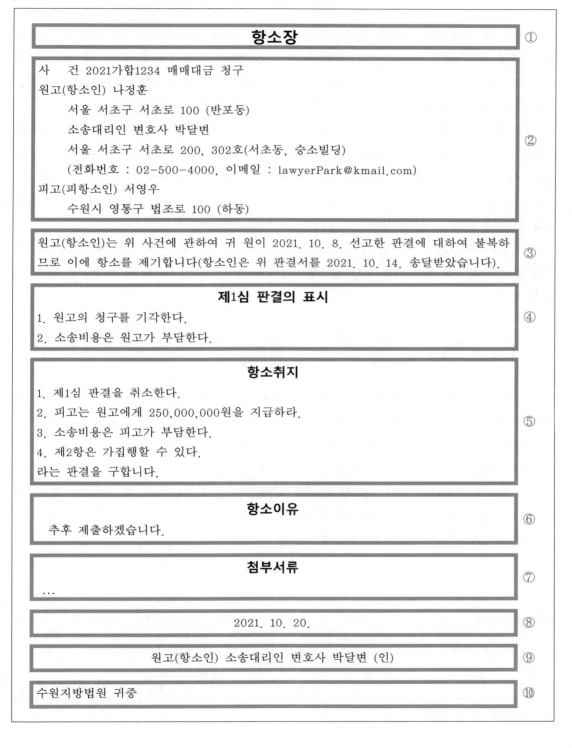

항소장   ①

사 　 건 2021가합1234 매매대금 청구
원고(항소인) 나정훈
　　　서울 서초구 서초로 100 (반포동)
　　　소송대리인 변호사 박달변
　　　서울 서초구 서초로 200, 302호(서초동, 승소빌딩)
　　　(전화번호 : 02-500-4000, 이메일 : lawyerPark@kmail.com)
피고(피항소인) 서영우
　　　수원시 영통구 법조로 100 (하동)   ②

원고(항소인)는 위 사건에 관하여 귀 원이 2021. 10. 8. 선고한 판결에 대하여 불복하므로 이에 항소를 제기합니다(항소인은 위 판결서를 2021. 10. 14. 송달받았습니다).   ③

제1심 판결의 표시
1. 원고의 청구를 기각한다.
2. 소송비용은 원고가 부담한다.   ④

항소취지
1. 제1심 판결을 취소한다.
2. 피고는 원고에게 250,000,000원을 지급하라.
3. 소송비용은 피고가 부담한다.
4. 제2항은 가집행할 수 있다.
라는 판결을 구합니다.   ⑤

항소이유
　추후 제출하겠습니다.   ⑥

첨부서류
…   ⑦

2021. 10. 20.   ⑧

원고(항소인) 소송대리인 변호사 박달변 (인)   ⑨

수원지방법원 귀중   ⑩

2. 구성요소별(①~④) 기재사항

[그림6]의 ①과 같이 표제를 '항소장'으로 적고, 위 ②와 같이 제1심의 사건번호와 사건명, 당사자명을 적어 준다. 이때 항소하는 당사자와 그 상대방을 분명히 하여 항소인과 피항소인으로 기재하여 주고,[53] 항소심에서 항소장 등 서류를 상대방에게 송달하여야 하므로 다시 주소를 적어 준다. 심급대리의 원칙상 소송대리인 역시 다시 적어 주어야 한다.

위 ③과 같이 항소문언은 필수적인 것은 아니나 적어주는 것이 실무례이다. 특히 당사자가 여럿일 경우 누가 항소장을 제출하며 어떤 판결에 대한 불복인지를 밝혀 주는 것이 좋다. 또한 항소장이 적법한 항소기간 내에 제출되었다는 뜻에서 항소인이 언제 제1심 판결서를 송달받았는지를 밝혀 주는 것이 실무례이다. 이는 항소뿐만 아니라 불복기간이 정해져 있는 즉시항고 등과 같은 경우에도 마찬가지다.

위 ④와 같이 제1심 판결의 표시로 그 판결의 주문을 적어 준다. 이로써 제1심 판결을 특정할 뿐 아니라, 그 아래 적혀 있는 항소취지와 비교함으로써 항소인이 불복 범위를 정할 수 있게 된다.

3. 항소의 취지[54]

항소법원의 변론은 당사자가 제1심 판결의 변경을 청구하는 한도에서 이루어질 수 있고(법 제407조 제1항), 항소법원은 항소인의 불복 한도 안에서 제1심 판결을 바꿀 수 있다(법 제415조 본문). 따라서 항소취지에 적힌 부분이 항소법원의 심판대상이 되므로, 항소취지는 소장의 청구취지처럼 신중하게 검토하여 정교하게 적어야 한다.

청구취지는 원고가 소로써 피고를 상대로 구하는 판결의 주문이고, 항소취지는 항소인이 제1심 판결에 대하여 불복하는 범위를 가리킨다. 항소취지와 청구취지는 서로 다른 관념이므로 상호 혼동하지 않도록 세심한 주의가 필요하다.[55]

---

53 통상공동소송에서 공동소송인 중 일부 당사자만 또는 일부 당사자에 대하여만 항소한 경우에 항소하지 아니하거나 피항소인으로 지목되지 아니한 당사자들 사이의 소송은 확정되므로, 누가 누구를 상대로 항소하는 것인지를 분명히 밝혀야 한다.

54 더 자세한 내용은 2017 민사항소심판결서작성실무(서울고등법원 재판실무개선위원회, 사법발전재단) 36~43쪽, 민사실무 329쪽 이하 각 참조.

55 실무에서 항소취지를 확장하거나 감축한다는 것이 청구취지를 감축하는 것으로 잘못 기재하여 제출하는 경우가 종종 있는데, 항소취지의 감축과 달리, 항소심에서의 청구취지 감축은 종국판결 후 소취하에 해당하여 재소금지의 불이익이 발생할 수 있으므로 주의를 요한다.

가. 원고의 항소

1) 전부 패소한 원고의 항소

원고가 "피고는 원고에게 1,000만 원을 지급하라."는 청구취지로 소장을 제출하였으나 제1심 법원으로부터 "원고의 청구를 기각한다."는 전부 패소판결을 선고받았다고 해 보자.

가) 전부 항소

이에 대해서 원고가 그 전부에 대하여 항소를 제기한다면, 그 항소취지는 다음과 같다.

"제1심 판결을 취소한다. 피고는 원고에게 1,000만 원을 지급하라."

가장 간단한 경우이다. 이로써 항소법원의 심판범위는 제1심 법원과 같이 피고가 원고에게 1,000만 원을 지급할 의무가 있는지 여부가 된다.

나) 일부 항소

원고가 제1심에서 1,000만 원의 대여사실을 주장하면서 피고를 상대로 1,000만 원의 지급을 청구하였는데, 제1심 법원이 대여사실이 전혀 인정되지 않는다고 하여 원고 전부 패소 판결을 내렸으나, 원고가 다시 검토해 보니 항소법원에서 700만 원을 빌려준 사실은 증명할 수 있다고 보아서 700만 원의 지급을 청구하는 한도에서만 항소를 제기할 수도 있다. 이때의 항소취지는 다음과 같다.

"제1심 판결 중 아래에서 지급을 명하는 부분에 해당하는 원고 패소 부분을 취소한다.[56] 피고는 원고에게 700만 원을 지급하라."

이로써 항소법원의 심판범위는 제1심 법원이 선고한 원고 전부 패소 판결 중 피고가 원고에게 700만 원을 지급할 의무가 있는지 여부가 된다.[57]

2) 일부 승소한 원고의 항소

원고가 "피고는 원고에게 1,000만 원을 지급하라."는 청구취지로 소장을 제출하였으나 제1심 법원으로부터 "피고는 원고에게 300만 원을 지급하라. 원고의 나머지 청구를 기각한다."는 원고 일부 승소 판결을 선고받았다고 해 보자.

---

[56] 이때 700만 원 부분만 항소하는 취지임에도 단순히 '제1심 판결을 취소한다.'라고만 적으면 제1심 판결 중 취소를 구하는 부분과 심판대상으로 삼을 부분이 불일치하여 항소취지가 불분명해진다.

[57] 이 경우에 항소하지 아니한 나머지 300만 원 부분도 확정되지 아니한 채 항소심으로 이심된다. 다만 항소인이 불복하지 않으므로 심판의 대상은 아니다. 이때에도 항소인은 항소심 변론종결까지 항소취지를 확장할 수 있고, 이 경우에는 불복대상에 포함되어 심판의 대상이 될 수 있다(대법원 2001. 4. 27. 선고 99다30312 판결 등 참조). 통상공동소송인 사이에서 일부 당사자만(일부 당사자만을 상대로 한 경우 포함) 항소한 경우 항소인이나 피항소인이 아닌 당사자 사이의 판결은 확정되는 것과 다르므로 주의를 요한다.

가) 패소 부분 전부 항소

이 경우 원고가 패소한 700만 원 부분을 항소법원에서 다시 재판받고자 한다면 그 항소취지는 다음과 같다.

"제1심 판결 중 원고 패소 부분을 취소한다. 피고는 원고에게 700만 원을 지급하라."

이때 단순히 "제1심 판결을 취소한다."라고 기재한다면, 원고가 유리한 판결을 받은 300만 원의 청구를 인용한 부분까지도 불복하는 취지가 되어 부적절하다. 원고가 일부 승소했음에도 항소취지에서 그 나머지 금액이 아니라 원래의 청구취지와 같이 "피고는 원고에게 1,000만 원을 지급하라."라고 쓴다면, 원고가 제1심 판결에서 지급받은 300만 원 이외에 1,000만 원을 추가로 지급할 것을 청구하는 것인지 불분명하여 이 또한 항소취지의 기재로서는 부적절하다.[58]

나) 패소 부분 중 일부 항소

이 경우 원고가 패소한 부분 중 일부에 대해서만 항소할 수도 있다. 만일 패소 부분 중 400만 원 부분에 대해서만 불복한다면 그 기재례는 다음과 같다.

"제1심 판결 중 아래에서 지급을 명하는 부분에 해당하는 원고 패소 부분을 취소한다. 피고는 원고에게 400만 원을 지급하라."

나. 피고의 항소

1) 전부 패소한 피고의 항소

원고의 청구가 모두 인용되어 제1심 법원으로부터 "피고는 원고에게 1,000만 원을 지급하라."는 판결이 선고되었다고 해 보자.

가) 전부 항소

이에 대해서 피고가 그 전부에 대하여 항소를 제기한다면, 그 항소취지는 다음과 같다.

"제1심 판결을 취소한다. 원고의 청구를 기각한다."

가장 간단한 경우이다. 이로써 항소법원의 심판범위는 제1심 법원과 같이 피고가 원고에게 1,000만 원을 지급할 의무가 있는지 여부가 된다.

나) 일부 항소

제1심 판결에서 1,000만 원의 대여사실이 모두 인정되어 1,000만 원의 지급을 명하는 판결

---

[58] 항소심에서도 청구의 기초가 바뀌지 아니하는 한도 안에서 청구취지를 확장할 수 있으므로 이를 청구할 수 없는 것은 아니다(법 제408조, 제262조 제1항). 다만 이 경우에라도 항소취지는 700만 원을 한도로 삼을 수 있을 뿐이고, 추가로 300만 원의 지급을 구하고자 한다면, 별도로 300만 원을 추가로 지급해 달라는 취지의 청구취지 및 청구원인 변경 신청서를 제출함으로써 청구취지를 확장하는 조치를 취해야 한다.

이 선고되었으나, 피고가 다시 검토해 보니 항소법원에서 300만 원을 빌려준 사실은 다툴 수 있다고 보아서 300만 원의 지급을 명하는 부분에 한하여 항소를 제기할 수도 있다. 이때의 항소취지는 다음과 같다.

"제1심 판결 중 피고에 대하여 원고에게 700만 원을 초과하여 지급을 명한 피고 패소 부분을 취소하고,[59] 그 취소 부분에 해당하는 원고의 청구를 기각한다."

이로써 항소법원의 심판범위는 제1심 법원이 선고한 원고 전부 승소판결 중 피고가 원고에게 300만 원을 지급할 의무가 있는지 여부가 된다.

2) 일부 패소한 피고의 항소

원고가 "피고는 원고에게 1,000만 원을 지급하라."는 청구취지로 소장을 제출하였으나 제1심 법원으로부터 "피고는 원고에게 300만 원을 지급하라. 원고의 나머지 청구를 기각한다."는 원고 일부 승소 판결을 선고받았다고 해 보자.

가) 패소 부분 전부 항소

이 경우 피고가 패소한 300만 원 부분을 항소법원에서 다시 재판받고자 한다면 그 항소취지는 다음과 같다.

"제1심 판결 중 피고 패소 부분을 취소한다. 그 취소 부분에 해당하는 원고의 청구를 기각한다."

이때 단순히 "제1심 판결을 취소한다."라고 기재한다면, 피고가 유리한 판결을 받은 700만 원의 청구를 기각한 부분까지도 불복하는 취지가 되어 부적절하다. 피고가 일부 승소했음에도 항소취지에서 단순히 "원고의 청구를 기각한다."라고 쓴다면, 이미 청구를 기각한 판결 부분에 대하여도 다시 청구기각을 구하는 것인지가 불분명하여 이 또한 항소취지의 기재로서는 부적절하다.

나) 패소 부분 중 일부 항소

이 경우 역시 피고가 패소한 부분 중 일부에 대해서만 항소할 수도 있다. 만일 피고가 패소 부분 중 100만 원의 지급을 명한 부분은 인정하고, 이를 초과하여 200만 원의 지급을 명한 부분에 대해서만 불복한다면 그 기재례는 다음과 같다.

"제1심 판결 중 피고에 대하여 원고에게 100만 원을 초과하여 지급을 명한 피고 패소 부분을 취소하고, 그 취소 부분에 해당하는 원고의 청구를 기각한다."

---

[59] 이때 300만 원 부분만 항소하는 취지임에도 단순히 '제1심 판결을 취소한다.'라고만 적으면 제1심 판결 중 취소를 구하는 부분과 심판대상으로 삼을 부분이 불일치하여 항소취지가 불분명해진다.

다. 본소·반소의 경우

제1심에서 원고(반소피고)는 본소로 "원고의 피고에 대한 2015. 8. 1. 소비대차계약에 기한 1,000만 원의 채무가 존재하지 아니함을 확인한다."는 청구취지를 구하고, 피고(반소원고)는 반소로 "반소피고(본소원고)는 반소원고(본소피고)에게 1,000만 원을 지급하라"는 청구취지를 구했다고 해 보자.

1) 원고가 항소한 경우

원고(반소피고)가 전부 패소하여 "원고(반소피고)는 피고(반소원고)에게 1,000만 원을 지급하라. 원고(반소피고)의 본소 청구를 기각한다."는 판결이 선고되었다고 하고 이에 원고가 제1심 판결의 전부에 대해 항소하였다면 그 항소취지 기재례는 다음과 같다.

"제1심 판결을 취소한다. 원고(반소피고)의 피고(반소원고)에 대한 2015. 8. 1. 소비대차계약에 기한 1,000만 원의 채무가 존재하지 아니함을 확인한다. 피고(반소원고)의 반소 청구를 기각한다."

2) 피고가 항소한 경우

피고(반소원고)가 전부 패소하여 "원고(반소피고)의 피고(반소원고)에 대한 2015. 8. 1. 소비대차계약에 기한 채무가 존재하지 아니함을 확인한다. 피고(반소원고)의 반소 청구를 기각한다."는 판결이 선고되었다고 하고 이에 피고가 제1심 판결의 전부에 대해 항소하였다면 그 항소취지 기재례는 다음과 같다.

"제1심 판결을 취소한다. 원고(반소피고)는 피고(반소원고)에게 1,000만 원을 지급하라. 원고(반소피고)의 본소 청구를 기각한다."

라. 명확하게 표현하기 어려운 경우

제1심 판결의 주문 중 앞서 본 바와 같이 불복하는 범위를 깔끔하게 적기 어려운 경우도 있다. 이때에는 "제1심 판결 중 원고 패소 부분을 취소한다."는 문언 대신 **"제1심 판결을 다음과 같이 변경한다."**는 문언을 사용하는 것이 좋다.

예를 들어 원고가 "원고의 피고에 대한 2015. 8. 1. 소비대차계약에 기한 채무가 존재하지 아니함을 확인한다."는 청구취지로 소를 제기하였다가 제1심에서 "원고의 피고에 대한 2015. 8. 1. 소비대차계약에 기한 채무는 500만 원을 초과하는 범위에서 존재하지 아니함을 확인한다. 원고의 나머지 청구를 기각한다."는 원고 일부 승소 판결이 선고되었고, 이에 원고가 그 패소 부분에 대해 항소하였다면 그 항소취지 기재례는 다음과 같다.

"제1심 판결을 다음과 같이 변경한다. 원고의 피고에 대한 2015. 8. 1. 소비대차계약에 기한 채무가 존재하지 아니함을 확인한다."

4. 항소의 이유

여기에는 제1심 판결이 판결의 이유에서 기재한 법률의 적용이나 사실의 인정에 대한 의견을 포함한 공격 또는 방어방법이나, 상대방의 청구와 공격 방어방법에 대한 진술을 적어 제출하면 된다. 보통은 제1심 판결의 이유를 요약하여 적은 다음, 이에 대한 반박이나, 새로운 공격 또는 방어방법, 기타 상대방의 주장에 대한 의견을 앞서 살핀 소장이나 답변서, 준비서면에 준하여 적절하게 표현해 주면 된다.

다만, 항소장은 판결서가 송달된 날부터 2주일 이내에 제출하여야 하므로 제1심 판결을 정확히 분석하여 항소에 이르게 된 이유를 항소장에 구체적으로 적을 만한 시간적인 여유가 없을 수 있다. 이러한 이유로 항소장에는 항소의 이유를 추후에 제출하겠고만 적은 후 이를 제출하는 경우가 많다. 이때 사건이 항소심에 계속한 다음 항소인은 '항소이유서' 또는 '준비서면'으로 구체적인 항소이유를 적어 주면 된다.[60]

5. 그 밖의 기재사항

[그림6]의 나머지 ⑦~⑩의 기재사항은 소장의 그것에 대한 설명과 같다. 다만 항소장은 제1심 법원에 제출하는 것이므로(법 제397조 제1항), 위 ⑩과 같은 항소장에 기재할 법원의 표시는 고등법원과 같은 항소심 법원이 아니라 **제1심 법원**을 표시해야 한다는 점에 주의해야 한다.

6. 그 밖에 항소심에서 주의해야 할 것들

가. 청구취지의 변경

앞서 본 바와 같이 항소심에서도 청구의 기초가 바뀌지 아니하는 한도 안에서 청구의 변경

---

60 형사소송에서 항소인 또는 변호인은 항소법원으로부터 소송기록을 접수받았다는 통지(소송기록접수통지)를 받은 때로부터 20일 이내에 항소이유서를 항소법원에 제출하여야 하고(형사소송법 제361조의3 제1항), 형사소송에서는 항소인이나 변호인이 위 기간 내에 항소이유서를 제출하지 아니한 때에는 결정으로 항소를 기각하여야 한다(형사소송법 제361조의4 제1항 본문). 민사소송에서도 상고의 경우에는 상고법원으로부터 소송기록의 접수통지를 받은 날부터 20일 이내에 상고이유서를 제출하여야 하고(법 제427조), 위 기간 내에 상고이유서를 제출하지 아니한 때에는 상고법원은 원칙적으로 변론 없이 판결로 상고를 기각하여야 한다(법 429조 본문). 이에 반하여 민사소송상 항소의 경우에는 따로 항소인이 항소이유서를 제출하여야 하는 법적 기한을 정하지 않고 있다. 그러나 항소가 제기되면 항소법원은 항소인에게 제출기한을 정해서 항소이유를 기재한 준비서면과 필요한 증거를 제출하라는 취지의 석명준비명령이 내려지는 경우가 많고, 이 경우 위 기한을 경과하여 제출한 항소이유서에 기재된 공격 또는 방어방법은 실기한 것으로 인정되어 각하될 수도 있으므로 주의를 요한다(법 제408조, 제149조).

이 가능하므로 청구취지를 확장하거나 청구취지를 감축하거나 교환적으로 변경할 수도 있다.

다만 청구취지를 감축하는 것은 소의 일부 취하가 되고, 항소심에서 소를 일부라도 취하하면 이미 종국판결이 있은 뒤의 소 취하에 해당하므로 이 한도에서 같은 소를 제기하지 못하는 재소금지의 효과가 발생한다(법 제267조 제2항). 따라서 제1심에서와는 달리, 항소심에서는 소를 일부라도 취하한 후에는 다시 이를 원상회복하는 방법으로 확장하는 것이 허용되지 않으므로 청구취지를 감축할 때에는 신중하게 검토한 후 해야 하고, 되도록 최종 변론종결 단계에서 그 가부를 결정하는 것이 좋다.

특히 청구취지를 교환적으로 변경하는 것 역시 옛 청구취지를 취하하고 새로운 청구취지를 청구하는 것이므로, 재소금지의 효과에 따라 옛 청구취지를 되돌릴 수 없게 된다.[61] 따라서 섣불리 항소심에서 청구취지를 교환적으로 변경하는 것은 신중하게 검토하여 결정해야 하고, 청구취지를 단순히 확장하거나, 예비적으로 청구취지를 추가하는 등의 조치를 강구하는 것이 안전하다.

나. 항소심에서의 반소의 제기, 상계의 항변 등

항소심에서도 반소의 제기는 상대방의 심급의 이익을 해할 우려가 없는 경우이거나, 상대방의 동의를 받은 경우에 가능하고(법 제412조 제1항), 이에 해당하지 않더라도 상대방이 이의를 제기하지 않은 채 반소의 본안에 관하여 변론한 때에는 반소제기에 동의한 것으로 의제되어 가능하게 될 수 있다(법 제412조 제2항). 다만 반소제기는 실질적으로 심급의 이익을 해칠 수 있다는 점에 유의해서 그 제기 여부를 신중하게 결정해야 한다.

상계의 항변과 같이 이에 제공된 권리의 존부에 대해 기판력이 미칠 수 있는 방어방법의 경우에도 마찬가지로 심급의 이익을 잃어 버릴 우려가 크므로, 이 역시 항소심에서는 신중하게 판단하여 상계의 항변을 할지, 아니면 별소를 제기할지 여부를 결정하여야 한다.

---

61 대법원 1987. 6. 9. 선고 86다카2600 판결 등 참조

Ⅵ 소장 등 서면에 기재할 논증의 기본 단위 - 3단논법

소장 등의 서면의 작성원리에 관하여 보았듯이, 민사재판에서 당사자들이 주장하고 논증할 대상은 결국 3단논법에 따라 **법리 – 사실 – 법률효과**의 세 부분의 기본적인 단위로 이루어져 있음을 알 수 있다. 즉, 원고는 자신이 주장하는 청구원인에 관해서 **법리 – 사실 – 법률효과**의 논증을 통해서 법원이 청구취지와 같은 판결을 선고해야 함을 설득하는 것이고, 피고가 부인한다는 것은 결국 원고의 청구원인사실에 대한 이러한 논증을 방해함을 의미한다. 피고가 별도로 항변을 한다는 것 역시 원고 주장사실과 별도의 사실을 주장하면서 **법리 – 사실 – 법률효과**의 논증을 통해서 법원에 대하여 원고의 주장과 같은 권리의 발생을 저지하거나 그것이 소멸하였음을 설득하는 것이고, 원고는 이에 대해 부인하여 그 논증을 방해하거나, 재항변을 통해서 별도의 사실을 주장하여 또 다른 **법리 – 사실 – 법률효과**의 논증 과정을 거쳐 피고가 주장하는 권리 저지 내지 소멸효과가 차단되어야 한다고 설득하는 것이다. 결국 민사소송에서의 공격과 방어는 스스로 유리하게 구축한 위와 같은 일련의 법리 – 사실 – 법률효과의 논증을 그 단위별로 성공시키거나 상대방의 논증을 방해하는 과정이라고 이해할 수 있다. 이러한 논증의 과정에 익숙해진다면 어떠한 형식의 민사법문서도 설득력 있게 작성할 수 있게 될 것이라고 믿는다.

03

민사기록의 검토

**민사기록의
이해**

제 03 장

민사기록의 검토

I. 민사소송절차와 민사기록

　　민사기록은 민사소송절차가 진행되면서 생성된 소송서류들로 구성되어 있다. 따라서 민사소송절차를 이해하면 민사기록의 독해는 한결 수월해진다. 민사기록을 설명하기에 앞서 민사소송절차의 개요를 짚어 보자.

　　민사 본안소송은 원고가 소장[62]을 작성하여 법원에 접수함으로써 개시된다(법 제248조). 법원은 접수된 원고의 소장을 활용하여 기록표지를 비롯하여 민사기록을 조제함과 동시에 사건을 재판부로 배당한다. 한편 사건을 배당받은 재판부의 재판장은 접수된 소장이 법이 정한 대로 작성되었는지 심사과정을 거친다(법 제254조, 제249조). 즉, 재판장은 해당 소장에 청구취지, 청구원인 등 법 제249조에 따른 기재사항이 정확히 기재되어 있는지, 소정의 인지가 붙어 있는지, 소정의 송달료가 납부되었는지를 심사하여, 그중 흠결사항이 발견되면 원고를 상대로 흠결사항을 보완하라는 취지의 보정명령을 내린다(법 제254조 제1항 본문).[63]

　　원고가 흠결사항을 보완한 보정서를 제출한 경우, 법원은 소장 부본을 상대방인 피고에게 송달한다(법 제255조 제1항).[64] 소장 부본이 송달되지 않을 경우, 재판장은 원고에게 주소보정명령을 내리고(법 제255조 제2항, 제254조 제1항), 원고는 새로운 주소를 파악하여 이를 소명하는 취지 등이 기재된 보정서를 제출한다. 이때 원고가 여러 차례 주소보정을 하고 법원이 피고를 상대로 송달을 반복하였음에도 계속하여 송달불능될 경우, 법 제194조 제1항의 요건(당사자의 주소 등 또는 근무장소를 알 수 없는 경우)이 충족되는 때에는 '공시송달'의 방법(규칙 제54조 제1항[65])으로 송달을 할 수도 있다.

　　소장 부본을 송달받은 피고는 원고의 청구를 다투는 경우에는 소장의 부본을 송달받은 날부터 30일 이내에 답변서[66]를 제출하여야 한다(법 제256조 제1항 본문). 피고가 위 30일 이내에

62　소장에는 규칙 제63조 제2항 제2문에 따라 증거로 될 문서 중에서 중요한 것의 사본 등을 첨부하여야 한다.

63　실무에서는 주로 이러한 소장심사절차를 법 제254조 제1항 단서에 따라 재판부에 속한 법원사무관 등으로 하여금 처리하게 하고 있다. 법원사무관 등이 흠결사항을 발견한 경우에는 '보정권고'라는 이름의 문서를 작성하여 원고에게 송달한다.

64　당초 제출한 소장에 아무런 흠결사항이 없었다면 보정명령 없이 곧바로 소장 부본을 송달함은 물론이다.

65　법원사무관 등이 송달할 서류를 보관하고, ① 법원게시판에 게시하거나, ② 관보·공보 또는 신문 게재하거나 또는 ③ 법원 홈페이지에 게시하는 등 전자통신매체를 이용하여 그 사유를 공시한다.

답변서를 제출하지 아니한 때에는 법원은 청구의 원인이 된 사실을 자백한 것으로 보고 변론 없이 판결할 수 있다(법 제256조 제1항 단서. 이를 실무상 '무변론판결'[67]이라고 한다). 피고가 답변서를 제출한 경우에는 법원은 답변서의 부본을 원고에게 송달한다(법 제256조 제3항). 이에 대하여 원고는 피고의 답변서에 대하여 반박하는 취지의 준비서면을 법원에 제출할 수 있다(법 제273조 참조). 피고 역시 재반박 취지의 준비서면을 제출할 수 있다. 이렇게 원·피고 간에 서면공방이 어느 정도 마쳐지면, 재판장은 변론기일을 지정한다(법 제258조 제1항 본문).

원·피고는 지정된 변론기일에 출석하여 변론을 한다(법 제134조 제1항 본문). 서증, 증인 등에 관한 증거조사절차를 거쳐 변론을 종결한다. 이때 각 변론내용의 요지가 변론조서로 작성된다(법 제152조). 변론종결일부터 2주 이내에 판결선고를 함이 원칙이다(법 제207조 제1항 전단).

Ⅱ 민사기록[68]의 구성

민사기록은 이렇게 민사소송절차를 통하여 생성된 당사자가 제출하는 소장·답변서·준비서면·서증사본 등과 법원에서 작성하는 조서 및 각종 송달 관련 서류들로 구성되어 있다.

상세히 보자면, 사건기록은 표지와 당해 사건에 관계되어 작성·제출된 일체의 서류를 통합하여 편철하는데, ① 법원이 작성한 각종 조서 및 조서에 인용·첨부되어 조서의 일부를 이루는 서면, ② 당사자가 제출한 소장·소송위임장·준비서면·답변서·서증사본 및 각종 소송상 신청서·참고서류는 물론이고 ③ 제3자가 작성한 서류, 예컨대 조사촉탁에 의한 보고서, 수탁판사의 증거조사조서 등도 모두 사건기록을 구성하여 그 내용을 이룬다.[69] 당사자나 제3자로부터 제출된 진정서 등은 그 내용으로 보아 준비서면의 성격을 가지거나 서증으로 제출된 경우

---

66 답변서에는 규칙 제65조 제2항에 따라 입증이 필요한 사실에 관한 중요한 서증의 사본을 첨부하여야 한다.

67 변론기일을 열지 않고서 곧바로 판결을 선고를 한다고 하여 이렇게 명명하게 되었다. 다만 법원이 필요하다고 판단할 경우에는 변론을 열 수도 있다.

68 2010. 3. 24. 민사소송 등에서의 전자문서 이용 등에 관한 법률이 시행됨으로써 이른바 전자소송의 시대가 열렸다. 민사사건의 경우 전자소송을 통한 접수율이 2018년 77.2%, 2019년 82.0%, 2020년 상반기 86.8%로 지속해서 상승하는 추세다[2020. 8. 12.자 서울경제신문, "법원행정처 '전자소송 업무 매뉴얼' 발간"(https://www.sedaily.com/NewsView/1Z6JUI9QAK)]. 이제 민사기록은 전자화된 기록이 대세이고 종래의 종이형태의 기록은 점차 줄어 가고 있다. 그러나 전자화된 기록은 종이기록의 구성요소나 원리를 전자파일 형태로 구현한 것에 불과하므로 종이기록을 분석하고 독해하는 방식을 익히면 전자화된 기록은 자연히 이해될 수 있다. 이에 이 책에서 '민사기록'이라 함은 특별한 설명이 없는 이상 전통적인 방식의 '종이기록'을 가리킨다. 다만 전자화된 기록에 관한 설명은 항목을 바꾸어 따로 설명하기로 한다.

69 실무제요[Ⅰ] 218~219쪽

가 아니면 법관의 감정에 호소하려는 목적에서 작성된 문서에 불과하여 소송서류로 취급할 수 없지만 실무상은 사건담당자 개인에게 사적으로 보내온 서신 등도 사건과 관계가 있는 한 접수절차를 밟아 기록에 편철하고 있다.[70]

　　기록은 대체로 사건기록의 표지 → 사건별 송달현황 → 기록목록 → 증거목록 → 소장 및 서증사본, 답변서 및 서증사본 → (쌍방의 준비서면) → 변론조서의 순서대로 편철되고, 소장 이하의 편철순서는 서류가 접수되거나 작성된 시간적 순서에 의함이 원칙이다(법원재판사무 처리규칙 제23조 제1항 참조).

Ⅲ 기록 구성요소들의 검토요령

　아래에서는 민사기록을 구성하고 있는 주요서류들의 서식을 소개하면서, 민사기록의 각 구성요소들이 가지는 의미와 이를 검토하는 기본적인 원리를 살펴본다.

1. 기록표지

　기록표지에는 일반적으로 법원명, 기록의 제목, 사건번호 및 사건명, 당사자·보조참가인의 성명, 관련 사건에 관한 사항, 재판부와 주심에 관한 사항, 사건완결 후 기록정리의 감독을 위한 결재란이 있고([그림1] 참조), 다음 장에는 변론준비절차에 관한 기재란 및 기일 외에서 지정하는 기일에 관한 기재란이 마련되어 있다([그림2] 참조).[71]

---

70 실무제요[I] 219쪽
71 실무제요[I] 219쪽

[그림1]⁷²

	년 질 호		전 책중 책			
기일		서울중앙지방법원 **민사 제1심 소송기록**				
3/13 A10	**사 건**	2021가합1234 대여금청구			재판부	10
3/27 A10 선고					주심	다
	원 고	김갑동				
	피 고	1. 이을남 2. 박병철				
	담임	**과장**	**주심판사**		**재판장**	
완결 공람						

[그림1]은 합의부 사건의 표지이고 단독 사건일 경우에는 '재판부', '주심'란이 하나의 칸으로 합쳐져 '단독'으로 기재되는 것 이외에는 [그림1]의 양식과 동일하다. [그림1]에서 좌측 상단 '기일'란 아래에 기재된 숫자는 법원사무관 등이 수기로 지정된 변론기일을 기재한 모습을 형상화한 것이다. [그림1] 하단에 있는 '완결공람'란은 법원 내부의 결재 관련 부분이므로 유의하지 않아도 된다.

[그림2]⁷³

변 론 준 비 절 차			
회　부 수명법관 지정일자	수명법관 이름	재 판 장	비　　고
기 일 외 에 서 지 정 하 는 기 일			
기일의 종류	일　　시	재판장	비　　고
제1차 변론기일	2021　3　13　10:00	㉑	

　　[그림2]의 변론준비절차는 쟁점이 복잡한 경우 변론기일 전에 진행될 수 있는데(법 제258조 제1항 단서, 제282조 제1항 참조), 변론준비기일이 지정된 경우 그 내용을 기재하는 부분이다. 한편, 변론기일은 기일통지서를 송달하여 통지하는 것이 원칙이다(법 제167조 제1항 본문). 다만, 그 사건으로 법정에 출석한 사람에게는 재판장이 법정에서 기일을 직접 고지하면 된다(법 제167조 제1항 단서). 따라서 제1회 변론기일에 출석한 당사자들에게는 법정에서 차회 변론기일을 통지하게 되므로 [그림2]에서 '기일 외에서 지정하는 기일'에 제2회 이후의 변론기일은 기재될 일이 드물다. 제1회 변론기일은 재판장이 집무실에서 지정하므로 이곳에 표기된다. 무변론판결을 선고하는 피고에 대한 선고기일도 기일 외에서 지정하게 된다.

2. 사건별 송달현황

[그림3]

사건별 송달현황

재판부 : 제10민사부   [출력일 : 2021. 4. 6. 17:00]

구분	송달현황			송달결과
▶[2021가합1234]				
송달물 ①	**소장부본/소송절차안내서**			
생성일·방법	생성:2021.02.02.	우편송달		송달:2021.02.03. ③
송달받을자 ② 주소	피고 이을남	서울 영등포구 대방로 10		
수령인·장소	본인 이을남	서울 영등포구 대방로 10		[영등포/정배송]
송달물	**소장부본/소송절차안내서**			
생성일·방법	생성:2021.02.02.	우편송달		**불능:폐문부재(2021.02.03.)**
송달받을자 주소	피고 박병철	서울 관악구 봉천로 10		**불능:이사불명(2021.02.09.) ④**
수령인·장소				[관악/이정달]
송달물	**보정명령(2021.02.15.자) ⑤**			
생성일·방법	생성:2021.02.15.	우편송달		송달:2021.02.18.
송달받을자 주소	원고 김갑동	서울 서초구 서초로 10		
수령인·장소	본인 김갑동	서울 서초구 서초로 10		[서초/정진구]
송달물	**소장부본/소송절차안내서**			
생성일·방법	생성:2021.02.22.	우편송달		송달:2021.02.25.
송달받을자 주소	피고 박병철	서울 서대문구 연희로 10		
수령인·장소	본인 박병철	서울 서대문구 연희로 10		[서대문/고성실]
송달물	**피고 2 답변서 ⑥**			
생성일·방법	생성:2021.03.02.	우편송달		송달:2021.03.05.
송달받을자 주소	원고 김갑동	서울 서초구 서초로 10		
수령인·장소	본인 김갑동	서울 서초구 서초로 10		[서초/정진구]
송달물	**변론기일통지서(2021. 3. 25. 10:00) ⑦**			
생성일·방법	생성:2021.03.08.	우편송달		송달:2021.03.11.
송달받을자 주소	원고 김갑동	서울 서초구 서초로 10		
수령인·장소	본인 김갑동	서울 서초구 서초로 10		[서초/정진구]
송달물	**변론기일통지서(2021. 3. 25. 10:00)**			
생성일·방법	생성:2021.03.08.	우편송달		송달:2021.03.12.
송달받을자 주소	피고 박병철	서울 서대문구 연희로 10		
수령인·장소	본인 박병철	서울 서대문구 연희로 10		[서대문/고성실]
송달물	**선고기일통지서(2021. 4. 8. 10:00) ⑧**			
생성일·방법	생성:2021.03.29.	우편송달		송달:2021.04.01.
송달받을자 주소	피고 이을남	서울 영등포구 대방로 10		
수령인·장소	본인 이을남	서울 영등포구 대방로 10		[영등포/정배송]

기록표지 다음에 통상 <사건별 송달현황>이 편철된다. <사건별 송달현황>은 해당 사건에 관한 서류들을 송달한 내역이 망라된 문서이다. [그림3]의 예를 통하여 <사건별 송달현황>의 의미를 읽어 보자. [그림3]의 ①에서 보듯이 '송달물'란에 송달 대상서류가 기재되고, 그 아래 ② '송달받을 자'란에 송달받을 대상자와 그의 주소가 기재되며, ③ '송달결과'란에 실제 송달된 날짜가 기재된다. [그림3]의 ③은 송달물인 '소장 부본과 소송절차안내서'가 2021. 2. 3. 피고 이을남에게 정상적으로 송달되었음을 의미한다. 그러나 ④에서 보듯이 해당 서류가 송달되지 않은 경우에는 송달불능된 날짜와 그 사유가 기재된다. ④는 송달물인 '소장 부본과 소송절차안내서'가 피고 박병철을 상대로 원고가 소장에서 밝힌 주소지인 서울 관악구 봉천로 10으로 발송되었다가 송달불능되었는데, 2021. 2. 3.에는 '폐문부재'의 사유로, 2021. 2. 9.에는 '이사불명'의 사유로 각각 송달이 되지 않았음을 보여 주고 있다.[74]

⑤는 피고 박병철에 대하여 ④에서 본 것처럼 송달불능이 되자, 법원이 2021. 2. 15. 원고 김갑동에게 주소보정명령을 하고 그 보정명령이 2021. 2. 18. 원고 김갑동에게 송달되었으며, 원고 김갑동이 새로운 주소지(서울 서대문구 연희로 10)를 파악하여 법원에 제출한 보정서에 따라 법원이 2021. 2. 22. 다시 소장 부본 및 소송절차안내서를 발송하여 그 서류들이 2021. 2. 25. 피고 박병철에게 송달되었음을 나타내고 있다.

⑥을 보면, 피고2(박병철)의 답변서가 2021. 3. 5. 원고 김갑동에게 송달되었음을 알 수 있다. 그런데 ⑥ 이하의 송달결과를 살펴보면 피고1(이을남)의 답변서의 송달내역이 전혀 보이지 않는다. 이는 피고 이을남은 피고 박병철과 달리 답변서를 법원에 제출하지 않았음을 의미한다. ③에서 피고 이을남은 2021. 2. 3. 소장 부본을 송달받았음에도 그로부터 30일이 지나도록 법원에 답변서를 제출하지 않았으므로, 법원은 피고 이을남에 대하여 법 제256조 제1항 단서에 따라 이른바 무변론판결을 할 수 있다. ⑦을 보면, 2021. 3. 25. 10:00 예정된 변론기일에 관하여 변론기일통지서를 원고 김갑동과 피고 박병철에 대하여만 송달하였음을 알 수 있고, ⑧을 보면 2021. 4. 8. 10:00 예정된 선고기일에 관하여 피고 이을남에 대해서만 그 기일통지서를 송달하였음을 알 수 있다.

앞서 설명한 것처럼 변론기일은 기일통지서를 송달하여 통지하는 것이 원칙이나(법 제167조 제1항 본문), 그 사건으로 법정에 출석한 사람에게는 재판장이 법정에서 기일을 직접 고지하면

---

[74] 송달불능의 사유로는 수취인부재, 폐문부재, 수취인불명, 주소불명, 이사불명이 있다. 수취인부재는 수취인이 주소지에 근거를 가지고 있으나, 현재 장기여행·가출·군복무·수감 등의 사유로 당분간 송달서류를 받을 수 없는 경우를 가리킨다. 폐문부재는 문을 잠그고 안에 사람이 없는 경우를 의미한다. 수취인불명은 당해 주소지에서 수취인이 누구인지 알 수 없는 경우이고, 주소불명은 기재된 주소가 불명확하여 당해 주소지 또는 수취인을 찾을 수 없는 경우이며, 이사불명은 수취인이 당해 주소지에 살다가 이사하였는데 이사간 곳을 모르는 경우이다(실무제요[II] 923쪽 참조). 수취인부재나 폐문부재의 경우는 공시송달의 요건(법 제194조 제1항 '당사자의 주소 등 또는 근무장소를 알 수 없는 경우')에 해당하지 않는다.

된다(법 제167조 제1항 단서). [그림3]의 예에서, 법원이 원고 김갑동과 피고 박병철에 대해서는 변론기일통지서를 송달하였는데, 그 다음기일인 선고기일에 대해서는 따로 기일통지서를 송달하지 않았다. 이는 원고 김갑동과 피고 박병철이 변론기일에 출석하였으므로 재판장이 법정에서 선고기일을 구두로 고지하였음을 시사한다. 그 반면에 피고 이을남은 소장 부본을 송달받고서 30일 이내에 답변서를 제출하지 않았으므로, 무변론 판결 선고 대상이어서 법원은 피고 이을남에 대하여는 변론을 열지 않는다. 따라서 변론기일통지서를 송달하지 않고 곧바로 판결선고기일만을 통지하였다.

한편, [그림3]에서 ③ '송달결과'란에 기재된 **소장 부본의 송달일은 메모하여야 한다**. 왜냐하면, 소송계속의 발생시기는 소장 부본이 피고에게 송달된 날이므로 소장 부본의 송달일은 중복제소의 판단기준이 되고,[75] 금전채무의 이행을 청구한 사안에서는 소송촉진 등에 관한 특례법 제3조 제1항 본문에 따라 '소장의 송달일' 다음 날부터 위 특례법령에서 정한 이율이 적용되기 때문이다.

3. 기록목록

기록목록은 사건기록의 내용을 일목요연하게 표시하여 찾아 읽기 편하도록 하는 동시에 편철된 서류의 분실과 흩어짐을 방지하고 기록의 일체성을 보전하기 위하여 작성된다.[76] 기록목록의 작성에 관하여는 '상소기록의 작성·송부 및 반송 등에 관한 예규(재일 2003－14)'에서 규정하고 있다. [그림4]의 작성례[77]에서 보듯이 민사기록의 목차에 해당한다.

---

[75] 대법원 1994. 11. 25. 선고 94다12517,94다12524 판결, 대법원 1990. 4. 27. 선고 88다카25274,25281(참가) 판결 등
[76] 실무제요[I] 226쪽
[77] 실무제요[I] 228~229쪽 참조

[그림4]

목   록

사건번호 : 2020가합5678 ○○○

문 서 명 칭	장수	비 고
서증목록	1	원고 박○○
증인등목록	3	원고 박○○
서증목록	4	피고 이□□
증인등목록	6	피고 이□□
소장	7	원고 박○○
소송위임장(20. 09. 27.자)	26	원고대리인 최△△
답변서(20. 11. 07.자)	27	피고 이□□
소송위임장(20. 11. 07.자)	46	피고대리인 이□□
준비서면(20. 12. 06.자)	48	원고대리인 최△△
변론조서(제1차)	60	
금융거래정보제출명령신청서(20. 12. 23.자)	61	피고대리인 이□□
금융거래정보회신서(21. 01. 06.자)	65	기타 신한은행
서증목록(21. 01. 19.자)	66	원고대리인 최△△
준비서면(21. 01. 19.자)	69	원고대리인 최△△
변론조서(제2차)	73	
조정기일조서(제1차)	75	
증거자료제출(21. 04. 19.자)	76	피고대리인 이□□
변론조서(제3차)	90	
서증(21. 04. 27.자)	91	원고대리인 최△△
문서송부촉탁신청서(21. 06. 19. 자)	95	원고대리인 최△△
서증목록(21. 06. 27.자)	99	원고대리인 최△△
변론조서(제4차)	106	
문서송부촉탁신청서(21. 07. 02.자)	107	피고대리인 이□□
문서송부촉탁회신(21. 07. 03. 자)	112	서울동부지방검찰청
기일변경신청서(21. 07. 04.자)	114	원고대리인 최△△
서증(21. 07. 04.자)	116	원고대리인 최△△
변론조서(제5차)	124	
탄원서(21. 09. 11. 자)	125	원고 박○○
변론조서(제6차)	129	
판결선고조서	130	

4. 증거목록

가. 개요

증거목록에는 '서증목록'과 '증인등목록'이 있다. '서증목록'에는 서증에 관한 사항 중 서증의 현실적인 제출에 관련되는 사항을, '증인등목록'에는 그 밖의 모든 증거(증인신문·검증·감정·사실조회 등)에 관련되는 사항과 서증에 대한 문서제출명령·문서송부촉탁·법원 밖 서증조사에 관련되는 사항을 기재한다.[78] 편철순서는 원고 서증목록, 원고 증인등목록, 피고 서증목록, 피고 증인등목록, 독립당사자참가인 서증목록, 독립당사자참가인 증인등목록 및 직권분 증인등목록 순이다.[79]

이러한 증거목록의 작성방법은 '민사 등 증거목록에 관한 예규(재민 2004-6)'(이하 '민사증거목록예규'라고 한다)에 따른다. 한편 증거목록은 형태상으로는 변론조서나 변론준비조서와 분리되어 있으나 내용상으로는 해당 변론조서나 변론준비조서의 일부를 이룬다. 따라서 증거목록이 기록순서로는 기록표지/ 사건별 송달현황 다음에 편철되어 있으나, 실제 기록을 검토할 때에는 뒤에 있는 변론조서나 변론준비조서를 읽을 때에 앞으로 와서 증거목록을 읽는 것이 자연스럽다.

---

78 실무제요[III] 1318쪽
79 실무제요[I] 229쪽, 실무제요[III] 1319쪽

나. '서증목록'의 작성원리

[그림5]

서울중앙지방법원 서 증 목 록 ①

2021가합1234 ②

피고 1. 이을남
피고 2. 박병철 ⑤

원고 제출 ③

변론(준바가일)조서의 일부

서증 번호	기일 및 장 수	서 증 명	인부기일	④ 인 부 요 지	비 고
1	1차 10장	차용증	1차	피고 1 인영부분 인정 정변식에 의하여 위조되었다고 증거항변 ⑥	
2	1차 16장	연대보증계약서	1차	피고 1 부지	
			2차	피고 2 성립인정 ⑦	

1) '서증목록'의 구성요소

'서증목록'은 [그림5]에서 보는 것처럼 관할법원과 제목을 적는 부분(①), 사건번호를 표시하는 부분(②), 증거를 제출한 당사자를 표시하는 부분(③), 증거의 신청 및 이에 대한 상대방의 진술 등을 기재하는 부분(④)으로 이루어져 있다.

2) '서증번호', '기일 및 장수', '서증명'의 기재방식

서증은 신청인이 가지고 있는 문서를 직접 제출하는 방법으로 신청하는 것이 원칙이다(법 제343조 전단). 서증에는 이를 제출하는 당사자에 따라 원고가 제출하는 것에는 '갑', 피고가 제출하는 것에는 '을', 독립당사자참가인이 제출하는 것에는 '병'이라는 부호를 붙인다(규칙 제107조 제2항). 그런데 [그림5]의 ④ 중 '서증번호'란에는 그 번호만을 기입할 뿐 서증부호인 '갑', '을' 등의 표시는 하지 않는다(민사증거목록예규 제9조 제1항). ③에서 어느 당사자가 제출하는지 기입되기 때문이다.

④ 중 '기일 및 장수'란에서 '기일'란은 해당 서증이 제출된 변론기일 또는 변론준비기일의 차수를 "준비1차", "1차"의 식으로 기재한다(민사증거목록예규 제10조 제1항).[80] '장수'란에는 해당 서증의 첫 장이 편철된 장수를 기재한다(민사증거목록예규 제10조 제2항).[81]

④ 중 '서증명'란에는 등기사항증명서·가족관계등록사항증명서·주민등록등본·매매계약서·영수증·각서·확인서와 같이 문서의 제목이 있는 경우 그 제목을 기재함이 원칙이다(민사증거목록예규 제11조 제1항 본문).[82]

3) '인부기일', '인부요지'의 기재방식

[그림5]의 ④ 중 '인부기일'란에는 인부(認否)를 한 변론기일 또는 변론준비기일의 차수를 기재한다(민사증거목록예규 제12조). 여기서 '인부'란 실무상 당사자 일방이 제출한 서증의 형식적 증거력(진정성립)의 인정 여부에 관하여 상대방이 하는 답변을 의미한다. ④ 중 '인부요지'란에는 인부의 내용을 기재한다. 인부에는 기본적으로 성립인정, 부인, 부지의 세 가지가 있다.[83] 서증이 채택된 경우에는 **명시적인 인부가 있는 경우에만 그 인부내용을 기재하고, 그 외에는 공란으로 둔다.**[84] 상대방이 적극적·명시적으로 서증의 진정성립을 다투지 아니하는 때에는 법원은 굳이 인부의 진술을 촉구하지 아니하고 다만 해당 문서의 성립이나 내용에 관하여 다툼이 있고 이것이 그 사건의 쟁점과 관련된 경우(예 : 당사자 사이에 법률행위의 존부나 내용에 관하여 다툼이 있는 사건에서 그 법률행위에 관한 처분문서)와 같이 인부가 반드시 필요하다고 판단되는 문서에 대해서는 인부의 의견을 진술하게 하여야 한다.[85]

---

80 실무제요[III] 1478쪽
81 실무제요[III] 1479쪽
82 실무제요[III] 1479쪽
83 문서의 인부에 관한 자세한 설명은, 민사실무 266~268쪽을 참조하라.
84 실무제요[III] 1480쪽
85 실무제요[III] 1440쪽 참조. 사건관리방식에 관한 예규(재일 2001-2)(재판예규 제1646호, 2017. 2. 21. 개정·시행) 제13의 나 (1), (3)

인부할 당사자의 수가 많을 때에는 [그림5]의 ⑤와 같이 서증목록 우측 상단 여백에 "피고 1. ○○○, 피고 2. △△△" 방식으로 당사자의 번호와 이름이 기재되고 '인부요지'란에는 번호로써 당사자가 표시된다.[86]

[그림5]의 ⑦은 원고가 제1차 변론기일에 연대보증계약서를 증거신청하였는데, 피고 1. 이을남은 같은 제1차 변론기일에 '부지'로, 피고 2. 박병철은 제2차 변론기일에 '성립인정'으로 각각 인부하였음을 보여 준다.

증거의 형식적 증거력이나 실질적 증거력을 다투는 상대방의 진술을 **증거항변**이라 하는데, 서증에 관해서는 위조 또는 변조된 문서라는 주장이 그 대표적인 예이다. 증거항변이 있을 경우 주된 인부(부인, 서명사실 인정, 날인사실 인정, 인영부분 성립인정, 인영부분 인정 등[87])를 '인부요지'란에 기재한 다음, 같은 란에 서증의 위조, 변조, 백지보충 등 증거항변의 요지를 기재한다.

[그림5]의 ⑥은 원고가 제1차 변론기일에 차용증을 증거신청하였는데, 피고 1 이을남이 제1차 변론기일에 인부하였다는 것으로서, 차용증에 날인된 도장의 인영(印影)이 자기의 도장과 일치한다는 뜻으로 "인영부분 인정"하되 정범식이라는 제3자에 의하여 위조되었다고 증거항변한 경우를 의미한다. 이러한 증거항변이 서증목록에서 보이면 반드시 그 당부를 판단하여야 한다. <검토보고서>에서는 반드시 그 검토내용을 기재하여야 하므로 유의하자.

서증에 대한 증거신청이 기각된 경우에는 서증번호 및 서증명을 기재하고 인부기일란에는 기각결정을 한 기일을 기재하며, '인부요지'란에는 '기각'이라고 기재된다(민사증거목록예규 제9조 제3항, 제11조 제3항, 제12조 제3호, 제13조 제4항). 참고로 법원은 서증과 증명할 사실 사이에 관련성이 인정되지 아니하는 때, 이미 제출된 증거와 같거나 비슷한 취지의 문서로서 별도의 증거가치가 있음을 당사자가 밝히지 못한 때 등 규칙 제109조에서 정한 사유들 중 어느 하나에 해당하는 사유가 있는 경우에 그 서증을 채택하지 아니하거나 채택결정을 취소할 수 있다.

---

86 실무제요[III] 1480쪽 참조

87 인부를 하는 사람의 작성 명의로 된 서증에 대하여 그가 성립을 다투면서 서명·날인·무인행위를 하였다는 사실만을 인정하는 경우(예컨대 서명·날인·무인 외의 나머지 부분이 가필 등에 의하여 변조되었다거나 원래 백지에 서명·날인·무인만 했던 것이 무단 보충되었음을 주장하는 경우)에는 '인부요지'란에 **"서명사실 인정"**, **"날인사실 인정"**, **"무인사실 인정"** 또는 **"인영부분 성립인정"**이라고 기재한 다음, 위와 같은 변조 내지 위조의 주장을 증거항변으로서 기재해 주어야 한다(실무제요[III] 1445쪽, 민사실무 270쪽). 한편 위와 같은 날인행위는 다투면서 그 문서상의 인영이 자기 도장에 의하여 찍혀진 인영이라는 점(인영의 동일성)은 인정하는 경우가 있는데, 이는 타인이 그 도장을 도용하여 그 문서를 위조하였다거나 다른 목적으로 교부받은 도장을 명의자의 승낙 없이 남용하여 그 문서를 위조하였다는 것을 주장하는 경우이다. 이러한 취지의 진술이 있을 때는 '인부요지'란에 **"인영부분 인정"**이라고 기재한 다음 위와 같은 위조 주장을 증거항변으로서 기재해 주어야 한다(실무제요[III] 1445쪽). **"인영부분 성립인정"**은 작성명의인의 의사에 의하여 날인된 사실은 인정하는 경우이고 **"인영부분 인정"**은 인영의 동일성만 인정하는 경우이므로 구분해서 알고 있어야 한다.

아래에서 보는 '증인등목록'과 달리 '서증목록'에는 '증거결정'란이나 '증거조사'란이 따로 없다. 따라서 서증을 채택하지 않아 '서증목록'의 '인부요지'란에 '기각'이라고 기재되지 않은 이상, 해당 서증들은 모두 채택되어 증거조사를 마쳤음을 의미한다고 읽으면 족하다.

다. '증인등목록'의 작성원리

'증인등목록'은 [그림6]에서 보는 것처럼 관할법원과 제목을 적는 부분(①), 사건번호를 표시하는 부분(②), 증거를 신청한 당사자를 표시하는 부분(③), 증거방법, 증거결정 및 증거조사 등을 기재하는 부분(④)으로 이루어져 있다. ①, ②, ③은 서증목록의 작성방식과 동일하다.

④ 중 '기일 및 장수'란에서 '기일'란은 변론(준비)기일에 증거신청된 경우에는 해당 증거 방법이 신청된 변론(준비)기일의 차수를 "준비 ○차" 또는 "○차" 식으로 기재하고, 기일 외 증거신청의 경우에는 "기일 외"라고 기재한다. '장수'란에는 해당 증거자료의 실질적 내용이 나타난 부분의 첫 장의 장수를 기재한다. 예컨대 증인신문조서·감정서(감정을 명한 감정인 신문조서가 아님)·검증조서(검증기일조서가 아님)·사실조회 회보서(사실조회 발송공문이 아님)·법원 밖 서증조사조서·문서제출명령 등의 각 첫 장의 장수이다.[88]

[그림6]

서울중앙지방법원 증인등목록 ①

2021가합1234 ②

원고 제출 ③

변론(준비)기일)조서의 일부

기일 및 장 수	증거방법	증거결정		④ 증거조사	비 고
		기일	채부		
기일 외 장	문서송부촉탁 (의정부지방법원 고양지원)	기일 외	채부	2021. 2. 4. 촉탁 2021. 2. 24. 도착	
기일 외 장	사실조회 (고양세무서)	기일 외	채부	2021. 2. 4. 발송 2021. 2. 26. 도착	
기일 외	감정촉탁 (신체)	기일 외	채부	2021. 2. 3. 촉탁 2021. 3. 9. 도착	
기일 외	검증(현장)	기일 외	채부	2021. 3. 11. 14:00(실시)	
1차	증인 이철수	1차	채부	2021. 3. 8. 14:00(실시)	

④ 중 '증거방법'란에는 서증 이외의 모든 증거방법(증인·검증·감정·사실조회·당사자신문 등)과 서증 중에서 문서제출명령·문서송부촉탁·법원 밖 서증조사에 관련되는 사항을 기재한다. ④ 중 '증거결정'란에서 '기일'란은 변론(준비)기일에서 채부 결정을 한 경우에는 변론(준비)기일의 차수를 기재하고, 기일 외에서 채부 결정을 한 경우에는 "기일 외"라고 기재된다.[89]

---

89 실무제요[III] 1321~1322쪽

④ 중 '증거조사'란에는 증거조사의 진행경과와 구체적 실시내역을 기재하는 것을 원칙으로 하며, 증거조사기일이 진행되는 경우와 그렇지 아니하는 경우로 구분하여 기재한다. 1) 증거조사기일(감정인신문기일 포함)이 진행되는 증거방법에 관하여는 지정·변경·연기·속행된 증거조사기일의 일시 및 지정된 증거조사기일의 실행·변경·연기·속행의 취지를 기재한다. 구체적으로는 지정된 기일을 "20 . . ."라고 기재하고 그 기일이 진행되었으면 기일의 기재 옆에 "(실시)"라고 기재하며, 그 기일이 변경·연기·속행된 경우에는 기일의 기재 옆에 "(변경)", "(연기)", "(속행)" 등으로 기재한 후 그 아래에 새 기일 또는 다음 기일을 기재한다. 2) 증거조사기일이 진행되지 않는 증거방법에 관하여는 증거방법에 따라 다음과 같이 기재한다. (i) 서면증언 : 서면증언의 제출기한 및 도착일, (ii) 감정(감정촉탁) : 감정인의 지정 및 지정일(감정촉탁일), 감정서도착일, (iii) 문서제출명령 : 문서제출명령일, 문서제출일, (iv) 문서송부촉탁 : 문서송부촉탁일, 문서도착일, (v) 사실조회 : 사실조회일, 사실조회도착일.[90]

5. 소장, 답변서 및 준비서면의 검토

기록 편제상 그 다음에 편철되는 소장, 답변서 및 준비서면의 검토방식을 살펴보자.[91]

가. 소장의 검토

소장은 앞서 소장의 작성원리에서 설명한 것처럼, 제목/ 당사자의 인적사항/ 접수인이 현출되는 부분(①), 사건명칭을 기재하는 부분(②), '청구취지'(③), '청구원인'(④), 주요서증이 나열되는 '증명방법'과 인지대 납부영수증, 송달료납부서, 소장 부본 등의 '첨부서류'가 기재되는 부분(⑤), 작성일자/ 작성명의인과 날인/ 관할법원을 표시하는 부분(⑥)으로 구성되어 있다([그림7] 참조).

①에서는 접수인에 주목할 필요가 있다. ① 우측의 동그라미 그림은 접수인을 형상화한 것으로서 2021. 1. 11.에 서울중앙지방법원 종합민원실에 접수되었다는 의미이다. 이 접수일이 바로 소제기일에 해당한다. 문서의 작성일자를 소제기일로 혼동하지 말자. 소제기일에 해당하는 이 접수일자는 메모대상이다. 소멸시효완성 여부를 판단함에 있어서 기준이 되기 때문이다.

---

90 실무제요[III] 1322쪽
91 이하 내용을 보기 전에, 〈제4장 I. 검토보고서의 작성원리와 관련된 민사재판의 심리과정〉을 먼저 읽어 볼 것을 권한다.

[그림7]

소   장

①   원   고   김갑동
                 서울 서초구 서초로 100

   피   고   이을남
                 서울 관악구 봉천로 100

접   수
No. 201
2021.01.11.
서울중앙지방법원
종합민원실

② **양수금청구의 소**

청 구 취 지

③
1. 피고는 원고에게 3억 원과 이에 대하여 2019. 4. 1.부터 이 사건 소장 부본이 송달된 날까지는 연 5%의, 그 다음 날부터 다 갚는 날까지는 연 12%의 각 비율로 계산한 돈을 지급하라.
2. 소송비용은 피고가 부담한다.
3. 제1항은 가집행할 수 있다.
라는 판결을 구합니다.

청 구 원 인

④
1. 원고는 2010년경 사이클 동호회에서 건축업자 A를 처음 알게 되어 친한 친구 사이가 되었습니다. 그러던 중 원고는 2017. 5. 아버지 甲의 사망으로 X토지를 단독으로 상속받게 되었습니다. 마침 A가 빌라 건축사업을 구상 중에 있었고 원고에게서 X토지를 매수하기를 희망하였습니다. 이에 원고는 2018. 5. 1. A에게 X토지를 3억 5,000만 원에 팔았습니다. 원고는 계약 당일 A에게 계약금 5,000만 원을 지급받은 상태에서 금융편의를 위해 A에게 X토지에 관하여 소유권이전등기를 마쳐주었습니다. 대신에 잔금 3억 원은 1년 뒤에 지급받기로 약정하였습니다.

2. 한편, A는 2017. 4. 1. 피고로부터 Y건물을 보증금 3억 원, 월 임대료 100만 원, 임대차기간 2017. 4. 1.부터 2019. 3. 31.까지로 정하여 임차하였는데, 피고는 위 임대차 기간만료일인 2019. 3. 31. A로부터 Y건물을 반환받았음에도 A에게 위 임대차보증금을 지급하지 않고 있었습니다. 이에 A는 위 매매계약의 잔금기일인 2019. 5. 1. 원고에게 잔금 3억 원의 지급에 갈음하여 A의 피고에 대한 위 임대차보증금반환채권 3억 원을 원고에게 양도하여 주었습니다. A는 같은 날 피고에게 위 임대차보증금반환채권의 양도사실을 내용증명으로 통지하였고, 그 내용증명은 2019. 5. 6. 피고에게 도달되었습니다.

3. 그런데 피고는 아직까지도 원고에게 위 임대차보증금을 지급하지 않고 있습니다.

4. 그러므로 피고는 위 임대차보증금반환채권의 양수인인 원고에게 위 임대차보증금 3억 원과 이에 대하여 위 임대차계약 기간만료일 다음 날인 2019. 4. 1.부터 이 사건 소장 부본이 송달된 날까지는 민법에서 정한 연 5%의, 그 다음 날부터 다 갚는 날까지는 소송촉진 등에 관한 특례법에서 정한 연 12%의 각 비율로 계산한 지연손해금을 할 의무가 있습니다.

증 명 방 법

1. 갑제1호증 (계약서)
2. 갑제2호증 (내용증명)

첨 부 서 류

⑤
1. 위 각 증명방법   각 2통
2. 영수필확인서   1통
3. 송달료납부서   1통
4. 소장 부본   1통

2021년 1월 8일

⑥
                                                원고   김갑동   ㊞

서울중앙지방법원   귀중

소장 검토의 핵심은 원고의 청구, 즉 소송물을 이루는 요건사실을 찾는 데 있다. 원고가 해당 소송물에 관한 요건사실을 빠짐없이 주장하였는지(주장책임을 다하였는지), 그에 대한 증명책임을 다하였는지 여부를 살펴야만 청구의 당부 판단을 할 수 있기 때문이다. 민사기록에 있어서 **원고가 그 청구에 관하여 주장책임과 증명책임을 다하였는지 여부는 항상 검토해야 하는 기본쟁점이다.** 원고의 청구, 즉 소송물이 무엇인지는 **청구취지**와 **청구원인**을 보고서 판단한다. 기본적으로 소송물은 청구취지 그 자체라고 말할 수 있다. 즉, 원고가 법원에 주문으로 선고해 줄 것을 요구하는 부분이 바로 소송물이라고 할 수 있다. 다만 단순히 금전의 지급을 요구하는 경우와 같이 당사자 사이에 동일한 청구취지가 다수 양립 가능할 수도 있으므로, 그 청구취지를 특정하고 동일성을 판단하기 위해서는 청구원인을 검토해야 한다. 같은 금액의 돈의 지급을 요구하는 것이라고 하더라도 2020. 5. 1. 대여로 인한 대여금과 2019. 5. 1. 일어난 교통사고로 인한 손해배상금은 서로 소송물이 다르다. ③ 청구취지 부분은 적절히 메모할 필요가 있다. 특히 [그림7]과 같이 금전을 청구하는 경우에는 구하고 있는 원금이 얼마인지, 원금에 대한 이자 내지 지연손해금을 언제부터 언제까지 청구하는지 정확히 메모해 두어야 한다.

④ **청구원인 부분에서 그동안 학습한 요건사실들을 상기하여 청구취지로 주장하는 소송물에 관한 요건사실들을 청구원인에서 찾아서 적절히 메모하여야 한다. 요건사실이 아닌 경위사실 등은 그저 읽기만 하면 된다.** [그림7]의 예를 살펴보자. 청구원인란에 기재된 내용 중에서 양수금청구의 요건사실에 해당하는 <양도대상 채권의 존재/ 채권양도의 약정사실/ 양도통지 사실 및 통지의 도달사실>[92]을 찾아서 메모하여야 한다. ④ 청구원인 제1항은 원고가 A와 어떤 인적관계이고 왜 채권양도계약을 체결하게 되었는지에 관한 경위사실에 불과하다. 위 청구원인 제1항에 숫자와 계약내용 등의 여러 정보가 보이나 이는 모두 이 사건 청구의 요건사실이 아니므로 크게 주목할 필요가 없다. 또한, 위 청구원인 제3항처럼 피고가 원고에게 해당 임대차보증금을 변제하지 않은 사실 역시 요건사실이 아니므로[93] 읽고 이해만 하면 충분하다. 위 청구원인 제2항에 앞서 본 양수금청구의 요건사실들이 망라되어 있다. 여기서 해당 요건사실들을 찾아서 적절히 메모하여야 한다.

따라서 **어떠한 청구에 있어서 그 요건사실이 무엇인지 사전에 숙지하고 있어야만 정확한 기록독해와 분석이 가능하다.** 이후에 상대방인 피고가 소장에서 파악된 각각의 요건사실들에 관하여 자백하는지 자백하지 않는지 살펴야 하고, 자백하지 않는 해당 요건사실에 관하여는 원

---

92 강의노트 299쪽

93 임대차보증금 반환청구의 요건사실은 임대차계약의 체결 사실, 임대차보증금의 지급 사실 및 임대차의 종료사실이 요건사실이고, 임대차보증금을 반환하지 않은 사실은 요건사실이 아니다. 오히려 피고가 해당 임대차보증금을 **변제하였다는 사실**이 피고가 제출할 항변에 해당한다.

고가 증명책임을 다하고 있는지 따져 보아야 하므로 소장 검토 단계에서 요건사실들에 관한 정확한 탐색은 아주 중요하다.

⑤에서는 일단 원고가 주장한 각각의 요건사실들에 부합하는 내용의 서증이 있다면, 메모해둔 요건사실 옆에 적절히 메모하여야 한다. 이후 답변서 등에서 피고가 해당 요건사실에 관하여 자백하였는지, 그렇지 않은지 소장을 검토하는 단계에서는 알 수 없으므로 일응 부합하는 증거가 보일 경우 표시해 둘 필요가 있기 때문이다.

⑥에서는 원고가 관할법원을 제대로 특정하였는지 확인할 필요가 있다. 관할이 없을 경우 이송판결의 대상이 되기 때문이다(법 제34조 제1항).

나. 답변서의 검토

답변서는 앞서 답변서의 작성원리에서 설명한 것처럼, 제목/ 사건번호·사건명/ 원고와 피고의 성명/ 답변 문언/ 접수인이 현출되는 부분(①), '청구취지에 대한 답변'을 기재하는 부분(②), '청구원인에 대한 답변'을 기재하는 부분(③), 주요서증을 나열하는 '증명방법'과 첨부한 서류들을 언급하는 '첨부서류'가 기재되는 부분(④), 작성일자/ 작성명의인과 날인/ 관할법원의 담당재판부를 표시하는 부분(⑤)으로 구성되어 있다([그림8] 참조).

[그림8]

답 변 서

① 사건   2021가합100   양수금
원고   김갑동
피고   이을남
　위 사건에 대하여 피고 이을남은 다음과 같이 답변합니다.

청구취지에 대한 답변

② 1. 원고의 소를 각하한다(또는 원고의 청구를 기각한다).
2. 소송비용은 원고가 부담한다.

청구원인에 대한 답변

③

ⓐ
본
안
전
항
변

　원고는 A의 피고에 대한 임대차보증금 반환채권을 양수하였다고 주장하면서 피고를 상대로 임대차보증금의 지급을 청구하고 있습니다.
　그러나 원고에 대한 채권자 丙이 2020. 8. 10. 서울중앙지방법원 2020타채2000호로 위 임대차보증금 반환채권에 관하여 압류·추심명령을 받았고, 그 압류·추심명령이 2020. 8. 14. 원고와 피고에게 각각 송달되었습니다.
　따라서 원고에게는 위 임대차보증금반환채권에 관하여 추심권한이 없어 원고적격이 없습니다. 이 사건 소는 부적법하므로 각하되어야 합니다.

ⓑ
부
인

　설령 이 사건 소가 적법하다 하더라도 피고는 아래와 같이 주장합니다.
　피고는, A가 2017. 4. 1. 피고로부터 Y건물을 보증금 3억 원, 월 임대료 100만 원, 임대차기간 2017. 4. 1.부터 2019. 3. 31.까지로 정하여 임차한 사실, A가 2019. 3. 31. 피고에게 Y건물을 인도한 사실은 인정합니다. 그러나 피고는, A가 2019. 5. 1. 원고에게 위 채권을 양도한 사실, A가 같은 날 피고에게 그 양도사실을 내용증명으로 통지한 사실, 그 통지가 2019. 5. 6. 피고에게 도달된 사실은 모두 부인합니다.
　따라서 피고는 원고에게 양수금 3억 원과 이에 대한 지연손해금을 지급할 의무가 없습니다.

ⓒ
항
변

　또한 2018. 4. 1. A의 과실로 Y건물에 화재가 발생하여 피고는 그 수리비로 2억 9,000만 원을 지출하였고, A는 2018. 6. 1.부터 2019. 3. 31.까지 10개월 동안 임대료를 지급하지 않았습니다. 따라서 화재로 인한 손해배상금 2억 9,000만 원과 연체된 임대료 1,000만 원 합계 3억 원이 공제되어야 합니다.
　따라서 원고의 청구는 기각되어야 합니다.

증 명 방 법

④ 1. 을 제1호증 (화재감식결과 사본)
2. 을 제2호증 (건물보수공사 견적서)
3. 을 제3호증 (통장거래내역)

첨 부 서 류

1. 위 각 증명방법   각 2통
2. 답변서 부본   1통

---

⑤   2021년 1월 18일

                                                  피고   이을남   ㉑

서울중앙지방법원 제10민사부 귀중

②는 원고가 구하는 청구취지에 대하여 피고가 희망하는 최종결론을 기재하는 부분이다. ③이 중요하다. 피고의 답변형태는 크게 보아 (i) 본안 전 항변을 제출하면서 소 각하를 구하는 경우, (ii) 원고의 청구(소송물)의 요건사실을 부인(否認)하는 경우, (iii) 항변(抗辯)을 제출하는 경우로 나누어 볼 수 있다. 바로 여기에서 쟁점이 부각되기 시작하므로 적절히 쟁점들을 메모할 필요가 있다.

본안 전 항변이 제출된 경우에는 <판결서>나 <검토보고서>에서는 반드시 그 당부를 판단하여 주어야 한다. 민사사건에서는 본안심사를 하기에 앞서 소송요건의 흠결이 있지 않은지 반드시 이를 직권으로 검토하여야 하므로, **기록을 검토할 때에는 피고가 본안 전 항변을 하지 않은 경우라 하더라도 혹시 흠결된 소송요건이 있지 않은지 주의 깊은 검토가 필요하다.** 따라서 평소에 주요한 소송요건에 관한 법리를 잘 정리하고 있어야 한다.[94]

원고가 주장한 요건사실들에 관하여 피고의 답변내용이 부인(否認)인지, 항변(抗辯)인지 정확히 구분할 줄 알아야 한다. 부인(否認)인 경우에는 별도로 메모할 필요가 없으나, 항변(抗辯)인 경우에는 적절한 메모가 필요하다. **항변의 경우에는 항변을 이루는 요건사실에 관하여 피고가 주장책임과 증명책임을 다하였는지가 곧바로 쟁점이 된다.** 주의할 점은, 항변이 아닌 부인 주장에 대하여는 그 주장의 당부를 따로 검토해서는 아니 된다는 것이다. 피고의 부인 주장은 원고가 주장·증명책임을 지는 청구원인사실을 다투는 것에 불과하므로 청구원인사실에 대한 판단 속에서 이미 판단되는 것에 다름 아니기 때문이다.[95] 따라서 답변서 등 기록을 검토하면서 피고의 주장을 면밀히 살펴서 부인에 해당하는 부분과 항변에 해당하는 부분으로 구분하고, 항변에 해당하는 부분만 쟁점으로 정리하면 된다.

[그림8]의 예를 살펴보자. ③ 청구원인에 대한 답변에서 ⓐ는 피고가 본안 전 항변을 제출한 경우에 해당한다. 피고는 원고가 양도받은 임대차보증금반환채권에 관하여 원고에 대한 채권자 丙이 채권압류·추심명령을 받았으므로 원고에게는 추심권한이 없어 원고적격이 없다는 본안 전 항변을 제출하였다. **위 본안 전 항변이 기초로 하고 있는 법리가 타당한지,** 압류·추심명령의 발령 및 **송달사실에 관한 증거가 존재하는지** 여부가 모두 쟁점이 된다. ⓑ는 원고가 주장하는 요건사실 중에서 일부[양도대상 채권(임대차보증금반환채권)의 존재]는 자백하나, 나머지

---

[94] 민사재판실무 58~66쪽 참조

[95] 가령, 원고가 피고에게 1억 원의 대여금을 소로써 청구한 경우를 상정해 보자. 소송과정에서 원고가 '원고가 언제 피고에게 1억 원을 대여한 사실'을 주장하자 피고는 이를 '부인'하였다. 이런 경우 이 사건의 쟁점은 원고가 주장·증명책임을 부담하는 '원고가 피고에게 1억 원을 대여한 사실'의 존재 여부이다. 여기에 추가하여 '원고가 피고에게 1억 원을 대여하지 않은 사실'의 존재 여부(피고의 부인 주장의 당부)도 쟁점이라고 볼 필요가 없는 것이다. 대여사실을 인정한다는 것은 곧 대여하지 않았다는 피고의 부인 주장을 배척한다는 뜻이고, 대여사실을 인정하지 않는다는 것은 곧 피고의 부인 주장을 받아들인다는 뜻이기 때문이다.

(채권양도의 약정사실/ 양도통지 및 그 통지의 도달사실)는 부인하고 있음을 보여 주고 있다. 부인당한 요건사실들에 관하여는 원고가 증명책임을 부담하므로 **이후 기록을 검토하면서 위 부인당한 요건사실들에 관한 증거들을 찾는 것이 기록검토의 주안점이 된다.** ⓒ는 화재로 인한 손해배상채무와 연체된 임대료채무에 관한 공제항변을 제출한 경우를 나타내고 있다. 이렇게 **피고로부터 항변이 제출된 경우에는 이후 기록을 검토하면서 그 항변을 이루는 요건사실들에 관하여 피고가 주장책임과 증명책임을 다하였는지 여부를 검토하여야 한다.** ④부분에 첨부된 서증 중에서 쟁점으로 정리된 요건사실과 관련된 증거가 있는지 살펴보고 그 문제된 요건사실에 부합하는 증거를 발견한 경우에는 메모를 해 두어야 한다. 이하 준비서면이나 변론조서 등 나머지 기록들을 읽어 갈 때에도 마찬가지이다.

다. 준비서면의 검토

피고의 답변서를 송달받은 원고는 다시 이를 반박하기 위한 준비서면을 작성하여 법원에 제출할 수 있다. 준비서면은 앞서 준비서면의 작성원리에서 설명한 것처럼, 제목/ 사건번호·사건명/ 원고와 피고의 성명/ 준비서면 문언/ 접수인이 현출되는 부분(①), 상대방의 답변서 등에 대한 반박내용을 기재하는 부분(②), 작성일자/ 작성명의인과 날인/ 관할법원의 담당재판부를 표시하는 부분(③)으로 구성되어 있다([그림9]).

원고는 주로 준비서면에서, **(i) 피고가 답변서에서 주장한 본안 전 항변에 관하여 사실관계를 다투거나 법리를 들어 반박하고 (ii) 피고가 부인한 요건사실들에 관하여 반박하면서 관련 서증 등 증거를 제시하며, (iii) 피고가 제출한 본안에 관한 항변에 대하여 항변을 구성하는 요건사실을 부인하거나 법리를 들어 반박하거나 혹은 재항변을 제출한다.** 이 단계에서 앞서 답변서에서 정리된 쟁점이 보다 구체화되거나 추가 쟁점이 정리된다.

피고 또한 원고가 제출한 이러한 내용의 준비서면에 대하여 재반박할 필요가 있다고 보이면, 준비서면을 작성하여 법원에 제출할 수 있음은 물론이다.

[그림9]

<h1 style="text-align:center;">준 비 서 면</h1>

①
사건　　2021가합100　양수금

원고　　김갑동

피고　　이을남

위 사건에 대하여 원고 소송대리인은 다음과 같이 변론을 준비합니다.

接 ↑ 受
No. 400
2021.01.28.
서울중앙지방법원
종합민원실

---

②

ⓐ
본안
전
항변
관련
반박

　피고는 이 사건 임대차보증금반환채권에 관하여 압류·추심명령이 있었으므로 원고에게 추심권한이 없다고 항변하였습니다.
　그러나 원고는 이 사건 양수금청구의 소를 제기하기 직전에 채권자 丙에 대한 채무를 모두 변제하였습니다. 丙이 해당 압류·추심명령신청의 취하서를 압류·추심명령 발령법원에 제출한 것으로 알고 있습니다.
　따라서 피고의 위 항변은 배척되어야 합니다.

ⓑ
부인
관련
반박

　피고는 이 사건 임대차보증금반환채권의 존재하는 사실은 인정하면서도 A가 원고에게 이를 양도하고 양도통지하여 그 통지가 도달된 사실은 부인하고 있습니다.
　그러나 A가 2019. 5. 1. 원고에게 위 임대차보증금반환채권을 양도하고 같은 날 피고에게 그 양도사실을 내용증명으로 통지하였고, 그 통지가 2019. 5. 6. 피고에게 도달되었음은 모두 사실입니다. 이에 대한 서증을 제출할 예정입니다.
　따라서 피고는 원고에게 양수금 3억 원과 이에 대한 지연손해금을 지급할 의무가 있습니다.

ⓒ
재
항변

　피고는, 원고의 청구에 대하여 A의 과실로 인한 화재에 관한 손해배상채무와 A가 연체한 임대료채무 합계 3억 원을 공제해야 한다고 항변합니다.
　그러나 A에게 들은 바로는 연체하였던 10개월치 임대료 합계 1,000만 원을 2019. 4.에 모두 지급하였고 피고가 주장한 화재로 인한 손해배상금 역시 A의 화재보험사에 의해 모두 변제되었다고 합니다. 조만간에 A를 통해 관련 금융거래자료를 증거로 제출하겠습니다.
　따라서 피고의 위 항변은 배척되어야 합니다. 피고는 원고에게 양수금 3억 원과 이에 대한 지연손해금을 지급할 의무가 있습니다.

---

③

이상과 같이 변론을 준비합니다.

2021.　1.　28.

원고 소송대리인
변호사　황승리 ㊞

서울중앙지방법원 제10민사부　귀중

[그림9]의 예를 살펴보자. ⓐ는 추심명령으로 인한 피고의 원고적격 흠결 주장에 대한 반박이다. 원고는 원고에 대한 채권자 丙이 압류·추심명령 이후에 원고로부터 변제를 받아서 해당 압류·추심명령을 취하하여 주었다는 사정을 들어 반박하고 있다. 따라서 이하 기록에서는 원고가 丙에게 변제한 사실, 丙이 해당 압류·추심명령을 취하한 사실에 관한 증거를 찾는 일에 집중하여야 한다. ⓑ에서는 피고가 부인하였던 요건사실들, 즉 <채권양도의 약정사실>, <양도통지 및 그 통지의 도달사실>에 관하여 원고가 해당 증거를 제시하며 이를 반박하고 있다. ⓒ는 원고가 피고의 공제 항변에 관하여 공제대상채무인 손해배상채무와 임대료채무를 변제하였다는 재항변을 제출하고 있음을 보여 주고 있다. **이렇게 준비서면까지 살펴보면, 피고의 본안 전 항변의 당부 판단이 가능하거나 원고가 구하는 청구의 요건사실들에 관하여 이에 부합하는 증거들이 있는지 여부를 확인할 수 있다. 또는 원고의 재항변이라는 새로운 쟁점을 발견하게 된다. 재항변 역시도 이하 기록에서 이를 구성하는 요건사실들에 관하여 주장책임과 증명책임을 다 하였는지 여부를 살펴서 그 당부를 판단한다.**

이후에 피고가 다시 준비서면을 제출할 수도 있는데 피고의 준비서면을 검토하는 원리 역시 위와 동일하다.

6. 변론조서의 검토

가. 1회 변론조서의 검토

변론조서는 재판진행상황의 요지를 기재하는 문서이다(법 제154조 참조). 법원사무관 등은 변론기일에 참여하여 기일마다 조서를 작성하여야 하는 것이 원칙이다(법 제152조 제1항 본문). 변론조서는 [그림10]에서 보는 것처럼, 형식적 기재사항[96]에 해당하는 ①, ⑤와 실질적 기재사항[97]으로 변론의 요지에 해당하는 ②, ③, ④로 구성되어 있다.

---

[96] 법 제153조(형식적 기재사항) 조서에는 법원사무관 등이 다음 각 호의 사항을 적고, 재판장과 법원사무관 등이 기명날인 또는 서명한다. 다만, 재판장이 기명날인 또는 서명할 수 없는 사유가 있는 때에는 합의부원이 그 사유를 적은 뒤에 기명날인 또는 서명하며, 법관 모두가 기명날인 또는 서명할 수 없는 사유가 있는 때에는 법원사무관 등이 그 사유를 적는다.
　　1. 사건의 표시
　　2. 법관과 법원사무관 등의 성명
　　3. 출석한 검사의 성명
　　4. 출석한 당사자·대리인·통역인과 출석하지 아니한 당사자의 성명
　　5. 변론의 날짜와 장소
　　6. 변론의 공개 여부와 공개하지 아니한 경우에는 그 이유
[97] 제154조(실질적 기재사항) 조서에는 변론의 요지를 적되, 특히 다음 각 호의 사항을 분명히 하여야 한다.
　　1. 화해, 청구의 포기·인낙, 소의 취하와 자백
　　2. 증인·감정인의 선서와 진술

[그림10]

① 서 울 중 앙 지 방 법 원
변 론 조 서

제 1 차

사　　　　건	2021가합100 양수금
재판장 판사	김공하
판사	이민국
판사	최대한

기　　일 : 2021. 3. 19. 10:00
장　　소 :　　　제401호 법정
공개여부 :　　　　　공개

법원 사무관　　　장참여

고지된
변론기일 : 2021. 3. 26. 14:00

사건과 당사자의 이름을 부름
원고 및 원고 대리인 변호사 황승리　　　　　　　　　　　　　　　각 출석
피고　　　　　　　　　　　　　　　　　　　　　　　　　　　　불출석
피고 대리인 변호사 주도형　　　　　　　　　　　　　　　　　　출석

②

ⓐ
원고 및 원고 대리인
　　A로부터 양도받은 A의 피고에 대한 임대차보증금반환채권에 관하여 양수금 및 지연손해금을 구한다고 하면서, 소장 진술
피고 대리인
　　채권자 丙의 압류·추심명령으로 인해 원고는 원고적격이 없고, 설령 소가 적법하다고 하더라도 A의 과실로 Y건물에 발생한 화재로 인한 손해배상채무와 A가 2018. 6.부터 2019. 3.까지 10개월 동안 연체한 임대료채무는 공제되어야 하므로 원고의 청구는 이유 없다고 주장하면서, 2021. 1. 18.자 답변서 진술하고, 이에 배치되는 원고의 주장을 부인
원고 및 원고 대리인
　　A의 손해배상채무와 연체된 임대료채무는 모두 변제되었다면서 2021. 1. 28.자 원고 준비서면 진술

ⓑ
원고 및 원고 대리인, 피고 대리인
　　A가 2017. 4. 1. 피고로부터 Y건물을 보증금 3억 원, 월 임대료 100만 원, 임대차기간 2017. 4. 1.부터 2019. 3. 31.까지로 정하여 임차한 사실, A가 2019. 3. 31. 피고에게 Y건물을 인도한 사실, 2018. 4. 1. Y건물에 A의 과실로 화재가 발생되어 피고가 수리비 2억 9,000만 원을 지출한 사실은 위 당사자들 사이에 다툼이 없다고 진술

③
재판장 판사
　　이 사건의 주된 쟁점이,
　　채권자 丙의 압류·추심명령으로 인해 원고에게 원고적격이 없는지 여부, A가 원고에게 임대차보증금반환채권을 양도하고 통지하였는지 여부, Y건물의 화재로 인한 A의 손해배상채무 2억 9,000만 원과 A의 연체 임대료채무 1,000만 원이 변제되었는지 여부라는 점에 관하여 원고 및 피고 각 대리인에게 의견을 구하다.
원고 대리인 및 피고 대리인
　　각 그렇다고 진술

④
증거관계 별지와 같음(원고 서증)
속행(추가 증거조사를 위하여)

⑤
법 원 사 무 관　　장　　참　　여　　㊞
재판장 판사　　김　공　하　　㊞

3. 검증의 결과
4. 재판장이 적도록 명한 사항과 당사자의 청구에 따라 적는 것을 허락한 사항
5. 서면으로 작성되지 아니한 재판
6. 재판의 선고

해당 변론기일에서 행해진 변론의 요지가 기재되는 ②, ③, ④가 중요하다. 원고와 그 소송대리인, 피고와 그 소송대리인이 법정에서 구두로 진술한 내용의 요지가 기재된다. 해당 변론기일이 열리기 전에 소장, 답변서, 준비서면이 작성되어 법원에 제출되고 상대방도 이를 송달받아 그 내용을 읽은 상태이겠으나, 법원에 접수된 소장, 답변서, 준비서면 등 서면의 존재만으로 재판의 기초가 되는 소송자료가 될 수는 없다. 소장 등 서면은 법정에서 구두로 진술되어야 재판의 기초가 되는 소송자료가 된다.[98] ② 중 ⓐ에서 원고 및 원고 대리인의「~ 소장 진술」과 피고 대리인의「~ 답변서 진술」은 이를 반영한 표시이다. ·[99] ⓐ를 읽어 가면서 **앞서 소장, 답변서, 준비서면 등 주장서면을 검토하면서 정리한 쟁점을 곁에 두고 추가되거나 수정되는 주장이 있는지를 검토하여야 한다. 간혹 소장 등 주장서면에서 기재한 주장 중 일부를 철회하는 경우도 있으므로 각별히 유의하여야 한다.**

ⓑ는 법정에서 원고와 피고 사이의 <다툼 없는 사실>을 정리한 부분이다. 실무상 복잡한 사건의 경우 변론조서에 이렇게 당사자 사이에 <다툼 없는 사실>을 기재하는 경우가 많다. 앞서 소장, 답변서, 준비서면을 보면서 청구(소송물)나 항변(재항변)의 요건사실들을 메모하면서 상대방이 해당 요건사실들을 자백하는지, 자백하지 않는지를 검토하였을 것인데, 여기 변론조서에 정리된 <다툼 없는 사실>과 비교하여 보고 메모를 정확히 하였는지 확인할 필요가 있다. 그러나 변론조서상에 <다툼 없는 사실>을 정리하여 기재하지 않는 경우도 있는데, 그러한 때에는 소장, 답변서, 준비서면 등 주장서면을 검토하면서 청구(소송물)나 항변(재항변)의 요건사실과 상대방의 자백 여부를 정확히 파악하여 직접 정리하여야 함에 유의하자.

③은 재판장이 직접 해당 사건의 쟁점을 정리하고 이를 변론조서에 반영한 모습이다. 실무상 쟁점이 많은 사건일수록 이렇듯 변론조서에 쟁점을 정리하여 두는 경우가 많다.

④ 중 <증거관계 별지와 같음(원고 서증)>에서 '별지'는 기록 앞부분에 편철된 증거목록을 가리킨다. 이 단계에 이르러 기록 앞으로 가서 증거목록을 읽어가는 것이 합당하다. '(원고 서증)'은 원고가 제출한 서증들에 대해서 증거조사를 하였다는 의미이다. 피고가 제출한 서증들만 증거조사를 한 경우에는 '(피고 서증)'이라고 기재하고, 원고와 피고가 제출한 서증 모두를 증거조사한 경우에는 '(원·피고 서증)'이라고 기재한다. ④ 중 <속행(추가 증거조사를

---

98 강의노트 9쪽. 따라서 기록에 준비서면이 제출되었다고 하더라도 변론기일에 진술되지 않으면 소송자료로 검토되어서는 안 된다.

99 기록편철 순서상 소장, 답변서, 준비서면이 변론조서 보다 앞서 편철되어 있고 변론조서를 검토하기 전에 먼저 소장 등 주장서면을 읽어 보면서 쟁점을 정리하였을 것인데, 소장 등 주장서면을 해당 변론기일에 이르러 구두로 진술하였는지 반드시 확인하여야 한다. 실무에서는 이미 접수된 소장, 답변서, 준비서면은 진술하지 않기로 하고 법정에서 다른 내용으로 진술하는 경우도 간혹 있으므로 주의를 요한다.

위하여)＞은 해당 변론기일에 변론을 마치지 않고 제2회 등 차회 변론기일을 이어서 진행할 경우에 해당 변론조서 말미에 기재하는 표현이다. 괄호 속에 변론을 속행하게 된 사유를 기재하는 것이 일반적이다. 해당 변론기일에서 변론을 마칠 경우에는 이곳에 ＜변론종결＞이라고 기재된다.

나. 차회 변론조서의 검토

제1회 변론기일에서 변론이 종결되지 않고 변론이 속행된 경우 제2회 이후의 차회 변론조서를 검토하는 원리는 제1회 변론조서와 다르지 않다. [그림11]의 예를 보자. ①, ⑥은 형식적 기재사항에 해당한다. 실질적 기재사항에 해당하는 ②, ③, ④가 중요하다. 제1회 변론조서의 검토와 마찬가지로 이 부분에서 당사자의 주장 내용을 요건사실들에 착안하여 잘 살피고 메모하여야 한다. **여기까지 기록을 검토하면서 정리하여 온 쟁점들과 견주어 추가되거나 철회되거나 혹은 수정되는 주장이 있는지 주목하여야 한다.** ③은 증인신문이 실시되었을 경우의 기재례에 해당한다. 증인신문의 내용이 별지로 작성된다. ④, ⑤는 당사자들이 더 이상 주장·증명할 내용이 없다고 진술하여 이를 조서에 반영하고 변론종결하였음을 표현하고 있다.

[그림11]

서 울 중 앙 지 방 법 원
변 론 조 서

제 2 차

①
사　　　건　　2021가합100　양수금
재판장 판사　　김공하
　　　판사　　이민국
　　　판사　　최대한

법원 사무관　　장참여

기　　일 : 2021. 3. 26. 14:00
장　　소 : 　제401호 법정
공개여부 : 　　　공개

고지된
선고기일 : 2021. 4. 2. 10:00

사건과 당사자의 이름을 부름
원고　　　　　　　　　　　　　　　　불출석
원고 대리인 변호사 황승리　　　　　출석
피고　　　　　　　　　　　　　　　불출석
피고 대리인 변호사 주도형　　　　　출석

② 피고 대리인
　추심명령으로 인해 원고적격이 없다는 주장은 철회한다고 진술

③ 출석한 증인 별지 조서와 같이 신문

④ 원고 대리인 및 피고 대리인
　더 이상 주장하거나 제출할 증거가 없다.

⑤ 소송관계 표명, 증거조사결과 변론
변론종결

⑥
법원 사무관　　장 참 여　㉑
재판장 판사　　김 공 하　㉑

　[그림12]는 증인신문조서의 예이다. 증인의 인적사항 등(①), 참여사무관 등의 서명날인(⑤)이 기재되는 부분과 위증의 벌을 경고하고 증인선서를 표현하는 부분(②) 이외에 소송대리인, 당사자와 재판장이 증인에 대하여 행한 질문내용과 답변내용이 기재되는 부분(③, ④)으로 구성되어 있다.

[그림12]

서울중앙지방법원
증인신문조서 (2021. 3. 26. 2차 변론조서의 일부)

① 사　　건　　2021가합100　　　　양수금

　　증　인　이　름　　임세인
　　　　　생 년 월 일　　1974. 3. 11.
　　　　　주　　　소　　서울 송파구 올림픽로 100

---

② 재판장 판사
　증인에게 선서의 취지를 명시하고 위증의 벌을 경고한 다음, 별지 선서서와 같이 선서를 하게 하였다.

---

③ 원고 대리인
1. 증인은 ~ 했기 때문에 피고를 잘 안다.
2. (갑 제4호증을 제시하고) 위 문서가 증인과 피고 사이에 임대차계약을 체결하면서 작성한 문서가 맞다.
3. 증인은 임차한 Y건물에서 식당업을 하였으나 계약기간이 만료되는 날 피고에게 이를 인도하여 주었다.
4. 증인은 피고에게 월 임대료를 연체한 때도 있었으나 임대차기간이 만료된 직후에 연체된 모든 임대료를 지급하였다.
5. 증인의 과실로 Y건물에 화재가 발생하였다. 그러나 증인이 다행히 화재보험을 가입해 둔 것이 있어서 보험사에서 피고에게 보험금을 전액 지급하여 주었다.

---

④ 피고 대리인
1. 문 : 증인이 피고에게 월 임대료를 모두 지급한 것이 사실인가요.
　 답 : 예. 그렇습니다.
2. 문 : (을 제5호증을 제시하고) 피고가 월 임대료를 지급받은 예금거래내역서입니다. 여기 보면 증인은 2018. 6.부터 2019. 3.까지는 월 임대료가 입금되어 있지 않는데 어떤가요.
　 답 : 그 기간 동안 연체한 것은 맞지만 그 이후에 현금으로 모두 지급하였습니다.
3. (후략)

---

⑤ 　　　　　법원 사무관　장 참 여　㉑
　　　　　재판장 판사　김 공 하　㉑

---

　③, ④가 핵심이다. 이 영역을 읽을 때에는 그동안 **기록을 읽으면서 정리하였던 쟁점**(가령, 원고의 청구를 이루는 요건사실 중에서 피고에 의하여 부인당한 요건사실이나, 피고의 항변을 이루는 요건사실 중에서 원고에 의하여 부인당한 요건사실에 관하여 이에 부합하는 증거를 찾는 경우 등)을 상기하면서 증인과의 문답내용을 면밀히 살펴보아야 한다.

7. 기타 서류들의 검토

지금까지 민사기록의 뼈대를 이루는 주요 서류들을 살펴보았다. 본 항목에서는 그 밖에 실무상 자주 접하게 되는 서류들을 소개한다.

가. 보정명령, 보정서 등

[그림13]

①
서 울 중 앙 지 방 법 원
제10민사부
보 정 명 령

사   건   2021가합1234   대여금 등
원고 대리인 변호사 안승소

②
피고 이을남에 대하여 소장 부본 등이 송달되지 않습니다.
〔 피고 이을남   송달불능사유: 이사불명〕

원고는 이 보정명령을 받은 날로부터 7일 안에 아래와 같은 요령으로 주소보정을 하시기 바랍니다. 송달료의 추가납부가 필요한 경우에는 주소보정과 함께 그 금액을 납부하여야 합니다.
위 기한 안에 주소보정을 하지 아니하면 소장이 각하될 수 있습니다(민사소송법 제255조 제2항 참조).
2021. 1. 29.
재판장 판사 최정의 ㊞

③

주소변동 유무	□ 주소변동 없음	종전에 적어낸 주소에 그대로 거주하고 있음		
	□ 주소변동 있음	새로운 주소 : (우편번호 -)		
송달신청	□ 재송달신청	종전에 적어낸 주소로 다시 송달		
	□ 특별송달신청	□ 주간송달	□ 야간송달	□ 휴일송달
		□ 종전에 적어낸 주소로 송달	□새로운 주소로 송달	
	□ 공시송달신청	주소를 알 수 없으므로 공시송달을 신청함 (첨부서류 :)		

20 .   .   .   원고 ○○○

④
〔주소보정요령〕
1. 송달가능한 피고의 주소가 확인되는 경우에는 새 주소란의 □에 "✔" 표시를 하고 주소를 적은 후 이 서면을 법원에 제출하시기 바랍니다.
2. 피고가 종전에 적어 낸 주소지에 그대로 거주하고 있으면 재송달신청란의 □에 "✔" 표시를 하여 주민등록등본 등 소명자료와 함께 이 서면을 법원에 제출하시기 바랍니다.
3. 수취인부재, 폐문부재 등으로 송달되지 않는 경우에 특별송달(집행관송달 또는 법원경위송달)을 희망하는 때에는 특별송달신청란의 □에 "✔" 표시를 하고, 주간송달·야간송달·휴일송달 중 희망하는 란의 □에도 "✔" 표시를 한 후, 이 서면을 송달료와 함께 법원에 제출하시기 바랍니다(송달료는 지역에 따라 차이가 있을 수 있으므로 우리 재판부 또는 접수계에 문의하시기 바랍니다)
4. 공시송달을 신청하는 때에는 공시송달신청란의 □에 "✔" 표시를 한 후 주민등록말소자등본 등 공시송달요건을 소명하는 자료를 첨부하여 제출하시기 바랍니다.
5. 소송목적의 수행을 위해서는 동사무소 등에 이 서면(사본) 또는 소제기증명 등의 자료를 제출하여 상대방의 주민등록등·초본의 교부를 신청할 수 있습니다(주민등록법 제29조 제2항 제2호, 동법 시행령 47조 제4항 참조).

[그림13]은 피고에 대한 소장 부본 등이 송달되지 않을 때에 재판장이 법 제255조 제2항, 제254조 제1항에 따라 행하는 주소보정명령에 해당한다. 재판부의 표시, 사건번호 및 보정명령의 대상을 기재하는 부분(①), 송달 가능한 주소를 보완해서 제출하라는 명령의 내용이 기재되는 부분(②), 주소보정서의 양식과 그 작성방법을 소개하는 부분(③, ④)으로 이루어져 있다.

[그림13]은 ②에서 보는 것처럼 피고 이을남에 대한 소장 부본이 이사불명을 사유로 송달불능되어 원고의 소송대리인 변호사 안승소에게 해당 주소를 보정하라는 뜻의 보정명령이다.

[그림14]

[그림14]는 주소보정명령을 받은 당사자가 법원에 제출하는 보정서이다. [그림13]에서 소개받은 주소보정양식을 활용하여 작성되었다. ①, ③은 사건번호, 당사자 등을 표시하는 형식적 기재사항에 해당한다. ②는 [그림13]의 ④의 작성요령에 따라 작성되는 영역이다. 당초 원고가 소장에서 적은 피고의 주소에서 변동이 있었는지 여부를 표시하고, 종전 주소지로 다시 한번 더 송달을 원하면 재송달신청란에, 야간송달이나 휴일송달 등을 희망할 경우에는 특별송달신청란에 표시를 한다. '주소를 알 수 없는 경우'(법 제194조 제1항)에는 공시송달신청란에 표시를 한다.

[그림14]는 원고의 소송대리인이 확인한 결과 피고 이을남의 주소가 변경되어 새로운 주소 (서울 관악구 신림로 100)로 다시 송달하여 달라는 취지이다.

[그림15]

<table>
<tr><td rowspan="3">①</td><td colspan="2" align="center">서 울 중 앙 지 방 법 원
제10민사부
준 비 명 령</td></tr>
<tr><td>사　　건</td><td>2021가합1234 대여금 등
[원고 김갑동/ 피고 이을남 외 1명]</td></tr>
</table>

② 원고 소송대리인 변호사 안승소 (귀하)

동봉한 상대방의 서면 및 증거자료에 대하여 제출기한까지 준비서면과 필요한 증거를 제출하시기 바랍니다.

제출기한 : 2021. 3. 4.

③
2021. 2. 18.

재판장 판사 최정의 ㊞

④
◇ 유 의 사 항 ◇

1. 준비서면에는 상대방의 주장에 대하여 각 항목별로 인정하는지 여부를 밝히고, 인정할 수 없다면 그 사유를 구체적으로 적어야 합니다. 아울러 상대방이 제출한 주요 서증에 대해서는 인부의 의견(성립인정, 부인, 부지 등)을 밝혀야 합니다.
2. 자신의 주장사실을 뒷받침할 만한 증거를 다음 요령에 따라 함께 제출·신청하기 바랍니다.
   ① 서증신청 : 서증 사본 및 이에 대한 증거설명서 제출
   ② 증인신청 : 증인의 이름·주소·연락처·직업, 증인과 원·피고와의 관계, 증인이 사건에 관여하거나 내용을 알게 된 경위를 적은 『증인신청서』 제출
   ③ 검증·감정·사실조회·문서송부촉탁신청 등 : 증명취지를 명확히 적은 신청서 제출
   ※ 증인신청서 등 각종 증거신청서 양식은 인터넷을 통하여 대법원 홈페이지(www.scourt.go.kr)에 들어오시면 내려받기(download) 할 수 있습니다.
3. 위 기한까지 자료를 제출하지 않거나 제출된 내용이 부실한 경우에는 더 이상 주장과 증거신청이 없는 것으로 보고 다음 절차를 진행하며, 주장과 증거신청을 늦게 하여 소송을 지연시키는 것으로 인정되는 경우에는 각하되는 불이익을 받을 수 있습니다(민사소송법 제149조 참조).

※ 문의사항 연락처 : 서울중앙지방법원 제10민사부 법원사무관 장참여

전화 (02) 530 - 1122
팩스 (02) 558 - 8765   e-mail : jangsamu@scourt.go.kr

[그림15]는 재판장이 법 제137조에 따라 당사자나 소송대리인에게 변론기일 이전에 상대방의 서면 및 증거자료에 대응하여 준비서면을 제출하는 등 변론을 미리 준비할 것을 명하는 내용의 준비명령의 예이다. 재판부와 사건번호가 표시되는 부분, 작성일자 및 재판장의 기명날인이 표시되는 부분(①, ③)과 보정명령의 대상 및 보정기한 등을 기재하는 부분(②), 준비서면의 작성요령과 증거제출방식을 소개하는 부분(④)으로 구성되어 있다.

나. 증거 관련 서류

증거는 변론기일에서 법정에서 신청함이 원칙이나 변론기일 이전에도 신청할 수 있다(법 제289조 제2항). [그림16]은 변론기일 이전에 법정 외에서 증거를 신청할 경우에 사용하는 증거신청서 중 서증에 관한 예이다. 사건번호와 재판부 등을 표시하는 부분(①, ④), "위 사건에 관하여 원고 대리인은 주장사실을 증명하기 위하여 아래와 같이 증거를 신청합니다."의 문구를 기재하는 부분(②), 증거신청하고자 하는 서증을 표시하는 부분(③)으로 구성되어 있다. [그림16]은 원고 소송대리인 변호사 이성실이 물품공급계약서 사본과 우편물배달증명서를 서증으로 제출하면서 증거신청하는 경우이다.

<증거신청서>에 표시된 증거들을 보면서, 소장, 답변서 등 기록을 검토하면서 파악하여 둔 쟁점, 가령 특정 요건사실의 존부와 관련된 증거가 있는지를 잘 살펴보아야 한다.

[그림16]

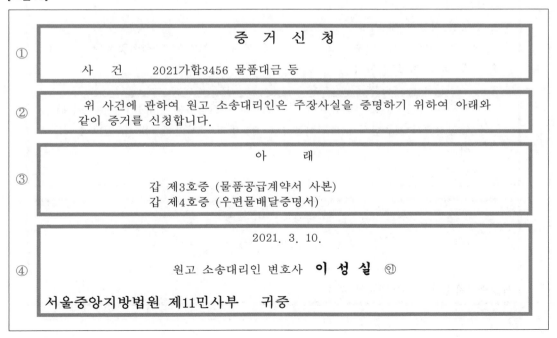

[그림17]

증 인 신 청 서

① 사건   2021가합4567 임대차보증금반환

② 위 사건에 관하여 원고 소송대리인은 주장사실을 증명하기 위하여 아래와 같이 증거를 신청합니다.

③

1. 증인의 표시

이 름	윤정구		직 업	회사원
주민등록번호	750402-1112333			
주 소	서울 강남구 남부순환로 100			
전화번호	자택	점포		휴대폰 (010)9876-6543
원·피고 와의 관계	피고 조정철이 소유하는 상가의 관리인			

④

2. 증인이 이 사건에 관여하거나 그 내용을 알게 된 경위

   2016. 9.부터 피고 조정철이 관리하는 상가의 관리책임자로 일하면서 알게 되었음

3. 신문할 사항의 개요

   원고가 2020. 1. 1.부터 2020. 6. 30.까지의 차임을 연체하였으나, 그 이후 이를 모두 지급한 사실

⑤

4. 희망하는 증인신문방식(해당란에 "ν"표시하고 희망하는 이유를 간략히 기재)
   □증인진술서 제출방식 ☑증인신문사항 제출방식 □서면에 의한 증언방식
   이유 :

5. 그밖에 필요한 사항

⑥

2021. 3. 4.

원고 소송대리인 변호사 강금조 ㉗

서울중앙지방법원 제12민사부 귀중

[그림17]의 증인신청서는 변론기일 이전에 법정 외에서 증거를 신청할 경우에 사용하는 증거신청서 중 증인에 관한 예이다. 사건번호와 재판부 등을 표시하는 부분(①, ⑥), "위 사건에 관하여 원고 대리인은 주장사실을 증명하기 위하여 아래와 같이 증거를 신청합니다."의 문구를 기재하는 부분(②), 증거신청하고자 하는 증인의 인적사항을 기재하는 부분(③), 해당 증인이 이 사건에 관여하거나 그 내용을 알게 된 경위와 신문하고자 하는 내용의 개요를 기재하는 부분(④), 희망하는 증인신문방식을 표시하는 부분 등(⑤)으로 구성되어 있다.

증인신문방식은 <증인진술서 제출방식>, <증인신문사항 제출방식>, <서면에 의한 증언방식> 세 가지가 있는데, 이 중에서 신문사항을 증인신문 전에 미리 제출한 후 법정에서 그 신문사항에 관하여 문답을 하고 상대방이 반대신문을 실시하는 <증인신문사항 제출방식>이 가장 일반적이다. <증인진술서 제출방식>은 증인신청을 한 원고나 피고에게 주신문사항에 관하여 해당 증인으로 하여금 답변할 내용을 미리 진술서 형태로 작성하여 제출하도록 하고 해당 증인신문기일에서는 상대방의 반대신문과 증인신청 당사자측의 재주신문만을 실시하는 방식이다(규칙 제79조 참조). 법정에서의 주신문을 생략함으로써 시간절약의 장점이 있으나 다소 생동감이 떨어지는 단점이 있다. <서면에 의한 증언방식>은 증인과 증명할 사항의 내용 등을 고려하여 상당하다고 인정하는 때에 출석·증언에 갈음하여 증언할 사항을 적은 서면을 제출하게 하는 방식이다(법 제310조 제1항). 이 방식은 증인을 신청한 당사자의 상대방에 대하여 그 서면에서 회답을 바라는 사항을 적은 서면을 제출하게 할 수 있는 면에서 <증인진술서 제출방식>과 차이가 있다. 결국 이 방식은 주신문과 반대신문 모두를 서면으로 대신하는 효과가 있다. [그림17]은 원고 박병서가 임대차보증금의 반환을 구하는 사건에서 원고의 소송대리인 변호사 강금조가 연체된 월 임대료를 모두 변제한 사실을 증명하기 위하여, 피고 조정철의 상가건물 관리인 윤정구를 증인으로 신청하면서 증인신문사항 제출방식으로 증인신문을 하겠다는 취지로 작성된 증인신청서에 해당한다.

<증인신청서> 중 특히 '신문할 사항의 개요'에 주목하면서, 소장, 답변서 등 기록을 검토하면서 파악하여 둔 쟁점, 가령 특정 요건사실의 존부와 관련된 내용이 있는지를 살펴야 한다.

[그림18]

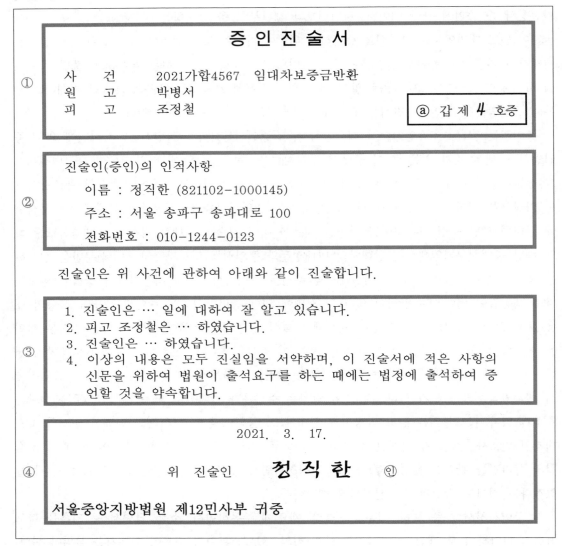

증 인 진 술 서

① 사   건   2021가합4567   임대차보증금반환
  원   고   박병서
  피   고   조정철
                                    ⓐ 갑제 **4** 호증

② 진술인(증인)의 인적사항
  이름 : 정직한 (821102-1000145)
  주소 : 서울 송파구 송파대로 100
  전화번호 : 010-1244-0123

진술인은 위 사건에 관하여 아래와 같이 진술합니다.

③ 1. 진술인은 … 일에 대하여 잘 알고 있습니다.
  2. 피고 조정철은 … 하였습니다.
  3. 진술인은 … 하였습니다.
  4. 이상의 내용은 모두 진실임을 서약하며, 이 진술서에 적은 사항의 신문을 위하여 법원이 출석요구를 하는 때에는 법정에 출석하여 증언할 것을 약속합니다.

④   2021. 3. 17.

         위   진술인   정 직 한   ㊞

서울중앙지방법원 제12민사부 귀중

[그림18]은 증인진술서 제출방식으로 증인신문을 하고자 할 때 제출하는 증인진술서의 예를 보여 주고 있다. 사건번호와 당사자, 재판부를 표기하는 부분(①, ④), 증인의 인적사항을 기재하는 부분(②), 진술내용을 적는 부분(③)으로 이루어져 있다. 한 가지 유의할 점은 증인진술서를 제출하는 방식으로 증인신문을 실시한 경우에 해당 증인진술서를 서증으로 제출하여야 한다는 것이다. [그림18]의 ⓐ에서 보는 것처럼, 서증번호를 부여하여 제출하여야 함을 유의하자.

<증인진술서> 중 특히 '진술내용'에 주목하면서, 소장, 답변서 등 기록을 검토하면서 파악하여 둔 쟁점, 가령 특정 요건사실의 존부와 관련된 내용이 있는지를 살펴야 한다.

[그림19]

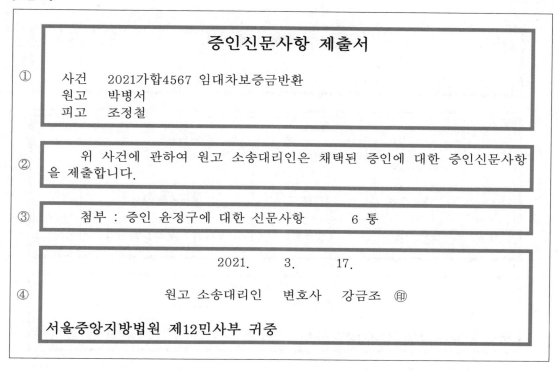

증인신문사항 제출서

① 사건　　2021가합4567 임대차보증금반환
　　원고　　박병서
　　피고　　조정철

②　　위 사건에 관하여 원고 소송대리인은 채택된 증인에 대한 증인신문사항을 제출합니다.

③　　첨부 : 증인 윤정구에 대한 신문사항　　　　6 통

2021.　　3.　　17.

원고 소송대리인　변호사　강금조　㊞

서울중앙지방법원 제12민사부 귀중

[그림19]는 증인신문사항 제출방식에 따라 제출하는 증인신문사항의 예에 해당한다. 사건번호와 당사자, 재판부를 표기하는 부분(①, ④), "위 사건에 관하여 원고 ○○○의 소송대리인은 채택된 증인에 대한 증인신문사항을 제출합니다."의 문구를 표현하는 부분(②), 증인신문사항을 기재하는 부분(③)으로 이루어져 있다. 증인신문사항의 양이 보통 적지 않으므로 별도 문서로 작성하여 이를 첨부하게 된다. [그림19]의 경우도 그러한 일반적인 경우를 상정하고 있다.

[그림20]

증 거 설 명 서

① 사건 2021가합9876   대여금

②

호증	서증명	작성자	증명취지	비고
갑 1	소비대차 계약서 사본	김갑동 이을남	대여사실	
갑 2-1,2	각 내용증명	김갑동	변제독촉 사실	
갑 3	통장 사본	신한은행	원리금 채무불이행 사실	

③

2021.   4.   13.
원고 소송대리인 변호사 강달변   ㊞

서울중앙지방법원 제12민사부   귀중

[그림20]은 증거설명서의 예이다. 증거설명서는 서증의 입증취지, 즉 서증과 증명할 사실의 관계를 밝히는 문서를 가리킨다. 재판장은 서증의 내용을 이해하기 어렵거나 서증의 수가 방대한 경우 또는 서증의 입증취지가 불명확한 경우에는 당사자에게 서증과 증명할 사실의 관계를 구체적으로 밝힌 증거설명서를 제출할 것을 명할 수 있다(규칙 제106조 제1항). 그러나 실무상 재판장의 명령이 없는 경우에도 당사자나 소송대리인이 서증의 입증취지를 분명하게 하기 위하여 증거설명서를 제출하는 경우가 많다.

증거설명서는 [그림20]에서 보는 것처럼, 사건번호와 당사자, 재판부를 표기하는 부분(①, ③)과 서증번호/ 서증명/ 서증의 작성자/ 증명취지를 기재하는 부분(②)으로 구성되어 있다. **<증거설명서> 중 '증명취지'에 주목하면서, 소장, 답변서 등 기록을 검토하면서 파악하여 둔 쟁점, 가령 특정 요건사실의 존부와 관련된 내용이 있는지를 살펴야 한다.**

Ⅳ 전자소송기록의 검토

1. 서설

지금까지 민사기록이 어떻게 구성되어 있고 각각의 영역을 어떠한 방식으로 검토하여야 하는지를 살펴보았다. 그러나 앞서 본 것처럼 현재 민사소송실무는 대부분 전자화된 기록을 매개로 진행된다. 종이소송기록으로 진행되는 사건들도 있으나 이제 실무에서는 전자소송기록이 주류를 이루고 있다. 그러므로 이제 민사소송실무를 준비하자면 전자소송기록을 잘 다루는 것이 중요하다. 다만 로스쿨 교육현장에서 전자소송기록을 텍스트로 하여 강의를 하기에는 제약이 많고 변호사시험 역시 전자소송기록으로 출제하기에는 기술적인 한계가 있는 것도 현실이다. 따라서 이 책에서는 전자소송기록에 어떻게 접근할 수 있는지, 전자소송기록의 구조와 전체적인 모습이 어떠한지를 소개하는 정도로 설명하고자 한다.

2. 전자소송기록에의 접근

전자소송기록에 접근하려면 우선, 대법원 전자소송 홈페이지(https://ecfs.scourt.go.kr)에 접속하여야 한다. 둘째, 이 홈페이지에서 회원가입하고 아이디를 부여받아야 한다. 셋째, 홈페이지 초기화면에서 <바로가기 → 이용안내 → 전자소송 전용뷰어 → 전자소송 전용뷰어 다운로드>의 경로로 들어가 전자소송기록을 열람할 수 있는 프로그램인 "전자소송 전용뷰어"를 다운로드하여야 한다. 이 전자소송 전용뷰어를 사용하는 방법은 위 홈페이지 초기화면에서 <바로가기 → 이용안내 → 전자소송 전용뷰어 → 전자소송 전용뷰어 기록다운로드 및 열람방법>으로 들어가 그 안내설명을 따르면 된다.

3. 전자소송기록의 전체적인 구조

전자소송기록은 앞서 살펴보았던 종이소송기록을 거의 그대로 전자화된 기록으로 구현한 것으로서, 종이소송기록을 독해하는 방식과 다르지 않다. 다만 종이형태가 아니라 전자화된 화면으로 구성되어 있으므로 전자화된 화면을 어떻게 다루는 것인지 기술적인 부분만 익혀 두면 전자소송기록을 읽어가는 데 문제가 없다.

[그림21]¹⁰⁰

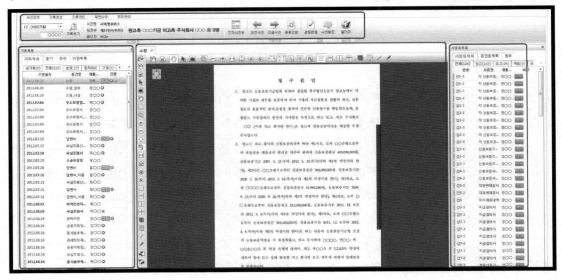

　　[그림21]은 전자소송기록에 접속할 경우 접하게 되는 첫 화면의 모습이다. 크게 <상단 메
뉴>(윗쪽), <기록목록 영역>(왼쪽), <문서창(PDF 뷰어)>(가운데), <증거목록 영역>(오른
쪽) 이렇게 네 부분으로 구성되어 있다.

　　종이소송기록과 달리 기록의 표지가 따로 없고, 최상단에 사건번호가 표기되어 있을 뿐이
다. 송달내역은 최상단 <기록정보 → 코트넷사건검색>의 경로로 들어가면 본 사건과 관련된
송달내역을 모두 열람하고 확인할 수 있다. <기록목록 영역>(왼쪽)이 기록의 목차에 해당하
면서 소장, 답변서, 준비서면 등의 주장서면과 증거신청서는 물론이고 변론조서 등이 종이소송
기록의 순서 그대로 나열되어 있다. <기록목록 영역>(왼쪽) 중에서 열람하고 싶은 부분을 클
릭하면 그 해당 문서가 <문서창(PDF 뷰어)>(가운데)에 현출되는 방식이다.

　　<증거목록 영역>(오른쪽)은 종이소송기록에 있어 증거목록에 해당하는 부분이다. [그림21]
에서 보는 것처럼, <서증등목록>, <증인등목록>, <첨부>로 이루어져 있다. <서증등목
록>은 서증목록과 서증의 상태정보 등을 보여 준다. 기본적으로 원고, 피고별로 서증번호와
서증명이 표시되고, 비고란을 통하여 서증의 제출, 채부, 철회, 취소 정보가 표시된다. 음성파
일(mp3 등), 동영상파일도 서증등목록에 함께 표시된다.

　　<증인등목록>에는 서증과 동영상파일, 음성파일 이외의 나머지 증거들이 표기되는데, 원
고와 피고 별로 채부, 철회, 취소 여부가 기호로 표시된다.

---

100 민사전자소송의 길잡이(법관용), 서울중앙지방법원(2013년 1월), 66쪽

04

검토보고서의 작성원리

민사기록의
이해

제 04 장

검토보고서의 작성원리

I 검토보고서의 작성원리와 관련된 민사재판의 심리과정

검토보고서는 '재판연구원'이 소속 재판부 판사에게 특정 사건에 관하여 보고하는 내용의 문서이다. 따라서 검토보고서는 사건에 관하여 판사가 결론을 내리고 판결문을 쓰는 데 도움이 될 수 있도록, 그 사건의 처리에 관한 최종적인 의견을 제시하는 문서라고 할 수 있다. 검토보고서의 작성원리를 설명하기에 앞서 민사재판의 심리과정을 먼저 살펴보자. 민사재판의 심리과정을 알면 검토보고서의 작성원리를 쉽게 터득할 수 있기 때문이다.

1. '법률효과'를 얻기 위한 과정으로서의 민사재판

가령, 甲이 2020. 6. 1. 乙에게 1억 원을 이자 없이, 변제기 2020. 12. 31.로 정하여 빌려 주었는데, 乙이 변제기가 지나도록 빌려 간 돈을 전혀 상환하지 않고 있다. 甲은 원금 1억 원만 반환받고 싶어 한다고 하자. 이러한 경우 甲이 권리구제를 받으려면 민사소송을 제기하여야 한다. 甲이 민사소송을 통해 얻을 수 있는 것은 무엇일까. 甲은 민사소송을 통하여 「乙은 甲에게 대여금 1억 원을 지급할 의무가 있다.」, 즉 「甲은 乙에 대하여 대여금 1억 원을 지급받을 권리가 있다.」는 것을 공권적(公權的)으로 확인받게 된다. 달리 말해, 그러한 내용이 담겨진 승소확정판결, 곧 집행권원을 얻는 것이 민사소송을 통하여 달성하고자 하는 목적이다. 집행권원을 획득하여야 채무자의 책임재산을 상대로 강제집행을 실시하여 채권을 실제로 회수할 수 있기 때문이다.[101]

채권자 甲이 얻고자 하는 승소확정판결의 내용인 「어떠한 권리의무가 발생하였다.」는 것은 '법률효과'에 해당한다. 민사법상 법률효과는 '법률요건'이 충족될 때에 발생한다. 예컨대, 금전대여에 관한 민법 제598조에 따르면 소비대차는 당사자 일방이 금전 기타 대체물의 소유권을 상대방에게 이전할 것을 약정하고 상대방은 그와 같은 종류, 품질 및 수량으로 반환할 것을 약정함으로써 그 효력이 생긴다. 또한 민법 제603조 제1항에 의하면, 차주는 약정시기에 차용물

---

101 민사집행법 제24조 참조

과 같은 종류, 품질 및 수량의 물건을 반환하여야 한다. ≪당사자 일방이 금전 기타 대체물의 소유권을 상대방에게 이전할 것을 약정하고 상대방은 그와 같은 종류, 품질 및 수량으로 반환할 것을 약정할 것≫이 법률요건에 해당하고 이러한 법률요건이 모두 충족되면, ≪차주는 약정시기에 차용물과 같은 종류, 품질 및 수량의 물건을 반환하여야 한다.≫는 법률효과가 발생한다.

그런데 위 법률요건은 이른바 **요건사실(주요사실)**로 구성된다. 원금반환을 구하는 대여금반환청구의 소에 있어서 그 요건사실은 강학상 ≪소비대차계약의 체결 사실≫, ≪목적물의 인도 사실≫, ≪반환시기의 도래 사실≫이다.[102] 따라서 甲이 「乙은 甲에게 대여금 1억 원을 지급할 의무가 있다.」는 법률효과를 누리려면, 법정에서 위 3가지 요건사실이 모두 충족되었음을 주장·증명하여야 한다.

2. 민사재판의 심리과정과 요건사실

그렇다면 甲이 이렇게 금전대여와 관련된 법률요건의 충족을 주장하면서 소를 제기하였을 때, 법원은 어떠한 과정을 거쳐 심리를 하게 될까. **첫 번째**, 법원은 원고 甲이 이른바 **주장책임을 다하였는지 심리**한다. 변론주의가 지배하는 민사소송에서는 권리의 발생·소멸이라는 법률효과의 판단에 직접 필요한 요건사실 내지 주요사실은 당사자의 주장을 통하여 변론에 현출되어야 법원이 이를 재판의 기초로 삼을 수 있고, 만일 어떤 요건사실에 대한 주장이 없다면 그 요건사실이 증거로 인정된다 하여도 법원으로서는 그 요건사실을 인정하여 당해 법률효과의 판단의 기초로 삼을 수는 없다. 이와 같이 어떤 법률효과의 요건사실이 당사자의 주장을 통하여 변론에 현출되지 않은 결과 그 요건사실이 부존재하는 것으로 소송상 취급되어 법적 판단을 받게 되는 당사자 일방의 불이익을 주장책임이라 한다.[103]

따라서 甲은 위 3가지 요건사실을 빠짐없이 주장할 책임이 있다. 만일 甲이 위 3가지 요건사실 중 일부라도 주장하지 않으면, 법원은 주장책임의 흠결로 청구기각(원고 패소) 판결을 하게 된다.

두 번째, 법원은 甲이 주장책임을 다한 것을 확인한 후에는 피고 乙이 **자백을 하였는지 여부를 심리**한다. 즉, 원고 甲이 주장한 위 3가지 요건사실에 대하여 피고 乙이 다투는지, 다투지 않는지를 살펴본다. 만일 피고 乙이 다투지 않는 경우라면, 자백의 구속력으로 인하여 법원

---

[102] 민사재판실무 341쪽
[103] 민사재판실무 297쪽

은 위 3가지 요건사실이 모두 존재한다고 인정하여야 한다.[104] 다른 증거를 근거로 하여 달리 판단할 수 없다. 3가지 요건사실이 모두 존재함이 인정되었으므로 법률요건이 충족되었다. 피고 乙의 항변이 없는 이상, 이로써 원고 甲에게 대여금 1억 원의 반환을 구할 권리가 발생하였으므로 법원은 청구인용(원고 승소) 판결을 한다.

세 번째, 법원은 피고 乙이 위 3가지 요건사실 중 일부 또는 전부에 대하여 다투는 경우에, 원고 甲이 이른바 **증명책임을 다하였는지 심리**한다. 소송상 어떤 요건사실의 존부가 진위불명에 빠질 때 그 사실이 부존재하는 것이라고 소송상 취급되어 법적 판단을 받게 되는 당사자 일방의 불이익 또는 위험을 객관적 증명책임이라 하는데, 통상 증명책임이라 함은 이를 가리킨다.[105] 피고 乙이 다투는 요건사실에 관하여 원고 甲에게 증명책임이 있는바, 이에 관한 증거가 존재하는지 심리하게 된다. 그 심리결과 피고 乙이 다투는 요건사실이 증거에 의해 증명될 경우 법률요건이 모두 충족되고, 이에 피고 乙의 항변이 없는 이상, 원고 甲에게 대여금 1억 원의 반환을 구할 권리가 발생한다. 법원은 청구인용(원고 승소) 판결을 한다. 그 반면에 피고 乙이 다툰 요건사실 3가지 중에서 일부라도 증거에 의하여 증명되지 못하는 경우에는 법률요건이 충족되지 않았으므로, 원고 甲에게 대여금 1억 원의 반환을 구할 권리가 발생하지 않는다. 법원은 청구기각(원고 패소) 판결을 한다.

네 번째, 원고 甲이 위 3가지 요건사실에 관하여 주장책임을 다하고 증명책임까지도 다하였는데 피고 乙이 항변을 제출한 때에, 법원은 해당 **항변에 관한 요건사실의 존부를 심리**한다. 가령, 피고 乙이 원고가 주장하는 대여금 1억 원 중 3,000만 원을 상환하였다는 이른바 '변제항변'을 하면, 다시 같은 원리로 피고 乙이 변제항변의 요건사실[106]에 관하여 주장책임과 증명책임을 다하였는지 여부(원고 甲이 변제항변의 요건사실에 관하여 자백하였는지 여부를 포함)를 심리하게 된다.

요컨대, 요건사실이 주장책임과 증명책임의 대상이고 결국 민사소송은 거칠게 말하자면 어떠한 요건사실이 존재하는지, 존재하지 않는지를 따지는 절차라고도 할 수 있다. 그러므로 검토보고서를 작성할 때에는 각 청구(소송물)별로 요건사실이 무엇인지, 또한 각 청구(소송물)에 대한 방어방법으로서 항변에 관하여 요건사실이 무엇인지를 숙지하고, 이에 관하여 주장책임과 증명책임을 다하였는지 여부를 중심에 놓고 서술하여야 한다.

---

104 다만, 자백의 구속력은 요건사실의 존재에 국한된다. 법리나 법률효과에 관하여 다투지 않는다는 상대방의 진술은 당사자의 의견일 뿐, 법원이 이에 구속되지 않는다.
105 민사재판실무 299쪽
106 민사재판실무 337쪽

Ⅱ　검토보고서의 전체적인 구조

　　민사사건의 검토보고서의 작성원리는 민사판결서 중 『이유』 부분의 작성원리로부터 유래하였다. 따라서 민사판결서 중 『이유』 부분의 작성원리를 이해하면, 검토보고서의 작성방식도 자연히 이해되게 된다. 이하의 내용은 작성원리의 큰 원칙에 해당한다. 다만, 지엽적인 세부사항까지 완벽하게 검토보고서를 작성하고자 한다면, 해당 수업의 기록강평 강의를 통해 이를 확인하여야 한다는 점을 유념하기 바란다.

　　이하 내용은 사법연수원에서 발간한 모의기록에 관한 모범 검토보고서 등 강평자료와 민사재판실무 교재의 내용을 기초로 하였다. 다만, 여기저기 흩어져 있는 작성요령에 관한 설명들을 한곳에 모아서 정리하고, 3단논법에 따른 법리－사실－법률효과의 각 항목별로 상정 가능한 경우들을 유형화하였으며, 그림을 삽입하는 등 검토보고서의 작성원리를 보다 이해하기 쉽게 설명하는 데 초점을 맞추었다.

　　먼저 검토보고서의 전체구조를 살펴보자.

[그림1]

검 토 보 고 서

작성자		작성일	2021. 3. .
법 원 재판부	서울중앙지방법원 제1민사부	사 건	2020가합4321 대여금청구
원 고	김갑동 서울 강남구 역삼로 100 소송대리인 변호사 최달변 ①		

피 고	1. 이을남
	  서울 서초구 서초로 100
	2. 박병철
	  서울 관악구 봉천로 100
	피고들 소송대리인 변호사 황승혜		

심 리 경 과	변론종결 : 2021. 2. 24. 판결선고 : 2021. 3. 10.		

【검   토】   ②

1. **피고 이을남에 대한 청구**
   가. **결론**
      청구 전부 인용(가집행 가능)
   나. **논거**
      1) **청구원인의 요지**
         원고는 피고 이을남에게 대여금과 그 지연손해금의 반환을 구한다.
      2) **인정사실**
         ○ 원고는 ~ 대여하였다.
         [인정근거] 다툼 없는 사실
      3) **소결론**
         위 인정사실에 의하면, 피고 이을남은 원고에게 ~ 지급할 의무가 있다.

2. **피고 박병철에 대한 청구**
   가. **결론**
      청구 전부 인용(가집행 가능)
   나. **논거**
      1) **청구원인의 요지**
      2) **인정사실**
      3) **소결론**

【주   문】   ③

1. 피고들은 연대하여 원고에게 300,000,000원 및 이에 대하여 2020. 1. 1.부터 2021. 1. 22.까지는 연 5%의, 그 다음 날부터 다 갚는 날까지는 연 12%의 각 비율로 계산한 돈을 지급하라.
2. 소송비용은 피고들이 부담한다.
3. 제1항은 가집행할 수 있다.

[그림1]에서 보는 것처럼 검토보고서는 크게 세 부분으로 구성되어 있다. 즉, 사건의 표시, 원고와 피고의 인적사항, 변론종결일, 판결선고일 등을 기재하는 【형식적 기재사항】(①), 각각의 청구에 관하여 논증하는 【검토】(②)와 주문을 기재하는 【주문】(③)으로 이루어져 있다. 【형식적 기재사항】은 해당 사건의 기본적인 정보를 제공하는 영역이다. 강의현장에서는 편의상 이 부분의 작성을 요구하지 않는 경우가 많다. 【검토】 부분이 검토보고서의 본문에 해당하고 논증과정이 현출되는 영역이다. 【주문】 부분은 각각의 소송물에 관하여 논증된 결과들을 모아서 판결서 주문작성 기재례 형식에 맞추어서 결론을 제시하는 영역이다. 【주문】의 작성방법은 민사판결서의 주문작성 요령과 동일하다.[107] 다만, 법학전문대학원 학생들의 민사재판실무 관련 학습현황을 고려하여 【주문】 부분의 기재를 생략하고, 그 대신 【검토】 중 결론 영역에서 청구 전부 인용이나 청구 일부 인용의 경우에 한하여 그 인용되는 부분의 주문만을 추가하는 형식이 주로 활용되고 있다. 그 형식을 간략히 소개하자면 아래 [그림 1−1]과 같다.

[그림1-1]

---

1. 피고 정병서에 대한 청구
　가. 결론
　　청구 전부 인용(가집행 가능)
　　[인용되는 부분의 주문]
　　피고 정병서는 원고에게 50,000,000원 및 이에 대하여 2021. 1. 1.부터 2021. 2. 15.까지는 연 5%의, 그 다음 날부터 다 갚는 날까지는 연 12%의 각 비율로 계산한 돈을 지급하라.

　나. 논거
　　1) 청구원인의 요지
　　　원고는 피고 정병서에게 대여금과 그 지연손해금의 반환을 구한다.
　　2) 인정사실
　　　○ 원고는 ～ 대여하였다.
　　　[인정근거] 다툼 없는 사실
　　3) 소결론
　　　위 인정사실에 의하면, 피고 정병서는 원고에게 ～ 지급할 의무가 있다.

---

[107] 민사재판실무 제1편 제3장(53쪽 이하)과 강의노트 3.청구취지(주문)(99쪽 이하)의 설명을 참조

Ⅲ 【검토】 영역의 작성방식

1. 체계의 구성

기록검토를 마치고 검토보고서를 작성하려고 할 경우 제일 먼저 부딪히는 문제가 체계를 어떻게 구성할 것인가 하는 문제이다. 원고 1명, 피고 1명인데, 원고가 피고를 상대로 구하는 청구(소송물)도 1개인 경우에는 고심할 이유가 없다. 해당 청구에 관한 판단을 【검토】 영역에 기재하면 된다. 그러나 원고 또는 피고가 2명 이상인 경우(주관적 병합)이거나, 원고 1명, 피고 1명이나 구하는 청구가 2개 이상인 경우(객관적 병합)인 경우, 또는 양자의 형태가 결합된 경우 어떻게 체계를 잡을 것인지 문제가 된다. 피고별로, 같은 피고에 대하여는 소송물별로 적절히 제목을 붙이고 피고 1명에 대한 하나의 소송물 단위로 판단해 가는 것이 원칙이다([그림 2] 참조).

[그림2]

```
1. 원고1의 피고1에 대한 청구에 관한 판단
   가. 대여금청구
   나. 건물인도청구
2. 원고1의 피고2에 대한 청구에 관한 판단
   가. 구상금청구
   나. 약정금청구
3. 원고2의 피고1에 대한 청구에 관한 판단
```

앞서 본 [그림1]의 사례도 위와 같은 원칙에 따라 체계가 구성되었다. 즉, 김갑동이 주채무자 이을남과 연대보증인 박병철을 공동피고로 삼아 대여금청구의 소를 제기하였는데, 피고들별로 별개의 항목으로 나누어 기재하였다. 그러나 피고들에 대한 각 청구의 요건사실 중 일부가 중복되거나 항변이 공통되는 등 서로 관련된 경우에는 피고 별로 청구(소송물)별로 나누어 기재하지 않고 이를 한 항목에 모아서 기재하기도 한다.[108]

---

[108] 민사재판실무 202쪽 이하 참조

2. 『결론』 작성하기

[그림3]

> # 【검　　토】
>
> **1. 피고 이을남에 대한 청구**
>   **가. 결론**
>   청구 전부 인용(가집행 가능)
>   **[인용되는 부분의 주문]**
>   피고 이을남은 원고에게 90,000,000원 및 이에 대하여 2021. 1. 1.부터 2021. 1.
>   22.까지는 연 5%의, 그 다음 날부터 다 갚는 날까지는 연 12%의 각 비율로 계산
>   한 돈을 지급하라.
>   **나. 논거**
>   **1) 청구원인의 요지**
>   원고는 피고 이을남에게 대여금과 그 지연손해금의 반환을 구한다.
>   **2) 인정사실**
>   ○ 원고는 ～ 대여하였다.
>   [인정근거] 다툼 없는 사실
>   **3) 소결론**
>   위 인정사실에 의하면, 피고 이을남은 원고에게 ～ 지급할 의무가 있다.

　　[그림3]에서 보는 것처럼, 각각의 청구(소송물)별로 제목을 설정하고 나면 각각의 해당 청구
(소송물)에 대하여는 『결론』과 『논거』 2가지를 기재하면 된다. 그중 『결론』 부분에는 <소 각
하>, <청구 전부 인용>, <청구 일부 인용>, <청구 기각> 중 하나를 기재하면 된다. 다
만 <청구 전부 인용>과 <청구 일부 인용>의 경우에는 가집행 가능 여부를 밝혀 주고 그
아래 줄에 인용되는 부분의 주문을 기재하여 주면 된다.

　　가집행의 선고를 붙일 수 있는 판결은 재산권의 청구에 관한 판결에 한한다(법 제213조 제1
항 본문). 가집행의 선고는 실무상 원칙적으로는 협의의 집행력을 낳는 이행판결에 한하여 붙인
다. 확인판결은 집행력의 문제가 발생할 여지가 없으므로 원천적으로 가집행의 선고를 할 수
없고, 형성판결도 법률에 특별규정이 있거나 또는 그 성질상 허용되는 경우 이외에는 가집행의
선고를 할 수 없다. 성질상 가집행의 선고가 허용되지 않는 대표적인 경우로는 재산권에 관한
의사의 진술을 명하는 판결(예컨대, 등기절차의 이행을 명하는 판결), 사해행위취소소송에 있어 가
액배상판결 등과 같이 이행기 도래가 판결확정 이후임이 명백한 판결 등을 들 수 있다.[109]

---

109 민사재판실무 154쪽

3. 『논거』 작성하기

가. 논리전개의 기본원칙

민사판결서는 기본적으로 3단논법에 따라 판단하는 구조를 가진다.[110] 어떠한 청구(소송물)에 관하여 <법리-사실-법률효과>의 논증과정을 거쳐 그 청구의 특정한 법률효과가 발생하였는지 여부를 따진 후, 이에 관하여 상대방이 항변을 제출한 경우 역시 마찬가지로 <법리-사실-법률효과>의 논증과정을 거쳐 그 항변의 특정한 법률효과가 발생하였는지 여부를 검토하는 방식으로 논리를 전개한다. 가령, 앞서 본 것처럼 김갑동이 2020. 6. 1. 이을남에게 1억 원을 이자 없이 변제기 2020. 12. 31.로 정하여 대여한 사안에서, 김갑동이 이을남을 상대로 대여원금의 반환을 청구하는 소를 제기하였다고 하자(이하 [사례1]이라고 한다). [사례1]에서 이을남이 소멸시효 항변을 제출하자 김갑동이 다시 시효중단의 재항변을 제출하였을 경우, 판결서상 논리전개의 흐름을 도식화하면 [그림4]과 같다.

[그림4]

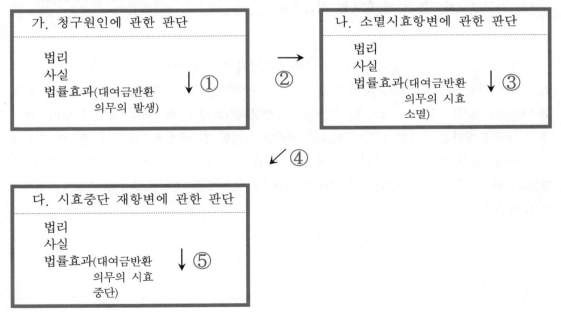

김갑동은 이을남이 자신에게 1억 원을 지급할 의무가 있다는 법률효과를 얻고자 하는데, 그러한 법률효과를 얻으려면 대여원금의 반환청구에 있어 법률요건인 <소비대차계약의 체결 사실>, <목적물의 인도 사실>, < 반환시기의 도래 사실>이 주장·증명되어야 한다. 위 3가지 요건사실이 모두 존재함이 증명될 경우, 민법 제598조, 제603조 제1항이라는 법률조항이 적용되어 결국 이을남은 김갑동에게 대여금 1억 원을 지급할 의무가 있다는 법률효과가 발생한다. 이러한 논리적 흐름이 판결서에서는 [그림4]의 ①과 같이 주로 '청구원인에 관한 판단'이라는 제목하에 법리 → 사실 → 법률효과의 순서대로 표현된다.

한편, [그림4]의 ③단계에서 피고 이을남이 일응 발생된 것으로 보이는 대여원금의 반환의무가 시효로 소멸하였다고 항변하였는데, 의무의 시효소멸이라는 법률효과를 얻으려면 법률요건인 <대주가 특정시점에 당해 권리를 행사할 수 있었던 사실>, <그때로부터 소멸시효기간이 도과한 사실>[111]이 주장·증명되어야 한다. 위 법률요건이 모두 존재함이 인정될 경우, 민법 제162조 제1항, 제166조 제1항 및 제167조라는 법률조항이 적용되어 위 대여원금의 반환의무는 시효로 소멸하였다는 법률효과가 발생된다. 이러한 논리적 흐름이 판결서에서는 [그림4]의 ③과 같이 법리 → 사실 → 법률효과의 순서대로 표현된다. 이하 재항변의 논리적 흐름이나 판결서 기재방식도 마찬가지이다. 그 최종결과로 원고가 당초 구한 청구의 당부가 판단된다.

나. 검토보고서 『논거』의 항목별 작성요령

1) 개요

검토보고서의 논리전개방식도 이러한 민사판결서의 이유와 완전히 동일하다. 다만 표현하는 형식이 다를 뿐이다. 검토보고서에 있어 각 청구나 항변에 관한 검토방식의 **기본적인 틀은, 청구원인의 요지나 항변의 요지를 기재하는 ≪주장요지≫에서 시작하여 ≪관련 법리≫에서 해당 청구나 항변을 판단함에 있어 필요한 법리를 제시한 후 자백에 의하거나 증거에 의하여 요건사실을 인정하는 ≪인정사실≫을 거쳐, 그러한 사실인정으로 인한 권리의무의 발생, 즉 법률효과를 기재하는 ≪소결론≫에 이르게 된다.**[112] [사례1]을 검토보고서 중 『논거』 부분으로 구현하면 [그림5]와 같다.

---

111 민사재판실무 351쪽

112 ≪주장요지≫, ≪관련 법리≫, ≪인정사실≫, ≪소결론≫ 등의 제목은 유일무이한 표현이 아니다. 제목 아래 적히는 내용이 중요하고 제목은 내용에 부합하게 적절히 붙이면 충분하다.

[그림5]

	나. 논거	
①	**1) 청구원인의 요지** 　　원고는 피고 이을남을 상대로 대여원금 및 그 지연손해금의 지급을 구한다.	☞ **청구(소송물)의 요지 기재**
②	**2) 관련 법리** 　　소비대차는 당사자 일방이 금전 기타 대체물의 소유권을 상대방에게 이전할 것을 약정하고 상대방은 그와 같은 종류, 품질 및 수량으로 반환할 것을 약정함으로써 그 효력이 생긴다(민법 제598조). 차주는 약정시기에 차용물과 같은 종류, 품질 및 수량의 물건을 반환하여야 한다(민법 제603조 제1항).	☞ **청구(소송물)와 관련된 법리의 제시**
③	**3) 인정사실** 　　원고는 2020. 6. 1. 피고 이을남에게 1억 원을 변제기 2020. 12. 31.로 정하여 대여하였다.	☞ **청구(소송물)에 관한 요건사실을 기재**
④	[인정근거] 갑 제1호증(차용증)의 기재 및 변론 전체의 취지	☞ **요건사실을 인정하게 된 증거의 나열 또는 자백 등 불요증사실의 표시**
⑤	**4) 소결론** 　　위 인정사실에 의하면, 피고 이을남은 원고에게 대여금 1억 원과 이에 대하여 변제기 다음 날인 2021. 1. 1.부터 다 갚는 날까지 민법에서 정한 연 5%의 비율로 계산한 지연손해금을 지급할 의무가 있다.	☞ **법률효과 기재**

2) 주장요지의 기재([그림5]의 ①)

　　검토보고서는 판결서의 경우[113]와 달리 **청구원인 단계이든, 항변 단계이든 항상 그 주장의 요지를 기재한다.** 다만 청구원인의 요지는 원고의 청구를 받아들이는 경우와 받아들이지 않는 경우에 따라 기재의 강약에 차이가 있다. 첫째, 원고의 청구를 받아들이는 경우에는 간략히 기재한다. 아래 인정사실 항목에서 어떠한 요건사실이 인정되는지 자세히 기재될 것이므로 동일한 내용을 장황하게 중복 기재할 필요가 없기 때문이다. 그 기재방식은 대체로 [그림5]의 ① <"원고는 피고 이을남을 상대로 대여원금 및 그 지연손해금의 지급을 구한다.">에서 보는 것처럼, 원고가 **누구를 상대로 어떠한 소송물을 구하고 있는지**만 드러나면 충분하다.

　　둘째, 원고의 청구를 받아들이지 않는 경우에는 그 주장의 요지를 자세히 기재하여야 한다. 원고가 주장한 내용이 배척되었으니 이하 내용에서 원고가 주장한 요건사실이 표현될 기회가 없으므로 주장요지 단계에서 상세히 기재할 필요가 있기 때문이다. 가령, "원고는 2020. 6. 1.

피고에게 1억 원을 변제기 2020. 12. 31.로 정하여 대여하였으므로 피고는 원고에게 대여금 1억 원을 반환할 의무가 있다고 주장한다."와 같이 요건사실 전체가 드러나도록 자세히 기재한다. 항변의 요지도 동일한 원리에 따라 강약을 두어 기재함이 원칙이다.

3) 관련 법리의 기재([그림5]의 ②)

다음으로 청구나 항변을 판단함에 있어 필요한 법리를 제시한다. 다만 관련 법리를 항상 기재하여야 하는 것은 아니며, 이를 제시하지 않더라도 논리를 이해하는 데 지장이 없으면 관련 법리의 언급 없이 주장요지 이후에 곧바로 인정사실로 들어가도 된다. 실무에서는 대체로 통상적이고 평이한 법리는 기재하지 않는다. 다만 [그림5]에서는 검토보고서 구조의 이해를 위해서 편의상 민법규정을 관련 법리로 소개하였다.

4) 인정사실의 기재([그림5]의 ③)

가) 요건사실의 기재

해당 청구나 항변에 관한 **요건사실(주요사실)**을 기재하여야 한다. **요건사실을 일부라도 누락하여서는 아니 되고, 반대로 요건사실이 아닌 사건의 배경을 이루는 경위사실 등 불필요한 사실은 기재하지 않아야 한다.**[114] 특별히 주의를 요한다. 따라서 청구에 관한 요건사실과 항변에 관한 요건사실을 익히고 있지 않으면 이 부분은 전혀 기재할 수 없다. 앞에서 소개한 것처럼, 대여원금의 반환청구에 있어 법률요건은 <소비대차계약의 체결 사실>, <목적물의 인도 사실>, <반환시기의 도래 사실>이고, 소멸시효 항변의 법률요건은 <대주가 특정시점에 당해 권리를 행사할 수 있었던 사실>, <그때로부터 소멸시효기간이 도과한 사실>이다. 통상 대여원금 반환청구에 있어 필요한 추상적인 법률요건을 요건사실이라고 칭하기도 한다. 그러나 엄밀하게 보면 이는 법률요건이라고 보아야 하고, 그와 같은 법률요건에 해당하는 구체적, 경험적 사실을 요건사실이라고 부르는 것이 정확하다. 실제 발생한 구체적, 경험적 사실에 해당하는 ≪원고는 2020. 6. 1. 피고에게 대여금 1억 원을 변제기 2020. 12. 31.로 정하여 대여한 사실≫이 대여원금 반환청구의 요건사실에 해당한다. 따라서 검토보고서 논거 중 인정사실란에 요건사실을 기재할 때에는 실제 기록에서 확인된 구체적, 경험적 사실을 기재하여야 한다.

항변의 요건사실도 마찬가지이다. 소멸시효 항변의 위 2가지 법률요건에 해당하는 사실로서 기록상 증명되는 구체적, 경험적 사실인 ≪위 대여금채무의 변제기가 2010. 12. 31.인 사실≫과 ≪원고의 이 사건 소가 그로부터 10년이 경과된 후인 2021. 1. 9. 제기된 사실≫이 요건사

---

[114] 민사재판실무 177쪽

실로 기재되어야 한다.

나) 기재방식

인정사실은 구체적으로 어떠한 사실이 있었음을 알 수 있도록 특정해서 설시하여야 한다. 사실의 특정에 필요한 요소는 일반적으로 ① 주체, ② 시기, ③ 상대방, ④ 목적물, ⑤ 행위의 종류 및 요건사실의 범위 내에서 행위의 내용이다. 행위 장소의 설시는 보통 불필요하며, 인정사실의 설시도 위와 같은 순서로 하는 것이 무난하다.[115] 실무상 자주 등장하는 청구(소송물)와 주요 항변에 관한 요건사실의 기재례는 이 책 가장 뒤에 있는 [부록]을 참고하자. 각 청구나 항변별로 어떤 법률요건이 요구되는지 이해하였다면, [부록]상 '실제 기재 요건사실(기재례)'과 같이 기재할 줄 알아야 한다. 다시 한번 확인하자면, 소장, 검토보고서 등 법률문서에는 '추상적 법률요건'이 아니라 위 '실제 기재 요건사실(기재례)'과 같은 법률요건에 해당하는 구체적, 경험적 '요건사실'을 기재해야 한다. 이는 많은 연습이 필요하다.

5) 증거의 기재 등([그림5]의 ④)

가) 불요증사실의 표시

[그림5]의 ③과 같이 해당 요건사실을 기재한 다음에 그러한 요건사실을 인정하게 된 근거를 [그림5]의 ④와 같이 표시하여야 한다. 증거를 요하지 않는 경우에는 [표1]과 같이 기재한다.

115 민사재판실무 265쪽

[표1]

유형	기재례
자백한 경우	[인정근거 : 다툼 없는 사실]
당사자 불출석으로 인한 자백간주된 경우	[인정근거 : 민사소송법 제150조(자백간주)]
월평균 가동일수 등 공지의 사실	[인정근거 : 공지의 사실]
소장, 답변서 또는 준비서면의 송달일자 등 소송절차상 있었던 일	[인정근거 : 기록상 명백한/ 분명한 사실]
법률상 사실추정	피고는 이 사건 토지를 1989. 6.경 점유한 바 있었고 그 후인 2005. 4.경부터 현재까지 점유하여 왔다. [인정근거 : 갑 제3호증(...)의 기재] 이에 의하면 피고는 1989. 6.경부터 2005. 4.경까지 계속하여 이 사건 토지를 점유하였던 것으로 추정되고, 따라서 피고의 점유는 1989. 6.경부터 현재까지 계속되었다.[116]
법률상 권리추정	별지 목록 제1의 가항 기재 토지에 관하여 2011. 8. 13. 원고 명의로 소유권이전등기가 마쳐졌다. [인정근거 : 갑 제1호증(등기사항전부증명서)의 기재] 이에 의하면 별지 목록 제1의 가항 기재 토지는 원고의 소유로 추정된다.[117]

나) 증거거시의 원칙

증거를 나열하거나 사실인정을 위하여 증거를 거시함에 있어서는 그 사실인정에 꼭 필요한 증거만을 뽑아내서 일정한 순서에 따라 정연하게 나열하여야 한다. 증거의 거시는 개별적, 구체적으로 하여야 하고, 막연히 '기록에 의하면'이라든지, '원고가 제출한 증거에 의하면'이라든지, '증인 甲의 증언 등에 의하면'이라는 식의 개괄적으로 기재하거나 불분명하게 기재하여서는 아니 된다. 그렇다고 하여 증거의 내용, 예컨대, '증인 甲의 … 라는 증언', '갑 제1호증(영수증) 중 … 라는 기재'라는 식으로 증거자료의 내용까지 일일이 구체적으로 기재할 필요는 없다.[118]

증거는 대체로 서증과 증인을 먼저 기재하고 나머지 증거를 쓰며 마지막에 변론 전체의 취지를 적어주는 것이 실무례이다.[119] 서증의 <표목>은 제출자에 따라 '갑'(원고 제출), '을'(피고

---

116 강의노트 258쪽 기재례①
117 강의노트 258쪽 기재례②
118 민사재판실무 243쪽 참조

제출), '병'(독립당사자참가인 제출)의 부호를 붙이고, 각 제출 순서에 따라 번호를 붙여 특정하는데(규칙 제107조 제2항), 서증을 기재할 때에는 먼저 표목을 기재한 다음 괄호 안에 그 서증의 <표제>를 기재한다.[120] 서증은 그 존재 자체가 아니라 그 기재내용이 증거자료로 되는 것이므로 서증을 거시할 때에는 「갑 제1호증(매매계약서)의 기재」와 같이 「~ 의 기재」라는 표현을 누락하지 않아야 한다.[121] 서증을 포함한 주요증거별 기재방식은 [표2]와 같다.

[표2]

유형	기재례[122]	기재방법
원고가 제출한 서증	[인정근거 : 갑 제1호증(매매계약서[123])의 기재]	『~의 기재』
피고가 제출한 서증	[인정근거 : 을 제3호증의 1 내지 4(각 진술조서)의 각 기재]	
증인	[인정근거 : 증인 甲의 증언]	『~의 증언』
검증 및 감정	[인정근거 : 이 법원의 2020. 8. 23.자 현장검증 결과] [인정근거 : 감정인 甲의 측량감정 결과]	
여러 종류의 증거를 나열하는 경우	[인정근거 : 갑 제1호증(매매계약서)의 기재, 증인 乙의 증언 및 변론 전체의 취지[124]]	

다) 불요증사실의 표시와 증거거시가 결합된 경우

한편, 요건사실의 일부만 다툼이 없고 나머지는 다툼이 있는 경우에는 두 부분을 나누어서 기재한다. 가령, 어떠한 청구나 항변의 요건사실이 요건사실1, 요건사실2, 요건사실3, 요건사실4의 4가지인데 그중 요건사실1, 2는 다툼이 없고 요건사실3, 4만 다툼이 있을 경우에는 두 부분을 나누어서 [표3]과 같이 기재한다.

---

119 구체적인 증거 나열의 순서는 민사재판실무 245쪽 참조
120 민사재판실무 246쪽
121 민사재판실무 247쪽 참조
122 민사재판실무 246쪽, 258쪽, 259쪽, 262쪽 참조
123 표제(서증의 제목)는 기록상 증거목록에 기재된 서증의 제목을 원용하여 그대로 기재한다. 표현을 변경하여서는 아니 된다.
124 법 제202조는 증거조사의 결과와 나란히 변론 전체의 취지를 사실인정의 근거로 규정하고 있다. 실무에서는 증거와 인정사실이 아주 간단한 경우를 제외하고는, 쟁점이 복잡하거나 요증사실이 많으면 특별한 의미를 따지지 않고 다른 증거의 나열에 이어 가장 나중에 '변론 전체의 취지'를 부가하는 것이 보통이다(민사재판실무 262쪽).

[표3]

기재례[125]	기재요령
2) 인정사실 　　○ 요건사실1 　　○ 요건사실2	☞ 요건사실 중 다툼 없는 사실들을 모아서 기재
[인정근거 : 다툼 없는 사실]	☞ 불요증사실 표시
○ 요건사실3 　　○ 요건사실4	☞ 요건사실 중 다툼 있는 사실들을 '모아서' 기재
[인정근거 : 갑 제1호증(매매계약서)의 기재, 증인 甲의 증언 및 변론 전체의 취지]	☞ 증거거시 　* 요건사실3을 인정하는 증거와 요건사실4를 인정하는 증거가 다르더라도 이를 구분할 필요는 없고 이렇게 '모아서' 기재

라) 반증이 있는 경우

　　요건사실을 인정하는 과정에서 상대방이 제출한 반증이 있는 경우에는 이를 배척하는 설시를 하여 주어야 한다. 반증이란 증명책임이 있는 자의 상대방이 요건사실을 부정할 목적으로 제출하는 증거로서, 본증에 의한 법관의 심증형성을 흔들어 그 사실에 관하여 진위불명의 상태에 빠뜨리는 것을 입증취지로 한다.[126]

　　가령, 甲이 乙을 상대로 X토지의 매매를 이유로 하여 매매대금을 청구하는 데 매매계약 체결사실을 증명하기 위하여 丙을 증인으로 신청하여 丙이 법정에서 甲과 乙 사이에 구두로 매매계약을 체결하는 것을 보았다는 취지로 증언하였다고 하자. 乙은 丙이 그 매매계약 일시에 다른 장소에 있었다는 사실을 증명하기 위하여 丙의 친구 丁을 증인으로 신청하고 丙의 다른 친구 戊의 진술서를 서증으로 제출한 경우, 丙의 증언은 본증에 해당하고 丁의 증언과 戊의 진술서는 반증에 해당한다. 담당판사가 심리를 마친 결과, 甲과 乙 사이의 매매계약 체결사실을 인정하였다고 하자. 그런데 피고 乙이 신청한 반증인 丁의 증언과 戊의 진술서에 관하여 판결서에 아무런 기재를 하지 않을 경우 피고 乙의 입장에서 보면, 자신이 신청한 증거에 대해서 판사가 검토를 하지 않은 것이 아닌가 의구심을 가질 수 있다. 따라서 본증에 대하여 반증이 제출된 사건이라면, 이를 배척하는 기재를 하는 것이 바람직하다. 검토보고서에서도 마찬가지이다. 그 기재방식은 [표4]와 같다.

---

125 강의노트 248쪽 참조
126 민사재판실무 281쪽

[표4]

기재례[127]	기재요령
2) 인정사실 　원고가 2020. 2. 1. 피고에게 X토지를 1억원에 매도하였다.	☞ 요건사실 기재
[인정근거 : 증인 丙의 증언 및 변론 전체의 취지]	☞ 본증의 나열
이에 어긋나는(또는 이에 반하는) 증인 丁의 증언은 믿기 어렵고, 을 제2호증(진술서)의 기재만으로는 위 인정을 뒤집기에 부족하다.	☞ 『이에 어긋나는(또는 이에 반하는)』이라는 수식어를 붙인 다음, ① 『~믿기 어렵고』, ② 『~만으로는 위 인정을 뒤집기에 부족하다』 기재 　* 기록사안에 따라서 ①만 기재하거나 ②만 기재하기도 한다.

마) 증거항변이 있는 경우

증거항변이 있는 경우에는, 앞서 설명한 증거를 표기하는 영역([그림5]의 ④)에서 **[인정근거 : 갑 제1호증(○○○)의 기재] 바로 아래에** 증거항변에 관한 판단내용을 추가로 기재하여야 한다. 기재방식에 관한 자세한 설명은 뒤에서 하기로 한다.

6) 법률효과의 기재([그림5]의 ⑤)

가) 기본원칙

원고가 주장한 청구원인이나 피고가 주장한 항변에 관하여 상대방의 자백에 의하든 증거에 의하든 그 요건사실이 존재하는 것으로 증명된 경우, 요건사실들로 구성된 특정한 법률요건이 충족되었으므로 그에 상응하여 특정한 법률효과가 발생한다. 재항변 이하의 단계에서도 마찬가지이다. 따라서 청구원인, 항변, 재항변 단계마다 인정사실을 기재한 다음에는 법률효과를 기재하는 것이 원칙이다.

일반적으로 대여금, 물품대금, 약속어음금 등 정형화된 유형의 사건에서는 청구원인사실이 인정되면 누구나 그에 기한 법률효과를 알 수 있고 그 내용도 자명하므로, 뒤이어 항변이 있을 때에도 구태여 법률효과를 설명하지 않는 것도 가능하다.[128] 그러나 로스쿨 과정에서는 정형화된 유형의 사건인지 여부를 불문하고 청구원인, 항변, 재항변에 관한 판단시마다 해당 법률효과를 항상 기재하여 주는 것으로 보는 것이 학습목적상 바람직하다.

---

127 강의노트 281쪽 참조
128 민사재판실무 279쪽

다른 한편, 청구원인이든 항변이든 재항변이든 해당 요건사실이 존재하지 아니하는 것으로 확정되면 그것으로 이미 주장된 법률효과는 배척되므로,[129] 자연히 법률효과를 기재할 필요가 없다. 청구원인 단계에서 원고의 청구가 기각되거나, 어떠한 항변이 배척되는 경우의 기재방법은 뒤에서 설명한다.

나) 기재요령

(1) 청구원인 관련 법률효과의 기재

청구원인사실이 인정되었는데 피고의 항변이 없거나, 피고의 항변이 있었으나 그 항변이 배척된 경우 등 청구인용(원고 승소) 판결을 하는 때에는, 통상 ≪소결론≫이라는 제목을 붙이고 그 아래에 법률효과를 기재한다. 일반적으로 '의무자'(주로 피고)를 주어로 하여 '어떠한 의무가 있다.'로 서술하게 된다. 예컨대, 「**피고는 원고에게 X건물을 인도할 의무가 있다.**」거나 「**피고는 원고에게 1억 원을 지급할 의무가 있다.**」와 같다.

청구인용이라는 주문에 상응하여 그 주문이 어떠한 내용인지 명확히 알 수 있도록 결론에 나타난 **금액이나 날짜 등 숫자의 법률적 의미를 구체적으로 밝혀서 기재하여야** 한다. 가령, 「피고들은 연대하여 원고에게 3억 원과 이에 대하여 2020. 12. 1.부터 2021. 2. 20.까지는 연 5%의, 그 다음 날부터 다 갚는 날까지는 연 12%의 각 비율로 계산한 돈을 지급하라.」는 주문이 도출되었다고 하자. 이러한 경우 검토보고서 논거 중 법률효과 부분은 「(위 인정사실에 의하면) 피고들은 연대하여 원고에게 **차용금** 3억 원과 이에 대하여 **그 변제기 다음 날인** 2020. 12. 1.부터 **이 사건 소장 부본 송달일임이 기록상 명백한** 2021. 2. 20.까지는 **민법에서 정한** 연 5%의, 그 다음 날부터 다 갚는 날까지는 **소송촉진 등에 관한 특례법에서 정한** 연 12%의 각 비율로 계산한 **지연손해금**을 지급할 의무가 있다.」라고 기재한다. 위 주문에 나타난 금액, 날짜 등 숫자의 법률적 의미를 수식어로 표현한 것이다.

다만, 청구원인에 이어 항변 등 이하의 판단 부분이 있는 경우에는 기재하는 방식이 조금 다르다. **청구원인 단계에서는 법률효과를 간략히 정리**하고 **항변 등 이하 판단을 모두 마친 다음에 최종적으로 법률효과를 기재**하는 형식을 취한다. 예를 들면 [그림6]과 같다.

---

[129] 민사재판실무 279쪽 참조

[그림6]

기재례	기재방식
1. 피고들에 대한 대여금청구에 관한 판단 **가. 결론** 　청구 전부 인용(가집행가능) **나. 논거** 　**1) 청구원인에 관한 판단** 　　**가) 청구원인의 요지** 　　**나) 인정사실** 　　　○ 요건사실1 　　　○ 요건사실2	
[인정근거 : 다툼 없는 사실]	
다) 소결론 　　**특별한 사정이 없는 한,** 피고들은 연대하여 원고에게 차용금 3억 원과 이에 대한 지연손해금을 지급할 의무가 있다.	☞ 잠정적인 결론임을 표시하는 뜻으로 『특별한 사정이 없는 한』을 기재한 다음에, 법률효과를 간략히 정리
2) 피고들의 항변에 관한 판단	☞ 항변 이하의 판단
가) 변제항변 　　**나) 소멸시효 항변**	
3) 대여금청구 부분의 결론 　　피고들은 연대하여 원고에게 차용금 3억 원과 이에 대하여 그 변제기 다음 날인 2020. 12. 1.부터 이 사건 소장부본 송달일임이 기록상 명백한 2021. 2. 20.까지는 민법에서 정한 연 5%의, 그 다음 날부터 다 갚는 날까지는 소송촉진 등에 관한 특례법에서 정한 연 12%의 각 비율로 계산한 지연손해금을 지급할 의무가 있다.	☞ 항변 이하의 판단을 모두 거친 다음에, 해당 청구(소송물)에 대한 최종결론을 기재함. 숫자와 날짜의 법률적 의미를 밝혀서 수식어를 붙이는 방법으로 주문의 의미를 상세히 드러냄

(2) 항변, 재항변 관련 법률효과의 기재

항변이나 재항변 이하 단계에서도 증거에 의하든, 자백에 의하든 해당 요건사실이 존재하는 것으로 인정된 경우 법률요건이 충족되어 그에 상응한 법률효과가 발생하므로 이를 기재함이 원칙이다. [그림7]을 예로 들어 보자. [그림7]은 원고의 3억 원 대여금청구에 대하여 피고가 소멸시효 항변을 하였는데, 심리결과 3억 원 대여금채권의 변제기로부터 소멸시효기간 10년이 경과한 후에 소가 제기되었음이 확인된 경우이다.

[그림7]

기재례	기재방식

1. 대여금청구에 관한 판단
 가. 결론
  청구 기각
 나. 논거
  1) 청구원인에 관한 판단
   가) 청구원인의 요지
   나) 인정사실
    ○ 요건사실	

[인정근거 : 다툼 없는 사실]	
다) 소결론 **특별한 사정이 없는 한**, 피고는 원고에게 차용금 3억 원과 이에 대한 지연손해금을 지급할 의무가 있다.	① ☞ 잠정적인 결론임을 표시하는 뜻으로 『**특별한 사정이 없는 한**』을 기재한 다음에, **법률효과를 간략히 정리**
2) 소멸시효항변에 관한 판단	
가) 항변의 요지 피고는 위 대여금채권이 시효로 소멸하였다고 항변한다.	☞ 항변의 요지 기재

나) 인정사실
  ○ 위 대여금채권의 변제기가 2011. 1. 10.이다.[130]
   [인정근거 : 갑 제2호증(차용증서)의 기재 및 변론 전체의 취지]
  ○ 원고의 이 사건 소가 그로부터 10년이 경과된 후인 2021. 2. 10. 제기되었다.
   [인정근거 : 기록상 명백한 사실]
	☞ 요건사실 기재&증거거시 (또는 불요증사실 표기)

다) 소결론 ○ 위 대여금채권은 시효로 소멸하였다.	② ☞ **항변의 법률효과 기재**
○ 위 항변은 이유 있다.	③ ☞ **항변의 당부(當否) 판단 기재**
3) 대여금청구 부분의 결론 원고의 이 부분 청구는 이유 없다.	☞ 청구(소송물)의 최종결론

---

130 위 기재례 사례에서 보자면, 대여금청구의 청구원인 단계에서 원고가 언제 피고에게 3억 원을 변제기 언제로 정하여 대여하였다는 사실이 기재되었을 것이다. 그러한 사실이 대여금청구의 요건사실에 해당하고 그 존재가 인정되어 청구원인 단계에서 일응의 법률효과가 발생하였으니 항변 단계의 판단을 하고 있는 것이기 때문이다. 따라서 청구원인 단계에서 같은 원고와 같은 피고 사이에서 증거에 의하든, 자백에 의하든 특정 대여금채권의 변제기가 언제라는 사실이 인정된 이상, 항변 단계에서는 다시 사실인정을 할 필요 없이 앞서 기재한 인정근거를 그대로 원용해서 기재하는 것이 일반적이다. 『위 대여금채권의 변제기가 2011. 1. 10.인 사실**은 앞서 본 바와 같다.**』와 같이 기재한다. 여기에서는 항변 단계의 법률효과 기재방식을 설명하는 데 주안점이 있으므로 요건사실의 [인정근거]에 관하여는 앞의 것을 원용하지 않고 별도로 다시 표기하는 방식을 보여 주고 있다.

[그림7]의 사안은 청구원인사실이 모두 인정되었으나 소멸시효 항변이 받아들여져서 결국 원고의 청구가 기각되는 경우이므로, 청구원인 단계에서는 일단 요건사실을 기재하고 법률효과를 ①과 같이 잠정적으로 간략하게 언급한다. 그리고 **항변에 대한 판단은 보통 <소결론>이라는 제목 아래에 ②, ③과 같이 법률효과와 항변의 당부(當否) 판단 2가지를** 기재한다.

예를 하나 더 들어 보자. [그림8]은 원고가 피고를 상대로 X토지의 매수를 원인으로 하여 X토지의 소유권이전등기를 청구하였는데, 피고가 매매잔금의 지급과의 동시이행항변을 제출한 경우이다.

[그림8]

기재례	기재방식
1. 소유권이전등기청구에 관한 판단 **가. 결론** 　청구 일부 인용(가집행 불가능) 　**[인용되는 부분의 주문]** 　피고는 원고로부터 270,000,000원을 지급받음과 동시에 원고에게 X토지에 관하여 2020. 10. 1. 매매를 원인으로 한 소유권이전등기절차를 이행하라.	
나. 논거 　**1) 청구원인에 관한 판단** 　　가) 청구원인의 요지 　　　원고는 피고를 상대로 매매를 원인으로 하여 소유권이전등기절차의 이행을 구한다.	☞ 청구원인 요지 기재(청구원인 단계에서 일응 받아들이는 청구이므로 간략히 기재)
나) 인정사실 　　　○ 원고는 2020. 10. 1. 피고로부터 X토지를 3억 원에 매수하였다. 　　　[인정근거 : 다툼 없는 사실]	☞ 요건사실인 매매계약체결사실 (4가지 요소 - 당사자, 일자, 목적물, 대금) 기재
다) 소결론 　　　특별한 사정이 없는 한, 피고는 원고에게 X토지에 관하여 위 매매를 원인으로 한 소유권이전등기절차를 이행할 의무가 있다.	☞ 잠정적인 결론임을 표시하는 뜻으로 『특별한 사정이 없는 한』을 기재한 다음에, 법률효과를 간략히 정리
2) 동시이행항변에 관한 판단	
가) 항변의 요지 　　　피고는 원고로부터 잔금을 지급받을 때까지는 원고의 청구에 응할 수 없다고 항변한다.	☞ 항변의 요지 기재
나) 인정사실 　　　○ 피고가 매매계약 당시 원고로부터 잔금 2억 7,000만 원을 2020. 11. 30. 지급받기로 약정하였다. 　　　[인정근거 : 다툼 없는 사실]	☞ **동시이행항변의 요건사실 2가지 중 첫 번째, 반대채무의 발생사실 기재**

○ 피고가 원고로부터 잔금을 지급받음과 동시에 원고에게 소유권이전등기절차를 이행하기로 약정하였다. 　　[인정근거 : 갑 제1호증(매매계약서)의 기재 및 변론 전체의 취지]	☜ 두 번째, 반대채무와의 동시이행관계인 사실 기재(양 채무가 동시이행관계라는 별도의 약정이 있으면 그 약정이 요건사실에 해당[131])
다) 소결론	
○ 원고는 피고에게 잔금 2억 7,000만 원을 지급할 의무가 있고, 피고의 소유권이전등기절차이행 의무는 원고의 잔금지급의무와 동시이행의 관계에 있다.	☜ 항변의 법률효과(위 각 요건사실에 상응하게 '반대채무 발생' + '양 채무가 동시이행관계에 있음'으로 법률효과도 2가지로 각각 기재)
○ 위 항변은 이유 있다.	☜ 항변의 당부(當否) 판단 기재
3) 소유권이전등기청구의 결론 　　피고는 원고로부터 잔금 2억 7,000만 원을 지급받음과 동시에 원고에게 X토지에 관하여 2020. 10. 1. 매매를 원인으로 한 소유권이전등기절차를 이행할 의무가 있다.	☜ 청구(소송물)의 최종결론

Ⅳ 단계별 검토요령

1. 소송요건의 개요

소는 권리의무의 존부, 즉 본안판단을 하기 위한 일련의 소송상의 요청을 충족시켜야 한다.

---

131 양 채무가 동시이행관계에 있다는 내용의 특별한 약정이 없는 경우에도 매매, 임대차 등 쌍무계약에 의한 대가관계에 있는 쌍방의 의무는 법률의 규정에 따라 동시이행관계에 있다(민법 제536조 제1항, 제568조, 제567조 등). 따라서 그러한 경우 양 채무가 동시이행관계에 있다는 사실에 관하여는 사실인정을 할 필요가 없고 곧바로 법률효과에서 양 채무가 동시이행관계에 있음을 기재하면 충분하다. 가령, 임대인이 임차인을 상대로 임대차계약 만료를 이유로 Y건물의 인도를 구하였는데, 임차인이 임대차보증금반환과의 동시이행항변을 한 경우 이를 검토보고서로 구현하자면 아래와 같다.

『2) 동시이행항변에 관한 판단
　가) 항변의 요지
　　피고는 원고로부터 임대차보증금을 반환받을 때까지는 원고의 청구에 응할 수 없다고 항변한다.
　나) 인정사실
　　(임대차계약 체결사실), (임대차보증금 지급사실), (임대차계약 종료사실)
　　[인정근거 : 다툼 없는 사실]
　다) 소결론
　　○ 원고는 피고에게 위 임대차보증금 O원을 반환할 의무가 있고, **피고의 위 인도의무는 원고의 위 보증금반환의무와 동시이행의 관계에 있다.**
　　○ 피고의 위 항변은 이유 있다.』(민사재판실무 210쪽 기재례② 참조)

이 중 어느 한 가지라도 빠져 있을 때에는 법원은 본안심리에 들어가 본안판결을 할 수 없으며, 소를 부적법하다고 하여 각하하여야 한다. 이러한 요청이 바로 소송요건이다.[132] 소송요건의 흠결을 간과하고 내려진 본안판결은 위법하다.[133] 따라서 민사사건의 기록검토를 할 때에는 반드시 소송요건의 흠결 여부를 먼저 판단하여야 한다.

그런데 소송요건은 이른바 항변사항에 속하는 것(임의관할, 소송비용의 담보제공 불이행, 중재합의 등)을 제외하고는 모두 공익적 성격을 띠고 있기 때문에 직권조사사항에 속한다. 따라서 전자(항변사항)에 대하여는 피고의 항변을 기다려서 비로소 조사하게 되나, 후자(직권조사사항)에 대하여는 피고의 항변 유무와 관계없이 이를 조사하여야 한다.[134] 한편, 본안 전 항변이란 소송요건의 흠을 내세우는 피고의 주장 일체를 가리킨다. 따라서 여기에는 위 항변사항에 관한 순수한 의미의 항변 외에도 직권조사사항에 관하여 법원의 직권발동을 촉구하는 의미의 것까지 모두 포함된다.[135]

이하에서는 소송요건의 구비 여부를 검토하는 본안 전 판단과 권리의무의 존부를 검토하는 본안판단(청구원인 판단, 항변 이하의 판단) 별로 검토보고서를 작성하는 방식을 차례로 살펴본다.

2. 소송요건(본안 전 판단)에 대한 검토요령

피고가 소송요건의 흠결에 관련한 항변, 이른바 본안 전 항변을 하지 않은 경우와 본안 전 항변을 한 경우를 나누어 살펴보자.

가. 본안 전 항변이 없는 경우

1) 직권조사사항을 검토한 결과 소송요건의 흠결이 발견되지 않은 경우

본안 전 항변이 없는 경우라도 소송요건은 직권조사사항이 대부분이므로 소송요건을 구비하고 있는지 여부를 검토하여야 한다. 그런데 검토한 결과 소송요건을 모두 갖추고 있다면, 그러한 사정을 검토보고서나 판결서에 기재할 필요는 없다. 만일 이러한 경우 직권조사사항에 해당하는 소송요건들을 갖추고 있다는 사정을 모두 검토보고서나 판결서에 기재하여야 한다고

132 이시윤, 민사소송법(제13판), 박영사(2019. 3.) 211쪽
133 대법원 2011. 7. 28. 선고 2010다97044 판결 등 참조
134 민사재판실무 180쪽. **직권조사사항은 그 존재를 당사자들이 다투지 아니하더라도 그 존부에 관하여 의심이 있는 경우에는 이를 직권으로 밝혀 보아야 한다**(민사재판실무 180쪽 각주4)(대법원 2009. 12. 10. 선고 2009다22846 판결, 대법원 1997. 10. 10. 선고 96다40578 판결 등).
135 민사재판실무 181쪽

하면, 이를테면 당사자능력, 당사자적격, 소의 이익, 소송능력 등 직권으로 조사해야 할 모든 소송요건들을 하나도 빠짐없이 모두 나열해야 한다는 결론에 이른다. 그러나 소송요건의 모든 점에 관하여 일반적, 형식적 설명을 한다는 것은 아무런 의미나 필요가 없고 오히려 검토보고서와 판결서의 간결성을 해친다.[136] 따라서 **피고가 본안 전 항변을 하지 아니한 경우, 직권조사사항에 해당하는 소송요건들을 검토한 결과 흠결된 소송요건이 전혀 없다면, 곧바로 본안판단으로 들어가면 된다.**

다만 3가지의 예외가 있다. **확인의 소에서의 '확인의 이익', 장래이행의 소에서의 '미리 청구할 필요', 채권자대위소송에서의 '피보전권리의 존재'와 같은 특수한 소송요건은 피고의 본안전 항변이 없더라도 판결의 소결론 또는 최종결론 부분에서 그것이 구비되었음을 간략하게 설시하는 것이 일반적인 실무례이다.**[137] 검토보고서의 경우도 마찬가지이다. 그 이유는 다음과 같다.

확인의 소는 원고의 법적 지위가 불안·위험할 때에 그 불안·위험을 제거함에 확인판결로 판단하는 것이 가장 유효·적절한 수단인 경우에 인정되므로, 이행을 청구하는 소를 제기할 수 있는데도 불구하고 확인의 소를 제기하는 것은 분쟁의 종국적인 해결 방법이 아니어서 확인의 이익이 없다.[138] 이러한 이른바 '확인의 소의 보충성'으로 인하여 판결서에 '확인의 이익'에 관하여 밝혀 기재하여 주지 않으면, 판결서의 독자로 하여금 이행의 소를 제기하지 않고 확인의 소를 제기한 이유가 무엇인가 하는 의문이 들게 만든다.

장래이행의 소는 변론종결일을 기준으로 변제기가 도래하지 않은 권리에 대하여 '미리 청구할 필요'가 있을 경우에 예외적으로 인용판결을 내어 주는 경우이다(법 제251조 참조). 이를 검토보고서와 판결서의 구조라는 관점에서 생각해 보자. 가령, 원고가 2020. 1. 1. 피고에게 1억 원을 변제기 2021. 12. 31.로 정하여 빌려주었는데 원고가 2021. 4. 1. 피고를 상대로 대여금 1억 원의 반환을 구하는 소를 제기하였고 2021. 5. 31. 변론종결되었다고 하자. 심리결과 원고 청구를 인용하는 내용의 검토보고서 내지 판결서를 작성한다고 할 때, 청구원인 단계 <인정사실>란에서 '원고가 2020. 1. 1. 피고에게 1억 원을 변제기 2021. 12. 31.로 정하여 대여한 사실'을 기재하였을 것인데, <소결론>란에서 그 법률효과로서 '피고는 원고에게 대여금 1억 원을 반환할 의무가 있다.'를 기재하려고 보면, 아직 변제기가 도래하지 않았는데 1억 원의 반환의무가 발생하였다고 볼 수 있는지 논리적 결함에 부딪히게 된다. 변론종결일인 2021. 5. 31. 현재 피고가 원고에게 대여금 1억 원을 반환할 의무가 있다고 하려면, 변제기가 도래하지

---

[136] 민사재판실무 182쪽
[137] 민사재판실무 186쪽
[138] 대법원 2006. 3. 9. 선고 2005다60239 판결 등

않았음에도 당해 의무를 이행하여야 하는 법리가 있어야 하는데 그것이 바로 법 제251조에서 정한 '미리 청구할 필요'이다. 따라서 검토보고서와 판결서를 작성함에 있어 장래이행의 소의 경우에는 피고의 본안 전 항변이 없더라도 '미리 청구할 필요'가 있다는 사정을 반드시 기재하여야만 한다. 그 기재방식은 [그림9]를 참조하자.

[그림9]

가. 결론
   청구 전부 인용(가집행가능)
   [인용되는 부분의 주문]
   피고는 원고에게 100,000,000원을 지급하라.
나. 논거
  1) 청구원인의 요지
   원고는 피고를 상대로 대여금의 반환을 구한다.
  2) 인정사실
   원고는 2020. 1. 1. 피고에게 1억 원을 변제기 2021. 12. 31.로 정하여 대여하였다.
   [인정근거 : 갑 제1호증(차용증)의 기재 및 변론 전체의 취지]

---

  3) 소결론
   피고는 변제기인 2021. 12. 31. 원고에게 대여금 1억 원을 반환할 의무가 있고, **피고가 위 변제기를 다투고 있는 이 사건에서는 이를 미리 청구할 필요가 있다.**[139]

채권자대위소송의 경우도 같은 관점에서 생각해 보자. 가령, 원고가 A에 대하여 대여금 1억 원의 반환채권이 있고 A는 피고에 대하여 대여금 5,000만 원의 반환채권이 있는데, 원고가 A를 대위하여 A의 피고에 대한 대여금 5,000만 원의 반환채권을 소로써 구한다고 하자. 심리결과 원고 청구를 인용하는 내용의 검토보고서 내지 판결서를 작성한다고 할 때, 청구원인 단계 <인정사실>란에서 'A가 언제 피고에게 5,000만 원을 어떠한 조건 하에 대여한 사실'을 기재하였을 것인데, <소결론>란에서 그 법률효과로서 '피고는 원고에게 대여금 5,000만 원을 반환할 의무가 있다.'를 기재하려고 보면, 피고에 대한 채권자는 원고가 아니라 A인데 어떻게 피고는 원고에게 대여금 5,000만 원을 반환할 의무가 있다고 볼 수 있는지 논리의 흠결상황에 부딪히게 된다. 피고가 원고에게 대여금 5,000만 원을 반환할 의무가 있다고 하려면, 원고가 피고에 대한 직접적인 채권자가 아님에도 피고가 원고에게 당해 의무를 이행하여야 하는 법적

근거가 있어야 하는데 그것이 바로 채권자대위소송에서의 '피보전권리'이다. 따라서 검토보고서와 판결서를 작성함에 있어 채권자대위소송에서는 피고의 본안 전 항변이 없더라도 '피보전권리의 존재'에 관하여 반드시 기재하여야만 한다. 그 기재방식은 [그림10]을 참조하자.

[그림10]

가. 결론

　　청구 전부 인용(가집행가능)

　　[인용되는 부분의 주문]

　　(기재생략)

나. 논거

　1) 청구원인의 요지

　　원고는 A를 대위하여 피고를 상대로 대여금의 반환을 구한다.

　2) 인정사실

　　○ 원고는 2019. 1. 1. A에게 1억 원을 이자 월 1%, 변제기 2019. 12. 31.로 정하여 대여하였다.[140]

　　○ A는 2020. 1. 1. 피고에게 5,000만 원을 이자 연 2%, 변제기 2020. 6. 30.로 정하여 대여하였다.

　　[인정근거 : 갑 제2호증(차용증)의 기재 및 변론 전체의 취지]

　3) 소결론

　　피고는 A에게 대여금 5,000만 원을 반환할 의무가 있고, **원고는 A의 채권자로서 A를 대위하여 그 이행을 구할 수 있다.**[141]

---

2) 직권조사사항을 검토한 결과 소송요건의 흠결이 발견된 경우

만일 본안 전 항변이 없었으나 직권조사사항에 해당하는 소송요건들을 검토한 결과 흠결된 소송요건이 있는 경우라면, 소가 부적법하여 각하판결을 하여야 하므로 당연히 이를 검토보고서에 그 내용을 기재하여야 한다.

이를 기재하는 방식은 [그림11]에서 보는 바와 같이, **<직권판단－관련 법리－인정사실－포섭판단 및 소결론(부적법)>**의 흐름으로 기재한다. 피고가 본안 전 항변을 하지 않았으므로 주장요지를 기재할 필요는 없고 직권으로 판단하는 표시를 기재한다. 그런데 유의할 점은 **소송요건 중에서 특정된 청구(소송물)와 직접 관련이 있는 소송요건의 경우**(가령, 소의 이익, 당사자적격 등)에 관하여 직권판단할 때에는 여기 **<직권판단>**을 표시하면서 원고 청구의 내용을

---

140 이는 피보전채권의 발생에 관한 사실이다.

141 민사재판실무 186쪽 기재례③ 참조

간략하게 기재하여야 한다는 점이다.[142] 원고 청구내용의 요지를 기재하지 않을 경우 직권판단 의 내용이 이해되기 어렵기 때문이다. 그 반면에 흠결된 소송요건이 특정된 청구(소송물)와 직접 관련되는 것이 아니라 모든 사건에서 문제되는 일반적인 사항(가령, 대표권·대리권의 결여, 당사자능력 등)인 경우에는 원고 청구내용의 요지를 기재할 필요가 없다.

<관련 법리>에서는 당해 소송요건과 관련된 판례 등 법리의 요지를 기재한다. [그림 11]은 채권자 → 채무자 → 제3채무자의 구도에서, 채무자의 제3채무자에 대한 채권에 관하여 채권자가 압류 및 추심명령을 받으면 해당 채권의 추심권능을 부여받기 때문에 해당 채무자는 이행의 소를 제기할 원고적격을 상실한다는 법리를 기초로 한 사례이다. 그런 후 <인정사실>에서 관련 사실을 증거에 의하든, 자백에 의하든 확정한다. <소결론>에서 포섭판단을 한 다음, 최종결론(원고의 이 부분 소는 부적법하다)을 기재한다.

[그림11]

기재례	기재방식
1. 피고 乙에 대한 대여금청구에 관한 판단 가. 결론 **소 각하**	☞ 결론 '소 각하' 표시
나. 논거 1) **직권 판단**	☞ 직권판단 표시
원고는 피고 乙을 상대로 1억 원의 대여금의 지급을 구하고 있는바,	☞ 청구의 요지 기재
이 부분 소의 적법 여부에 관하여 직권으로 판단한다.	☞ 직권판단 표시
2) **관련 법리** 채권에 대한 압류 및 추심명령이 있으면 제3채무자에 대한 이행의 소는 추심채권자만이 제기할 수 있고, 채무자는 피압류채권에 대한 이행 소송을 제기할 당사자적격을 상실한다.[143]	☞ 관련 법리의 기재

3) **인정사실**
   원고의 채권자 甲은 2020. 10. 21. 서울중앙지방법원 2020타채1234호로 원고의 피고 乙에 대한 위 대여금채권에 관하여 압류 및 추심명령을 받고, 위 압류 및 추심명령이 2020. 10. 25. 제3채무자인 피고 乙에게 송달되었다.
   [인정근거 : 을 제1호증(압류및추심명령), 을 제2호증(송달증명)의 각 기재 및 변론 전체의 취지]
	☞ 사실인정

4) **소결론** 원고는 위 압류 및 추심명령으로 피압류채권인 위 대여금채권에 관하여 이행을 구할 당사자적격을 상실하였으므로, 원고의 이 부분 소는 당사자 적격이 없는 자가 제기한 것으로서 부적법하다.	☞ 포섭판단&결론의 표시

142 민사재판실무 183쪽 참조

나. 본안 전 항변이 있는 경우

본안 전 항변이 있는 경우에는 그 결론과 상관없이 항상 <항변의 요지-관련 법리-증거에 의한 사실인정-포섭판단 및 소결론>의 흐름을 따라 기재한다.[144] <항변의 요지>를 기재할 때에는 앞서 본안 전 항변이 없으나 직권조사사항이 있는 경우에서 설명한 것처럼, 소송요건 중에서 특정된 청구(소송물)와 직접 관련이 있는 소송요건(가령, 소의 이익, 당사자적격 등)에 관한 본안 전 항변인 경우에는 <항변의 요지>를 기재하면서 원고 청구의 내용을 간략하게 기재하여야 한다. 본안 전 항변이 원고의 청구와 직접 관계가 없는 일반적 사항(가령, 대표권·대리권의 결여, 당사자능력의 결여 등)에 관한 것일 경우에는 피고의 본안 전 항변 내용만을 적어 주면 된다.[145] 또한 판결서의 경우에는 본안 전 항변을 받아들이는 때에는 항변의 요지를 기재하지 아니하나,[146] <검토보고서>의 경우에는 이를 기재하는 것을 원칙으로 한다.

한편, 사안에 따라서는 <증거에 의한 사실인정>을 하지 않더라도 관련 법리에 비추어 해당 본안 전 항변의 당부 판단이 가능한 경우가 있을 수 있다. 그러한 때에는 <증거에 의한 사실인정>은 기재하지 않아도 무방하다. 실제 기재방법에 관하여 [그림12]의 예를 살펴보자.

[그림12]

본안 전 항변을 받아들이지 않는 경우		본안 전 항변을 받아들이는 경우	
기재례[147]	기재방식	기재례[148]	기재방식
1. 대여금청구에 관한 판단 　가. 결론 　　청구 전부 인용(가집행가능) 　　[인용되는 부분의 주문] 　　(기재생략) 　나. 논거		1. 피고 乙에 대한 소유권이전등기말소청구에 관한 판단 　가. 결론 　　**소 각하** 　나. 논거	☜ 결론 '소 각하' 표시
1) **본안 전 항변에 관한 판단**	☜ 제목 표시	1) **본안 전 항변에 관한 판단**	☜ 제목 표시
가) **항변의 요지**		가) **항변의 요지**	

---

143 대법원 2000. 4. 11. 선고 99다23888 판결 등
144 강의노트 17쪽
145 민사재판실무 184쪽
146 민사재판실무 183쪽
147 민사재판실무 187쪽의 기재례①을 〈검토보고서〉 양식에 맞추어 변형하였다.
148 민사재판실무 187쪽 기재례②를 〈검토보고서〉 양식에 맞추어 변형하였다.

피고는, 이 사건 금전을 차용한 사람은 피고가 아니라 甲이므로 원고가 피고를 상대로 위 금전의 지급을 구하는	☞ 청구의 요지 소개(∵본안 전 항변이 원고의 청구내용과 관계 있는 당사자적격에 관한 것임)	원고는 주문 기재 부동산에 관한 피고 甲 명의의 주문 기재 소유권이전등기는 피고 乙이 등기관계서류를 위조하여 마친 것으로 무효임을 주장하여 피고 乙을 상대로 위 등기의 말소등기절차의 이행을 구하고 있는데,	☞ 청구의 요지
이 사건 소는 피고적격이 없는 자를 상대로 한 부적법한 소라고 항변한다.	☞ 항변의 요지	피고는 이 사건 소는 피고적격이 없는 자를 상대로 한 부적법한 소라고 항변한다.	☞ 항변의 요지 (판결과 달리 본안 전 항변 인용되어도 그 요지 기재)
나) 관련 법리 　이행의 소에서는 원고에 의하여 이행의무자로 주장된 자가 피고적격을 가진다.	☞ 관련 법리의 기재	나) 관련 법리 　등기의 말소등기절차의 이행을 구하는 소는 그 등기명의인을 상대로 제기하여야 하고, 등기명의인이 아닌 자는 그러한 소의 피고적격이 없다.[149]	☞ 관련 법리의 기재
다) 소결론 　피고의 위 항변은 이유 없다.	☞ 결론의 표시	다) 소결론 　피고 乙이 위 등기의 명의인이 아님은 원고의 주장 자체에 의하여 명백하므로 결국 피고 乙에 대한 소는 당사자적격이 없는 자를 상대로 한 부적법한 소이다.	☞ 포섭판단&결론의 표시(이 사건 소는 부적법하다)

3. 본안판단 중 청구원인 단계의 검토요령

가. 개요

청구원인 단계는 크게 원고의 청구를 ① 전부 인용한 경우, ② 전부 기각한 경우, ③ 일부 인용한 경우로 나누어 그 기재방식에 차이가 있다. 전부 기각한 경우는 다시 (i) 원고의 주장 자체가 법리상 이유 없는 경우, (ii) 원고의 주장이 법리상 문제는 없으나 원고가 주장책임을 다하지 아니한 경우, (iii) 원고의 주장이 법리상 문제도 없고 원고가 주장책임도 다하였으나, 요건사실 중 일부 또는 전부에 관한 증명책임을 다하지 못한 경우로 나누어 볼 수 있다.

---

[149] 대법원 1994. 2. 25. 선고 93다39225 판결, 대법원 1992. 7. 28. 선고 92다10173,92다10180(병합) 판결 등

나. 청구 전부 인용의 경우

앞서 [그림5]에서 설명한 바와 같이 **<주장의 요지-(관련 법리)-증거에 의한 사실인정-법률효과>**의 논리적 흐름을 따라 기재한다. 판결서와 달리 <검토보고서>에서는 <주장의 요지>를 기재하는 것이 원칙이다. [그림13]의 예를 살펴보자. [그림13]은 甲이 2020. 5. 1. 피고에게 1억 원을 이자 연 2%, 변제기 2020. 11. 30.로 정하여 대여한 후, 甲이 2020. 12. 10. 원고에게 위 대여금채권을 양도하고 같은 날 피고에게 위 채권양도 사실을 통지하여 그 통지가 2020. 12. 13. 도달하였는데, 원고가 피고를 상대로 위 양수금을 청구한 사례이다.

[그림13]

기재례	기재방식

1. 양수금청구에 관한 판단
 가. 결론
  청구 전부 인용(가집행가능)
  [인용되는 부분의 주문]
  (기재생략)
	☜ 결론 '청구 전부 인용' 표시 + 가집행 가능 여부 표시 + 인용되는 부분의 주문 표시

나. 논거	
1) 청구원인의 요지 원고는 피고를 상대로 양수금 1억 원의 지급을 구한다.	☜ 주장의 요지 기재(주장을 받아들이는 경우이므로 간략기재함. 누구를 상대로 어떠한 소송물을 구하는지를 드러내는 정도)

2) 인정사실
  ○ 甲이 2020. 5. 1. 피고에게 1억 원을 이자 연 2%, 변제기 2020. 11. 30.로 정하여 대여하였다.
  ○ 甲이 2020. 12. 10. 원고에게 위 대여금채권을 양도하였다.
  ○ 甲이 2020. 12. 10. 피고에게 위 채권양도 사실을 통지하여 그 통지가 2020. 12. 13. 피고에게 도달하였다.[150]
  [인정근거 : 갑 제1호증(차용증), 갑 제2호증(채권양도계약서), 갑 제3호증(내용증명)의 각 기재 및 변론 전체의 취지]
	☜ 요건사실 기재
	
	☜ 증거의 거시

3) 소결론 피고는 원고에게 양수금 1억 원을 지급할 의무가 있다.	☜ 법률효과 기재 * 의무자(주로 피고)를 주어로 하여 어떠한 의무가 있다고 서술함 * (항변 단계의 판단을 모두 거쳐) 최종결론을 기재하는 경우에는 주문에 상응하여 금액과 날짜 등의 법률적 의미를 밝혀 주는 수식어를 붙여서 기재하여야 함

다. 청구 전부 기각의 경우

1) 주장 자체로 법리상 이유 없는 경우

이때에는 법리에 비추어 그 주장을 받아들일 수 없으므로, 합당한 법리를 제시하고 그 법리에 따라 판단할 때 주장을 받아들일 수 없다고 표현해 주면 된다. 증거에 의한 사실인정이 불필요하다. 즉, <주장의 요지-법리의 제시-포섭판단 및 결론>의 흐름에 따르면 충분하다. 다만 주장을 받아들이지 않는 경우이므로 원고가 주장한 대로 그 주장내용을 자세히 기재하는 것이 좋다. [그림14]의 예를 보자. [그림14]는 甲이 2020. 5. 1. 피고의 아버지 乙에게 1억 원을 이자 없이 변제기 2020. 11. 30.로 정하여 대여한 후, 甲이 2020. 12. 10. 원고에게 위 대여금채권을 양도하고 같은 날 乙에게 위 채권양도 사실을 통지하여 그 통지가 2020. 12. 13. 乙에게 도달하였는데, 원고가 피고를 상대로 위 양수금을 청구한 사례이다.

[그림14]

기재례	기재방식
1. 양수금청구에 관한 판단 가. 결론 　청구 기각	☞ 결론 '청구 기각' 표시
나. 논거	
1) 청구원인의 요지 　원고는, 甲이 2020. 5. 1. 피고의 아버지인 乙에게 1억 원을 변제기 2020. 11. 30.로 정하여 대여하였고 甲이 2020. 12. 10. 원고에게 위 대여금채권을 양도하고 같은 날 乙에게 양도통지를 하여 그 통지가 2020. 12. 13. 乙에게 도달하였으므로 피고는 원고에게 위 양수금을 지급할 의무가 있다고 주장한다.	☞ 주장의 요지 기재 (주장을 받아들이는 않는 경우이므로 자세히 기재함)
2) 관련 법리 　아버지가 한 법률행위의 효력이 아들에게 당연히 미친다고 할 수 없다.[151]	☞ 법리의 제시
3) 소결론 　원고의 주장처럼 피고의 아버지 乙이 甲으로부터 1억 원을 빌렸다고 하여도 그 채무가 피고에게 귀속된다고 할 수 없으므로 원고의 위 주장은 이유 없다.	☞ 주장의 배척

---

[150] 양수인이 채무자를 상대로 양수한 채권의 지급을 구하는 양수금청구의 소를 제기한 경우, 원고가 된 양수인이 주장·증명하여야 할 요건사실은 ① 양도대상 채권의 존재, ② 채권양도의 약정사실, ③ 통지가 있고 그 통지가 도달되었던 사실이다.
[151] 민사재판실무 196쪽 참조

2) 주장책임 흠결의 경우

원고의 주장을 검토하여 본 결과 기초로 하고 있는 법리는 문제가 없으나 요건사실 중 일부에 관하여 그 주장책임을 다하지 아니한 경우에는 변론주의 원칙상 주장 자체로 이유가 없다. 이때에는 <주장의 요지>를 기재한 다음에 「**(누락된 요건사실)에 대한 주장 증명이 없는 이상**」이라는 문구[152]를 사용하여 그 주장을 배척하면 된다. 예를 들자면 [그림15]와 같다. [그림15]는 원고가 피고를 상대로 甲으로부터 양수한 대여금채권 1억 원에 관하여 그 지급을 구하는 사례인데, 원고가 소송과정에서 <채권양도 통지>와 <통지의 도달> 요건사실에 관한 주장을 누락한 경우이다.

[그림15]

기재례	기재방식
1. 양수금청구에 관한 판단 가. 결론 청구 기각	☞ 결론 '청구 기각' 표시
나. 논거	
1) 청구원인의 요지 원고는, 甲이 2020. 5. 1. 피고에게 1억 원을 변제기 2020. 11. 30.로 정하여 대여하였고 甲이 2020. 12. 10. 원고에게 위 대여금채권을 양도하였으므로 피고는 원고에게 위 양수금을 지급할 의무가 있다고 주장한다.	☞ 주장의 요지 기재 (주장을 받아들이지 않는 경우이므로 자세히 기재함)
2) 소결론 甲이 피고에게 채권양도통지를 하고 그 통지가 피고에게 도달하였다는 **점에 대한 주장·증명이 없는 이상,**	☞ 흠결된 요건사실의 지적
원고의 위 주장은 이유 없다.	☞ 주장의 배척

3) 증명책임 흠결의 경우 – 요건사실 전부가 인정되지 않을 때

원고의 주장을 검토하여 본 결과 기초로 하고 있는 법리도 문제가 없고 요건사실도 빠짐없이 모두 주장하였는데, 원고가 요건사실 전부에 관하여 증명책임을 다하지 못한 경우에는, 원고 주장을 자세히 소개하고 요건사실 전부가 인정되지 않는다는 뜻을 드러내 주면 된다. 즉, 청구원인에 따른 요건사실을 모두 적시하고 증명이 전혀 없거나 부족하다는 취지를 기재한다.[153] 증명이 없거나 부족하다는 취지를 표현하는 관용어구인 「**위 주장사실에 부합하는 듯한** … **(증거)는 믿기 어렵고,** … **(증거)만으로는 이를 인정하기에 부족하며, 달리 이를 인정할 만한**

---

152 민사재판실무 197쪽 참조
153 민사재판실무 192쪽 참조

증거가 없다.」(이하 '요증사실 배척문구'라고 한다)를 활용하되,[154] 검토보고서에서는 주로 <증거관계>라는 제목을 사용하는 것이 보통이다.[155] [그림16]의 예를 살펴보자. [그림16]은 원고가, 甲이 2020. 5. 1. 피고에게 1억 원을 이자 연 2%, 변제기 2020. 11. 30.로 정하여 대여한 후, 甲이 2020. 12. 10. 원고에게 위 대여금채권을 양도하고 같은 날 피고에게 위 채권양도 사실을 통지하여 그 통지가 2020. 12. 13. 피고에게 도달하였다고 주장하면서, 피고를 상대로 위 양수금을 청구한 사례이다. 그런데 위 각 요건사실에 관하여 증명이 없거나 부족한 경우이다.

[그림16]

기재례	기재방식
1. 양수금청구에 관한 판단 가. 결론 청구 기각	☞ 결론 '청구 기각' 표시
나. 논거	
1) 청구원인의 요지 원고는, 甲이 2020. 5. 1. 피고에게 1억 원을 이자 연 2%, 변제기 2020. 11. 30.로 정하여 대여하였고 甲이 2020. 12. 10. 원고에게 위 대여금채권을 양도하고 같은 날 피고에게 양도통지를 하여 그 통지가 2020. 12. 13. 피고에게 도달하였으므로 피고는 원고에게 위 양수금을 지급할 의무가 있다고 주장한다.	☞ 주장의 요지 기재 (주장을 받아들이지 않는 경우이므로 자세히 기재함)
2) 증거관계 위 주장사실에 부합하는 듯한 증인 乙의 증언은 믿기 어렵고, 갑 제1호증(사실확인서)의 기재만으로는 이를 인정하기에 부족하며, 달리 이를 인정할 만한 증거가 없다.	☞ 요건사실의 증명이 되지 않은 경우이므로 '인정사실'이라는 제목은 부적절하고, <증거관계>라고 제목을 붙임. 그 제목하에 요증사실 배척문구 설시
3) 소결론 원고의 위 주장은 이유 없다.	☞ 주장의 배척

4) 증명책임 흠결의 경우 – 요건사실 중 일부가 인정되지 않을 때

원고의 주장을 검토하여 본 결과 기초로 하고 있는 법리도 문제가 없고 요건사실도 빠짐없이 모두 주장하였는데, 원고가 요건사실 중 일부에 관하여 증명책임을 다하지 못한 경우에는, 원고 주장을 자세히 소개하고 요건사실 중 자백에 의하건 증거에 의하건 인정되는 요건사실에 관하여는 이를 인정근거를 달아 기재하고 나머지 인정되지 아니하는 요건사실에 관하여 요증

154 민사재판실무 273~274쪽 참조
155 작성자가 적절한 제목을 부여하면 충분하고 여기에 정답은 없다.

사실 배척문구를 활용하여 배척하여 주면 된다.[156]

　　[그림17]의 예를 들어보자. [그림17]은 원고가, 甲이 2020. 5. 1. 피고에게 1억 원을 이자 연 2%, 변제기 2020. 11. 30.로 정하여 대여한 후, 甲이 2020. 12. 10. 원고에게 위 대여금채권을 양도하고 같은 날 피고에게 위 채권양도 사실을 통지하여 그 통지가 2020. 12. 13. 피고에게 도달하였다고 주장하면서, 피고를 상대로 위 양수금을 청구한 사례이다. 그런데 위 각 요건사실 중 채권양도 통지 및 통지의 송달 요건사실에 관하여 증명이 없는 경우이다.

[그림17]

기재례	기재방식
1. 양수금청구에 관한 판단 　가. 결론 　　청구 기각	☞ 결론 '청구 기각' 표시
나. 논거	
1) 청구원인의 요지 　　　원고는, 甲이 2020. 5. 1. 피고에게 1억 원을 이자 연 2%, 변제기 2020. 11. 30.로 정하여 대여하였고 甲이 2020. 12. 10. 원고에게 위 대여금채권을 양도하고 같은 날 피고에게 양도통지를 하여 그 통지가 2020. 12. 13. 피고에게 도달하였으므로 피고는 원고에게 위 양수금을 지급할 의무가 있다고 주장한다.	☞ 주장의 요지 기재 (주장을 받아들이지 않는 경우이므로 자세히 기재함)
2) 인정사실 및 증거관계	☞ 요건사실의 일부는 인정하고 일부는 배척하는 경우이므로 제목도 이에 상응하여 '인정사실 및 증거관계'로 설정
○ 甲이 2020. 5. 1. 피고에게 1억 원을 이자 연 2%, 변제기 2020. 11. 30.로 정하여 대여하였다. 　　○ 甲이 2020. 12. 10. 원고에게 위 대여금채권을 양도하였다. 　[인정근거 : 갑 제1호증(차용증), 갑 제2호증(채권양도계약서)의 각 기재 및 변론 전체의 취지]	☞ 인정되는 요건사실 기재 ☞ 증거의 거시
○ 甲이 피고에게 위 채권의 양도를 통지하고 그 통지가 피고에게 도달한 사실에 부합하는 듯한 증인 丙의 증언은 믿기 어렵고, 갑 제3호증(진술서)의 기재만으로는 이를 인정하기에 부족하며, 달리 이를 인정할 만한 증거가 없다.	☞ 요증사실 배척문구 활용하여 나머지 요건사실 배척
3) 소결론 　　원고의 위 주장은 이유 없다.	☞ 주장의 배척

---

156 판결서를 작성하는 경우라면, 이와 다르게 원고의 주장을 모두 적시한 다음 그 중 일부 요건사실이 인정되지 아니함을 밝히고 나머지 요건사실에 관하여는 별도의 언급 없이(또는, 그 인정 여부를 판단할 필요 없음을 표시하여) 주장 전체를 배척하는 방법도 가능하다(민사재판실무 193쪽 참조). 그러나 재판부에 사건 검토 결과를 보고하는 〈검토보고서〉의 성격상 인정되는 요건사실에 관하여 이를 밝혀주는 본문의 방식이 보다 더 바람직하다.

라. 청구 일부 인용의 경우

원고의 청구를 일부만 받아들이고 나머지를 배척하는 경우에 그 기재방법은 기본적으로는 앞서 설명한 청구 전부 인용과 청구 전부 기각의 두 경우를 합친 것이라고 보면 된다.[157] 기재 방식은 [그림18]의 예를 통해 살펴보자. [그림18]은 원고가, 甲이 2020. 5. 1. 피고에게 1억 원을 이자 없이 변제기 2020. 11. 30.로 정하여 대여한 후, 2020. 12. 10. 원고에게 위 대여금채 권을 양도하고 같은 날 피고에게 위 채권양도 사실을 통지하여 그 통지가 2020. 12. 13. 도달 하였다고 주장하면서, 원고가 피고를 상대로 위 양수금을 청구한 사례이다. 그런데 심리한 결과 甲이 피고에게 대여한 금원은 1억 원이 아니라 6,000만 원으로 확인되었다고 하자.

[그림18]

기재례[158]	기재방식

1. 양수금청구에 관한 판단
 가. 결론
  청구 일부 인용(가집행가능)
  [인용되는 부분의 주문]
  피고는 원고에게 60,000,000원을 지급하라.
	☞ 결론 '청구 일부 인용' 표시 + 가집행 가능 여부 표시 + 인용되는 부분의 주문 표시

나. 논거
 	
 1) **청구원인의 요지**
  원고는, 甲이 2020. 5. 1. 피고에게 1억 원을 변제기 2020. 11. 30.로 정하여 대여하였고 甲이 2020. 12. 10. 원고에게 위 대여금채권을 양도하고 같은 날 피고에게 양도통지를 하여 그 통지가 2020. 12. 13. 피고에게 도달하였으므로 피고는 원고에게 위 양수금을 지급할 의무가 있다고 주장한다.
	☞ 주장의 요지 기재
	  (주장을 받아들이지 않는 경우이므로 자세히 기재함)

2) 인정사실 및 증거관계	☞ 원고의 청구 중 일부는 받아들이고 나머지는 배척하는 경우이므로, 요건사실 중 일부 인정, 나머지 배척된 경우와 마찬가지로 제목을 '인정사실 및 증거관계'로 설정

---

157 민사재판실무 197쪽 참조
158 민사재판실무 198쪽 기재례②를 참조하여 〈검토보고서〉 양식에 맞추어 변형하였다.

○ 甲이 2020. 5. 1. 피고에게 6,000만 원을 변제기 2020. 11. 30.로 정하여 대여하였다. ○ 甲이 2020. 12. 10. 원고에게 위 대여금채권을 양도하였다. ○ 甲이 2020. 12. 10. 피고에게 양도통지를 하여 그 통지가 2020. 12. 13. 피고에게 도달하였다. [인정근거 : 갑 제1호증(차용증), 갑 제2호증(채권양도계약서), 갑 제3호증(내용증명)의 각 기재 및 변론 전체의 취지]	☞ 요건사실 기재 ☞ 증거의 거시	**원고의 청구 중 인용되는 부분**
○ 그 대여금의 액수가 6,000만 원을 초과한다는 원고 주장사실에 부합하는 듯한 증인 丙의 증언은 믿기 어렵고, 갑 제4호증(진술서)의 기재만으로는 이를 인정하기에 부족하며, 달리 이를 인정할 만한 증거가 없다.	☞ 요증사실 배척문구 활용하여 **원고의 나머지 청구 4,000만 원에 관한 주장 배척**	
3) 소결론 피고는 원고에게 양수금 6,000만 원을 지급할 의무가 있다.	☞ **일부 인용된 부분에 관한 법률효과 기재**	

4. 본안판단 중 항변 단계의 검토요령

가. 검토 및 기재방식의 기본원칙

항변 단계도 기본적으로 앞서 살펴 본 청구원인 단계의 검토 및 기재방식과 동일하다. 즉, 항변 단계도 항변 전부 인용의 경우, 항변 전부 배척의 경우, 항변 일부 인용의 경우로 나누어 동일한 작성원리가 적용된다. 항변이 전부 배척되는 경우는 청구원인 단계에서의 청구 전부 기각의 유형과 마찬가지로 다시 (i) 피고의 항변 자체가 법리상 이유 없는 경우, (ii) 피고의 항변이 법리상 문제는 없으나 피고가 주장책임을 다하지 아니한 경우, (iii) 피고의 항변이 법리상 문제도 없고 피고가 주장책임도 다하였으나, 요건사실 중 일부 또는 전부에 관한 증명책임을 다 하지 못한 경우로 나누어 볼 수 있다.

나. 항변 전부 인용의 경우

주장한 항변이 모두 받아들여져 그에 따른 의무소멸 등의 법률효과가 나타난 경우이므로 **<항변의 요지>**를 간략히 기재하고 항변을 이루는 요건사실을 **<증거에 의한 사실인정>**을 한 후 이에 상응하는 **<법률효과>**를 표현하는 흐름을 따라가면 충분하다. 앞서 설명하였던 [그림7]의 예로 돌아가 보자. 원고의 대여금청구에 대하여 피고가 시효소멸의 항변을 하였는데, 그 항변이 전부 인용된 경우이다. <피고는 위 대여금채무는 시효로 소멸하였다고 주장한다.>라는 항변의 요지를 기재하고, <위 대여금채무의 변제기가 ○○○○. ○○. ○○.이

다.>, <원고의 이 사건 소가 그로부터 ○년이 경과된 후인 ○○○○. ○○. ○○. 제기되었다.>는 시효소멸 항변의 요건사실을 자백에 의하든 증거에 의하든 인정한 다음, <위 대여금 채무는 시효로 소멸하였다.>는 법률효과를 기재한다. 여기서 청구원인 단계에서 청구 전부 인용의 유형과 다른 점이 **항변의 당부(當否) 판단을 추가로 기재**한다는 점이다. 즉, 채무소멸의 법률효과를 기재한 직후에 <위 항변은 이유 있다.>와 같이 해당 항변을 받아들인다는 취지를 추가하여 기재하여야 한다. 통상 <소결론>이라는 제목 아래에 법률효과와 항변의 당부 판단 2가지를 기재한다.

다. 항변 전부 배척의 경우

1) 주장 자체로 법리상 이유가 없는 경우

항변, 재항변, 재재항변은 각각 그 앞 단계인 청구원인사실, 항변사실, 재항변사실이 인정되는 것을 전제로 하여 권리장애사유, 권리소멸사유 또는 권리행사저지사유를 주장하는 내용이어야 한다. 따라서 당사자의 어떤 주장을 항변으로 보아 판단의 대상으로 삼기 위해서는, 그 주장 내용이 권리의 장애, 소멸 또는 행사저지사유로서 실체법규에 규정된 것이거나 그 해석론상 수긍되는 것이어야 한다.[159]

그런데 피고가 실체법규상에 아무런 근거 없이 자신의 독단적인 이론 아래 청구원인사실과는 독립된 다른 어떤 사실을 내세워 청구원인사실에 의한 법률효과의 발생을 다투는 내용의 주장을 하는 경우가 있다.[160] 이러한 주장은 항변과 형태는 유사하나 진정한 의미의 항변은 아니므로 통상 '항변유사주장' 또는 '항변 유사의 법률적 주장[161]이라 부른다. 판결에서는 항변유사주장에 관하여 기재하지 않는 것이 원칙이다. 다만 그러한 주장을 한 당사자에 대한 설득력을 높이는 의미에서 판결에서도 적어 주는 경우가 있다. 그러나 <검토보고서>의 경우에는 **항변유사주장 내지 독자적인 법률상 주장에 대하여는 기재하는 것을 원칙으로 한다.**[162]

그 검토 및 기재방법은 **피고가 한 항변유사주장의 요지를 기재한 후 관련 법리를 제시한**

---

159 민사재판실무 224쪽 참조

160 민사재판실무 224쪽, 강의노트 240쪽 참조

161 민사재판실무 224쪽 각주63 참조. 실무상 피고가 '어떠한 사실을 내세우지 않고' 그저 실체법규나 판례 법리상 시인되지 않는 독자적인 법률상 주장을 하는 경우도 있는데, 그러한 독자적인 법률상 주장은 사실을 내세우지 않았으므로 엄밀히 보자면 '항변유사주장'에 포함되지 않는다. 그러나 실무에서는 항변유사주장과 위와 같은 독자적인 법률상 주장을 구분하지 않고 그저 항변유사주장이라고 표현하기도 한다.

162 당사자가 제출한 항변이 정식 항변인지, 항변유사주장인지 모호한 경우가 있을 뿐만 아니라, 법관의 판결서 작성을 보조하는 의미를 갖는 〈검토보고서〉의 성격상 항변유사주장이라 하더라도 이를 보고서에 기재하는 것이 필요하다. 판결에서 이를 기재하지 않아도 되는 정도의 항변유사주장인지 여부는 담당법관이 최종판단할 일이다. 따라서 검토보고서 단계에서 당사자의 주장이 항변인지 항변유사주장인지를 따질 실익은 적고 그냥 모두 판단해 주면 충분하다.

다음, 그 주장이 이유 없다는 소결론을 기재하는 방식이 된다. [그림19]의 예를 보자. 원고가 피고에게 대여금청구의 소를 제기하자, 피고가 원고의 채권자 A가 원고의 피고에 대한 그 대여금채권에 관하여 가압류결정을 받았으므로 원고의 청구는 배척되어야 한다는 항변유사주장을 한 경우이다.

[그림19]

기재례[163]	기재방식

1. 대여금청구에 관한 판단
 가. 결론
   청구 전부 인용(가집행가능)
   [인용되는 부분의 주문]
   (기재생략)
 나. 논거
  1) **청구원인에 관한 판단**
   가) 청구원인의 요지
   나) 인정사실
     (요건사실)
   [인정근거 :   ]
   다) 소결론
   특별한 사정이 없는 한, 피고는 원고에게 대여금 1억 원을 지급할 의무가 있다.	

2) **항변유사주장에 관한 판단**[164]	☞ 제목을 적절히 부여
가) 피고의 주장의 요지 피고는, A가 2020. 12. 1. 이 법원 2020카단1234호로 원고의 피고에 대한 2019. 7. 1. 대여금채권에 대하여 가압류신청을 하여 2020. 12. 5. 가압류결정을 받았고, 그 결정정본이 2020. 12. 15. 피고에게 송달되었으므로 원고의 이 부분 청구는 배척되어야 한다.	☞ 피고의 주장을 배척하는 경우이므로 그 주장을 인용하듯이 자세히 기재
나) 관련 법리 채권가압류 집행이 있더라도 이는 가압류채무자가 제3채무자로부터 현실로 급부를 추심하는 것만을 금지하는 것일 뿐, 가압류채무자는 제3채무자를 상대로 그 이행을 구하는 소를 제기할 수 있고 법원은 가압류가 되어 있음을 이유로 이를 배척할 수 없다.[165]	☞ 관련한 정확한 법리의 제시
다) 소결론 피고의 위 주장은 이유 없다.	☞ 주장 배척 설시

---

163 강의노트 241쪽 기재례를 참조하여 〈검토보고서〉 양식에 맞추어 변형하였다.
164 제목은 "항변에 관한 판단" 또는 "피고 주장에 대한 판단"이라고 써 주어도 무방하다.
165 대법원 2000. 4. 11. 선고 99다23888 판결, 대법원 1989. 11. 24. 선고 88다카25038 판결 등

2) 주장책임 흠결의 경우

피고의 항변을 검토하여 본 결과 기초로 하고 있는 법리는 문제가 없으나 항변을 구성하는 요건사실 중 일부에 관하여 그 주장책임을 다하지 아니한 경우에는 변론주의 원칙상 주장 자체로 이유가 없다. 이때에는 <항변의 요지>를 기재한 다음에 「**(누락된 요건사실)에 대한 주장·증명이 없는 이상**」이라는 문구를 사용하여 그 주장을 배척하면 된다.[166]

3) 증명책임 흠결의 경우 – 요건사실 전부가 인정되지 않을 때

피고의 항변을 검토하여 본 결과 기초로 하고 있는 법리도 문제가 없고 요건사실도 빠짐없이 모두 주장하였는데, 피고가 요건사실 전부에 관하여 증명책임을 다 하지 못한 경우에는, 피고 항변을 자세히 소개하고 요건사실 전부가 인정되지 않는다는 뜻을 드러내 주면 된다. 즉, **<항변의 요지>라는 제목하에 항변에 관한 요건사실 기재례에 맞추어 항변을 자세히 소개하고 <증거관계>라는 제목하에 요증사실 배척문구를 활용하여 요건사실의 증명이 되지 않았다는 취지를 기재한 다음, 피고의 항변이 이유 없다는 소결론을 기재한다.** [그림20]의 예를 살펴보자. [그림20]은 원고의 대여금청구에 관하여 피고가 변제 항변을 하였는데, 그 요건사실에 관하여 아무런 증거가 없는 경우이다.

[그림20]

기재례	기재방식

1. 대여금청구에 관한 판단
 가. 결론
   청구 전부 인용(가집행가능)
   [인용되는 부분의 주문]
   (기재생략)
 나. 논거
  1) 청구원인에 관한 판단
   가) 청구원인의 요지
   나) 인정사실
    ○ 요건사실
    [인정근거 : 다툼 없는 사실]
   다) 소결론
    특별한 사정이 없는 한, 피고는 원고에게 대여금 3억 원과 이에 대한 지연손해금을 지급할 의무가 있다.	

2) 변제 항변에 관한 판단	☞ 항변 제목을 적절히 부여

가) 항변의 요지 　　피고는 2020. 6. 10. 위 대여금채무를 모두 변제하였다고 항변한다.	☞ 받아들이지 않는 경우이므로 자세하게(즉, 요건사실 기재례에 맞추어) 항변의 요지 기재
나) 증거관계	☞ 요건사실의 증명이 되지 않은 경우이므로 '인정사실'이라는 제목은 부적절하고, '증거관계'라고 제목을 붙임
위 주장사실에 부합하는 듯한 (증거)는 믿기 어렵고, (증거)만으로는 이를 인정하기에 부족하며, 달리 이를 인정할 만한 증거가 없다.	☞ 요증사실 배척문구 설시
다) 소결론	
위 항변은 이유 없다.	☞ 항변이 배척되는 경우이므로 기재할 법률효과가 달리 없음 ☞ 항변의 당부(當否) 판단 기재

4) 증명책임 흠결의 경우 - 요건사실 중 일부가 인정되지 않을 때

피고의 항변을 검토하여 본 결과 기초로 하고 있는 법리도 문제가 없고 피고가 항변의 요건사실도 빠짐없이 모두 주장하였는데, 피고가 항변의 요건사실 중 일부에 관하여 증명책임을 다 하지 못한 경우에는, 피고 항변을 자세히 소개하고 요건사실 중 자백에 의하건 증거에 의하건 인정되는 요건사실에 관하여는 이를 인정근거를 달아 기재하고 나머지 인정되지 아니하는 요건사실에 관하여 요증사실 배척문구를 활용하여 배척하여 주면 된다.[167]

그 기재방식은 다음과 같다. 항변이 결국 배척되는 경우이므로 <**항변의 요지**>라는 제목 하에 요건사실 기재례에 맞추어 항변을 자세히 소개하고, 요건사실의 일부는 인정하고 일부는 배척하는 경우이므로 제목도 이에 상응하여 <**인정사실 및 증거관계**>로 설정한다. 인정되는 요건사실을 기재례에 맞추어 기재하고 자백에 의하건 증거에 의하건 그 인정근거를 제시하며, 인정되지 않는 요건사실에 관하여는 요증사실 배척문구를 사용하여 배척하면 된다. 피고의 항변은 이유 없다는 <**소결론**>을 기재하고 끝을 맺는다. 구체적인 기재방식[168]은 청구원인 단계에서의 [그림17]의 예를 참조하여도 무방하다.

---

167 판결서를 작성하는 경우라면, 이와 다르게 피고의 항변을 모두 적시한 다음 그중 일부 요건사실이 인정되지 아니함을 밝히고 "나머지 요건사실에 관하여 살펴볼 것도 없이" 피고의 항변 전체를 배척하는 방법도 가능하다(민사재판실무 211쪽 및 212쪽 각주49 참조). 그러나 재판부에 사건 검토 결과를 보고하는 <검토보고서>의 성격상 인정되는 요건사실에 관하여 이를 밝혀 주는 본문의 방식이 보다 더 바람직하다.

168 민사재판실무 212쪽 기재례① 참조

라. 항변 일부 인용의 경우

피고의 항변 중 일부만 받아들이고 나머지를 배척하는 경우에 그 기재방법은 기본적으로 앞서 설명한 항변 전부 인용과 항변 전부 배척의 두 유형을 합친 것이라고 보면 된다. 기재방식은 [그림21]의 예를 통해 살펴보자. [그림21]은 원고의 대여금청구에 관하여 피고가 5,000만 원을 변제하였다고 항변하였는데 심리한 결과 3,000만 원을 변제한 사실만 인정되고 나머지 2,000만 원의 변제사실은 인정되지 않은 사례이다.

[그림21]

기재례[169]	기재방식
1. 대여금청구에 관한 판단 **가. 결론** 　청구 일부 인용(가집행가능) 　[인용되는 부분의 주문] 　(기재생략) **나. 논거** 　**1) 청구원인에 관한 판단** 　가) 청구원인의 요지 　나) 인정사실 　　○ 요건사실 　　[인정근거 : 다툼 없는 사실] 　다) 소결론 　특별한 사정이 없는 한, 피고는 원고에게 대여금 1억 원과 이에 대한 지연손해금을 지급할 의무가 있다.	
2) 변제항변에 관한 판단	☞ 항변 제목을 적절히 부여
가) 항변의 요지 　피고는 2020. 3. 2. 원고에게 위 대여금 중 5,000만 원을 변제하였다고 항변한다.	☞ 항변요지 기재
나) 인정사실 및 증거관계	☞ 항변 중 일부만 받아들여지는 경우이므로 '인정사실 및 증거관계'라고 제목을 붙임
○ 피고가 2020. 3. 2. 원고에게 3,000만 원을 변제하였다. 　　[인정근거 : 을제1호증(거래내역서)의 기재 및 변론 전체의 취지]	☞ 인정되는 부분의 요건사실과 인정근거 기재

---

169 민사재판실무 214쪽 기재례②를 〈검토보고서〉의 양식에 맞추어 변형하였다.

○ (증거)만으로는 위 금전을 초과하여 변제한 사실을 인정하기에 부족하고 이를 인정할 만한 증거가 없다.	☞ 인정되지 않는 부분에 관하여 요증사실 배척문구 활용하여 배척 설시
다) 소결론	
○ 위 대여금채권은 3,000만 원의 범위 내에서 소멸하였다.	☞ 일부 변제의 법률효과(○○의 범위 내에서 소멸하였다) 기재
○ 위 항변은 위 인정 범위 내에서 이유 있다.	☞ 항변 중 일부를 받아들인다는 문구(**위 인정 범위 내에서**) 활용하여 항변의 당부(當否) 판단 기재

마. 항변이 여러 개일 경우 항변의 판단순서

피고의 항변이 여러 개일 경우, 원고의 청구를 이유 없게 하는 효력이 강한 것으로부터 약한 것의 순서로 판단하고, 원고의 청구를 이유 없게 하는 효력의 정도가 같은 경우에는 논리적 선후, 즉 권리장애사유(무효 등)로부터 권리소멸사유(취소, 해제, 변제 등), 권리행사저지사유(기한유예, 동시이행 등)의 순서로 판단한다.[170] [그림22]의 예를 살펴보자. 원고의 매매대금청구에 대하여 피고가 변제항변, 소멸시효항변 및 동시이행항변을 제출하였는데, 변제항변은 일부 인용, 소멸시효항변은 배척, 동시이행항변은 인용된 사례이다. 변제 → 시효소멸 → 동시이행항변의 순서대로 판단한다.

[그림22]

기재례	기재방식
1. 매매대금청구에 관한 판단 **가. 결론** 　　청구 일부 인용(가집행가능) 　　[인용되는 부분의 주문] 　　(기재생략) **나. 논거** 　**1) 청구원인에 관한 판단** 　　가) 청구원인의 요지 　　나) 인정사실 　　　　○ 요건사실 　　　　[인정근거 : 다툼 없는 사실] 　　다) 소결론 　　　특별한 사정이 없는 한, 피고는 원고에게 매매대금 3억 원을 지급할 의무가 있다.	

---

170 민사재판실무 215-216쪽. 보다 상세한 설명은 민사재판실무 215-218쪽을 참조

2) **변제항변에 관한 판단** 가) 항변의 요지 나) 인정사실 및 증거관계 다) 소결론 　○ 위 매매대금채권은 ○○○원의 범위 내에서 소멸하였다. 　○ 위 항변은 위 인정 범위 내에서 이유 있다.	☞ 변제항변을 먼저 판단
3) **소멸시효항변에 관한 판단** 가) 항변의 요지 나) 증거관계 다) 소결론 　피고의 위 항변은 이유 없다.	☞ 그 다음으로 소멸시효항변을 판단
4) **동시이행항변에 관한 판단** 가) 항변의 요지 나) 인정사실 다) 소결론 　○ 원고는 피고에게 X부동산에 관하여 위 매매를 원인으로 한 소유권이전등기절차를 이행할 의무가 있고, 피고의 매매대금지급의무는 위 소유권이전등기절차 이행의무와 동시이행의 관계에 있다. 　○ 피고의 위 항변은 이유 있다.	☞ 마지막으로 동시이행항변을 판단

5. 본안판단 중 재항변 이하 단계의 검토요령

가. 재항변을 배척하는 경우

　청구원인이 일응 인용되었으나 항변이 인용되었고, 이에 대하여 원고가 재항변하였으나 그 재항변이 배척된 경우에는 결국 원고의 청구가 기각되는 경우이다. 이때 검토보고서의 기재방식은 [그림23]과 같다.

[그림23]

기재례[171]	기재방식
1. 대여금청구에 관한 판단 　가. 결론 　　청구 기각 　나. 논거 　　1) 청구원인에 관한 판단	
2) 소멸시효항변에 관한 판단	
가) 항변의 요지 　　　　피고는 위 대여금채권이 시효로 소멸하였다고 항변 한다.	
나) 인정사실 　　　　(요건사실1) (요건사실2) 　　　　[인정근거 :　　　　]	
다) 소결론	
○ 위 대여금채권은 시효로 소멸하였다. 　　　　○ 피고의 위 항변은 이유 있다.	☞ 여기까지는 앞서 본 것처럼 항변 전부 인용의 유형과 동일하게 기재
3) 시효중단 재항변에 관한 판단	☞ 재항변의 제목 적절히 기재
가) 항변의 요지 　　　　원고는 소멸시효기간 만료 전인 2020. 7. 7. 위 대여금채권을 청구채권으로 하여 피고 소유의 X부동산에 대하여 가압류를 하였기 때문에 위 소멸시효가 중단되었다고 재항변한다.	☞ 재항변의 요지
나) 증거관계 　　　　위 가압류 주장에 부합하는 듯한 (증거)는 믿기 어렵고 달리 이를 인정할 만한 증거가 없다.	☞ 요증사실 배척문구 활용 배척 설시
다) 소결론 　　　　원고의 위 재항변은 이유 없다.	☞ 소결론(재항변 이유 없다) 기재

나. 재항변을 인용하는 경우

청구원인 인용 → 항변 인용 → 재항변 인용 순으로 모두 인용되었으므로 결국 항변이 배척되고 원고의 청구가 인용된 유형이다. 이때 검토보고서의 기재방식은 [그림24]와 같다. [그림24]의 ㉠처럼 특별한 사정이 없는 한 항변이 이유 있다는 설시를 하고, ㉡, ㉢과 같이 재항변의 요지를 기재하며 재항변에 관한 요건사실을 인정한 후 재항변의 법률효과와 재항변이 이유 있다는 당부 판단을 기재한다. 그런 다음 ㉣처럼 소멸시효항변이 최종적으로 이유 없다는 설시를 한다.

---

171 민사재판실무 219쪽 기재례를 〈검토보고서〉 양식에 맞추어 변형하였다.

[그림24]

기재례[172]	기재방식
1. 대여금청구에 관한 판단 가. 결론 　　청구 전부 인용(가집행 가능) 　　[인용되는 부분의 주문] 　　(기재생략) 나. 논거 　1) 청구원인에 관한 판단	
2) 소멸시효항변에 관한 판단	
가) 항변의 요지 　　　피고는 위 대여금채권이 시효로 소멸하였다고 항변한다.	
나) 인정사실 　　　(요건사실1) (요건사실2) 　　　[인정근거 :　　　]	
다) 소결론	
특별한 사정이 없는 한, 위 대여금채권은 시효로 소멸하였고, 피고의 위 항변은 이유 있다.	☞ ㉠ **잠정적인 결론이라는 뜻으로 '특별한 사정이 없는 한'을 기재**
라) 시효중단 재항변에 관한 판단	☞ ㉡ 재항변의 제목 적절히 기재
(1) 항변의 요지 　　　　원고는 피고 소유의 X부동산에 대하여 가압류를 하였으므로 위 소멸시효가 중단되었다고 재항변한다.	☞ ㉢ 재항변의 요지(재항변 인용되는 경우이므로 간략히 기재)
(2) 인정사실 　　　　원고는 소멸시효기간 만료 전인 2020. 3. 2. 위 대여금채권을 청구채권으로 피고 소유의 X부동산에 대하여 서울중앙지방법원 2020카합1234호로 가압류신청을 하여 그 결정을 받아 집행하였다. 　　　　[인정근거 : 갑 제3호증(가압류결정)의 기재 및 변론 전체의 취지]	☞ 요건사실(가압류신청일에 시효중단효 발생하므로[173] 가압류신청일을 포함)과 그 인정근거 기재
(3) 소결론 　　　○ 위 소멸시효는 중단되었다. 　　　○ 원고의 위 재항변은 이유 있다.	☞ 소결론(법률효과＋항변의 당부 판단) 기재
마) 소멸시효항변의 최종 결론 　　　위 재항변이 이유 있어 결국 위 소멸시효항변은 이유 없다.	☞ ㉣ 소멸시효항변이 최종적으로 배척된다는 설시

172 민사재판실무 220쪽 기재례①을 〈검토보고서〉 양식에 맞추어 변형하였다.
173 대법원 2017. 4. 7. 선고 2016다355451 판결 등

참고로 판결의 경우라면 [그림24]의 예에서 항변 이유 있다는 설시(㉠)와 재항변 내용의 적시(㉡, ㉢)은 모두 생략한다.[174]

다. 재재항변이 있는 경우

재재항변이 있는 경우는 재항변이 있는 경우와 그 기재방식의 원리는 동일하다. 민사재판실무 222~223쪽과 강의노트 19쪽을 참조하자.

6. 증거항변이 있는 경우

기록검토를 마친 결과 증거항변이 있는 특별한 경우가 있을 수 있다.[175] 증거항변은 위조 또는 변조된 문서라는 주장과 같이 증거의 형식적 증거력이나 실질적 증거력을 다투는 상대방의 진술일 뿐이므로, 원고의 청구에 관한 방어방법으로서의 '항변'에 해당하지 않는다. 그러나 이러한 **증거항변이 기록에서 발견된 경우에는 반드시 검토보고서에서 그 당부판단을 하여야 한다.** 다만, 본안의 항변의 경우처럼 주장의 요지, 법리, 사실인정, 결론과 같이 이를 철저하게 나누어 쓸 필요는 없고, 아래와 같이 다소 간략하게 적는 것으로 족하다.

먼저, 문서 제출의 상대방이 제출한 증거항변을 받아들이지 않은 경우를 살펴보자. [그림25]는 원고가 피고 乙을 상대로 대여금청구를 하면서 그 대여사실을 증명하기 위하여 갑 제1호증(차용증)을 제출하자, 피고 乙이 그 차용증에 대하여 날인된 인영은 자신의 것이 맞으나 원고의 강박에 의하여 날인되었다(또는 丙에 의하여 위조되었다)는 내용의 증거항변을 제출한 경우이다. 피고 乙이 주장한 원고의 강박사실 또는 丙의 위조사실에 관한 증인 丁의 증언을 믿기 어렵고 달리 이를 증명할 증거가 없으므로 피고 乙의 위 증거항변이 배척되었다.

---

174 민사재판실무 219쪽 참조
175 앞서 기록검토요령에서 살펴본 것처럼 주로 서증목록 중 '인부요지'란에 현출된다.

[그림25]

기재례[176]	기재방식	
2. 피고 乙에 대한 대여금청구에 관한 판단 가. 결론 　청구 전부 인용(가집행가능) 　[인용되는 부분의 주문] 　(기재생략) 나. 논거 　1) 청구원인의 요지 　원고는 피고 乙을 상대로 대여금의 지급을 구한다. 　2) 인정사실 　원고가 2020. 6. 1. 피고 乙에게 1억 원을 변제기 2020. 12. 31.로 정하여 대여하였다.		
[인정근거 : 갑 제1호증(차용증)의 기재]	☞ 증거의 거시	
○ 피고 乙 이름 다음의 인영은 피고 乙의 인장에 의한 것이다.	☞ 인영(印影)의 동일성	해당 문서의 형식적 증거력이 인정되는 과정을 설명
[인정근거 : 다툼 없는 사실]	☞ 인영 부분 인정(문서 제출의 상대방이 해당 인영이 자신의 것임을 자백한 경우)	
○ 따라서 그 인영은 피고 乙의 의사에 따라 날인된 것으로 추인되고, 이에 따라 문서 전체의 진정성립이 추정된다.	☞ 사실상 추정 + 법 제358조에 의한 법률상 추정 내용 기재	
○ 피고 乙은 이 문서가 원고의 강박에 의하여 작성된 것(또는 이 문서가 丙에 의하여 위조된 것)이라고 항변하나, 증인 丁의 증언만으로는 이를 인정하기 부족하고 달리 이를 인정할 증거가 없다.	☞ 증거항변 요지 + 증거항변 배척(요증사실 배척문구 활용)	

　이렇듯 문서제출의 상대방이 증거항변을 하였음이 기록상 확인되고 검토한 결과 그 증거항변을 배척할 경우에는, <검토보고서> 중 [인정근거 : ~]에 증거항변이 제출된 해당 서증을 나열한 뒤 그 바로 다음 줄에 증거항변을 배척한 이유를 기재하면 된다.

　다음으로 증거항변을 받아들이는 경우를 살펴보자. [그림26]은 원고가 피고를 상대로 X부동산에 관한 소유권이전등기를 청구하면서 갑 제1호증(매매계약서)을 증거로 제출하자, 피고가 그 매매계약서에 날인된 피고의 인영은 본인의 것이 맞으나 이는 甲이라는 자가 날인하여 위조된 것이라는 취지의 위조항변을 제출하였는데, 을 제2호증의1(피의자신문조서)에 의하여 그

---

176 강의노트 272쪽을 <검토보고서> 형식에 맞추어 수정하였다.

위조사실이 증명된 경우이다.

[그림26]

기재례[177]	기재방식

1. 소유권이전등기청구에 관한 판단
 가. 결론
  청구 기각
 나. 논거
  1) 청구원인의 요지
   원고는 2020. 7. 1. 피고로부터 X부동산을 3억 원에 매수하였으므로 피고를 상대로 그 소유권이전등기절차의 이행을 구한다.	

2) 증거관계	☞ 청구원인사실(요건사실)이 인정되지 않으므로 '인정사실'이 아니라 '증거관계'라고 제목 부여
갑 제1호증(매매계약서)은 증거로 쓸 수 없다.	☞ 해당 문서의 형식적 증거력 배척 설시
○ 피고 이름 다음의 인영은 피고의 인장에 의한 것이다. [인정근거 : 다툼 없는 사실]	☞ 인영(印影)의 동일성 인정
○ 그러나 甲이 위 매매계약서의 피고 이름 옆에 피고의 인장을 날인하였다.	☞ 증거항변의 내용인정(이로써 추정이 번복)
[인정근거 : 을 제2호증의1(피의자신문조서)의 기재]	☞ 그 인정의 근거 제시
○ 그렇다면 甲이 피고의 인장을 날인할 권한이 있었어야 한다.	☞ 甲의 날인 권한은 문서제출자의 증명사항[178]
○ 증인 乙의 증언만으로는 이를 인정하기 부족하고 달리 이를 인정할 증거가 없다.	☞ 문서제출자의 증명실패/ 요증사실 배척문구 활용하여 배척

---

177 강의노트 273쪽을 〈검토보고서〉 형식에 맞추어 수정하였다.

178 대법원 2009. 9. 24. 선고 2009다37831 판결(문서에 날인된 작성명의인의 인영이 그의 인장에 의하여 현출된 것이라면 특별한 사정이 없는 한 그 인영의 진정성립, 즉 날인행위가 작성명의인의 의사에 기한 것임이 사실상 추정되고, 일단 인영의 진정성립이 추정되면 그 문서 전체의 진정성립이 추정되나, 위와 같은 사실상 추정은 날인행위가 작성명의인 이외의 자에 의하여 이루어진 것임이 밝혀진 경우에는 깨어지는 것이므로, 문서제출자는 그 날인행위가 작성명의인으로부터 위임받은 정당한 권원에 의한 것이라는 사실까지 증명할 책임이 있다).

05
유형별 기록검토

 Notice

기록1에서 기록10까지 공통된 참고자료

[참고자료(1)]

각급 법원의 설치와 관할구역에 관한 법률(일부)

제4조(관할구역) 각급 법원의 관할구역은 다음 각 호의 구분에 따라 정한다. 다만, 지방법원 또는 그 지원의 관할구역에 시·군법원을 둔 경우 「법원조직법」 제34조 제1항 제1호 및 제2호의 사건에 관하여는 지방법원 또는 그 지원의 관할구역에서 해당 시·군법원의 관할구역을 제외한다.

  1. 각 고등법원·지방법원과 그 지원의 관할구역: 별표 3

      (이하 제2호 내지 제7호는 생략)

[별표3] 고등법원·지방법원과 그 지원의 관할구역(일부)

고등법원	지방법원	지원	관할구역
서 울	서울중앙		서울특별시 종로구·중구·강남구·서초구·관악구·동작구
	서울동부		서울특별시 성동구·광진구·강동구·송파구
	서울남부		서울특별시 영등포구·강서구·양천구·구로구·금천구
	서울북부		서울특별시 동대문구·중랑구·성북구·도봉구·강북구·노원구
	서울서부		서울특별시 서대문구·마포구·은평구·용산구
부 산	부산		부산광역시 중구·동구·영도구·부산진구·동래구·연제구·금정구
		동부	부산광역시 해운대구·남구·수영구·기장군
		서부	부산광역시 서구·북구·사상구·사하구·강서구
	울산		울산광역시·양산시
	창원		창원시 의창구·성산구·진해구, 김해시. 다만, 소년보호사건은 양산시를 제외한 경상남도
		마산	창원시 마산합포구·마산회원구, 함안군·의령군

고등법원	지방법원	지원	관할구역
부 산		통영	통영시·거제시·고성군
		밀양	밀양시·창녕군
		거창	거창군·함양군·합천군
		진주	진주시·사천시·남해군·하동군·산청군
수 원	수원		수원시·오산시·용인시·화성시. 다만, 소년보호사건은 앞의 시 외에 성남시·하남시·평택시·이천시·안산시·광명시·시흥시·안성시·광주시·안양시·과천시·의왕시·군포시·여주시·양평군
		성남	성남시·하남시·광주시
		여주	이천시·여주시·양평군
		평택	평택시·안성시
		안산	안산시·광명시·시흥시
		안양	안양시·과천시·의왕시·군포시

[참고자료(2)]

소송촉진 등에 관한 특례법 제3조 제1항 본문의 법정이율에 관한 규정

「소송촉진 등에 관한 특례법」 제3조 제1항 본문에서 "대통령령으로 정하는 이율"이란 연 100분의 12를 말한다.

[부 칙]

제1조(시행일) 이 영은 2019년 6월 1일부터 시행한다.

제2조(경과조치)

① 이 영 시행 당시 법원에 계속 중인 사건으로서 제1심의 변론이 종결된 사건에 대한 법정이율은 이 영의 개정규정에도 불구하고 종전의 규정에 따른다.

② 이 영 시행 당시 법원에 계속 중인 사건으로서 제1심의 변론이 종결되지 아니한 사건에 대한 법정이율은 2019년 5월 31일까지 발생한 분에 대해서는 종전의 규정에 따르고, 2019년 6월 1일 이후 발생하는 분에 대해서는 이 영의 개정규정에 따른다.

기록

대여 및 보증/
사기 취소,
불공정행위 무효 항변

<문제 1> 귀하는 변호사 김명변으로서, 의뢰인 송갑성의 상담을 통해 아래 【상담내용】과 같은
사실관계를 청취하고, 【의뢰인 희망사항】 기재사항에 관한 본안소송의 대리권을 수여
받고, 첨부된 소송기록을 자료로 받았습니다.
의뢰인을 위하여 본안의 소를 제기하기 위한 **소장**을 작성하시오.

【작성요령】

1. 소장의 작성일은 2021. 3. 11.로 하시오.

2. 【의뢰인 희망사항】란에 기재된 희망사항에 부합하도록 소장을 작성하되, 현행법과 그 해석
상 승소 가능한 최대한의 범위에서 작성하시오.

3. 【의뢰인 상담일지】와 첨부자료에 기재된 사실관계는 모두 사실에 부합한 것으로 보고(작성
자의 의견에 해당하는 사항은 제외), 기재되지 않은 사실은 없는 것으로 전제하며, 첨부된 서류
는 모두 진정하게 성립된 것으로 간주하시오.

4. 관련 증거자료를 제시하여 기술할 필요는 없습니다.

5. 기록상의 날짜가 공휴일인지 여부, 문서의 서식이 실제와 부합하는지 여부는 고려하지 마시오.

의뢰인 상담일지			
변호사 김명변 서울 서초구 서초중앙로 100, 401호(서초동, 법림빌딩) ☎ : 02-531-2000, 팩스 : 02-539-2001, e-mail : lawyerKim@kmail.com			
접수번호	2021-50	**상담일시**	2021. 3. 5.
상담인	송갑성 010-2030-4050	**내방경위**	지인소개
【상 담 내 용】			

직장생활을 하던 송갑성은 2017년 말에 동창회에 참석하여 10년 만에 고교 동창인 이을남과
유병만을 만났다. 고향인 창원시에 살고 있던 이을남은 송갑성에게 현재 부동산컨설팅 사무
소를 개업하려고 준비 중이라고 하였다. 이을남과 유병만은 송갑성에게 현재 대형 리조트를

운영하려는 세력이 은밀하게 마산 앞바다에 그 부지를 물색하고 있고 이을남이 그 부지의 소유자인 오정미를 상대로 매수 협의 중이라고 하였다. 이을남은 2억 원 정도면 부지를 살 수 있을 듯한데, 나중에 그 부지를 4억 원에 되팔 수 있으니 송갑성에게 1억 원을 투자하라는 것이었다. 송갑성은 여유자금을 투자할 곳이 없어서 궁리 중이긴 했으나, 약간 미심쩍어서 즉답을 하지 못했다. 그러자 이을남은 이자를 잘 쳐줄테니 1억 원을 빌려주면 창원시에서 다이버숍을 운영하는 친동생 이무상으로 하여금 보증을 서게 하겠다고 제의했고, 이에 송갑성은 2018년 2월에 이무상의 보증하에 1억 원을 빌려주었다.

송갑성은 2018년 12월 쯤 변제시기에 가까워지자 이을남에게 연락을 해서 매입작업이 잘 진행되고 있는지 물었으나, 갑자기 부지 소유자가 변심하는 바람에 약간 어려움을 겪고 있기는 하지만, 곧 매매계약이 체결될 것 같다는 답변을 들었다.

송갑성은 다시 변제 약속일에 이을남에게 전화를 걸었으나, 이을남은 그때부터 전화를 받지 아니하였고, 창원시에 살고 있던 다른 동창들에게 수소문해 본 결과 최근 이을남이 종적을 감추어 연락이 되지 아니한다는 말을 전해 들었다. 송갑성은 2019년 2월 중순에 급히 창원시에 내려가 알아보니 오정미는 이을남으로부터 한 번 부지 매각의사를 타진받은 적은 있으나, 가격차가 커서 그 이후로 진전이 없었고, 대형리조트에 관해서는 들은 바가 없다고 했다. 이무상은 단지 이을남의 부탁을 받아 사업자금을 빌리는 것으로 알고 보증을 섰을 뿐, 대형 리조트나 부지 매입에 관해서는 알지 못한다고 했다.

송갑성은 속았다고 생각해서 창원중부경찰서에 2019년 3월 초 이을남과 유병만을 사기죄로 고소하였으나, 수사기관에 출석한 이을남은 단순히 돈을 차용한 것에 불과하다고 하고, 유병만은 송갑성과 이을남의 돈 문제에 관여한 바 없다고 하면서 혐의를 부인했고, 수사결과 이을남과 유병남은 증거불충분으로 불기소처분을 받았다.

송갑성은 두 차례에 걸쳐 이자를 받았을 뿐, 그 외에는 일체 변제받은 것이 없었다. 송갑성이 확보한 서류는 첨부자료와 같고, 그 밖에 유리한 증언을 해 줄 만한 사람은 없다. 송갑성의 생각으로는 이을남과 유병만, 오정미가 모두 한패가 되어 자신을 속이고 돈을 뜯어간 것 같다고 한다. 유병만의 주소는 창원시 의창구 삼영로 32, 가동 301호(삼영동, 방성맨션)이고, 오정미의 주소는 창원시 진해구 갈산로 28, 104동 506호(충정동, 갈산아파트)이다.

【의뢰인 희망사항】

송갑성은 위 사실관계와 관련해 적절한 관련자들을 상대로 변제받은 돈을 제외하고 최대한 많은 돈을 되돌려 받을 수 있도록 소를 제기하고 싶다.

차 용 증

채무자 이을남은 채권자 송갑성으로부터 아래와 같이 차용하기로 약정하였고, 아래 돈을 정히 영수하였음을 확인합니다.

원　　　금　　1억 원
변 제 기　　2019. 1. 31.
이　　　자　　월 0.5% (매월 말일 지급)

2018. 2. 1.

채 권 자　　송 갑 성 (830510-1049593) (인)

서울 관악구 행운1길 42, 504동 501호 (행운동, 행운아파트)

채 무 자　　이 을 남 (831201-1485837) (인)

경남 창원시 성산구 송현12길 65, 302호 (송현동, 은창아파트)

이무상은 이을남이 위 돈을 차용함으로써 송갑성에게 갚을 원리금 반환 채무를 연대하여 보증한다.

연대보증인　　이 무 상 (860317-1847837) (인)

사무실 경남 창원시 마산합포구 금화로 2, 101호 그랜드다이빙

(금화동, 영우빌딩)

주　소 경남 창원시 마산회원구 만조로 32, 403호 (금화동, 모란빌라)

신조은행   계좌거래내역 조회
고 객 명: 송갑성

조회기간	2018.01.20 ~ 2018.05.31		
계좌번호	345-123-45678	총잔액	4,500,000
예금종류	신조 급여우대통장(저축예금)	출금가능금액	54,500,000

거래일자	거래시간	적요	출금	입금	내용	잔액	거래점
2018-05-31	09:58:25	모바일	100,000		김영호	4,500,000	을지로
2018-05-20	11:33:30	급여		3,000,000	㈜대룡건설	4,600,000	을지로
2018-05-12	11:00:32	펀드CC	500,000		2384 439243	1,600,000	을지로
2018-05-10	11:00:31	타행		500,000	이을남 이자	2,100,000	을지로
2018-05-06	08:16:41	카드결제	1,400,000		신조카드	1,600,000	여의도
2018-05-28	08:32:25	CD출금	500,000			3,000,000	을지로
2018-04-30	09:58:25	CD출금	100,000			3,500,000	을지로
2018-04-20	11:33:30	급여		3,000,000	㈜대룡건설	3,600,000	을지로
2018-04-12	11:00:09	펀드CC	500,000		2384 439243	600,000	을지로
2018-04-05	08:15:35	카드결제	2,100,000		신조카드	1,100,000	여의도
2018-03-26	08:32:25	CD출금	400,000			3,200,000	을지로
2018-03-20	11:32:16	급여		3,000,000	㈜대룡건설	3,600,000	을지로
2018-03-17	13:02:11	CD출금	500,000			600,000	을지로
2018-03-15	15:21:43	타행		500,000	이을남 이자	1,100,000	을지로
2018-03-05	08:22:31	카드결제	2,500,000		신조카드	600,000	여의도
2018-02-28	08:32:25	CD출금	500,000			3,100,000	을지로
2018-02-21	09:58:25	모바일	100,000		송우찬	3,600,000	을지로
2018-02-20	11:33:30	급여		3,000,000	㈜대룡건설	3,700,000	을지로
2018-02-12	11:00:32	펀드CC	500,000		2384 439243	700,000	을지로
2018-02-05	08:22:32	카드결제	2,800,000		신조카드	1,200,000	여의도
2018-02-01	11:00:31	타행	100,000,000		이을남	4,000,000	을지로
2018-01-24	12:32:13	CD출금	500,000			104,000,000	을지로
2018-01-20	11:33:30	급여		3,000,000	㈜대룡건설	104,500,000	을지로

(1-1)

소   장

원 고   송갑성

　　　　서울 관악구 행운1길 42, 504동 501호 (행운동, 행운아파트)

　　　　소송대리인 변호사 김명변

　　　　서울 서초구 서초중앙로 100, 401호 (서초동, 법림빌딩)

　　　　전화 02)531-2000, 팩스 02)539-2001, E-mail : lawyerKim@kmail.com

피 고[179] 1. 이을남

　　　　　창원시 성산구 송현12길 65, 302호 (송현동, 은창아파트)

　　　　2. 이무상

　　　　　창원시 마산회원구 만조로 32, 403호 (금화동, 모란빌라)

　　　　　송달장소 창원시 마산합포구 금화로 2, 101호 그랜드다이빙[180]

　　　　　(금화동, 영우빌딩)

대여금 등[181] 청구의 소

---

179 원고는 유병만 역시 이을남과 함께 사기로 고소한 바 있으나, 검사로부터 무혐의 처분을 받았고, 달리 유병만을 상대로 불법행위로 인한 손해배상책임을 물을 만한 근거가 없어서 유병만을 피고로 삼지 않았다.

180 주거지보다 우편물을 보냈을 경우 송달될 가능성이 높은 사무소와 같은 곳을 알고 있다면 이를 송달장소로 부기하여 주는 것이 좋다.

181 이 사건 소송물은 대여금과 보증금 두 가지다. 사건명은 여러 소송물 중 가장 대표적인 것 하나를 특정해 주고 "등 청구의 소"를 적어 주면 족하다. 보증금 등 청구의 소로 적어도 틀린 것은 아니나 주된 청구가 대여금일 것이므로 대여금 등 청구의 소로 적는 것이 가장 적정하다.

청 구 취 지

1. 피고들은 연대하여 원고에게 1억 원과 이에 대하여 2018. 4. 1.부터 이 사건 소장 부본 송달일까지는 월 0.5%의, 그 다음 날부터 다 갚는 날까지는 연 12%의 각 비율로 계산한 돈을 지급하라.

2. 소송비용은 피고들이 부담한다.

3. 제1항은 가집행할 수 있다.

라는 판결을 구합니다.

청 구 원 인

원고는 피고 이을남에게 2018. 2. 1. 원금 1억 원을 변제기 2019. 1. 31., 이자 월 0.5%(매월 말일 지급)로 정하여 대여하였고, 피고 이무상은 위 대여일에 피고 이을남의 원고에 대한 차용금 반환 채무를 기명날인이 있는 문서로 연대보증하였습니다.[182 · 183]

원고는 피고 이을남으로부터 2018. 3. 15. 2018년 2월분 이자 50만 원을, 2018. 5. 10. 2018년 3월분 이자 50만 원을 각 지급받았습니다.[184]

따라서 차용인 피고 이을남과 연대보증인 피고 이무상은 연대하여 원고에게 대여원금

---

182 원칙적으로 청구원인에는 **법리-요건사실-법률효과**의 구조로 적어야 하나, 자명한 법리의 경우 생략될 수 있다. 만일 쓴다면 "민법 제598조에 의하면 소비대차는 당사자 일방이 금전 기타 대체물의 소유권을 상대방에게 이전할 것을 약정하고, 상대방은 그와 같은 종류, 품질 및 수량으로 반환할 것을 약정함으로써 그 효력이 생기고, 민법 제603조 제1항에 의하면 차주는 약정시기에 차용물과 같은 종류, 품질 및 수량의 물건을 반환하여야 하고, 민법 제600조 전단에 의하면 이자 있는 소비대차는 차주가 목적물의 인도를 받은 때로부터 이자를 계산하여야 한다." 정도로 쓸 수 있겠으나, 실무상 이처럼 자명한 법리를 적을 필요는 없고 바로 요건사실로 들어가면 충분하다.

183 이 문장으로 대여금 및 보증금 청구에 필수적인 요건사실을 다 적시하였다(이 책 가장 뒤에 있는 [부록] 제1항 중 순번 5번 기재례를 참조하라). 청구원인은 권리자를 주어로 삼아 쓰는 것이 좋다. 청구원인을 쓰는 연습을 할 때는 무엇을 쓸 것인가도 중요하지만 그에 못지않게 파악된 사실관계 중 무엇을 적지 않을 것인가도 중요하다. 단어 하나하나를 쓸 때마다 이 단어가 필수적인 것인가를 따져 본 다음, 꼭 필수적인 것만 적고, 필수적이지 않은 것은 적지 않겠다는 각오로 청구원인을 쓰는 연습을 해야 한다. 항상 시간이 모자라는 시험시간 때문이기도 하나, 재판부에 주장의 핵심을 가장 확실하게 부각시키는 길이기도 하며, 상대방에게 쓸데없는 분쟁의 빌미나 스스로 허점을 제공해 줄 수도 있기 때문이다.

184 설문에서 당사자가 변제받은 부분을 제외하고 청구하기를 원하고 있으므로 변제받은 부분을 이와 같이 적어 주었다. 변제 사실은 상대방이 주장 및 증명책임을 지는 항변사항이므로 상대방의 항변을 기다려야 하고 원고가 스스로 자인할 필요가 없다고 생각할 수도 있다. 순수하게 민사소송법의 이론에만 따른다면 그러한 논의가 불가능한 것은 아니다. 그러나 변제받은 사실을 숨기고 소를 제기하여 승소판결을 받아 강제집행으로 나아간다면 경우에 따라서는 권리남용에 해당하거나 청구이의 사유에 해당될 수도 있으므로(구체적인 권리남용의 성립범위에 관하여는 대법원 1997. 9. 12. 선고 96다4862 판결, 대법원 2001. 11. 13. 선고 99다32899 판결 등을 참조하고 청구이의 사유에 관하여는 대법원 1984. 7. 24. 선고 84다카572 판결, 대법원 2002. 10. 25. 선고 2002다48559 판결 등을 참조할 것) 이에 비추어 보면 위와 같은 태도가 바람직하다고 보기는 어렵다. 실무상으로도 변제와 같이 채무의 소멸이 자명한 부분은 스스로 자인하면서 이를 빼고 청구하는 것이 보통이고, 신의성실의무와 진실의무에 관한 변호사 윤리에 비추어 보아도 그렇게 하는 것이 합당하다.

1억 원과 이에 대하여 2018년 4월분 이자 발생시기인 2018. 4. 1.부터 이 사건 소장 부본 송달일까지는 약정 이율인 월 0.5%의 비율로 계산한 이자 및 지연손해금을, 그 다음 날부터 다 갚는 날까지는 소송촉진 등에 관한 특례법이 정한 연 12%의 비율로 계산한 지연손해금을 각 지급할 의무가 있습니다.[185]

증 명 방 법

1. 갑 제1호증 (차용증)
2. 갑 제2호증 (계좌거래내역 조회)

첨 부 서 류

1. 위 각 증명방법   각 3통[186]
2. 영수필확인서   1통
3. 송달료납부서   1통
4. 소송위임장   1통
5. 소장 부본   2통[187]

2021. 3. 11.

원고 소송대리인 변호사 김명변 ㊞

서울중앙지방법원[188] 귀중

---

185 청구원인 요건사실을 법리에 적용하여 결론(법률효과)을 내려 주는 부분이다. 이 결론을 통하여 청구원인이 비로소 청구취지와 연결된다. 즉, 결론 부분에서는 청구취지에서 구하는 돈의 성격(대여원금, 이자, 지연손해금), 각 일자의 의미(대여일, 변제기 등), 계산비율의 근거(민법이나 소송촉진 등에 관한 특례법) 등을 빠짐없이 적어 주어야 한다. 요건사실과 달리 결론 부분은 청구취지와 연결되므로 의무자를 주어로 적는 것이 좋다.

186 증명방법 중 1부는 법원에 소송기록으로 편철하고, 나머지는 상대방 당사자에게 소장 부본과 함께 보내 주어야 하므로, 상대방 당사자의 수에 1을 더한 수를 첨부하여야 한다.

187 소장 부본을 상대방 당사자에게 송달하여야 하므로 상대방 당사자 수만큼 첨부한다.

188 민사소송법 등 관련 법률을 검토하여 관할권이 존재하는 법원 중 하나를 적으면 된다. 법 제2조에 따라 피고의 주소지를 관할하는 창원지방법원, 법 제8조에 따라 의무이행지인 원고 주소지를 관할하는 서울중앙지방법원[금전지급의무는 지참채무원칙(민법 제467조 제2항 본문)에 따라 채권자 주소지가 의무이행지에 해당한다.]에 각 관할권이 인정된다.

<문제 2> 귀하는 변호사 김명변으로서, 위【문제 1】과 같이 제기한 소에서 피고들로부터 아래와 같은 답변서를 송달받았습니다.

의뢰인을 위하여 법률적으로 가능한 한도 내에서 위 각 답변서를 반박하는 내용의 **준비서면**을 작성하시오. 준비서면의 작성일은 2021. 4. 11.로 하시오.

답변서

사건번호 2021가단1234 대여금 등
원 고 송갑성
피 고 이을남 외 1인

위 사건에 관하여 피고 이을남은 아래와 같이 답변합니다.

청구취지에 대한 답변

1. 원고의 피고 이을남에 대한 청구를 기각한다.
2. 원고와 피고 이을남 사이에 발생한 소송비용은 원고가 부담한다.

라는 판결을 구합니다.

청구원인에 대한 답변

원고가 주장하는 청구원인 사실을 부인합니다. 자세한 주장은 추후 제출하겠습니다.

2021. 3. 27.

피고 이을남 ㊞

서울중앙지방법원 민사 제22단독 귀중

답변서

사건번호 2021가단1234 대여금 등
원   고 송갑성
피   고 이무상 외 1인

위 사건에 관하여 피고 이무상은 아래와 같이 답변합니다.

청구취지에 대한 답변

1. 원고의 피고 이무상에 대한 청구를 기각한다.
2. 원고와 피고 이무상 사이에서 발생한 소송비용은 원고가 부담한다.

라는 판결을 구합니다.

청구원인에 대한 답변

1. 피고 이무상은 원고의 주장 중 원고가 피고 이을남에게 자금을 대여하였고 피고 이무상이 이에 연대보증한 사실은 인정합니다만 다음과 같은 이유에서 원고의 청구에 응할 수 없습니다.

2. 피고 이무상은 10여 년간 창원시 시내에서 '그랜드다이빙'이라는 다이버숍을 근근이 운영하고 있습니다. 연대보증을 하기 며칠 전, 평소 특별한 직업이 없이 빈둥거리기만 하던 친형인 피고 이을남로부터 전화를 받았습니다. 드디어 백수를 청산하고 사업을 개시할 절호의 찬스를 얻었다는 것이었습니다. 부동산컨설팅 사무소를 열 계획이니 돈을 투자해 달라는 것입니다. 그 이전부터 수차례 이런 저런 사업을 벌이겠다면서 부모님으로부터 가져간 돈이 많았으나 한 번도 제대로 사업을 개시조차 하지 못한 형의 전력을 잘 알고 있던 터라, 조심스럽게 거절했습니다. 이을남은 이번에는 분명한 사업이라면서 투자가 어려우면 연대보증이라도 서 달라고 했습니다. 저는 이미 수차례 형을 도와준 적이 있기는 하나, 피는 물보다 진하다고 막상 형의 간청을 거절할 수 없어서 그와 같이 보증을 서게 된 것입니다.

3. 여하튼 피고 이을남이 빌린 자금으로 부동산컨설팅 사무소를 열어 사업을 시작할 것으로 생각했는데, 사무소 개설은커녕, 그 이후로 창원에서 자취를 감춰 버렸습니다. 수소문을 해 보니, 형은 그 돈으로 기존의 부채 약 5,000만 원을 갚았고, 애인과

함께 마카오로 떠나 호텔 카지노에서 나머지 돈을 다 탕진했다는 것입니다. 애초에 부동산컨설팅 사무소를 열겠다는 계획도 모두 거짓말이었고, 저는 그러한 형의 거짓말에 속아서 보증을 서게 된 것입니다. 이러한 사실은 피고 이을남의 전 여자 친구인 김성아의 진술서를 읽어 보시면 명백합니다. 따라서 원고에 대한 보증계약은 사기로 인한 법률행위이므로 이를 취소하고자 합니다.

4. 또한, 이처럼 저는 친형의 부탁에 따라 아무런 대가 없이 1억 원이라는 거액의 부채를 부담할 위기에 처하게 되었습니다. 법을 잘 아는 친구에게 물어보니, 민법 제104조에는 "당사자의 궁박, 경솔 또는 무경험으로 인하여 현저하게 공정을 잃은 법률행위는 무효로 한다."고 규정하고 있다고 들었는데, 저 같은 경우 이 같은 경솔한 판단으로 아무런 대가없이 형에게 제공한 보증 역시 이에 해당하여 무효라고 보는 것이 마땅합니다.

5. 원고가 어떤 감언이설에 속아 그러한 피해를 입었는지는 잘 모르겠으나, 저에게 책임을 묻는 것은 너무나 부당합니다. 판사님께서는 이와 같은 저의 억울한 사정을 참작해서 원고의 청구를 기각하는 판결을 내려주시기를 바랍니다.

증 명 방 법

1. 을나 제1호증 (진술서)

첨 부 서 류

1. 위 증명방법   2통

2021. 3. 25.

피고 이무상 ㊞

서울중앙지방법원 민사 제22단독 귀중

진술서

진술인 김성아

주소 광주광역시 동구 준법로 7-12

    저는 이을남과 지난 2년 동안 사귀었던 사람입니다. 저는 이을남과 사귀면서 이을남으로부터 무슨 컨설팅 사무소를 준비한다는 말을 들은 적은 있습니다만, 구체적으로 어떤 일을 했는지는 잘 모릅니다. 다만, 이을남은 2018년 2월에 1억 원이 생겨 그동안 생긴 빚을 갚고도 남겠다면서 좋아했었습니다. 이을남은 제게 그때까지 지고 있던 빚이 5,000만 원 정도라고 했었습니다. 이을남이 빚 갚고 남은 돈으로 마카오에 가자고 해서 2018년 4월쯤 같이 놀러갔는데, 이을남은 돈을 더 불려야 한다면서 카지노에서 일주일을 꼬박 보내더니 돈을 전부 탕진하고는 다시 빚만 잔뜩 져 버렸습니다. 저는 이을남과 그 일로 싸워서 헤어지자고 한 뒤 곧바로 혼자 귀국하였고, 그 이후 이을남과는 상종하지도 않았습니다. 이을남은 한참 후 귀국해서 다시 창원시에 어슬렁거리며 또 다른 기회를 노린다는 소문을 듣기는 했습니다. 이상은 본인이 경험한 사실로서 오로지 진실임을 서약합니다.

2021. 3. 20.

김성아 (인)

을나 제1호증

문제 2   모범답안

준비서면

사건번호   2021가단1234 대여금 등[189]

원   고   송갑성

피   고   이무상 외 1인[190]

위 사건에 관하여 원고 소송대리인은 아래와 같이 변론을 준비합니다.

1. 피고 이을남의 주장에 대하여

피고 이을남은 소장에 기재된 청구원인을 단순히 부인하나, 종전에 제출한 증거에 의하면 원고 주장의 대여사실이 넉넉히 인정됩니다.[191]

2 피고 이무상의 주장에 대하여

가. 사기 취소 여부

---

[189] 소제기 이후 사건번호와 사건명이 부여되므로, 이를 기재함으로써 사건을 특정해야 한다.

[190] 사건번호와 사건명으로 이미 사건이 특정되었고, 소장에 당사자 이름과 주소가 자세히 기재되어 있으므로 여기는 이와 같이 간략하게 적어도 무방하다.

[191] 상대방이 단순히 부인하는 답변서를 제출한 경우, 만일 소장에 청구원인의 요건사실을 정확히 적었고, 이를 증명할 증거를 충분히 제출했다면 이 정도의 대응으로도 충분하다. 만일 청구원인의 요건사실 중 누락된 것이 있거나 부인하는 요건사실에 관한 증명이 부족하다면, 이 단계에서 필수적으로 요건사실을 추가하고 필요한 증거를 보충할 필요가 있다. 만일 단순히 부인하는 것이 아니라 적극적으로 이에 배치되는 사실관계를 들면서(이를 간접부인이라고 한다) 이를 증명함으로써 원고의 주장사실이 흔들릴 수 있다면, 피고 측의 주장을 다시 부인하거나 피고 측 주장과 양립 불가능한 사실을 적극적으로 발굴하여 피고 측 주장에 대응할 필요가 있을 수도 있다. 여기서 주의해야 할 점은, 어디까지나 원고 변론은 청구원인의 요건사실을 증명하는 것이 그 주안점이 되어야 하고, 피고가 주장하는 간접부인 사실의 배척에 매몰되어서 정작 청구원인의 요건사실을 보강하고 증명하는 활동을 소홀히 해서는 안 된다는 것이다.

　　피고 이무상은 피고 이을남이 부동산 컨설팅 사무소를 개설하겠다고 기망함으로 인하여 보증하게 된 것이라면서 사기에 의한 의사표시에 해당하여 이를 취소한다고 주장합니다.

　　그러나 피고 이무상은 스스로 판단에 따라 피고 이을남의 원고에 대한 채무를 보증한 것이고, 피고 이을남의 기망에 의하여 보증한 것이 아닙니다.[192] 피고 이무상이 증거로 제출한 을나 제1호증의 기재에 의하더라도 기망에 해당한다고 볼 만한 사실은 드러나지 않습니다.[193]

　　또한 민법 제110조 제2항에 따르면 제3자가 사기를 행한 경우에는 상대방이 그 사실을 알았거나 알 수 있었을 경우에 한하여 그 의사표시를 취소할 수 있을 뿐입니다.

　　따라서 설령 피고 이무상의 주장과 같이 피고 이을남의 기망에 의하여 보증에 이르게 되었다고 하더라도, 피고 이무상이 이를 이유로 보증행위를 취소하려면 그 상대방인 원고가 피고 이무상의 보증이 피고 이을남의 기망으로 인한 것이라는 사실을 알았거나 알 수 있었다는 점을 주장·증명하여야 하나, 원고는 이를 전혀 알지도 못하였고 이를 알 수 있었다고 볼 만한 사정도 없을 뿐만 아니라, 피고 이무상은 이에 관해 아무런 주장도 하지 않고 있습니다.[194]

　　따라서 피고 이무상의 사기 취소 주장은 근거가 없습니다.

나. 불공정한 법률행위 여부

　　피고 이무상은 자신의 보증행위가 친형의 부탁에 따라 아무런 대가 없이 이루어져 현저히 공정을 잃은 것으로서 불공정한 법률행위에 해당하여 무효라고 주장합니다.

---

[192] 사기 취소 주장은 이를 주장하는 피고가 증명책임을 지는 항변사항이다. 따라서 피고가 그 요건사실에 관한 증명책임을 진다. 이때 원고가 그 요건사실을 인정한다면 자백이 성립할 수 있으므로, 그 요건사실의 존재를 인정하는지에 관하여 필수적으로 입장을 밝혀야 한다. 만일 이를 누락한다면 명백히 다투지 않아 자백한 것으로 간주될 수 있다(법 제150조 제1항). 원고가 피고 이무상의 사기 주장사실을 위와 같이 부인함으로써 피고 이무상이 그 주장사실을 증명할 책임이 있게 되었다.

[193] 상대방이 주장하는 기망사실을 증명하기 위해 제출한 증거가 있다면, 그 신빙성 여부 등에 관한 의견을 밝혀 주는 것도 필요하다. 만일 을나 제1호증의 내용에 기망사실에 부합하는 부분이 있다면 적극적으로 그 서증의 진정성립(작성명의자가 그와 같은 진술서를 썼다는 사실) 또는 그 신빙성을 다투는 등(그 내용이 사실과 다르다고 주장)의 변론활동을 할 필요가 있다. 상대방이 그 진술서의 신빙성을 보강하기 위해서 작성자를 법정에 증인으로 신문한다면 효과적인 반대신문 등을 통하여 그 신빙성을 탄핵할 필요도 있다.

[194] 피고는 법률행위 상대방이 아닌 제3자의 기망을 이유로 그 법률행위의 취소를 주장하고 있다. 민법 제110조 제2항에 의하면 이 경우 상대방이 그 사실을 알았거나 알 수 있었을 경우에 한하여 그 의사표시를 취소할 수 있으나, 피고가 이 부분 요건사실의 주장을 누락하였다. 따라서 위와 같이 상대방이 요건사실의 주장책임을 다하지 못하였다는 점을 지적할 필요가 있다.

민법 제104조가 규정하는 현저히 공정을 잃은 법률행위라 함은 자기의 급부에 비하여 현저하게 균형을 잃은 반대급부를 하게 하여 부당한 재산적 이익을 얻는 행위를 의미하는 것이므로, 증여계약과 같이 아무런 대가관계 없이 당사자 일방이 상대방에게 일방적인 급부를 하는 법률행위는 그 공정성 여부를 논의할 수 있는 성질의 법률행위가 아닙니다.[195]

이 사건에서 피고 이무상이 제공한 보증행위 역시 일방적 급부를 하는 법률행위에 해당하므로 민법 제104조는 적용되지 아니합니다.[196]

피고의 불공정 법률행위에 관한 위 주장도 받아들일 수 없습니다.

이상과 같이 원고의 변론을 준비합니다.

2021. 4. 11.

원고 소송대리인 변호사 김명변 ㊞

서울중앙지방법원 민사 제22단독   귀중

---

[195] 상대방의 주장에 대해서 다투는 방법에 항상 유일무이한 방법이 있는 것은 아니다. 위와 같은 법리에 따라 피고가 불공정한 법률행위를 주장하려면 그 반대급부 및 그 반대급부와의 불균형 사실을 주장하여야 하나, 이에 관한 주장·증명을 다하지 않았다고 볼 여지도 있다. 이 경우라면, "민법 제104조가 규정하는 현저히 공정을 잃은 법률행위라 함은 자기의 급부에 비하여 현저하게 균형을 잃은 반대급부를 하게 하여 부당한 재산적 이익을 얻는 행위를 의미하는 것인바, 보증행위에 대한 반대급부 및 그 반대급부와 보증행위가 불균형하다는 점에 대해 주장·증명이 없는 이상 위 주장은 이유 없습니다."라고 쓸 수도 있겠다.

[196] 피고 이무상의 위 주장 역시 피고 이무상의 항변사항이다. 이때 관련 법리에 따라 불공정한 법률행위는 대가관계가 있는 경우에만 적용됨에도 피고 이무상이 잘못된 법리를 주장하고 있으므로, 항변유사주장을 하고 있다고도 볼 수 있다. 어느 경우이거나 올바른 법리를 지적하여 피고 주장의 문제점을 지적하면 충분하다.

<문제 3> 변호사시험 출제 형식에 따라 소장 작성하기

　귀하는 변호사 김명변으로서 **소장**을 작성하시오. 다만, 의뢰인 송갑성으로부터 상담을 의뢰받을 때에 제시받은 증거들에 추가하여, 위에서 본 피고 이무상의 【답변서】 본문내용과 동일한 내용이 기재된 이무상 작성의 내용증명과 그 첨부서류로 김성아 작성의 진술서 사본도 함께 교부받았다고 가정하기 바랍니다.

　제시된 사실관계만으로 피고에게 항변사유가 있고 그 요건이 갖추어진 것으로 판단되면 이를 청구범위에 반영하고, 피고의 주장이 이유 없다고 판단되면 해당 청구원인 부분에서 배척의 이유를 간략히 기재하시오. 나머지 작성요령은 【문제 1】과 동일합니다.

소   장

원 고   송갑성

　　　　　서울 관악구 행운1길 42, 504동 501호 (행운동, 행운아파트)

　　　　　소송대리인 변호사 김명변

　　　　　서울 서초구 서초중앙로 100, 401호 (서초동, 법림빌딩)

　　　　　전화 02)531-2000, 팩스 02)539-2001, E-mail : lawyerKim@kmail.com

피 고   1. 이을남

　　　　　　창원시 성산구 송현12길 65, 302호 (송현동, 은창아파트)

　　　　　2. 이무상

　　　　　　창원시 마산회원구 만조로 32, 403호 (금화동, 모란빌라)

　　　　　　송달장소 창원시 마산합포구 금화로 2, 101호 그랜드다이빙 (금화동, 영우빌딩)

대여금 등 청구의 소

청 구 취 지

1. 피고들은 연대하여 원고에게 1억 원과 이에 대하여 2018. 4. 1.부터 이 사건 소장 부
   본 송달일까지는 월 0.5%의, 그 다음 날부터 다 갚는 날까지는 연 12%의 각 비율로
   계산한 돈을 지급하라.

2. 소송비용은 피고들이 부담한다.

3. 제1항은 가집행할 수 있다.

라는 판결을 구합니다.

---

197 문제1의 모범답안으로 제시된 소장과 문제2의 모범답안으로 제시된 준비서면의 내용을 그대로 결합하여 본문을 구성하였다.

청 구 원 인

1. 대여금청구권 등의 발생

원고는 피고 이을남에게 2018. 2. 1. 원금 1억 원을 변제기 2019. 1. 31., 이자 월 0.5%(매월 말일 지급)로 정하여 대여하였고, 피고 이무상은 위 대여일에 피고 이을남의 원고에 대한 차용금 반환 채무를 기명날인이 있는 문서로 연대보증하였습니다.

원고는 피고 이을남으로부터 2018. 3. 15. 2018년 2월분 이자 50만 원을, 2018. 5. 10. 2018년 3월분 이자 50만 원을 각 지급받았습니다.

따라서 차용인 피고 이을남과 연대보증인 피고 이무상은 연대하여 원고에게 대여원금 1억 원과 이에 대하여 2018년 4월분 이자 발생시기인 2018. 4. 1.부터 이 사건 소장 부본 송달일까지는 약정 이율인 월 0.5%의 비율로 계산한 이자 및 지연손해금을, 그 다음 날부터 다 갚는 날까지는 소송촉진 등에 관한 특례법이 정한 연 12%의 비율로 계산한 지연손해금을 각 지급할 의무가 있습니다.

2 피고 이무상의 예상 주장에 대한 반박[198]

가. 사기 취소 여부

피고 이무상은 피고 이을남이 부동산 컨설팅 사무소를 개설하겠다고 기망함으로 인하여 보증하게 된 것이라면서 사기에 의한 의사표시에 해당하여 이를 취소한다고 주장할 것으로 예상됩니다.

그러나 피고 이무상은 스스로 판단에 따라 피고 이을남의 원고에 대한 채무를 보증한 것이고, 피고 이을남의 기망에 의하여 보증한 것이 아닙니다. 피고 이무상이 제출할 것으로 보이는 김성아의 진술서의 기재에 의하더라도 기망에 해당한다고 볼 만한 사실은 드러나지 않습니다.

또한 민법 제110조 제2항에 따르면 제3자가 사기를 행한 경우에는 상대방이 그 사실을 알았거나 알 수 있었을 경우에 한하여 그 의사표시를 취소할 수 있을 뿐입니다.

따라서 설령 피고 이무상의 주장과 같이 피고 이을남의 기망에 의하여 보증에 이르게 되었다고 하더라도, 피고 이무상이 이를 이유로 보증행위를 취소하려면 그 상대방인 원고가 피고

---

[198] 변호사시험에서 설문으로 상대방의 예상 주장에 대한 반박을 적을 것을 요구한다면, 앞서 본 준비서면과 같은 내용을 소장의 청구원인 항목 다음에 적어 주면 된다.

이무상의 보증이 피고 이을남의 기망으로 인한 것이라는 사실을 알았거나 알 수 있었다는 점을 주장·증명하여야 하나, 원고는 이를 전혀 알지도 못하였고 이를 알 수 있었다고 볼 만한 사정도 없을 뿐만 아니라, 피고 이무상은 이에 관해 아무런 주장도 하지 않고 있습니다.

따라서 피고 이무상의 사기 취소 주장은 근거가 없습니다.

나. 불공정한 법률행위 여부

피고 이무상은 자신의 보증행위가 친형의 부탁에 따라 아무런 대가 없이 이루어져 현저히 공정을 잃은 것으로서 불공정한 법률행위에 해당하여 무효라고 주장할 것으로 예상됩니다.

민법 제104조가 규정하는 현저히 공정을 잃은 법률행위라 함은 자기의 급부에 비하여 현저하게 균형을 잃은 반대급부를 하게 하여 부당한 재산적 이익을 얻는 행위를 의미하는 것이므로, 증여계약과 같이 아무런 대가관계 없이 당사자 일방이 상대방에게 일방적인 급부를 하는 법률행위는 그 공정성 여부를 논의할 수 있는 성질의 법률행위가 아닙니다.

이 사건에서 피고 이무상이 제공한 보증행위 역시 일방적 급부를 하는 법률행위에 해당하므로 민법 제104조는 적용되지 아니합니다.

피고의 불공정 법률행위에 관한 위 주장도 받아들일 수 없습니다.

증　명　방　법

1. 갑 제1호증 (차용증)
2. 갑 제2호증 (계좌거래내역 조회)

첨　부　서　류

1. 위 각 증명방법　　　　　　　　　　각 3통
2. 영수필확인서　　　　　　　　　　　1통
3. 송달료납부서　　　　　　　　　　　1통
4. 소송위임장　　　　　　　　　　　　1통
5. 소장 부본　　　　　　　　　　　　 2통

2021. 3. 11.

원고 소송대리인 변호사　김명변　㊞

서울중앙지방법원　　귀중

<문제 4> 귀하는 <u>관할법원 재판연구원으로서 검토보고서</u>를 작성하시오. ① 【문제 1 모범답안】과 같은 소장, 【문제 2】에서 제시된 피고들의 답변서, 모범답안과 같은 원고의 준비서면 및 각 이에 첨부된 증거가 제출되었고, ② 피고들은 소장 부본을 2021. 3. 15. 각 송달받았으며, ③ 아래에서 제시되는 증거목록 및 변론조서가 작성되었다고 가정하되, 아래 검토보고서 양식 중 [검토] 부분만 작성하기 바랍니다.

[검토보고서 양식]

검토보고서

사　건　　2021가단1234 대여금 등
원　고　　송갑성
피　고　　1. 이을남
　　　　　2. 이무상

[검토]

1. **결론**
2. **논거**

[주문]

서 울 중 앙 지 방 법 원
서 증 목 록

2021가단1234
원고   제출   변론(준비거일)조서의 일부

서증 번호	기일 및 장 수	서 증 명	인부기일	인 부 요 지	비 고
1	1차 —— 00장	차용증	1차	피고 2. 성립인정	
2	1차 —— 00장	계좌거래내역조회	1차	피고 2. 성립인정	

서 울 중 앙 지 방 법 원
서 증 목 록

2021가단1234
피고2. 제출   변론(준비절차)조서의 일부

서증 번호	기일 및 장 수	서 증 명	인부기일	인 부 요 지	비 고
1	1차 00장	진술서	1차	성립인정, 입증취지 부인	

서울중앙지방법원
변론조서

제 1 차

사   건   2021가단1234 대여금 등
판   사   박두성   기   일 : 2021. 4. 20. 14:00
                                              장   소 :   제308호 법정
                                              공개여부 :   공개
법원 사무관   정우찬   고지된
                                              선고기일 : 2021. 5. 4. 10:00

사건과 당사자의 이름을 부름
원고 및 대리인 변호사 김명변   각 출석
피고 1. 이을남   불출석
피고 2. 이무상   출석

원고 대리인
   소장 및 2021. 4. 11.자 준비서면 진술

피고 1.
   답변서 진술 간주

피고 2.
   답변서 진술

증거관계 별지와 같음(쌍방 서증)

원고 대리인 및 피고 2.
더 주장하거나 제출할 증거가 없다고 진술

변론종결

                        법원 주사보   정우찬   ㊞
                        판   사   박두성   ㊞

문제 4	모범답안

1. 결론

피고들 : 각 청구 전부 인용[199](각 가집행가능)[200]

[인용되는 부분의 주문][201]

피고들은 연대하여 원고에게 1억 원과 이에 대하여 2018. 4. 1.부터 2021. 3. 15.까지는 월 0.5%의, 그 다음 날부터 다 갚는 날까지는 연 12%의 각 비율로 계산한 돈을 지급하라.

2. 논거[202]

가. 피고들에 대한 청구원인에 관한 판단[203]

1) 청구원인의 요지

원고는 차용인인 피고 이을남과 연대보증인인 피고 이무상을 상대로 각 대여원금, 이자, 지연손해금의 지급을 청구한다.[204]

---

199 원고의 청구가 인용될 것인지, 전부 인용인지 일부 인용인지(일부 인용일 경우 나머지 청구를 기각하는 것이나 일부 기각은 표시할 필요는 없다), 전부 기각인지를 당사자별로 적어 준다. 원고는 피고 이을남을 상대로 대여금과 이에 대한 지연손해금을, 피고 이무상을 상대로 보증금과 이에 대한 지연손해금을 각 청구하는 반면, 피고 이을남은 청구원인사실을 부인하고, 피고 이무상은 청구원인사실인 대여 및 보증사실은 인정하나, 불공정한 법률행위로 무효이거나 사기로 취소한다고 주장하였다. 아래에서 보듯이, 원고의 피고들에 대한 청구원인 사실이 인정되고, 피고 이무상의 항변이 받아들여지지 아니하므로, 원고의 피고들에 대한 청구는 전부 인용될 것이다.

200 검토보고서에는 최종 판결문 작성에 필요한 사항이 검토되어야 하므로, 일부라도 청구가 인용되는 경우라면 부수적 주문에 해당하는 가집행 가능 여부에 대하여 판단해 주어야 한다.

201 일부라도 인용되는 부분이 존재하는 경우 예상되는 주문 중 인용되는 부분을 적어 준다.

202 1명의 원고가 2명의 피고들을 상대로 청구한 경우이므로 우선 체계구성이 문제된다. 이 사건에서 피고들의 채무는 주채무와 연대보증채무로서 중첩되는 내용이 있으므로 청구원인을 같은 항목에 묶어서 기재하는 것이 자연스럽다(피고별로 목차를 잡아서 나누어 적는다고 틀린 것은 아니나 이 경우 중복되는 부분이 많이 발생할 것이므로 효율적이지 못하다). 이렇게 묶어서 작성할 경우 결론 영역에서도 자연히 피고들 별로 구분하여 결론을 적어 주어야 한다.

203 청구원인에 대한 판단은 청구원인의 요지 → 관련 법리 → 인정사실 → 소결론(법률효과)의 흐름에 따라 기재한다.

204 주장의 요지는 아래에서 보듯이 인정되는 경우이므로 여기서는 누구를 상대로 어떠한 소송물을 구하는지만 특정하여 주면 충분하다. 단, 원금과 이자, 지연손해금은 각각 별개의 소송물이므로(원금은 원금 반환약정에 따라, 이자는 이자지급약정에

---

2) 인정사실

원고는 피고 이을남에게 2018. 2. 1. 1억 원을 변제기 2019. 1. 31., 이자 월 0.5%(매월 말일 지급)로 정하여 대여하였고,[205] 피고 이무상은 위 대여일에 피고 이을남의 원고에 대한 차용금 반환 채무를 기명날인이 있는 문서로 연대보증하였다.[206]

[인정근거 : 원고와 피고 이을남 사이 – 갑 제1호증의 기재 및 변론 전체의 취지, 원고와 피고 이무상 사이 – 다툼없는 사실][207]

원고는 피고 이을남으로부터 2018. 3. 15. 2018년 2월분 이자 50만 원을, 2018. 5. 10. 2018년 3월분 이자 50만 원을 각 지급받은 사실을 자인한다.[208]

3) 소결론

특별한 사정이 없는 한,[209] 피고 이을남은 차용인으로서, 피고 이무상은 연대보증인으로서 연대하여 원고에게 위 차용금 1억 원과 이에 대한 이자 및 지연손해금을 지급할 의무가 있다.[210]

따라 각 발생하는 것이고, 지연손해금은 채무불이행으로 인한 손해배상에 해당하므로 별개의 소송물이다) 이를 누락해서는 안 된다.

205 피고 이을남에 대한 청구원인 요건사실이다. 요건사실 중 누락이 없도록 유의할 뿐만 아니라 필요 없는 사실을 기재하지 않도록 노력할 필요도 있다(경우에 따라서는 유해적 기재사항이 될 수도 있음에 유의하라).

206 연대보증의 요건사실은 주채무의 발생사실, 보증계약의 체결사실, 보증인의 기명날인 또는 서명이 있는 서면으로 표시된 보증의 의사이다. 따라서 만일 피고별로 목차를 나눈다면, 피고 이무상에 대한 청구원인에는 연대보증사실뿐만 아니라 대여사실을 또 적어 주어야 한다. 이처럼 대여와 보증의 경우와 같이 요건사실이 중복되는 경우는 피고들에 대한 청구원인을 한꺼번에 적음으로써 효율적으로 기재할 수 있다.

207 변론주의 원칙에 따라 피고별로 자백을 하거나 부인을 하는 경우라면, 피고들별로 그 인정근거를 달리하게 되므로, 이를 인정근거에서 구체적으로 밝혀 주어야 한다. 피고 이무상이 자백을 하고 있음에도 증거에 의해서 이를 인정하면 안 된다. 특히 자백은 구속력이 있으므로 주의해야 한다.

208 상대방이 증명책임을 지는 사항에 관하여 스스로 불리하게 인정하는 진술을 '자백'이라고 하는데, 당사자가 스스로 청구에서 제외하는 부분을 인정하는 것을 이와 구별하여 실무상 '자인'이라고 한다. 엄밀히 말하면 자인 부분은 청구원인 요건사실에 해당되지 않는다. 1억 원을 빌려주었는데 3,000만 원을 변제받았다면서 7,000만 원을 청구하는 경우 3,000만 원을 변제받은 사실을 자인하지 않는다면 1억 원을 빌려주었는데 7,000만 원을 청구하는 꼴이 되어 의문이 생길 수 있으므로 청구원인 요건사실을 인정한 다음에 자인사실을 기재해 주는 것이 실무례이다.

209 뒤에서 피고의 항변 등에 관하여 판단할 예정이고 아직 항변에 대한 판단을 적지 않았으므로, 현 단계에서는 잠정적인 결론이라는 점을 나타내 주기 위해 "특별한 사정이 없는 한"이라고 기재하였다. 만일 뒤에 항변 등 별도로 판단할 만한 것이 없다면, "특별한 사정이 없는 한"을 적을 필요는 없다.

210 뒤에 피고의 항변 등에 대한 판단 이후에 최종적인 결론에서 청구원인사실의 인정에 따른 결론을 자세히 적어 줄 예정이므로 여기서는 간단하게 결론을 적어 주어도 된다.

나. 피고 이무상의 항변에 관한 판단[211 · 212]

1) 불공정 법률행위의 무효[213]

가) 항변의 요지

피고 이무상은 자신의 보증행위가 친형의 부탁에 따라 아무런 대가 없이 이루어져 현저히 공정을 잃은 것으로서 불공정한 법률행위에 해당하여 무효라고 주장한다.

나) 관련 법리

민법 104조에는 당사자의 궁박, 경솔 또는 무경험으로 인하여 현저하게 공정을 잃은 법률행위는 무효로 한다고 규정하고는 있으나, 위 법률이 규정하는 현저히 공정을 잃은 법률행위라 함은 자기의 급부에 비하여 현저하게 균형을 잃은 반대급부를 하게 하여 부당한 재산적 이익을 얻는 행위를 의미하는 것이므로, 증여계약과 같이 아무런 대가관계 없이 당사자 일방이 상대방에게 일방적인 급부를 하는 법률행위는 그 공정성 여부를 논의할 수 있는 성질의 법률행위가 아니다.[214]

---

211 여기에 왜 "피고 이을남의 부인에 대한 판단"이 누락되었는지 의문이 있을 수 있다. 기본적으로 부인은 상대방이 증명책임을 지는 사실에 관하여 이를 인정하지 않는다는 것에 불과하다. 따라서 앞서 청구원인사실이 인정된다고 판단함으로써 피고 이을남의 부인에 대한 판단을 같이한 것이다. 만일 이를 별도의 목차로 따로 판단해 준다고 해 보자. '청구원인에 관한 판단' 항목에서 '원고가 피고 이을남에게 1억 원을 대여한 사실'을 인정한다고 기재한 다음, '피고 이을남의 주장에 관한 판단' 항목에서 피고 이을남은 이를 부인하나, 앞서 본 바와 같이 원고는 피고 이을남에게 1억 원을 대여하였으므로, 피고 이을남의 위 주장은 이유 없다는 내용의 서술을 하게 될 것이다. 이는 동어반복이다. 즉, 피고의 부인 주장에 대한 판단은 청구원인사실이 존재하는 것으로 판단될 때에 함께 판단된 것이다. 한편 청구원인 사실도 인정하고 부인하는 피고의 주장도 받아들인다면 모순된 판단이 될 것이다. 따라서 부인하는 경우는 항상 청구원인사실의 존부에 대한 판단에서 한꺼번에 판단해 주어야 하고, 별도로 목차를 잡아서 따로 판단해 주어서는 안 된다는 점에 유의하여야 한다. 즉, 메모 단계에서 피고의 주장을 잘 가려서 부인에 해당하는 경우는 목차를 따로 잡지 말고, 항변(항변유사주장 포함)인 경우에만 별도의 항목을 잡아 판단해 주어야 한다.

212 피고가 여러 가지 항변을 하는 경우 이를 판단하는 순서는 피고의 입장에서 가장 강력한 항변부터 약한 항변의 순서로, 일반적인 항변부터 특수한 항변의 순서로 판단해 주는 것이 원칙이다. 이 사건에서 피고 이무상은 사기 취소항변을 먼저 주장하고, 불공정행위 무효 항변을 나중에 주장했으나, 취소보다는 무효가 더 강력한 항변이므로 순서를 바꾸어 불공정행위 무효 항변을 먼저 판단해 주었다. 실무상 변제 → 시효소멸 → 상계 → 동시이행의 항변의 순서로 판단해 주는 것이 보통이다.

213 피고의 주장이 법리에 비추어 이유 없는 경우이다. 이러한 때에는 항변의 요지 → 법리의 제시 → 포섭판단의 흐름대로 서술하면 된다.

214 대법원 2000. 2. 11. 선고 99다56833 판결. 법리에 관하여 학설대립이 존재한다면 이 부분에서 각 학설을 소개하고 논증을 통하여 올바른 결론을 내리는 과정을 적어 준다면 더 좋은 검토보고서가 될 것이다. 이 부분 학습은 교과서 등 다른 교재에 미뤄 두기로 한다.

다) 소결론[215]

피고 이무상이 제공한 보증행위는 일방적 급부를 하는 법률행위에 해당하므로 민법 제104조가 적용될 수 없어, 이를 이유로 보증행위가 무효가 된다고 볼 수 없다. 피고 이무상의 위 항변은 이유 없다.[216]

2) 사기 취소

가) 항변의 요지

피고 이무상은 피고 이을남이 부동산 컨설팅 사무소를 개설하겠다고 기망함으로 인하여 원고에 대한 대여금 채무를 보증하게 된 것이라면서 사기에 의한 의사표시에 해당하여 이를 취소한다고 주장한다.[217]

나) 관련 법리

민법 제110조 제1항에 따르면 사기에 의한 의사표시는 취소할 수 있으나, 같은 조 제2항에 따르면 제3자가 사기를 행한 경우에는 상대방이 그 사실을 알았거나 알 수 있었을 경우에 한하여 그 의사표시를 취소할 수 있다.

다) 소결론

원고가 피고 이무상의 보증행위가 피고 이을남의 사기로 인한 것인지를 알았거나 알 수 있었다는 점에 대하여 주장·증명이 없는 이상, 피고 이무상의 위 주장사실만으로는 취소의 법률효과가 생긴다고 할 수 없다. 따라서 위 항변도 이유 없다.

다. 이 사건 각 청구에 관한 결론[218]

피고들은 연대하여 원고에게 차용금 1억 원과 이에 대하여 원고가 이자를 지급받았다고 자인하는 달의 다음 날인 2018. 4. 1.부터 이 사건 소장 부본 송달일인 2021. 3. 15.까지는 약정 이율인 월 0.5%의 비율로 계산한 이자 및 지연손해금을,[219] 그 다음 날부터 다 갚는 날까지는

---

215 항변의 〈소결론〉에서는 포섭판단과 항변의 당부 판단 2가지를 기재하여 준다.
216 앞서 [문제3]의 모범답안에서 해설한 것처럼, 위와 같은 법리에 따라 피고 이무상이 불공정한 법률행위 주장하려면 그 반대급부 및 그 반대급부와의 불균형 사실을 주장하여야 하나, 이에 관한 주장, 증명을 다하지 않았다고 볼 여지도 있다. 이 경우라면, "(나) 관련 법리 민법 제104조가 규정하는 현저히 공정을 잃은 법률행위라 함은 자기의 급부에 비하여 현저하게 균형을 잃은 반대급부를 하게 하여 부당한 재산적 이익을 얻는 행위를 의미한다. (다) 소결론 보증행위에 대한 반대급부 및 그 반대급부와 보증행위가 불균형하다는 점에 대해 주장, 증명이 없는 이상, 위 주장은 이유 없다."라고 쓸 수도 있겠다.
217 피고의 항변을 배척하는 경우이므로 요건사실의 개요가 드러나도록 자세히 적어 준다.
218 여기는 앞서 본 판단 결과 피고에게 발생하는 구체적인 의무를 빠짐없이 구체적으로 적어 주어야 한다. 인용되는 부분의 주문과 정확하게 일치하여야 하고, 주문의 각 금액이나 날짜, 비율 등의 법률적 의미를 구체적으로 빠짐없이 기재해야 함에 유의하자.

소송촉진 등에 관한 특례법이 정한 연 12%의 비율로 계산한 지연손해금을 각 지급할 의무가 있다.[220]

[주문]

1. 피고들은 연대하여 원고에게 1억 원과 이에 대하여 2018. 4. 1.부터 2021. 3. 15.까지는 월 0.5%의, 그 다음 날부터 다 갚는 날까지는 연 12%의 각 비율로 계산한 돈을 지급하라.
2. 소송비용은 피고들이 부담한다.
3. 제1항은 가집행할 수 있다.[221]

---

[219] 정확하게는 "대여원금 1억 원에 대하여 이자를 지급받았다고 자인하는 달의 다음 날인 2018. 4. 1.부터 변제기인 2019. 1. 31.까지는 약정이율인 월 0.5%의 비율로 계산한 이자를, 그 다음 날부터 이 사건 소장 부본 송달일까지는 약정이율인 월 0.5%의 비율로 계산한 지연손해금을"이라고 적어야 할 것이나, 실무상 본문과 같이 적어 준다.

[220] 참고로, 소송촉진 등에 관한 특례법 제3조 제2항은 "채무자에게 그 이행의무가 있음을 선언하는 사실심판결이 선고되기 전까지 채무자가 그 이행의무의 존부나 범위에 관하여 항쟁하는 것이 타당하다고 인정되는 경우에는 그 타당한 범위에서 제1항을 적용하지 아니한다."라고 규정하고 있다. 여기서 '채무자가 그 이행의무의 존부나 범위에 관하여 항쟁함이 타당하다고 인정되는 경우'란 이행의무의 존부나 범위에 관하여 항쟁하는 채무자의 주장이 상당한 근거가 있는 것으로 인정되는 경우를 가리키는 것으로 해석되고, 그 후단의 '그 타당한 범위'는 '채무자가 항쟁함에 타당한 기간의 범위'라고 할 것이므로 채무자가 당해 사건의 사실심에서 항쟁할 수 있는 기간은 당해 사건의 사실심판결 선고 시까지로 보아야 하고 그 선고 시 이후에는 어떤 이유로든지 위 법 제3조 제1항의 적용을 배제할 수 없다(대법원 2017. 7. 18. 선고 2017다 206922 판결).

따라서, 위 기록사안과 달리 피고의 주장이 받아들여져 원고의 청구가 일부라도 기각되는 경우, 법원은 기록에 나타난 모든 사정을 참작하여 위 법령상 이율의 적용을 배제할 수 있는 범위를 정할 수 있다(대법원 1987. 5. 26. 선고 86다카 1876 전원합의체 판결 참조). 이러한 경우 실무적으로는 소장 부본의 송달일 다음 날부터 '판결선고일'까지 위 법령상 이율의 적용을 배제하고 있다. 이때 결론 부분은 위 조항의 표현을 원용하여 다음과 같이 기재한다. "피고는 원고에게 차용금 1억 원과 이에 대하여 변제기 다음 날인 ○○○○. ○. ○○.부터 **피고가 이행의무의 존재 여부나 범위에 관하여 항쟁하는 것이 타당하다고 인정되는 이 판결선고일인** ○○○○. ○. ○○.까지는 민법에서 정한 연 5%의, 그 다음 날부터 다 갚는 날까지는 소송촉진 등에 관한 특례법에서 정한 연 12%의 각 비율로 계산한 지연손해금을 지급할 의무가 있다."

[221] [문제4]에서 [검토] 부분만 기재하라고 조건을 달았으나, 청구취지의 연습을 위하여 [주문] 부분도 함께 제시하였다.

기록1

<문제 4 - 1(심화문제)> 귀하는 관할법원 재판연구원으로서 검토보고서를 작성하시오. ①【문제 1 모범답안】과 같은 소장, 아래 첨부된 **피고 이무상의 답변서**가 제출되었고(피고 이을남은 답변서를 제출하지 아니함), ② 피고들은 소장 부본을 2021. 3. 15. 각 송달받았으며, ③ 아래에서 제시되는 **증거목록** 및 **변론조서**가 각 작성되었다고 가정하되, 아래 검토보고서 양식 중 [검토] 부분만 작성하기 바랍니다.

[검토보고서 양식]

검토보고서

사　　건　　2021가단1234 대여금 등
원　　고　　송갑성
피　　고　　1. 이을남
　　　　　　2. 이무상

[검토]

1. 결론
2. 논거

[주문]

서 울 중 앙 지 방 법 원
서 증 목 록

피고2. 이무상

2021가단1234
원고   제출

변론(준비거일)조서의 일부

서증 번호	기일 및 장 수	서 증 명	인부기일	인 부 요 지	비 고
1	1차 00장	차용증	1차	피고 2. 인영부분 인정 피고 1.이 피고 2.의 허락 없이 날인하였다고 증거항변	
2	1차 00장	계좌거래내역조회	1차	피고 2. 성립인정	

답변서

사건번호   2021가단1234 대여금 등
원   고   송갑성
피   고   이무상 외 1인

위 사건에 관하여 피고 이무상은 아래와 같이 답변합니다.

청구취지에 대한 답변

1. 원고의 피고 이무상에 대한 청구를 기각한다.
2. 원고와 피고 이무상 사이에서 발생한 소송비용은 원고가 부담한다.
라는 판결을 구합니다.

청구원인에 대한 답변

친형인 피고 이을남이 2018년 3월쯤 제게 와서는 원고로부터 1억 원을 빌렸다면서 자랑을 하기에 피고 이을남이 원고 주장과 같이 돈을 빌린 사실은 저도 알고 있으나, 저는 이에 대하여 보증한 사실이 전혀 없습니다.

현재 피고 이을남과는 연락이 되지 않아 정확한 사실관계는 파악이 안 됩니다만, 피고 이을남은 평소 제가 운영하는 '그랜드다이빙'이라는 다이버숍을 자주 들락날락 거렸는데, 아마도 사무실 책상 서랍 속에 보관해 두었던 제 도장을 가지고 가서는 저 모르게 갑 제1호증에 찍은 것으로 생각됩니다.

따라서 원고가 피고 이을남에게 빌려준 돈을 돌려달라고 주장하는 것은 몰라도 저에게 보증책임을 물을 수는 없습니다. 부디 원고의 청구를 기각해 주시기 바랍니다.

2021. 3. 25.

피고 이무상 ㊞

서울중앙지방법원 민사 제22단독 귀중

서울중앙지방법원
변 론 조 서

제 1 차
사   건   2021가단1234 대여금 등
판   사   박두성

기   일 : 2021. 4. 20. 14:00
장   소 :   제308호 법정
공개여부 :   공개
고지된

법원 주사보   정우찬

선고기일 :   2021. 5. 4. 10:00

사건과 당사자의 이름을 부름
원고 및 대리인 변호사 김명변   각 출석
피고 2. 이무상   출석

원고 대리인
   소장 진술
피고 2.
   답변서 진술
증거관계 별지와 같음(원고 서증)

재판장 원고에게
갑 제1호증의 피고 2. 이름 옆의 도장은 누가 찍은 것인지 물은 즉

원고 대리인
갑 제1호증의 피고 2. 이름 옆의 도장은 피고 1.이 찍었고, 도장을 찍을 당시 피고 2.는 현장에 없었으나, 피고들은 형제지간이므로 분명히 피고 1.이 피고 2.의 허락을 얻었을 것이라고 진술

쌍방
더 주장하거나 제출할 증거가 없다고 진술

변론종결

법원 주사보   정우찬 ㊞
판   사   박두성 ㊞

문제 4-1 (심화문제) 모범답안

1. 결론

○ 피고 이을남 : 청구 전부 인용(가집행가능)
○ 피고 이무상 : 청구 기각

[인용되는 부분의 주문]

피고 이을남은 원고에게 1억 원과 이에 대하여 2018. 4. 1.부터 2021. 3. 15.까지는 월 0.5%의, 그 다음 날부터 다 갚는 날까지는 연 12%의 각 비율로 계산한 돈을 지급하라.

2. 논거

가. 피고 이을남에 대한 청구원인에 관한 판단[222]

1) 청구원인의 요지

원고는 피고 이을남을 상대로 대여원금, 이자, 지연손해금의 지급을 청구한다.

2) 인정사실

원고는 2018. 2. 1. 피고 이을남에게 1억 원을 변제기 2019. 1. 31., 이자 월 0.5%(매월 말일 지급)로 정하여 대여하였다.

[인정근거 : 무변론(민사소송법 제257조 제1항)][223]

원고는 피고 이을남으로부터 2018. 3. 15. 2018년 2월분 이자 50만 원을, 2018. 5. 10. 2018년 3월

---

[222] 피고 이을남에 대한 사실인정과 결론이 피고 이무상에 대한 것과 다르므로, 이 경우 피고별로 나누어 쓰는 것이 좋다.

[223] 법원은 피고가 답변서를 제출하지 아니한 때에는 청구의 원인이 된 사실을 자백한 것으로 보고 변론 없이 판결할 수 있다 (법 제257조 제1항). 위 사안에서 피고 이을남은 답변서를 제출하지 아니하였고, 변론조서를 살펴보더라도 그 출석 여부에 관한 아무런 표시가 없다. 이로써 피고 이을남에 대해서는 변론을 열지 않았다는 사실을 알 수 있다. 이 경우 인정근거를 위와 같이 표시하면 된다. 만일 피고 이을남이 답변서를 제출하지 아니하였음에도 피고 이을남에 대해서도 변론을 열었고 피고 이을남이 출석하지 아니하였다고 해 보자. 이때 변론조서에는 피고 이을남이 불출석하였다고 기재된다. 이 경우 법 제150조 제3항, 제1항에 의하여 자백한 것으로 간주된다. 이때 인정근거는 "자백간주(민사소송법 제150조)"로 적어 주어야 한다. 어느 경우나 자백간주되는 점은 같지만, 근거규정이 달라진다는 점에 유의하여야 한다.

분 이자 50만 원을 각 지급받은 사실을 자인한다.

3) 소결론

피고 이을남은 원고에게 차용금 1억 원과 이에 대하여 원고가 이자를 지급받았다고 자인하는 달의 다음 날인 2018. 4. 1.부터 이 사건 소장 부본 송달일인 2021. 3. 15.까지는 약정 이율인 월 0.5%의 비율로 계산한 이자 및 지연손해금을, 그 다음 날부터 다 갚는 날까지는 소송촉진 등에 관한 특례법이 정한 연 12%의 비율로 계산한 지연손해금을 각 지급할 의무가 있다.

나. 피고 이무상에 대한 청구원인에 관한 판단

1) 원고 주장의 요지

원고는 피고 이무상이 위 대여일에 피고 이을남의 원고에 대한 위 차용금 반환 채무를 연대보증하였다고 주장한다.

2) 증거관계[224]

갑 제1호증(차용증)은 증거로 쓸 수 없다.

○ 피고 이무상의 이름 다음의 인영은 피고 이무상의 인장에 의한 것이다.

○ 피고 이을남이 위 차용증의 피고 이무상 이름 옆에 피고 이무상의 인장을 날인하였다.

[인정근거 : 다툼 없는 사실][225]

○ 그렇다면 피고 이을남이 피고 이무상의 인장을 날인할 권한이 있어야 하는데,[226] 이를

---

[224] 어떠한 요건사실을 인정하는 경우가 아니므로 '인정사실'이라는 제목은 부적절하다. 요건사실이 증거부족 등으로 배척되거나 서증의 형식적 증거력 등을 배척하는 경우에 보통 '증거관계'라는 제목을 사용한다.

[225] 자백은 주요사실(요건사실)에 관하여 성립하는 것이 원칙이다. 그러나 서증의 진정성립에 관한 자백은 보조사실에 관한 것이기는 하지만, 주요사실처럼 자백이 성립한다. 피고 이무상이 갑 제1호증에 찍혀 있는 인영이 자신의 도장에 의한 것임을 인정했으므로, 이에 관해서 자백이 성립한다. 재판상 자백은 상대방의 동의가 없는 이상 자백을 한 당사자가 자백이 진실에 어긋난다는 사실과 자백이 착오로 말미암은 것이라는 사실을 증명해야 취소할 수 있다(법 제288조 단서). 서증의 진정성립에 관한 자백은 보조사실에 관한 것이지만 자백의 취소에 관해서는 다른 간접사실에 관한 자백의 취소와 달리 주요사실에 관한 자백의 취소와 마찬가지로 취급해야 하므로, 서증의 진정성립을 자백한 당사자는 자유롭게 철회할 수 없다(대법원 2019. 7. 11. 선고 2015다47389 판결 등 참조).

[226] 문서에 날인된 작성명의인의 인영이 그의 인장에 의하여 현출된 것이라면 특별한 사정이 없는 한 그 인영의 진정성립, 즉 날인행위가 작성명의인의 의사에 기한 것임이 사실상 추정되고, 일단 인영의 진정성립이 추정되면 그 문서 전체의 진정성립이 추정되나, 위와 같은 사실상 추정은 날인행위가 작성명의인 이외의 자에 의하여 이루어진 것임이 밝혀진 경우에는 깨어지는 것이므로, 문서제출자는 그 날인행위가 작성명의인으로부터 위임받은 정당한 권원에 의한 것이라는 사실까지 증명할 책임이 있다(대법원 2009. 9. 24. 선고 2009다37831 판결 등). 이 사건에서 피고 이무상의 이름 다음의 인영이 피고 이무상의 인장에 의한 것임이 인정되므로, 날인행위가 피고 이무상의 의사에 기한 것임이 사실상 추정되고, 인영의 진정성립이 추정되므로 문서 전체 즉, 갑 제1호증(그중 피고 이무상의 연대보증 부분) 전체의 진정성립이 추정된다. 다만 날인행위가 작성명의인 이외의 자인 피고 이을남에 의하여 이루어진 것임이 밝혀졌으므로 이와 같은 추정은 깨어졌다. 따라

인정할 아무런 증거가 없다.

3) 소결론

원고의 피고 이무상에 대한 위 주장사실을 인정할 증거가 없다. 따라서 원고의 피고 이무상에 대한 청구는 이유 없다.

서 문서제출자인 원고에게 그 날인행위가 작성명의인인 피고 이무상으로부터 위임받은 정당한 권원에 의한 것이라는 사실을 증명할 책임이 있으나 원고가 이를 인정할 증거를 제출하지 않고 있으므로, 갑 제1호증의 진정성립에 관한 증명이 없어 갑 제1호증을 증거로 쓸 수 없다(법 제357조 참조).

② 기록

기록

매매/ 해제, 동시이행항변

기록 2

<문제 1> 귀하는 변호사 김명변으로서, 의뢰인 이갑주의 상담을 통해 아래【상담내용】과 같은
사실관계를 청취하고,【의뢰인 희망사항】기재사항에 관한 본안소송의 대리권을 수여
받고, 첨부된 소송기록을 자료로 받았습니다.
의뢰인을 위하여 본안의 소를 제기하기 위한 <u>소장</u>을 작성하시오.

【작성요령】

1. 소장의 작성일은 2021. 3. 11.로 하시오.
2. 【의뢰인 희망사항】란에 기재된 희망사항에 부합하도록 소장을 작성하되, 현행법과 그 해석
   상 승소 가능한 최대한의 범위에서 작성하시오.
3. 【의뢰인 상담일지】와 첨부자료에 기재된 사실관계는 모두 사실에 부합한 것으로 보고(작성
   자의 의견에 해당하는 사항은 제외), 기재되지 않은 사실은 없는 것으로 전제하며, 첨부된 서류
   는 모두 진정하게 성립된 것으로 간주하시오.
4. 관련 증거자료를 제시하여 기술할 필요는 없습니다.
5. 기록상의 날짜가 공휴일인지 여부, 문서의 서식이 실제와 부합하는지 여부는 고려하지 마시오.

의뢰인 상담일지

변호사 김명변

서울 서초구 서초중앙로 100, 401호(서초동, 법림빌딩)

☎ : 02-531-2000, 팩스 : 02-539-2001, e-mail : lawyerKim@kmail.com

접수번호	2021-60	상담일시	2021. 3. 2.
상담인	이갑주 010-8020-4910	내방경위	인터넷 광고

【상 담 내 용】

서울에서 직장생활을 하던 이갑주는 갑작스러운 회사의 구조조정으로 창원시로 전근발령을 받게 되었다. 이갑주는 강중선이 운영하는 부동산중개사무소를 통해서 노을민이 소유하는 창원시 의창구 신사로 12, 302동 201호(신월동, 의창아파트)를 소개받았다. 이갑주와 노을민은 위 아파트를 대금 5억 원으로 정해서 매매하기로 계약을 체결하였다. 이갑주는 계약일에 계약금을 지급하였고 중도금 기일에 중도금을 모두 지급하였다. 그러던 중 이갑주는 전화로 노을민으로부터 그 사이에 아파트의 시세가 많이 올랐다면서 매매대금을 올려 달라는 요구를 받았다. 이갑주가 그 요구를 거절하자 노을민은 지급받은 계약금과 중도금을 돌려주겠다면서 계약을 없던 것으로 할 것을 다시 요구하였고, 이갑주는 노을민의 위 요구 또한 거절하였다.

이갑주는 소유권이전등기를 이전받기 위해 잔금기일의 약속시간에 강중선이 운영하는 부동산중개사사무소로 갔으나, 노을민은 그곳에 나타나지도 않았고, 그 이후로는 전화도 받지 않고 있다.

이갑주가 확보한 서류는 첨부자료와 같고, 그 밖에 유리한 증언을 해 줄 만한 사람은 없다.

【의뢰인 희망사항】

이갑주는 노을민으로부터 위 아파트의 소유권을 이전받을 수 있도록 하는 소를 제기하고 싶다.

매매계약서

매도인과 매수인은 아래 표시 부동산에 관하여 다음 계약 내용과 같이 매매계약을 체결한다.							

1. 부동산의 표시

소재지		창원시 의창구 신사로 12, 302동 201호(신월동, 의창아파트)					
토지	지목	대	면적	32429m²	대지권의 종류	소유권	대지권비율 32429분의 59
건물	구조	철근콘크리트구조		용도	아파트		면적 59m²

2. 계약내용
제1조[목적] 매도인과 매수인은 위 부동산의 매매에 대하여 매매대금을 아래와 같이 지급하기로 한다.

매매대금	금 오억원정	(₩500,000,000)	
계약금	금 오천만원정	은 계약시에 지불하고 영수함 ※영수자 노을민	民盧 印乙
중도금	금 이억원정	은 2020년 9월 1일 지불한다.	
잔금	금 이억오천만원정	은 2020년 10월 1일 지불한다.	

제2조 [소유권이전등] 매도인은 매매대금의 잔금 수령과 동시에 매수인에게 소유권이전등기에 필요한 모든 서류를 교부하고 등기절차에 협력하여야 하고 위 부동산을 인도한다.

제3조 [제한물권 등의 소멸] 매도인은 위 부동산에 설정된 저당권, 지상권, 임차권 등 소유권의 행사를 제한 하는 사유가 있거나 제세공과금 기타 부담금의 미납 등이 있을 때에는 잔금 수수일까지 그 권리의 하 자 및 부담 등을 제거하여 완전한 소유권을 매수인에게 이전한다. 다만, 승계하기로 합의하는 권리 및 금액은 그러하지 아니하다.

제4조 [지방세 등] 위 부동산에 관하여 발생한 수익의 귀속과 제세공과금 등의 부담은 위 부동산의 인도일을 기준으로 하되, 지방세의 납부의무 및 납부책임은 지방세법의 규정에 의한다.

제5조 [계약의 해제] 매수인이 매도인에게 중도금을 지불하기 전까지, 매도인은 계약금의 배액을 상환하고 매 수인은 계약금을 포기하고 본 계약을 해제할 수 있다.

제6조 [채무불이행과 손해배상액의 예정] 매도인 또는 매수인은 본 계약상의 내용에 대하여 불이행이 있을 경우, 그 상대방은 불이행한 자에 대하여 서면으로 최고하고 계약을 해제할 수 있다. 그리고 계약당사 자는 계약해제에 따른 손해배상을 각각 상대방에게 청구할 수 있으며, 손해배상에 대하여 별도의 약 정이 없는 한 계약금을 손해배상액의 기준으로 본다.

[특약사항]
[매도인 계좌 : 국수은행 293-23-3406812 노을민]

본 계약을 증명하기 위하여 계약당사자가 이의 없음을 확인하고 아래와 같이 각각 서명, 날인한다.
2020년 8월 1일

매 도 인	주 소	경남 창원시 성산구 가양로 39 (가음동)					民盧 印乙
	주민등록번호	490604-1293423	전화	010-2939-9965	이름	노을민	
매 수 인	주 소	서울시 광진구 광장로3길 9 (광장동)					周李 印甲
	주민등록번호	860907-2098123	전화	010-8020-4910	이름	이갑주	
공 인 중 개 사	사무소소재지	경남 창원시 신사로 32 (신월동)					善姜 印中
	사무소 명칭	의창공인중개사사무소			대표자명	강중선	
	전 화 번 호	055-239-4989	등록번호	39403000-00213			

신조은행		인터넷뱅킹 이체확인증	

입금일시 2020. 9. 1.   입금점 : 스마트폰뱅킹   문의전화 : 1588-9876

보내시는 분	이갑주	받으시는 분	노을민
출금 계좌번호	신조 342-212-3234321	입금계좌번호	국수 293-23-3406812
타행 처리번호	*************	입금내역/CMS코드	
이체금액(원)	200,000,000	수수료(원)	0
내통장 메모	노을민	받는통장 메모	이갑주 중도

* 위의 내용이 정상적으로 이체되었음을 확인합니다.

등기사항전부증명서(말소사항 포함) - 집합건물 ▐▐▐▐▐▐▐

[집합건물] 창원시 의창구 신월동 55 의창아파트 제302동 2층 201호　　고유번호 3921-2011-002394

【 표 　 제 　 부 】 　　(1동의 건물의 표시)

표시번호	접 수	소재지번, 건물명칭 및 번호	건물내역	등기원인 및 기타사항
~~1~~	~~2011년 8월 12일~~	~~창원시 의창구 신월동 55 의 창아파트 제302동~~	~~철근콘크리트구조 콘크리트슬래브지붕 5층 아파트 1층 217.11m² 2층 217.11m² 3층 217.11m² 4층 217.11m² 5층 217.11m²~~	~~도면편철장 제2책 제35장~~
2		창원시 의창구 신월동 55 의 창아파트 제302동 [도로명주소] 창원시 의창구 신사로 12	철근콘크리트구조 콘크리트슬래브지붕 5층 아파트 1층 217.11m² 2층 217.11m² 3층 217.11m² 4층 217.11m² 5층 217.11m²	도로명주소 2014년 10월 23일 등기 도면편철장 제2책 제35장

(대지권의 목적인 토지의 표시)

표시번호	소재지번	지 목	면 적	등기원인 및 기타사항
1	창원시 의창구 신월동 55	대	32429m²	2011년 6월 12일

【 표 　 제 　 부 】 　　(전유부분의 건물의 표시)

표시번호	접 수	건물번호	건물내역	등기원인 및 기타사항
1	2011년 6월 12일	제2층 제201호	철근콘크리트구조 59m²	도면편철장 제2책 제35장

(대지권의 표시)

표시번호	대지권 종류	대지권 비율	등기원인 및 기타사항
1	소유권 대지권	32429분의 59	2011년 6월 12일 대지권

* 실선으로 그어진 부분은 말소사항을 표시함.　　* 등기부에 기록된 사항이 없는 갑구 또는 을구는 생략함.

문서 하단의 바코드를 스캐너로 확인하거나 인터넷등기소(http://iros.go.kr)의 발급확인 메뉴에서 발급확인번호를 입력하여 위·변조 여부를 확인할 수 있습니다. 발급확인번호를 통한 확인은 발행일부터 3개월까지 5회에 한하여 가능합니다.

발행번호 5289759274509875938754902045702458792457832904578235 1/2 발급확인번호 FASR-TPER-64504 발행일 2021/02/25

대 법 원

[집합건물] 창원시 의창구 신월동 55 의창아파트 제302동 2층 201호   고유번호 3921-2011-002394

【 갑 　　 구 】	（ 소유권에 관한 사항 ）			
순위번호	등기목적	접　수	등기원인	권리자 및 기타사항
1	소유권보존	2011년 6월 12일 제45043호		소유자 노을민　490604-1293423 창원시 성산구 가음동 34-12

— 이　하　여　백 —

수수료 금 1,000원 영수함
관할등기소 창원지방법원 등기과 / 발행등기소 법원행정처 등기정보중앙관리소

이 증명서는 등기기록의 내용과 틀림없음을 증명합니다.

서기　2021년 02월 25일

법원행정처 등기정보중앙관리소 전산운영책임관

등기정보중앙
관리소전산운
영책임관

* 실선으로 그어진 부분은 말소사항을 표시함.　* 등기부에 기록된 사항이 없는 갑구 또는 을구는 생략함.

문서 하단의 바코드를 스캐너로 확인하거나 인터넷등기소(http://iros.go.kr)의 발급확인 메뉴에서 발급확인번호를 입력하여
위·변조 여부를 확인할 수 있습니다. 발급확인번호를 통한 확인은 발행일부터 3개월까지 5회에 한하여 가능합니다.

발행번호 5289759274509875938754902045702458792457832904578 2355 2/2 발급확인번호 FASR-TPER-64504 발행일 2021/02/25

대 법 원

본 증명(문서번호:전자제출제증명(민사) 92367)에 관하여 문의할 사항이 있으시면 02-533-6859로 문의하시기
바랍니다.

문제 1   모범답안

소   장

원 고   이갑주
         서울 광진구 광장로3길 9 (광장동)
         소송대리인 변호사 김명변
         서울 서초구 서초중앙로 100, 401호(서초동, 법림빌딩)
         전화 02)531-2000, 팩스 02)539-2001, E-mail : lawyerKim@kmail.com
피 고   노을민
         창원시 성산구 가양로 39 (가음동)

소유권이전등기 청구의 소

청 구 취 지

1. 피고는 원고에게 별지 부동산표시 기재 아파트에 관하여 2020. 8. 1. 매매를 원인으로 한 소유권이전등기절차를 이행하라.[227]

2. 소송비용은 피고가 부담한다.

라는 판결을 구합니다.

---

[227] 일단 이 사안에서는 상담내용 결과 원고가 잔금을 지급했는지 여부는 불분명하고, 잔금을 미지급하였다고 하더라도 동시이행 항변은 변론주의의 원칙상 피고가 이를 주장하지 않으면 동시이행의 판결을 선고할 수 없으므로 동시이행을 조건으로 하지 않고 단순히 소유권이전등기절차의 이행을 청구하였다. 상담결과 잔금을 미지급하였고 상대방이 동시이행의 항변을 할 것이 예상된다면 청구취지 단계에서 잔금의 지급과 동시에 소유권이전등기절차의 이행을 구하는 청구취지로 소를 제기할 수도 있을 것이다.

청 구 원 인

원고는 2020. 8. 1. 피고로부터 별지 부동산표시 기재 아파트를 대금 5억 원에 매수하였습니다.[228]

따라서 피고는 원고에게 위 아파트에 관하여 위 매매를 원인으로 한 소유권이전등기절차를 이행할 의무가 있습니다.

증 명 방 법

1. 갑 제1호증 (매매계약서)[229]
2. 갑 제2호증 (등기사항전부증명서)[230]

첨 부 서 류

1. 위 각 증명방법   각 2통
2. 영수필확인서   1통
3. 송달료납부서   1통
4. 소송위임장   1통
5. 소장 부본   2통

2021. 3. 11.

원고 소송대리인 변호사 김명변 ㊞

창원지방법원[231]   **귀중**

---

[228] 원고는 단순히 매매에 기한 소유권이전등기를 청구하고 있으므로, 매매계약을 특정할 수 있는 일자, 목적물, 대금, 매수사실이 필수적인 요건사실에 해당하고, 계약금, 중도금, 잔금의 기일에 관한 약정이나, 그 지급 여부는 필수적인 요건사실이 아니어서 소장에 이를 적을 필요는 없다([부록] 제1항 중 순번 2번 참조). 상담하면서 들은 것 중 피고가 매매를 합의해제하자고 제안했다거나 대금을 증액해 달라는 것 역시 추후 피고의 항변사항과 관련되어 있을 뿐이므로 이 역시 소장에 적을 필요는 없다.

[229] 인터넷뱅킹 이체확인증은 중도금지급을 증명하는 증거이므로, 요건사실에 해당하지 아니하여 현 단계에서는 증거로 제출할 필요가 없다.

[230] 타인 소유의 물건도 매매의 목적물이 될 수 있으므로 피고가 위 아파트를 소유하고 있는 사실은 요건사실이 아니어서 등기사항전부증명서를 증거로 제출할 필요가 있는지 의문이 있을 수 있으나, 결국 원고는 확정판결을 이용하여 이전등기를 마치는 것을 목표로 하므로 등기부의 목적물 및 소유권 등에 관한 기재가 정확한지를 확인할 필요가 있어서 부동산소유권이전등기청구의 소의 경우 등기사항전부증명서를 증거로 제출하는 것이 실무례이다.

[231] 법 제2조에 따라 피고의 주소지를 관할하는 창원지방법원을 표시하였다. 등기에 관한 소를 제기하는 것이므로, 법 제21조에 따라 등기할 공공기관이 있는 곳, 즉 관할 등기기관인 창원지방법원이 관할권을 가진다고도 볼 수도 있다.

부동산표시[232]

(1동의 건물의 표시)

창원시 의창구 신월동 55 의창아파트 제302동 (창원시 의창구 신사로 12)

철근콘크리트구조 콘크리트슬래브지붕 5층 아파트

1층 내지 5층 각 217.11m²

(대지권의 목적인 토지의 표시)

창원시 의창구 신월동 55 대 32429m²

(전유부분의 건물의 표시)

제2층 제201호 철근콘크리트구조 59m²

(대지권의 표시)

소유권 대지권 32429분의 59. 끝.

---

232 소유권이전등기를 구하는 소장을 제출하는 목적은 유리한 판결을 받아 등기신청을 하기 위한 것이므로, 해당 소장에서 별지로 부동산을 표시하는 경우 해당 등기부에 적혀 있는 부동산을 특정하기 위한 주요사항을 적어 주어야 한다. 등기부에서 해당 부동산을 특정하는 부분을 표제부라고 한다. 아파트와 같은 집합건물의 표제부는 ① 1동의 건물의 표시, ② 대지권의 목적인 토지의 표시, ③ 전유부분의 건물의 표시, ④ 대지권의 표시로 이루어져 있기 때문에 별지로 부동산을 표시하는 경우에도 위 네 가지 사항을 적어 주는 것이 실무례이다.

기록 2

<문제 2> 귀하는 변호사 김명변으로서, 위 【문제 1】과 같이 제기한 소에서 피고로부터 아래와
　　　　같은 답변서를 송달받았습니다.
　　　　의뢰인을 위하여 법률적으로 가능한 한도 내에서 위 답변서를 반박하는 내용의 **준비**
　　　　서면을 작성하시오. 준비서면의 작성일은 2021. 4. 11.로 하시오.

답변서

사건번호　　　2021가합1234 소유권이전등기
원　　　고　　　이갑주
피　　　고　　　노을민

　위 사건에 관하여 피고 노을민은 아래와 같이 답변합니다.

청구취지에 대한 답변

1. 원고의 청구를 기각한다.
2. 소송비용은 원고가 부담한다.
라는 판결을 구합니다.

청구원인에 대한 답변

　원고와 피고 사이에 원고 주장과 같은 매매계약이 체결된 사실은 맞습니다.

　그러나 원고는 위 매매계약에 따른 채무를 불이행하고 있습니다. 원고가 제출한 매
매계약서에서 보듯이, 매매계약의 총 대금은 5억 원이고, 계약금은 5,000만 원, 중도
금은 2억 원, 잔금은 2억 5,000만 원입니다. 원고는 계약금과 중도금은 지급하였습
니다. 그런데 잔금은 2020. 10. 1. 지급하였어야 하나, 그로부터 6개월이 다되어 가
는 지금까지도 전혀 지급하지 않고 있습니다. 원고가 이와 같이 채무를 불이행하고

있으므로 이를 이유로 이 답변서 송달로써 원고와의 위 매매계약을 해제하고자 합니다.[233]

이처럼 매매계약이 해제되었으므로, 피고에게는 아파트의 소유권을 이전할 의무가 없습니다.

부디 원고의 청구를 기각해 주시기를 부탁드립니다.

2021. 3. 25.

피고 노올민 ㊞

창원지방법원 제3민사부 귀중

---

[233] 의뢰인이 해제를 주장하기를 원한다면, 먼저 해제권발생의 요건사실을 갖추었는지 검토해야 하고, 해제권이 발생했다면 소제기 이전에 적법하게 해제의사표시를 한 적이 있는지를 살펴보아야 한다. 만일 해제권이 발생하기는 하였으나 해제 의사표시로 해제권을 행사하지 않았다면, 반드시 소장이나 답변서 등에 해제 의사표시를 한다는 뜻을 명확히 기재하여 이를 상대방에게 송달하는 방법으로 의사표시를 함으로써 해제의 요건사실을 완성해야 한다. 당사자가 해제 의사표시를 하였다고 주장하였다고 하더라도 그것이 불분명하거나 증명하기 어려운 경우에도 마찬가지다.

준비서면

사건번호   2021가합1234 소유권이전등기
원   고   이갑주
피   고   노을민

위 사건에 관하여 원고 소송대리인은 아래와 같이 변론을 준비합니다.

피고는 원고가 매매 잔대금을 지급하지 않았다고 하면서 이 사건 매매계약을 해제한다고 주장합니다.

쌍무계약인 부동산매매계약에 있어서는 특별한 사정이 없는 한 매수인의 잔대금지급의무와 매도인의 소유권이전등기서류 교부의무는 동시이행관계에 있다 할 것이고, 이러한 경우에 매도인이 매수인에게 지체의 책임을 지워 매매계약을 해제하려면 매수인이 이행기일에 잔대금을 지급하지 아니한 사실만으로는 부족하고, 매도인이 소유권이전등기신청에 필요한 일체의 서류를 수리할 수 있을 정도로 준비하여 그 뜻을 상대방에게 통지하여 수령을 최고함으로써 이를 제공하여야 합니다. 또 상당한 기간을 정하여 상대방의 잔대금채무이행을 최고한 후 매수인이 이에 응하지 아니한 사실이 있어야 하는 것이며, 매도인이 제공하여야 할 소유권이전등기신청에 필요한 일체의 서류라 함은 등기권리증, 위임장 및 부동산매도용 인감증명서 등 등기신청행위에 필요한 모든 구비서류를 말합니다.[234]

그런데 피고는 이 사건 매매계약에 따른 소유권이전등기신청에 필요한 서류를 원고에게 교부하거나, 이를 준비하여 원고에게 그 수령을 최고한 적이 없습니다.[235]

---

[234] 대법원 1992. 7. 14. 선고 92다5713 판결 등 참조
[235] 이와 같은 법정해제의 요건사실은 해제를 주장하는 자가 주장·증명해야 하는 사실이고, 피고가 이를 주장하지 않고 있기

　따라서 피고는 원고의 잔대금 지급의무와 동시이행관계에 있는 소유권이전등기서류의 교부의무를 이행하거나 이행제공하지 아니하였으므로 단순히 원고가 잔대금을 지급하지 않았다는 사실만으로는 이 사건 매매계약을 해제할 수 없습니다.

2021. 4. 11.

원고 소송대리인 변호사 김명변 ㊞

창원지방법원 제3민사부 귀중

때문에 현 단계에서는 이를 지적하면서 단순히 부인하면 족하고, 따로 해제의 요건사실이 부존재함을 증명할 필요는 없다.

<문제 3> **변호사시험 출제 형식에 따라 소장 작성하기**

귀하는 변호사 김명변으로서 <u>소장</u>을 작성하시오. 다만, 의뢰인 이갑주로부터 상담을 의뢰받을 때에 제시받은 증거들에 추가하여, 【문제 2】에서 본 피고 노을민의 답변서 본문내용과 동일한 내용이 기재된 노을민 작성의 내용증명을 함께 교부받았다고 가정하기 바랍니다.

제시된 사실관계만으로 피고에게 항변사유가 있고 그 요건이 갖추어진 것으로 판단되면 이를 청구범위에 반영하고, 피고의 주장이 이유 없다고 판단되면 해당 청구원인 부분에서 배척의 이유를 간략히 기재하시오. 나머지 작성요령은 【문제 1】과 동일합니다.

문제 3　　모범답안[236]

소　장

원　고　　이갑주
　　　　　서울 광진구 광장로3길 9 (광장동)
　　　　　소송대리인 변호사 김명변
　　　　　서울 서초구 서초중앙로 100, 401호(서초동, 법림빌딩)
　　　　　전화 02)531-2000, 팩스 02)539-2001, E-mail : lawyerKim@kmail.com
피　고　　노을민
　　　　　창원시 성산구 가양로 39 (가음동)

소유권이전등기 청구의 소

청 구 취 지

1. 피고는 원고에게 별지 부동표시 기재 아파트에 관하여 2020. 8. 1. 매매를 원인으로
　 한 소유권이전등기절차를 이행하라.
2. 소송비용은 피고가 부담한다.
라는 판결을 구합니다.

---

236 문제1의 모범답안으로 제시된 소장과 문제2의 모범답안으로 제시된 준비서면의 내용을 그대로 결합하여 본문을 구성하였다.

청 구 원 인

1. 청구원인

원고는 2020. 8. 1. 피고로부터 별지 부동산표시 기재 아파트를 대금 5억 원에 매수하였습니다.

따라서 피고는 원고에게 위 아파트에 관하여 위 매매를 원인으로 한 소유권이전등기절차를 이행할 의무가 있습니다.

2. 피고의 예상주장에 대한 반박

피고는 원고가 매매 잔대금을 지급하지 않았다고 하면서 이 사건 매매계약을 해제한다고 주장할 것으로 예상됩니다.

쌍무계약인 부동산매매계약에 있어서는 특별한 사정이 없는 한 매수인의 잔대금지급의무와 매도인의 소유권이전등기서류 교부의무는 동시이행관계에 있다 할 것이고, 이러한 경우에 매도인이 매수인에게 지체의 책임을 지워 매매계약을 해제하려면 매수인이 이행기일에 잔대금을 지급하지 아니한 사실만으로는 부족하고, 매도인이 소유권이전등기신청에 필요한 일체의 서류를 수리할 수 있을 정도로 준비하여 그 뜻을 상대방에게 통지하여 수령을 최고함으로써 이를 제공하여야 합니다. 또 상당한 기간을 정하여 상대방의 잔대금채무이행을 최고한 후 매수인이 이에 응하지 아니한 사실이 있어야 하는 것이며, 매도인이 제공하여야 할 소유권이전등기신청에 필요한 일체의 서류라 함은 등기권리증, 위임장 및 부동산매도용 인감증명서 등 등기신청행위에 필요한 모든 구비서류를 말합니다.

그런데 피고는 이 사건 매매계약에 따른 소유권이전등기신청에 필요한 서류를 원고에게 교부하거나, 이를 준비하여 원고에게 그 수령을 최고한 적이 없습니다.

따라서 피고는 원고의 잔대금 지급의무와 동시이행관계에 있는 소유권이전등기서류의 교부의무를 이행하거나 이행제공하지 아니하였으므로 단순히 원고가 잔대금을 지급하지 않았다는 사실만으로는 이 사건 매매계약을 해제할 수 없습니다.

증 명 방 법

1. 갑 제1호증 (매매계약서)
2. 갑 제2호증 (등기사항전부증명서)

첨 부 서 류

1. 위 각 증명방법   각 2통
2. 영수필확인서   1통
3. 송달료납부서   1통
4. 소송위임장   1통
5. 소장 부본   2통

2021. 3. 11.

원고 소송대리인 변호사 김명변 ㊞

창원지방법원   귀중

[별지는 【문제 1】 모범답안에 첨부된 부동산표시와 같음. 생략]

기록 2

<문제 4> 귀하는 <u>관할법원 재판연구원으로서 검토보고서</u>를 작성하시오. ① 【문제 1 모범답안】과 같은 소장, 【문제 2】에서 제시된 피고의 답변서, 모범답안과 같은 원고의 준비서면 및 각 이에 첨부된 증거가 제출되었고, ② 피고는 소장 부본을 2021. 3. 15., 원고는 답변서를 2021. 3. 31. 각 송달받았으며, ③ 아래에서 제시되는 증거목록 및 변론조서가 작성되었다고 가정하여, 아래 검토보고서 양식 중 [검토] 부분만 작성하기 바랍니다(필요한 경우 소장에 첨부된 별지가 검토보고서에 첨부되었다고 간주하고 이를 인용할 수 있습니다).

[검토보고서 양식]

검토보고서

사　건　　2021가합1234 소유권이전등기
원　고　　이갑주
피　고　　노을민

[검토]
1. 결론
2. 논거

[주문]

창 원 지 방 법 원
서 증 목 록

2021가합1234
원고   제출

변론(준비거일)조서의 일부

서증 번호	기일 및 장 수		서 증 명	인부기일	인 부 요 지	비 고
1	1차		매매계약서	1차	성립인정	
	00장					
2	1차		등기사항전부증명서	1차		
	00장					

창원지방법원
변 론 조 서

제 1 차

사 건	2021가합1234 소유권이전등기	
재판장 판사	이명판	기 일 : 2021. 4. 20. 14:00
판사	손삼승	장 소 : 제308호 법정
판사	고신유	공개여부 : 공개
법원 사무관	최유경	고지된
		선고기일 : 2021. 5. 4. 10:00

사건과 당사자의 이름을 부름
원고 및 대리인 변호사 김명변   각 출석
피고   출석

원고 대리인
　소장 및 2021. 4. 11.자 준비서면 진술

피고
　답변서 진술

증거관계 별지와 같음(원고 서증)

판사 원고에게
잔금 2억 5,000만 원을 미지급하였는지 물은 즉,

원고 및 대리인
원고가 계약금 5,000만 원과 중도금 2억 원은 지급하였으나, 잔금 2억 5,000만 원을 미
지급한 것은 맞다. 다만 피고가 소유권이전등기를 거부하고 있어서 그랬던 것이고, 피고
가 소유권을 이전할 의향이 있다면 언제든지 잔금을 지급할 수 있다고 진술

피고
원고가 주장하는 피고의 의무가 인정되더라도 잔금을 지급받기 전에는 원고의 청구에 응
할 수 없다며 동시이행의 항변을 한다고 진술

원고 대리인 및 피고
더 주장하거나 제출할 증거가 없다고 진술

변론종결

　　　　　　　　　　　　법원 사무관　　　　최유경　㊞

　　　　　　　　　　　　재판장 판사　　　　이명판　㊞

문제 4   모범답안

1. 결론

청구 일부 인용[237] (가집행 불가능)[238]

[인용되는 부분의 주문]

피고는 원고로부터 2억 5,000만 원을 지급받음과 동시에 원고에게 별지 부동산표시 기재 아파트에 관하여 2020. 8. 1. 매매를 원인으로 한 소유권이전등기절차를 이행하라.

2. 논거

가. 청구원인에 대한 판단

1) 청구원인의 요지

원고는 피고를 상대로 매매계약에 따라 목적 부동산에 대한 소유권이전등기를 구한다.[239]

2) 인정사실

원고는 2020. 8. 1. 피고로부터 별지 부동산표시 기재 아파트(이하 '이 사건 아파트'라고 한다)를 대금 5억 원에 매수하였다(이하 '이 사건 매매'라고 한다).[240]

[인정근거 : 다툼 없는 사실[241]]

---

237 무조건의 소유권이전등기절차의 이행을 구하는 소에 대하여 동시이행을 조건으로 그 이행을 명하는 판결을 선고하여야 하므로 질적으로 볼 때 일부만 인용되는 경우이다.

238 소유권이전등기를 명하는 판결은 의사진술을 명하는 판결에 해당하고 이는 확정이 되어야 효력이 발생하므로(민사집행법 제263조 제1항), 가집행의 선고가 불가능하다.

239 청구를 인용하는 경우이므로 소송물이 특정될 수 있을 정도로 간단히 언급하면 족하다.

240 계약금, 중도금, 잔금의 금액이나 그 지급기일 및 지급여부는 요건사실이 아니므로 이를 적을 필요가 없다.

241 피고가 답변서를 통해서 위와 같은 매매계약의 체결사실을 인정했으므로 인정근거를 다툼 없는 사실로 표시해 주어야 하고 여기에 갑 제1호증의 기재를 써서는 안 된다.

3) 소결론

특별한 사정이 없는 한,[242] 매도인인 피고는 매수인인 원고에게 이 사건 아파트에 관하여 이 사건 매매에 따른 소유권이전등기절차를 이행할 의무가 있다.

나. 피고의 항변에 대한 판단

1) 해제의 항변

가) 항변의 요지

피고는 원고의 잔금지급의무 불이행으로 인해 이 사건 매매계약을 해제하였다고 항변한다.

나) 관련 법리

민법 제544조 본문에 의하면 당사자 일방이 그 채무를 이행하지 아니하는 때에는 상대방은 상당한 기간을 정하여 그 이행을 최고하고 그 기간 내에 이행하지 아니한 때에는 계약을 해제할 수 있다.

다만, 쌍무계약인 부동산매매계약에 있어서는 특별한 사정이 없는 한 매수인의 잔대금지급의무와 매도인의 소유권이전등기서류 교부의무는 동시이행관계에 있다 할 것이고, 이러한 경우에 매도인이 매수인에게 지체의 책임을 지워 매매계약을 해제하려면 매수인이 이행기일에 잔대금을 지급하지 아니한 사실만으로는 부족하고, 매도인이 소유권이전등기신청에 필요한 일체의 서류를 수리할 수 있을 정도로 준비하여 그 뜻을 상대방에게 통지하여 수령을 최고함으로써 이를 제공하여야 하는 것이 원칙이고, 또 상당한 기간을 정하여 상대방의 잔대금채무이행을 최고한 후 매수인이 이에 응하지 아니한 사실이 있어야 하는 것이며, 매도인이 제공하여야 할 소유권이전등기신청에 필요한 일체의 서류라 함은 등기권리증, 위임장 및 부동산매도용 인감증명서 등 등기신청행위에 필요한 모든 구비서류를 말한다.[243]

다) 인정사실[244]

원고가 잔금 2억 5,000만 원을 지급하지 않았다.

[인정근거 : 다툼 없는 사실]

---

242 아래에서 피고 항변사항에 관해 검토할 예정이므로 여기서는 잠정적 결론임을 밝히기 위해 "특별한 사정이 없는 한"이라고 써 주었다.

243 대법원 1992. 7. 14. 선고 92다5713 판결

244 해제의 요건사실 중 인정되는 사실인 원고의 채무불이행사실과 해제 의사표시 사실을 적어 주었다. 이 사안의 경우처럼 2개 이상의 요건사실 중에서 하나의 요건사실은 증명되나 나머지 요건사실에 관하여 주장조차 없는 경우에는, 사실인정 없이 곧바로 그 누락된 "어떤 요건사실에 관하여 주장·증명이 없는 이상" 나머지 요건사실이 인정된다고 하더라도 피고의 위 항변은 이유 없다는 형식으로 서술하여도 무방하다.

원고의 잔금지급의무 불이행으로 인한 피고의 해제 의사표시가 기재된 답변서가 2021. 3. 31. 원고에게 도달하였다.

[인정근거 : 기록상 명백한 사실[245]]

라) 소결론

피고가 이 사건 아파트에 관하여 소유권이전등기신청에 필요한 일체의 서류를 원고에게 제공하였다거나 이를 수리할 수 있을 정도로 준비하여 그 뜻을 상대방에게 통지하여 수령을 최고한 사실에 관한 주장·증명이 없으므로, 위 인정사실만으로는 이 사건 매매계약이 해제되었다고 볼 수 없다. 피고의 위 항변은 이유 없다.

2) 동시이행의 항변

가) 항변의 요지

피고는 원고로부터 잔대금을 지급받기 전에는 원고의 청구에 응할 수 없다고 항변한다.

나) 인정사실

이 사건 매매계약에서 원고가 2020. 10. 1. 잔금 2억 5,000만 원을 지급하되, 피고가 잔금의 수령과 동시에 원고에게 소유권이전등기절차를 이행하기로 약정하였다.[246]

[인정근거 : 갑 제1호증(매매계약서)의 기재, 변론 전체의 취지]

다) 소결론

원고는 피고에게 잔금 2억 5,000만 원을 지급할 의무가 있고, 피고의 소유권이전등기의무는 원고의 잔금 지급의무와 동시이행의 관계에 있다.[247] 피고의 위 항변은 이유 있다.

다. 소유권이전등기청구에 관한 결론

피고는 원고로부터 잔금 2억 5,000만 원을 지급받음과 동시에, 원고에게 이 사건 아파트에 관하여 이 사건 매매계약을 원인으로 한 소유권이전등기절차를 이행할 의무가 있다.

---

245 피고가 해제의 의사표시를 답변서에 적어서 이를 원고에게 송달하는 방법으로 하였다. 이처럼 소송 중에 의사표시가 포함된 서면을 상대방에게 송달된 사실은 법원에 현저한 사실에 해당하여 따로 증명할 필요가 없다(법 제288조). 이 경우 위와 같이 '기록상 명백한 사실'이라고 적는다.

246 동시이행의 항변에 관한 요건사실은 잔금지급의무 발생의 요건사실과 쌍방 채무를 동시이행하기로 약정한 사실이다. 따라서 여기에는 잔금약정과 동시이행약정사실을 적어야 하고, 원고가 잔금을 지급하지 않고 있다는 사실을 적어서는 아니 됨에 주의해야 한다.

247 동시이행항변의 결론에서는 원고에게 반대의무가 발생했고, 그 반대의무가 피고의 의무와 동시이행관계에 있음을 밝혀 주어야 한다.

[주문]

1. 피고는 원고로부터 2억 5,000만 원을 지급받음과 동시에 원고에게 별지 부동산표시 기재 아파트에 관하여 2020. 8. 1. 매매를 원인으로 한 소유권이전등기절차를 이행하라.
2. 원고의 나머지 청구를 기각한다.
3. 소송비용 중 1/3은 원고가, 나머지는 피고가 각 부담한다.

<문제 4 - 1(심화문제)> 귀하는 <u>관할법원 재판연구원으로서 검토보고서</u>를 작성하시오. ① 【문제 1 모범답안】과 같은 소장, 아래 첨부된 **피고의 답변서**가 제출되었고, ② 피고는 소장 부본을 2021. 3. 15., 원고는 답변서를 2021. 3. 31. 각 송달받았으며, ③ 아래에서 제시되는 증거목록 및 변론조서가 작성되었다고 가정하여, 아래 검토보고서 양식 중 [검토] 부분만 작성하기 바랍니다(필요한 경우 소장에 첨부된 별지가 검토보고서에 첨부되었다고 간주하고 이를 인용할 수 있습니다).

[검토보고서 양식]

검토보고서

사　건　　2021가합1234 소유권이전등기
원　고　　이갑주
피　고　　노을민

[검토]

1. 결론
2. 논거

[주문]

창 원 지 방 법 원
서 증 목 록

2021가합1234
원고   제출

변론(준비거일)조서의 일부

서증 번호	기일 및 장 수	서 증 명	인부기일	인 부 요 지	비 고
1	1차 00장	매매계약서	1차	성립인정	
2	1차 00장	등기사항전부증명서	1차		

창 원 지 방 법 원
서 증 목 록

2021가합1234
피고   제출   변론(준비거일)조서의 일부

서증 번호	기일 및 장 수	서 증 명	인부기일	인 부 요 지	비 고
1	1차 00장	가압류결정	1차		

답변서

사건번호　　2021가합1234 소유권이전등기
원　　　고　　이갑주
피　　　고　　노을민

위 사건에 관하여 피고 노을민은 아래와 같이 답변합니다.

청구취지에 대한 답변

1. 원고의 청구를 기각한다.
2. 소송비용은 원고가 부담한다.
라는 판결을 구합니다.

청구원인에 대한 답변

1. 원고와 피고 사이에 원고 주장과 같은 매매계약이 체결된 사실은 맞습니다.
2. 그러나 피고는 2020. 9. 15. 원고에게 전화해서 시세가 극심하게 변경되었으니 종전에 합의한 매매대금은 부당하다고 지적했고, 원고도 이에 동의해서 위 매매계약을 무효로 하기로 합의하였습니다. 피고가 분명히 이와 같이 합의했음에도 매매계약이 유효한 것처럼 소유권이전등기를 이행해 달라고 요구하는 것은 너무나도 부당합니다.
3. 그리고 피고는 소제기 얼마 전인 2021. 2. 15.에 가압류결정문(을 제1호증)을 받았습니다. 가압류 결정문을 읽어보시면 잘 아시겠지만, 법원은 저에게 소유권이전등기 절차를 이행해서는 안 된다고 명령하고 있습니다. 이와 같은 법원의 명령을 받은 저로서는 결코 원고의 청구에 응할 수 없습니다.
4. 부디 원고의 청구를 기각해 주시기를 부탁드립니다.

증 명 방 법

　1. 을 제1호증 (가압류결정정본)

첨 부 서 류

1. 위 증명방법   2통

2021. 3. 25.

피고 노을민 ㊞

창원지방법원 제3민사부 귀중

서울동부지방법원
결   정

사   건   2021카단3203 소유권이전등기청구권 가압류
채 권 자   손동수
          서울 송파구 삼전로 5042
채 무 자   이갑주
          서울 광진구 광장로3길 9 (광장동)
제3채무자   노을민
          창원시 성산구 가양로 39 (가음동)

주   문

1. 채무자의 제3채무자에 대한 별지 기재 부동산에 관한 소유권이전등기청구권을 가압류
   한다.
2. 제3채무자는 채무자에게 위 부동산에 관한 소유권이전등기절차를 이행하여서는 아니
   된다.
3. 채무자는 다음 청구금액을 공탁하고 집행정지 또는 그 취소를 신청할 수 있다.

청구채권의 내용 2018. 8. 1.자 대여금 채권
청구금액 금 300,000,000원

이   유

이 사건 소유권이전등기청구권 가압류 신청은 이유 있으므로, 담보로 공탁보증보험증권
(승산보증보험 주식회사 증권번호 304394)을 제출받고 주문과 같이 결정한다.

2021. 2. 10.

판 사   정 찬 식

※ 1. 이 가압류 결정은 채권자가 제출한 소명자료를 기초로 판단한 것입니다.
   2. 채무자가 이 결정에 불복이 있을 경우 가압류이의나 취소신청을 이 법원에 제기할
      수 있습니다.

(별지는 소장에 첨부된 부동산표시와 같음. 첨부생략)

정 본 입 니 다.
2021. 2. 10.
법원주사보 이순호

창원지방법원
변론조서

제 1 차
사　　　　건　　2021가합1234　소유권이전등기
재판장 판사　　이명판　　　　　　　　　　　　기　　　일 : 2021. 4. 20. 14:00
　　　　판사　　손삼승　　　　　　　　　　　　장　　　소 :　　제308호 법정
　　　　판사　　고유신　　　　　　　　　　　　공개여부 :　　　　　　공개
법원 사무관　　최유경　　　　　　　　　　　　고지된
　　　　　　　　　　　　　　　　　　　　　　　선고기일 :　2021. 5. 4. 10:00

사건과 당사자의 이름을 부름
원고 및 대리인 변호사 김명변　　　　　　　　　　　　　　　　　　　各 출석
피고　　　　　　　　　　　　　　　　　　　　　　　　　　　　　　출석

원고 대리인
　소장 진술

피고
　답변서 진술

원고 대리인
피고의 주장과 같이 매매계약을 해제하기로 합의한 사실이 없고, 피고 주장과 같이 가압류결정이 내려져 2021. 2. 15. 피고에게 송달된 사실은 다투지 않지만, 가압류결정이 있더라도 채무자가 제3채무자로부터 현실로 급부를 추심하는 것만을 금지하므로 채무자는 제3채무자를 상대로 그 이행을 구하는 소송을 제기할 수 있고 법원은 가압류가 되어 있음을 이유로 이를 배척할 수 없다고 진술.

증거관계 별지와 같음(쌍방 서증)

재판장 피고에게
합의해제 주장을 뒷받침할 증거가 있는지 물은 즉,

피고
합의해제를 증명할 증거는 없어서 합의해제 주장은 철회한다고 진술

원고 대리인 및 피고
더 주장하거나 제출할 증거가 없다고 진술

변론종결

　　　　　　　　　　　　법원 사무관　　　　최유경　㊞

　　　　　　　　　　　　재판장 판사　　　　이명판　㊞

문제 4-1 (심화문제) 모범답안

1. 결론

청구 일부 인용(가집행 불가능)

[인용되는 부분의 주문]

피고는 손동수와 원고 사이에 내려진 2021. 2. 10.자 서울동부지방법원 2021카단3203 소유권이전등기청구권 가압류 결정에 의한 집행이 해제되면, 원고에게 별지 부동산표시 기재 아파트에 관하여 2020. 8. 1. 매매를 원인으로 한 소유권이전등기절차를 이행하라.

2. 논거

가. 청구원인에 대한 판단

1) 청구원인의 요지

원고는 피고를 상대로 매매계약에 따라 목적 부동산에 대한 소유권이전등기를 구한다.

2) 인정사실

원고는 2020. 8. 1. 피고로부터 별지 부동산표시 기재 아파트(이하 '이 사건 아파트'라고 한다)를 대금 5억 원에 매수하였다(이하 '이 사건 매매'라고 한다).

[인정근거 : 다툼 없는 사실]

3) 소결론

특별한 사정이 없는 한, 매도인인 피고는 매수인인 원고에게 이 사건 아파트에 관하여 이 사건 매매에 따른 소유권이전등기절차를 이행할 의무가 있다.

나. 피고의 항변에 대한 판단[248]

1) 주장의 요지

피고는 원고의 피고에 대한 소유권이전등기청구권이 가압류되었으므로 원고의 청구에 응할 수 없다고 항변한다.

2) 관련 법리

소유권이전등기청구권에 대한 가압류는 채권에 대한 것이지 등기청구권의 목적물인 부동산에 대한 것이 아니고, 채무자와 제3채무자에게 그 결정을 송달하는 외에 현행법상 등기부에 이를 공시하는 방법이 없는 것으로서, 당해 채권자와 채무자 및 제3채무자 사이에만 효력이 있을 뿐 가압류와 관계가 없는 제3자에 대하여는 가압류의 처분금지적 효력을 주장할 수 없게 되므로, 소유권이전등기청구권의 가압류는 청구권의 목적물인 부동산 자체의 처분을 금지하는 대물적 효력은 없고, 또한 채권에 대한 가압류가 있더라도 이는 채무자가 제3채무자로부터 현실로 급부를 추심하는 것만을 금지하는 것이므로 채무자는 제3채무자를 상대로 그 이행을 구하는 소송을 제기할 수 있고 법원은 가압류가 되어 있음을 이유로 이를 배척할 수는 없는 것이 원칙이다.[249]

그렇지만 소유권이전등기를 명하는 판결은 의사의 진술을 명하는 판결로서 이것이 확정되면 채무자는 일방적으로 이전등기를 신청할 수 있고 제3채무자는 이를 저지할 방법이 없게 되므로 위와 같이 볼 수는 없고 이와 같은 경우에는 가압류의 해제를 조건으로 하여야만 소유권이전등기절차의 이행을 명할 수 있다.[250]

3) 인정사실

손동수가 원고에 대한 2018. 8. 1.자 대여금 채권 3억 원을 청구채권으로 하여 서울동부지방법원 2021카단3203호로 원고의 피고에 대한 이 사건 아파트에 관한 소유권이전등기청구권에 대하여 가압류할 것을 신청하여 위 법원으로부터 2021. 2. 10. 위 소유권이전등기청구권에 관한 가압류결정(이하 '이 사건 가압류 결정'이라고 한다)을 받아 이 사건 가압류 결정이 2021. 2. 15. 피고에게 송달되었다.[251]

---

248 피고의 합의해제 항변은 변론기일에서 피고가 철회하였으므로 이에 대해서는 판단할 필요가 없다.

249 따라서 만일 이 사건 소송물이 대여금 청구이고, 그 대여금청구채권에 관하여 가압류 결정이 내려졌다고 하더라도 법원은 청구 인용판결을 해야 한다. 원고는 승소확정판결을 받는 데에는 아무런 장애가 없으나 이를 근거로 강제집행으로 나아간다면 피고는 가압류결정을 들어 강제집행의 진행을 저지시킬 수 있고, 이로써 가압류의 효력을 유지시킬 수 있다. 피고는 이 과정에서 지연손해금이 늘어나는 등 불이익을 겪을 수 있는데 피고가 이를 회피하기 위해서는 위 채권을 공탁하면 된다.

250 대법원 1999. 2. 9. 선고 98다42615 판결 등 참조.

251 가압류 결정의 효력은 제3채무자에게 송달되어야 발생하므로(민사집행법 제291조, 제227조 제3항), 결정이 내려진 사실

[인정근거 : 다툼 없는 사실]

4) 소결론

피고는 이 사건 가압류 결정의 집행이 해제되는 것을 조건으로 원고에게 위와 같은 소유권이전등기절차를 이행할 의무가 있다. 피고의 위 주장은 위 인정 범위 내에서[252] 이유 있다.

다. 소유권이전등기청구에 관한 결론

따라서 피고는 이 사건 가압류 결정의 집행이 해제되면 원고에게 이 사건 아파트에 관하여 이 사건 매매계약을 원인으로 한 소유권이전등기절차를 이행할 의무가 있다.

과 그것이 제3채무자에게 송달된 사실까지 사실인정에서 적어 주어야 한다.

[252] 피고는 가압류 결정이 있으므로 원고의 청구를 기각해야 한다고 주장하나, 위와 같이 그 집행의 해제를 조건으로 이행을 명하여야 하므로, 피고의 항변이 일부만 이유 있는 경우이므로 이 같이 표현하였다.

3 기록

손해배상/ 면제 항변

<문제 1> 귀하는 변호사 전승혜로서, 의뢰인 김갑동과의 상담을 통해 아래 【상담내용】과 같은
사실관계를 청취하고, 【의뢰인 희망사항】 기재사항에 관한 본안소송의 대리권을 수여
받고, 첨부된 서류를 자료로 받았습니다.
의뢰인을 위한 본안의 소를 제기하기 위한 **소장**을 작성하시오.

【작성요령】

1. 소장 작성일 및 소제기일은 2021. 3. 11.로 하시오.

2. 【의뢰인 희망사항】란에 기재된 희망사항에 부합하도록 소장을 작성하되, 현행법과 그 해석
   상 승소 가능한 최대한의 범위에서 청구하고, 소 각하나 청구기각 부분이 발생하지 않도록
   하시오.

3. 【의뢰인 상담일지】와 첨부자료에 기재된 사실관계는 모두 사실에 부합한 것으로 보고(작성
   자의 의견에 해당하는 사항은 제외), 기재되지 않은 사실은 없는 것으로 전제하며, 첨부된 서류
   는 모두 진정하게 성립된 것으로 간주하시오.

4. 관련 증거자료를 제시하여 기술할 필요는 없습니다.

5. 기록상의 날짜가 공휴일인지 여부, 문서의 서식이 실제와 부합하는지 여부는 고려하지 마시오.

의뢰인 상담일지

변호사　전 승 혜　법률사무소

서울 서초구 서초대로10길 11, 1200호(서초동, 완승빌딩)
☎ : 02)532-3000, 팩스 : 02)532-3001, E-mail : jsh0909@naver.com

접 수 번 호	2021-100	상담일시	2021. 2. 25.
상 담 인	김갑동 010-4563-9601	내방경위	지인소개

【상 담 내 용】

1. 김갑동은 다음과 같은 상담을 위해 증거를 갖고 변호사 사무실에 찾아왔다.

2. 김갑동은 2020. 12. 1. 04:00경 서울 강남구 논현대로 100에 있는 '황제'유흥주점에서 술을 마시던 중, 친구 이을남과 옆 테이블에 있던 손님 강인구가 서로 몸싸움을 하게 되었는데, 이을남과 강인구의 몸싸움을 말리다가 이을남과 강인구에게 밀려 대리석 바닥에 넘어져 왼쪽 팔목을 다치게 되었다.
   김갑동은 2020. 12. 1. 09:00경 강남의원에서 좌측 요골 원위 골절상 진단을 받고서 같은 날 10:00경 관혈적 정복술 및 금속 내 고정술 등의 수술을 받았다. 김갑동은 2020. 12. 1. 수술비 등 치료비로 총 1,000만 원을 지출하였다.

3. 이을남과 강인구 모두 폭력행위등처벌에관한법률위반(공동상해)죄 등으로 형사입건되었는데 김갑동은 친구 이을남의 형사처벌을 원하지 않아, 결국 서울중앙지방법원에서 2021. 2. 2. 이을남은 벌금 100만 원을, 강인구는 벌금 200만 원을 선고받았고 그 판결이 2021. 2. 10. 확정되었다.

4. 강인구는 현재까지 김갑동에게 치료비 등 손해를 전혀 배상하지 않고 있다.

【의뢰인 희망사항】

김갑동은 강인구에게서 치료비 손해 전액과 이에 대한 지연손해금 전액을 배상받고 싶다.

서 울 중 앙 지 방 법 원

판 결

2021. 2. 10. 항소기간도과
2021. 2. 10. 확   정
서울중앙지방검찰청

사   건   2021고단1000 가. 폭력행위등처벌에관한법률위반(공동상해)
                          나. 폭행

피 고 인   1. 가.나. 이을남(840310-1123456), 회사원
                주거   서울 서초구 서초로 10
                등록기준지   파주시 법원로 10

            2. 가.나. 강인구(861108-1987654), 회사원
                주거   서울 강남구 학동로 10
                등록기준지   남양주시 경춘로 10

사본함.
2021. 2. 15.
서울중앙지방검찰청
검찰주사보 고관수 ㉑

검   사   정민규(기소), 신제성(공판)

변 호 인   변호사 정진훈(피고인 이을남을 위한 국선)
            변호사 이진선(피고인 강인구를 위한 국선)

판 결 선 고   2021. 2. 2.

주   문

피고인 이을남을 벌금 1,000,000원, 피고인 강인구를 벌금 2,000,000원에 각 처한다.
피고인들이 위 벌금을 납입하지 아니하는 경우 100,000원을 1일로 환산한 기간 피고인들을 노역장에 유치한다.
피고인들에게 위 벌금에 상당한 금액의 가납을 명한다.

이   유

범 죄 사 실

1. 폭행

  피고인들은 2020. 12. 1. 04:00경 서울 강남구 논현대로 100에 있는 '황제'유흥주점에서 각자의 일행들과 술을 마시던 중 너무 시끄럽다는 이유로 시비가 되어 서로 상대방의 멱살을 잡은 상태에서 피고인 이을남은 오른 손바닥으로 피해자 강인구의 왼쪽 뺨을 1차례 때렸고, 이에 피고인 강인구는 오른 주먹으로 피해자 이을남의 왼쪽 얼굴 부위를 1차례 때림으로써 서로 폭행하였다.

2. 폭력행위등처벌에관한법률위반(공동상해)

　피고인들은 제1항 기재 일시, 장소에서 서로 멱살을 잡은 상태에서 공동하여, 피해자 김갑동이 피고인들을 말리기 위해 피고인들의 팔을 잡자 동시에 이를 뿌리쳐 피해자 김갑동으로 하여금 그곳 대리석 바닥에 넘어지게 하였다. 이로써 피해자 김갑동에게 약 8주간의 치료를 필요로 하는 좌측 요골 원위 골절상을 가하였다.

증거의 요지 및 법령의 적용(생략)

　　　　　　　　판사　　　　이정성　_____

상 해 진 단 서

병록번호 (생략)

연번호 (생략)   주민등록번호 841112-1******   동반자

환 자 의 주 소	서울특별시 서초구 서초로 200						
환 자 의 성 명	김갑동	성별	(남)·여	생년월일	1984년 11월 12일	연령	만36세
병명	☑임 상 적 □최종진단명	좌측 요골 원위 골절상			국제질병 분류번호		
상 해 년 월 일	2020년 12월 1일(추정)		진단일		2020년 12월 1일		
상 해 의 원 인	몸싸움을 말리다가 밀려서 넘어졌다고 함						
증 상	상 해 부 위 와 정 도	좌측 팔목 부위 골절					
상해에 대 한 의 견	진료경과의견	(기재 생략)					
	외과수술여부						
	입 원 여 부						
	통상활동가능 여부						
	식사가능여부						
향 후 치료에 대 한 의 견	치료를 요하는 기간	수상일로부터 8주간					
	향후치료기간	(기재 생략)					
	병발증발생 가능 여부						
기 타							

위와 같이 진단함

발 행 일 2020년 12월 1일

병·의원주소   서울특별시 서초구 서초로 700

병 · 의원명   **강남의원**

면 허 번 호 78346   의사 성명   허준성 ㊞

진료내역서

김갑동(84. 11. 12.생, 주소 : 서울 서초구 서초로 200)은 강남의원에서 관혈적 정복술 및 금속 내 고정술 등 치료비로 총 1,000만 원을 지급하였다는 취지의 기재. 나머지 기재는 생략

2020. 12. 1.

강남의원 (직인)

소   장

원 고   김갑동

         서울 서초구 서초로 200

         소송대리인 변호사 전승혜

         서울 서초구 서초대로10길 11, 1200호(서초동, 완승빌딩)

         전화 02)532-3000, 팩스 02)532-3001, E-mail : jsh0909@naver.com

피 고   강인구

         서울 강남구 학동로 10[253]

손해배상청구의 소[254]

청 구 취 지

1. 피고는 원고에게 10,000,000원[255] 및 이에 대하여 2020. 12. 1.[256]부터 이 사건 소
   장 부본 송달일까지는 연 5%의,[257] 그 다음 날부터 다 갚는 날까지는 연 12%[258]의

---

[253] 상담자료에서 확인한 원고 김갑동, 피고 강인구의 인적사항을 기재하였다. 김갑동의 주소는 상담자료 중 진단서에서 확인
되고 김갑동의 대리인인 변호사 전승혜의 사무실 주소, 사무실 전화번호, 팩스번호 및 이메일주소는 앞서 상담일지의 최상
단에 적혀 있다. 피고 강인구의 주소 등 인적사항은 상담자료 중 형사판결서에서 확인 가능하다.

[254] 사건명칭은 불법행위를 원인으로 한 손해배상을 청구하는 사안이므로 '손해배상청구의 소'라고 붙이는 것이 적정하다.

[255] 상담자료 중 진료내역서에 의하여 인정되는 수술비 등 치료비는 1,000만 원이다.

[256] 의뢰인 김갑동의 희망사항이 지연손해금 전액을 받아달라고 하였으므로, 그 지연손해금의 최초 기산일을 찾아야 한다. 불
법행위로 인한 손해배상채무에 대하여는 원칙적으로 별도의 이행 최고가 없더라도 공평의 관념에 비추어 불법행위로 그
채무가 성립함과 동시에 지연손해금이 발생한다(대법원 2015. 11. 27. 선고 2013다211032 판결 등). 따라서 이 사안에
서 그 지연손해금의 기산일은 불법행위일인 2020. 12. 1.이다.

[257] 불법행위로 인한 손해배상채무의 경우에도 금전배상이 원칙이므로(민법 제763조, 제394조) 법정이율 연 5%가 적용된다.

[258] 소장 부본 송달 다음 날부터는 소송촉진 등에 관한 특례법령에 따른 이율이 적용될 수 있으므로 의뢰인 김갑동에게 가장

  각 비율로 계산한 돈을 지급하라.

2. 소송비용은 피고가 부담한다.

3. 제1항은 가집행할 수 있다.

라는 판결을 구합니다.

청 구 원 인

  피고는 이을남과 공동하여 2020. 12. 1. 04:00경 서울 강남구 논현대로 100에 있는 '황제'유흥주점에서, 피고와 이을남 사이의 상호폭행을 말리기 위해 피고와 이을남의 팔을 잡고 두 사람을 서로 떨어뜨리려고 하는 원고를 뿌리쳐, 원고로 하여금 그곳 대리석 바닥에 넘어지게 하였습니다. 원고는 피고의 이러한 행위로 인하여 약 8주간의 치료를 필요로 하는 좌측 요골 원위 골절상을 입게 되었습니다.

  원고는 2020. 12. 1. 관혈적 정복술 및 금속 내 고정술 등의 수술을 받았고 같은 날 수술비 등 치료비 합계 10,000,000원을 지출하였습니다.[259]

  그렇다면, 피고는 원고에게 불법행위로 인한 손해배상금 10,000,000원 및 이에 대하여 불법행위일인 2020. 12. 1.부터 이 사건 소장 부본 송달일까지는 민법에서 정한 연 5%의, 그 다음 날부터 다 갚는 날까지는 소송촉진 등에 관한 특례법에서 정한 연 12%의 각 비율로 계산한 지연손해금을 지급할 의무가 있습니다.[260]

  유리하게 위 특례법령에 따른 비율을 청구함이 바람직하다.

[259] 불법행위로 인한 손해배상청구에 관한 성립요건(고의 또는 과실, 위법성, 책임능력, 손해의 발생, 인과관계)에 해당하는 구체적인 사실(요건사실)을 나열하는 방식으로 서술하였다.

[260] 결론 부분은, 앞서 기재한 청구취지에 상응하게 기재하되, 숫자와 날짜의 법률적 의미를 법률용어를 활용하여 정확히 특정하여 주면 된다.

증 명 방 법[261]

1. 갑 제1호증 (판결사본)
2. 갑 제2호증 (상해진단서)
3. 갑 제3호증 (진료내역서)

첨 부 서 류

1. 위 각 증명방법   각 2통
2. 영수필확인서   1통
3. 송달료납부서   1통
4. 소송위임장   1통
5. 소장 부본   1통

2021. 3. 11.

원고 소송대리인
변호사 전승혜 ㊞

서울중앙지방법원   귀중

---

261 상담자료에 첨부된 자료들이 모두 청구원인란에 기재한 요건사실에 부합하는 증거들로 확인되었으므로, 이를 차례로 이른
바 갑제번호를 붙여서 기재하면 된다.

<문제 2> 귀하는 변호사 전승혜로서【문제 1 모범답안】과 같은 소장을 접수한 다음, 서울중앙
지방법원 민사 제80단독으로부터 아래와 같은【답변서】를 송달받았습니다.
이를 반박하는 내용의 **준비서면**을 작성하시오.

답 변 서

사 건   2021가소1234 손해배상
원 고   김갑동
피 고   강인구

위 사건에 관하여 피고의 소송대리인은 다음과 같이 답변합니다.

청구취지에 대한 답변
1. 원고의 청구를 기각한다.
2. 소송비용은 원고가 부담한다.
라는 판결을 구합니다.

청구원인에 대한 답변
1. 인정하는 사실
피고는 2020. 12. 1. 04:00경 서울 강남구 논현대로 100에 있는 '황제'유흥주점에서 이
을남과 상호폭행한 사실, 당시 원고가 싸움을 말리기 위해 피고와 이을남의 팔을 잡은 사
실, 그런데 피고가 이을남과 공동하여 원고의 팔을 동시에 뿌리쳐 원고로 하여금 그곳 대
리석 바닥에 넘어지게 한 사실, 이로 인해 원고가 약 8주간의 치료를 필요로 하는 좌측
요골 원위 골절상을 입었고 원고가 같은 날 수술비 등 치료비 합계 10,000,000원을 지출
한 사실은 모두 인정합니다.

2. 면제항변
피고는 2020. 12. 29. 이을남과 함께 서울 강남경찰서에서 원고와 대질조사를 받았는
데, 당시 원고는 이을남에 대하여 민·형사상 어떠한 이의제기도 하지 않을 것이라면서 그
손해배상채무에 대하여 면제하여 주었습니다. 피고와 이을남은 원고에 대하여 공동불법행
위를 저질러 부진정연대채무를 부담하고 있습니다. 그런데 채권자인 원고가 부진정연대채
무자 중 1인인 이을남에 대하여 면제하여 주었으므로 그 효력이 피고에게도 미친다고 할
것입니다.

증 명 방 법

1. 을제1호증(피의자신문조서 사본)

첨 부 서 류

1. 위 증명방법   2통
2. 답변서 부본   1통

2021. 3. 25.

피고 소송대리인
변호사 정당한 ㊞

서울중앙지방법원 민사 제80단독 귀중

피 의 자 신 문 조 서 (대 질)

피 의 자 : 강인구

위의 사람에 대한 **폭력행위등처벌에관한법률위반(공동상해)** 등 피의사건에 관하여 2020. 12. 29. 서울강남경찰서 형사과 사무실에서 사법경찰관 경위 정진호는 사법경찰리 경장 김철규를 참여하게 하고, 아래와 같이 피의자임에 틀림없음을 확인하다.

(중략)

문 피의자 강인구, 이을남은 피해자 김갑동과 합의를 하였나요.

답 (강인구) 아니오. 아직 합의를 하지는 못했습니다.

   (이을남) 김갑동이 저에게는 손해배상을 청구하지 않겠다고 하였습니다.

이때 사법경찰관은 진술인 김갑동에게,

문 진술인은 피의자 강인구, 이을남에 대한 형사처벌을 원하는가요.

답 피의자 이을남은 제 친구인데 형사처벌을 원하지 않습니다. 민사상 손해배상채무에 대하여도 책임추궁을 하지 않겠다고 이을남에게 약속했습니다. 다만 피의자 강인구는 엄벌에 처해 주시기 바랍니다.

(나머지 기재 생략)

사본함
서울강남경찰서
사법경찰관 경위 정진호 ㉚

기록 3

모범답안

문제 2   모범답안

준 비 서 면

사 건   2021가소1234 손해배상
원 고   김갑동
피 고   강인구

위 사건에 관하여 원고의 소송대리인은 다음과 같이 변론을 준비합니다.

부진정연대채무자 상호 간에 있어서 채권의 목적을 달성시키는 변제와 같은 사유는 채무자 전원에 대하여 절대적 효력을 발생하지만 그 밖의 사유는 상대적 효력을 발생하는 데에 그치는 것이므로 피해자가 채무자 중의 1인에 대하여 손해배상에 관한 권리를 포기하거나 채무를 면제하는 의사표시를 하였다 하더라도 다른 채무자에 대하여 그 효력이 미친다고 볼 수는 없습니다.[262 · 263]

따라서 피고 주장과 같이 원고가 이을남에 대한 채무를 면제하였다고 하더라도 그 효력은 피고에 대하여는 미치지 않습니다. 피고의 면제 주장은 이유 없습니다.[264]

2021. 3. 30.
원고 소송대리인
변호사 전승혜 ㊞

서울중앙지방법원 민사 제80단독 귀중

---

262 대법원 2006. 1. 27. 선고 2005다19378 판결 등

263 준비서면은 앞에서 설명한 것처럼, 기본적으로 답변서를 비롯한 상대방의 주장서면에 대하여 반박하는 내용을 기재한 서면으로서, 통상 상대방이 주장하는 요건사실을 부인하거나 상대방이 제출한 (재)항변에 대하여 다시 (재)재항변을 제출하거나 또는 상대방의 법리적 주장에 관하여 논박하는 법리적 주장을 기재한다. 이 사안에서는 채권자가 부진정연대채무 중 1인에게 행한 면제 의사표시의 효력이 다른 부진정연대채무자에게도 미친다는 피고의 법리적 주장에 관하여 반박하는 취지의 준비서면이 필요하다. 판례 법리상 부진정연대채무의 경우는 면제의 절대적 효력이 인정되지 않는 것이므로 그러한 취지의 법리를 언급하여 주는 것이 관건이다.

264 앞 문단에서 판례법리를 정확히 기재하였는데, 이로써 논증이 종료되는 것이 아니라 그에 따른 포섭판단의 결과를 반드시 기술하여야 함을 잊지 말자.

<문제 3> **변호사시험 출제 형식에 따라 소장 작성하기**

귀하는 변호사 전승혜로서 **소장**을 작성하시오. 다만, 의뢰인 김갑동으로부터 상담을 의뢰받을 때에 제시받은 증거들에 추가하여, 위에서 본 【답변서】 본문내용과 동일한 내용이 기재된 강인구 작성의 내용증명과 그 첨부서류로 피의자신문조서 사본도 함께 교부받았다고 가정하기 바랍니다.

제시된 사실관계만으로 피고에게 항변사유가 있고 그 요건이 갖추어진 것으로 판단되면 이를 청구범위에 반영하고, 피고의 주장이 이유 없다고 판단되면 해당 청구원인 부분에서 배척의 이유를 간략히 기재하시오. 나머지 작성요령은 【문제 1】과 동일합니다.

소   장

원 고   김갑동
　　　　서울 서초구 서초로 200
　　　　소송대리인 변호사 전승혜
　　　　서울 서초구 서초대로10길 11, 1200호(서초동, 완승빌딩)
　　　　전화 02)532-3000, 팩스 02)532-3001, E-mail : jsh0909@naver.com
피 고   강인구
　　　　서울 강남구 학동로 10

손해배상청구의 소

청 구 취 지

1. 피고는 원고에게 10,000,000원 및 이에 대하여 2020. 12. 1.부터 이 사건 소장 부본 송달일까지는 연 5%의, 그 다음 날부터 다 갚는 날까지는 연 12%의 각 비율로 계산한 돈을 지급하라.
2. 소송비용은 피고가 부담한다.
3. 제1항은 가집행할 수 있다.
라는 판결을 구합니다.

청 구 원 인

1. 손해배상책임의 성립

피고는 이을남과 공동하여 2020. 12. 1. 04:00경 서울 강남구 논현대로 100에 있는 '황제'유흥주점에서, 피고와 이을남의 상호폭행을 말리기 위해 두 사람의 팔을 잡고 서로를 떨어뜨리려고 하는 원고를 뿌리쳐, 원고로 하여금 그곳 대리석 바닥에 넘어지게 하였습니다. 원고는 피고의 이러한 행위로 인하여 약 8주간의 치료를 필요로 하는 좌측 요골 원위 골절상을 입게 되었습니다.

---

265 문제1의 모범답안으로 제시된 소장과 문제2의 모범답안으로 제시된 준비서면의 내용을 그대로 결합하여 본문을 구성하였다.

　　원고는 2020. 12. 1. 관혈적 정복술 및 금속 내 고정술 등의 수술을 받았고 같은 날 수술비 등 치료비 합계 10,000,000원을 지출하였습니다.

　　그렇다면, 피고는 원고에게 불법행위로 인한 손해배상금 10,000,000원 및 이에 대하여 불법행위일인 2020. 12. 1.부터 이 사건 소장 부본 송달일까지는 민법에서 정한 연 5%의, 그 다음 날부터 다 갚는 날까지는 소송촉진 등에 관한 특례법에서 정한 연 12%의 각 비율로 계산한 지연손해금을 지급할 의무가 있습니다.

2. 피고의 예상되는 주장과 반박

　　피고는, 채권자인 원고가 부진정연대채무자 중 1인인 이을남에 대하여 손해배상채무를 면제하여 주었으므로 그 효력이 피고에게도 미친다고 주장할 것으로 예상됩니다.

　　그러나 부진정연대채무자 상호 간에 있어서 채권의 목적을 달성시키는 변제와 같은 사유는 채무자 전원에 대하여 절대적 효력을 발생하지만 그 밖의 사유는 상대적 효력을 발생하는 데에 그치는 것이므로 피해자가 채무자 중의 1인에 대하여 손해배상에 관한 권리를 포기하거나 채무를 면제하는 의사표시를 하였다 하더라도 다른 채무자에 대하여 그 효력이 미친다고 볼 수는 없습니다.

　　따라서 원고의 이을남에 대한 손해배상채무 면제의 효력은 피고에 대하여는 미치지 않습니다. 피고의 면제 주장은 이유 없습니다.

증 명 방 법

　　1. 갑 제1호증 (판결사본)
　　2. 갑 제2호증 (상해진단서)
　　3. 갑 제3호증 (진료내역서)

첨 부 서 류

　　1. 위 각 증명방법　　　　　각 2통
　　2. 영수필확인서　　　　　　　1통
　　3. 송달료납부서　　　　　　　1통
　　4. 소송위임장　　　　　　　　1통
　　5. 소장 부본　　　　　　　　　1통

2021. 3. 11.

원고 소송대리인
변호사 전승혜 ㊞

서울중앙지방법원　　귀중

기록 3

<문제 4> 귀하는 <u>관할법원 재판연구원으로서 검토보고서</u>를 작성하시오. ① 【문제 1 모범답안】
의 소장(소장 부본의 송달일은 2021. 3. 15.로 전제할 것), ② 【문제 1】에 제시된 상담자료
들(판결사본, 상해진단서, 진료내역서를 원고가 제출한 증거로 볼 것), ③ 【문제 2】에 제시된
답변서와 그 첨부서류(피의자신문조서 사본을 피고가 제출한 증거로 볼 것), ④ 【문제 2 모
범답안】의 준비서면, ⑤ 아래에서 제시되는 변론조서를 일체의 기록으로 가정하되,
아래 검토보고서 양식 중 [검토] 부분만 작성하기 바랍니다.

[검토보고서 양식]

```
┌─────────────────────────────────┐
│                                 │
│            검토보고서            │
│                                 │
│   사  건    2021가소1234 손해배상  │
│   원  고    김갑동                │
│   피  고    강인구                │
│                                 │
│              [검토]              │
│                                 │
│   1. 결론                        │
│   2. 논거                        │
│                                 │
│              [주문]              │
│                                 │
└─────────────────────────────────┘
```

서 울 중 앙 지 방 법 원
변 론 조 서

제 1 차

사 건	2021가소1234 손해배상
판 사	김공하

기   일 : 2021. 4. 8. 10:00
장   소 :   제401호 법정
공개여부 :   공개

법원 사무관   장참여

고지된
선고기일 : 2021. 4. 22. 10:00

사건과 당사자의 이름을 부름
원고 및 원고 대리인 변호사 전승혜   각 출석
피고 및 피고 대리인 변호사 정당한   각 출석

원고 및 원고 대리인
　불법행위로 인한 손해배상금 및 지연손해금을 구한다고 하면서, 소장 진술
피고 및 피고 대리인
　원고가 주장하는 일시, 장소에서 피고가 원고에게 상해를 입힌 사실, 이로 인해 원고가 수술비 등으로 1,000만 원을 지출한 사실은 인정하나, 원고가 공동불법행위자인 이을남에 대하여 면제의 의사표시를 한 이상, 그 효력이 피고에게 미친다고 주장하면서, 2021. 3. 25.자 답변서 진술
원고 및 원고 대리인
　부진정연대채무자 중 1인인 이을남에 대한 면제의 효력은 피고에게 미치지 않는다고 주장하면서 2021. 3. 30.자 준비서면 진술

증거관계 별지와 같음(원·피고 서증)
변론종결

법원사무관　장　참　여　㊞
판　　사　김　공　하　㊞

문제 4   모범답안

[검토]

1. 결론

청구 전부 인용(가집행 가능)[266]
[인용되는 부분의 주문][267]
피고는 원고에게 10,000,000원 및 이에 대하여 2020. 12. 1.부터 2021. 3. 15.까지는 연 5%의, 그 다음 날부터 다 갚는 날까지는 연 12%의 각 비율로 계산한 돈을 지급하라.

2. 논거

가. 청구원인에 관한 판단[268]

1) 주장의 요지

원고는 피고를 상대로 불법행위로 인한 치료비 상당의 손해배상금 및 이에 대한 지연손해금의 지급을 구한다.[269]

2) 인정사실

○ 피고는 이을남과 공동하여 2020. 12. 1. 04:00경 서울 강남구 논현대로 100에 있는 '황

---

266 지금까지 기록을 검토하여 보면, 원고가 피고와 이을남의 폭력행위등처벌에관한법률위반(공동상해)이라는 불법행위로 인하여 상해를 입었고 이로 인하여 수술비 등 치료비로 1,000만 원의 손해를 입었음을 알 수 있다. 이에 대하여 피고는 부진정연대채무에 있어 면제의 절대적 효력을 주장하였으나 이는 판례법리상 채택될 수 없는 주장이므로 결국 피고의 그 주장은 이유 없다. 원고의 청구가 전부 인용되어야 한다. 따라서 결론란에 '청구 전부 인용'이라고 기재하고 가집행 가능 여부를 밝혀 주면 된다. 금전지급청구 사안이므로 가집행 가능하다.

267 인용되는 부분의 주문을 판결서의 주문 기재례 형식에 맞추어 기재하면 된다. 다만 이른바 주된 주문만 기재하면 된다. 종된 주문인 소송비용과 가집행선고는 기재하지 아니한다.

268 앞서 여러 차례 설명한 것처럼, 검토보고서의 논리적 구성은 기본적으로 청구원인 및 항변 이하의 각 단계별로 주장의 요지 → 법리 → 사실 → 판단의 순으로 이루어져 있다. 다만, 상황에 따라 법리의 설시가 필요 없을 수도 있고, 사실인정이 불필요할 수도 있다. 이하의 서술도 이러한 원칙에 따라 기술되었다.

269 청구원인이 받아들여지는 경우이므로 주장요지를 간략히 기재함이 원칙이다. 대체로 원고가 누구를 상대로 어떠한 청구(소송물)를 하는지를 표현하여 주면 충분하다.

제'유흥주점에서, 피고와 이을남과의 상호폭행을 말리기 위해 피고와 이을남의 팔을 잡고 두 사람을 서로 떨어뜨리려고 하는 원고를 뿌리쳐, 원고로 하여금 그곳 대리석 바닥에 넘어지게 하여 이로 인하여 원고에게 약 8주간의 치료를 필요로 하는 좌측 요골 원위 골절상을 입게 하였다.

○ 원고는 2020. 12. 1. 관혈적 정복술 및 금속 내 고정술 등의 수술을 받고 수술비 등 치료비로 10,000,000원을 지출하였다.[270]

[인정근거 : 다툼 없는 사실][271]

3) 소결론

위 인정사실에 의하면, 특별한 사정이 없는 한 피고는 이을남과 공동하여 원고에게 위 불법행위로 인한 치료비 손해배상금 10,000,000원 및 이에 대한 지연손해금을 지급할 의무가 있다.[272]

나. 피고의 면제 주장에 관한 판단[273]

1) 주장의 요지

피고는, 원고가 2020. 12. 29. 이을남에 대하여 민·형사상 어떠한 이의제기도 하지 않을 것이라면서 위 불법행위로 인한 손해배상채무를 면제하여 주었는데, 채권자인 원고가 공동불법행위자로서 부진정연대채무자 중 1인인 이을남에 대하여 한 면제의 효력이 피고에게도 미친다고 항변한다.[274]

2) 관련 법리

부진정연대채무자 상호 간에 있어서 채권의 목적을 달성시키는 변제와 같은 사유는 채무자 전원에 대하여 절대적 효력을 발생하지만 그 밖의 사유는 상대적 효력을 발생하는 데에 그치는 것이므로 피해자가 채무자 중의 1인에 대하여 손해배상에 관한 권리를 포기하거나 채무를 면제하는 의사표시를 하였다 하더라도 다른 채무자에 대하여 그 효력이 미친다고 볼 수는 없다.

---

270 요건사실들을 나열하였다.
271 나열한 요건사실들의 인정근거를 밝혀 주었다. 이 사안에서는 피고가 원고가 주장하는 요건사실들을 모두 자백하였다.
272 원고가 주장한 요건사실들이 피고가 자백함으로써 모두 인정되어 그 법률효과로서 피고에게 손해배상의무가 있다는 것을 표현하여 주는 부분이다. 다만, 청구원인에 관하여 피고가 반박하는 취지의 법리적 주장을 하였으므로 이하에서 피고의 그 주장의 당부 판단을 한 후에, 최종결론은 마지막에서 기술하는 것이 자연스럽다. 이러한 경우에는 대개 잠정적인 결론이라는 뜻으로 '특별한 사정이 없는 한'이라는 수식어를 붙이고, 의무의 내용을 자세히 밝히지 않고 '금 1,000만 원 및 이에 대한 지연손해금' 정도로만 의무의 내용을 기재한다. 대체로 의무자(피고)를 주어로 서술한다.
273 피고의 주장에 관한 제목을 적절히 붙이는 것이 좋다. 다만 제목에 유일무이한 정답이 있는 것은 아니므로 크게 유의할 필요는 없다.
274 피고의 주장이 배척되는 경우이므로 피고의 주장을 자세히 적어 줄 필요가 있다. 기록상 피고의 주장이 서술된 부분을 거의 그대로 인용하여 적어 준다고 생각하여도 무방하다.

3) 소결론

피고 주장과 같이 원고가 이을남에 대한 채무를 면제하였다고 하더라도 그 효력은 다른 부진정연대채무자인 피고에게 미치지 않는다. 따라서 피고의 위 주장은 이유 없다.[275]

다. 손해배상 청구에 관한 결론

피고는 원고에게 위 불법행위로 인한 치료비 손해배상금 10,000,000원 및 이에 대하여 불법행위일인 2020. 12. 1.부터 이 사건 소장 부본 송달일인 2021. 3. 15.까지는 민법에서 정한 연 5%의, 그 다음 날부터 다 갚는 날까지는 소송촉진 등에 관한 특례법에서 정한 연 12%의 각 비율로 계산한 지연손해금을 지급할 의무가 있다.[276]

[주문][277]

1. 피고는 원고에게 10,000,000원 및 이에 대하여 2020. 12. 1.부터 2021. 3. 15.까지는 연 5%의, 그 다음 날부터 다 갚는 날까지는 연 12%의 각 비율로 계산한 돈을 지급하라.
2. 소송비용은 피고가 부담한다.
3. 제1항은 가집행할 수 있다.

---

275 위 법리를 적용하여 보면, 원고의 이을남에 대한 면제 의사표시는 피고에게 효력이 미치지 않는다는 포섭판단에 이른다. 이러한 포섭판단의 과정이 반드시 표현되어야 한다.

276 피고의 주장을 배척하였으므로 이제 최종결론을 기재할 차례이다. 피고가 부담하는 의무의 내용을 상세히 밝혀 기재하여 준다. 소장의 결론 부분과 마찬가지로 주문에 상응하게 기재하되, 날짜와 숫자 등의 법률적 의미를 정확히 밝혀서 기재하여야 한다.

277 문제4에서 [주문]란은 기재하지 않도록 조건을 달았으나, 청구취지의 학습에 도움을 주고자 참고로 [주문]란도 기재하였다.

<문제 4 - 1(심화문제)> 귀하는 <u>관할법원 재판연구원으로서 검토보고서</u>를 작성하시오. ① 【문제 1 모범답안】의 소장(소장 부본의 송달일은 2021. 3. 15.로 전제할 것), ② <u>아래에서 제시되는 답변서와 서증</u>, ③ 위 답변서상 주장을 다투는 취지의 준비서면(【<u>문제 2</u>】<u>의 준비서면의 내용이 위 수정된 답변서 내용을 반박하는 취지로 변경되었다고 전제할 것</u>)을 일체의 기록으로 가정하되, 변론조서는 위와 같이 수정된 내용과 상응하게 변경된 것으로 전제하고 아래 검토보고서 양식 중 [검토] 부분만 작성하기 바랍니다.

[검토보고서 양식]

검토보고서

사　건　　2021가소1234 손해배상
원　고　　김갑동
피　고　　강인구

[검토]

1. 결론
2. 논거

[주문]

답 변 서

사 건   2021가소1234 손해배상
원 고   김갑동
피 고   강인구

　위 사건에 관하여 피고의 소송대리인은 다음과 같이 답변합니다.

청구취지에 대한 답변
1. 원고의 청구를 기각한다.
2. 소송비용은 원고가 부담한다.
라는 판결을 구합니다.

청구원인에 대한 답변
1. 인정하는 사실
　피고는 2020. 12. 1. 04:00경 서울 강남구 논현대로 100에 있는 '황제'유흥주점에서 이을남과 상호폭행한 사실, 당시 원고가 싸움을 말리기 위해 피고와 이을남의 팔을 잡은 사실, 그런데 피고가 이을남과 공동하여 원고의 팔을 동시에 뿌리쳐 원고로 하여금 그곳 대리석 바닥에 넘어지게 한 사실, 이로 인해 원고가 약 8주간의 치료를 필요로 하는 좌측 요골 원위 골절상을 입었고 원고가 같은 날 수술비 등 치료비 합계 10,000,000원을 지출한 사실은 모두 인정합니다.

2. 상계계약 항변
　피고는 2020. 12. 29. 이을남과 함께 서울 강남경찰서에서 원고와 대질조사를 받았는데, 당시 원고는 이을남과 사이에 작성한 형사상 합의서를 제출하였습니다. 그런데 그 형사상 합의서에 원고의 이을남에 대한 2019. 11. 1.자 대여금채무 1,000만 원과 이 사건 손해배상채무 상호 간에 상계하기로 하는 내용의 상계계약도 들어 있었습니다. 따라서 공동불법행위자로서 부진정연대채무자 중 1인인 이을남의 채권자인 원고와의 상계계약의 효력은 피고에게도 미친다고 할 것입니다.

증 명 방 법
　1. 을 제1호증 (피의자신문조서 사본)
　2. 을 제2호증 (합의서)

첨 부 서 류
　1. 위 각 증명방법　　　　　　각 2통
　2. 답변서 부본　　　　　　　　1통

2021. 3. 25.

피고 소송대리인
변호사 정당한 ㉑

서울중앙지방법원 민사 제80단독 귀중

피 의 자 신 문 조 서 (대 질)

> **피 의 자 : 강인구**
> 위의 사람에 대한 폭력행위등처벌에관한법률위반(공동상해) 등 피의사건에 관하여 2020. 12. 29. 서울강남경찰서 형사과 사무실에서 사법경찰관 경위 정진호는 사법경찰리 경장 김철규를 참여하게 하고, 아래와 같이 피의자임에 틀림없음을 확인하다.

(중략)

문 피의자 강인구, 이을남은 피해자 김갑동과 합의를 하였나요.

답 (강인구) 아니오. 아직 합의를 하지는 못했습니다.

　　(이을남) 저는 구두 합의를 마쳤습니다.

이때 사법경찰관은 진술인 김갑동에게,

문 진술인은 피의자 강인구, 이을남에 대한 형사처벌을 원하는가요.

답 피의자 이을남은 제 친구인데 형사처벌을 원하지 않습니다. 다만 피의자 강인구는 엄벌에 처해 주시기 바랍니다.

이때 진술인 김갑동은 피의자 이을남과의 합의서를 작성하여 본직에게 제출한바, 이를 조서 말미에 편철하다.

(나머지 기재 생략)

> 사본함
> 서울강남경찰서
> 사법경찰관 경위 정진호 ㊞

합   의   서

피 해 자   김갑동 (841112-1789519)

서울 서초구 서초로 200

가 해 자   이을남 (840310-1123456)

서울 서초구 서초로 10

　가해자는 2019. 11. 1. 피해자에게 1,000만 원을 이자 없이 변제기 2020. 10. 31.
로 정하여 빌려주었는데, 피해자와 가해자는 위 대여금채무와 위 폭력행위등처벌에
관한법률위반(공동상해) 사건으로 인한 손해배상채무를 상계하기로 약정하였습니다.
이에 피해자는 2020. 12. 1. 폭력행위등처벌에관한법률위반(공동상해) 사건에 관하
여 가해자에 대한 형사처벌을 원하지 않습니다.

첨부서류 : 인감증명서 각 1통(첨부생략)

2020. 12. 29.

피해자   김갑동   ㉑

가해자   이을남   ㉑

![기록 3 모범답안]

문제 4-1 (심화문제) 모범답안

[검토]

1. 결론

청구 기각[278]

2. 논거

가. 청구원인에 관한 판단

1) 주장의 요지

원고는 피고를 상대로 불법행위로 인한 치료비 상당의 손해배상금 및 이에 대한 지연손해금의 지급을 구한다.

2) 인정사실

○ 피고는 이을남과 공동하여 2020. 12. 1. 04:00경 서울 강남구 논현대로 100에 있는 '황제'유흥주점에서, 피고와 이을남과의 상호폭행을 말리기 위해 피고와 이을남의 팔을 잡고 두 사람을 서로 떨어뜨리려고 하는 원고를 뿌리쳐, 원고로 하여금 그곳 대리석 바닥에 넘어지게 하여 이로 인하여 원고에게 약 8주간의 치료를 필요로 하는 좌측 요골 원위 골절상을 입게 하였다(이하 '이 사건 사고'라고 한다).

○ 원고는 2020. 12. 1. 관혈적 정복술 및 금속 내 고정술 등의 수술을 받고 수술비 등 치료비로 10,000,000원을 지출하였다.

[인정근거 : 다툼 없는 사실]

3) 소결론

위 인정사실에 의하면, 특별한 사정이 없는 한 피고는 이을남과 공동하여 원고에게 불법행

---

[278] 아래에서 보는 바와 같이 부진정연대채무에 있어서 상계계약의 효력에는 절대적 효력이 있으므로 이를 지적하는 피고의 항변이 타당하므로 원고의 청구는 기각되어야 한다.

위인 이 사건 사고로 인한 치료비 손해배상금 10,000,000원 및 이에 대한 지연손해금을 지급할 의무가 있다.[279]

나. 피고의 상계계약 항변에 관한 판단

1) 주장의 요지

피고는 원고와 이을남 사이의 상계계약으로 인하여 피고의 원고에 대한 손해배상채무가 소멸하였다고 항변한다.[280]

2) 관련 법리

부진정연대채무자 중 1인이 자신의 채권자에 대한 반대채권으로 상계를 한 경우에도 채권은 변제, 대물변제, 또는 공탁이 행하여진 경우와 동일하게 현실적으로 만족을 얻어 그 목적을 달성하는 것이므로, 그 상계로 인한 채무소멸의 효력은 소멸한 채무 전액에 관하여 다른 부진정연대채무자에 대하여도 미친다고 보아야 한다. 이는 부진정연대채무자 중 1인이 채권자와 상계계약을 체결한 경우에도 마찬가지이다.[281·282]

3) 인정사실

이을남은 2019. 11. 1. 원고에게 1,000만 원을 변제기를 2020. 10. 31.로 정하여 대여하였고, 원고와 이을남은 2020. 12. 29. 원고의 이을남에 대한 위 차용금반환채무와 이을남의 원고에 대한 이 사건 사고로 인한 손해배상채무를 상계하기로 약정하였다.

[인정근거 : 을 제1호증(피의자신문조서 사본), 을 제2호증(합의서)의 각 기재 및 변론 전체의 취지][283]

4) 소결론

위 인정사실에 의하면, 원고는 부진정연대채무자인 이을남에게 차용금 1,000만 원을 반환할 의무가 있고, 원고와 이을남이 상계계약을 체결함으로써, 이을남의 원고에 대한 이 사건 사고로 인한 손해배상채무는 소멸하였다. 위 관련 법리에 의하면, 위 상계계약으로 인한 채무소멸의 효력은 다른 부진정연대채무자인 피고에 대하여도 미친다.[284]

---

[279] 이하에서 피고의 항변을 다시 검토하여야 하므로 여기에서는 잠정적 결론을 표시하여 주면 충분하다.
[280] 피고의 항변을 받아들이는 경우이므로 항변의 요지를 간략히 언급한다.
[281] 대법원 2010. 9. 16. 선고 2008다97218 전원합의체 판결
[282] 상계계약의 절대적 효력에 관한 판례법리를 기재하였다.
[283] 상계계약의 내용과 이에 대한 증거를 표시하였다.
[284] 관련 법리와 인정사실의 내용과 중첩되는 느낌이 들 수 있으나 이렇게 포섭판단의 내용도 기재하여야 한다. 그래야 3단논법의 논증이 정확히 이루어지는 것이기 때문이다.

피고의 위 항변은 이유 있다.[285]

다. 이 사건 청구에 관한 결론

원고의 청구는 이유 없다.[286]

[주문][287]

1. 원고의 청구를 기각한다.
2. 소송비용은 원고가 부담한다.

---

285 이렇게 소결론은 포섭판단 후 항변의 당부판단으로 마무리짓는다.
286 최종결론을 기재한다.
287 참고로 주문도 소개하였다.

기록

채권양도/
양도금지특약, 소멸시효 항변

<문제 1> 귀하는 변호사 전승혜로서, 의뢰인 김갑동과의 상담을 통해 아래 【상담내용】과 같은 사실관계를 청취하고, 【의뢰인 희망사항】 기재사항에 관한 본안소송의 대리권을 수여 받고, 첨부된 서류를 자료로 받았습니다.

　　　　의뢰인을 위한 본안의 소를 제기하기 위한 <u>소장</u>을 작성하시오.

【작성요령】

1. 소장 작성일 및 소제기일은 <u>2020. 10. 1.</u>로 하시오.
2. 【의뢰인 희망사항】란에 기재된 희망사항에 부합하도록 소장을 작성하되, 현행법과 그 해석 상 승소 가능한 최대한의 범위에서 청구하고, 소 각하나 청구기각 부분이 발생하지 않도록 하시오.
3. 【의뢰인 상담일지】와 첨부자료에 기재된 사실관계는 모두 사실에 부합한 것으로 보고(작성 자의 의견에 해당하는 사항은 제외), 기재되지 않은 사실은 없는 것으로 전제하며, 첨부된 서류 는 모두 진정하게 성립된 것으로 간주하시오.
4. 수원시 팔달구 팔단산로 10 지상 2층 점포건물 중 1층 500㎡를 '이 사건 점포'라고 표시하 기 바랍니다.
5. 관련 증거자료를 제시하여 기술할 필요는 없습니다.
6. 기록상의 날짜가 공휴일인지 여부, 문서의 서식이 실제와 부합하는지 여부는 고려하지 마시오.

의뢰인 상담일지

변호사 전 승 혜 법률사무소

서울 서초구 서초대로10길 11, 1200호(서초동, 완승빌딩)
☎ : 02)532-3000, 팩스 : 02)532-3001, E-mail : jsh0909@naver.com

접수번호	2020-900	상담일시	2020. 9. 25.
상담인	김갑동 010-4563-9601	내방경위	지인소개

【상 담 내 용】

1. 김갑동은 서울시 외곽에서 화훼류 도매점 "클로버"를 운영하고 있다. 김갑동은 수원시내에서 꽃집 "혜화"를 운영하는 이을남에게 2012년부터 계속적으로 꽃, 화분, 나무를 외상으로 공급해 왔다. 김갑동은 2015. 5. 15. 이을남과 그간의 거래를 정산하기로 한 다음 외상 화훼 대금을 5,000만 원으로 정하여 1개월 후에 변제받기로 약정하였다. 그런데 이을남은 그때부터 1개월이 지나도록 약정금 5,000만 원을 지급하지 않았다.

2. 그런데 당시 이을남은 2013. 10. 15. 장건주로부터 이 사건 점포인 위 "혜화" 꽃집 점포(수원시 팔달구 팔단산로 10 지상 2층 점포건물 중 1층 500㎡)를 임차하여 2013. 11. 1. 임대차보증금 5,000만 원을 지급하고 그때부터 꽃집 영업을 하고 있었다. 한편 이을남은 임대차계약기간 만료일인 2015. 10. 31.로부터 1개월 전까지도 장건주에게 임대차계약의 갱신을 요구하지 아니하였다.

3. 이을남은 김갑동으로부터 약정금의 지급을 독촉받게 되자, 2015. 8. 1. 김갑동에 대한 약정 금의 지급에 갈음하여 김갑동에게 이을남의 장건주에 대한 이 사건 점포에 관한 임대차보증금반환채권 5,000만 원을 양도하였다. 이을남은 2015. 10. 31. 장건주에게 이 사건 점포를 인도하여 주었다.

4. 장건주는 현재까지도 위 임대차보증금을 지급하지 않고 있다.

【의뢰인 희망사항】

김갑동은 장건주로부터 위 임대차보증금의 원금을 지급받고 싶다.

約 定 書

　김갑동(주민등록번호 780105-1045678, 주소 서울 서초구 서초로 200)을 甲, 이을남
(주민등록번호 790811-1231230, 주소 수원시 장안구 정조로 100)을 乙이라 하여 甲과
乙은 다음과 같이 約定한다.

1. 甲은 乙에게 2012년부터 계속적으로 꽃, 화분, 나무를 외상으로 공급해 왔다. 甲과 乙
   은 2015. 5. 15. 그간의 외상거래를 정산하되 외상 화훼 대금을 5,000만 원으로 정하
   기로 한다. 그 변제기는 2015. 6. 15.로 정한다.

2. 乙은 甲에게 위 약정금을 성실히 이행하기로 한다.

2015.　　5.　　15.

甲　　김갑동 (인)

乙　　이을남 (인)

채권양도양수 계약서

채권의 표시 : 금 5,000만 원

(이을남이 장건주에 대하여 가지는 수원시 팔달구 팔단산로 10 지상 2층 점포건물 중 1층 500㎡에 관한 임대차보증금반환채권)

1. 이을남이 2015. 5. 15.자 김갑동에 대한 약정금채무 5,000만 원을 변제하기 위하여 2015. 8. 15. 김갑동에게 위 점포의 임대차보증금반환채권 금 5,000만 원을 양도한다.
2. 이을남은 즉시 장건주에게 채권양도통지를 한다.

2015.   8.   15.

채권양도인 : 이을남 (인)

　　　　　　　주민등록번호 790811-1231230

　　　　　　　주소 수원시 장안구 정조로 100

채권양수인 : 김갑동 (인)

　　　　　　　주민등록번호 780105-1045678

　　　　　　　주소 서울 서초구 서초로 200

채권양도양수 통지서

채권의 표시

이을남(임차인)이 아래 임대차계약이 종료되는 경우에 장건주(임대인)에 대하여 가지는 아래 임대차보증금반환채권

　　임대차계약체결일 : 2013. 10. 15.
　　임대차목적물 : 수원시 팔달구 팔단산로 10 지상 2층 점포건물 중 1층 500m²
　　보증금 :　50,000,000원
　　월 차임 : 1,000,000원
　　임대차기간 : 2013. 11. 1. - 2015. 10. 31.

양도인 이을남은 오늘 양수인 김갑동(주소 : 서울 서초구 서초로 200)에게 위 채권을 양도하기로 하고 양수인은 이를 수락하였습니다.

따라서 귀하께서는 양도인 이을남에게 지급할 위 돈을 양수인에게 지급하여 주시기 바랍니다.

　　　　　　　　　　　　　　　2015.　8.　1.

통고인　이을남
　　　　　수원시 장안구 정조로 100

장건주 귀하
서울 서초구 반포대로 100

이 우편물은 2015년 8월 1일 등기 제12567호에 의하여 내용증명 우편물로 발송하였음을 증명함 수원우체국장 ㉑

우 편 물 배 달 증 명 서

수취인의 주거 및 성명

　　　서울 서초구 반포대로 100

　　장건주 귀하

접 수 국 명	경기 수원	접수연월일	2015년 8월 1일
접 수 번 호	제12567호	배달연월일	2015년 8월 4일

적 요 　(채권양도양수 통지서 1통) 　　　대리인 **장희수** ㊞	**수원우체국**

기록 4 모범답안

문제 1 **모범답안**[288]

소   장

원 고   김갑동

서울 서초구 서초로 200

소송대리인 변호사 전승혜

서울 서초구 서초대로10길 11, 1200호(서초동, 완승빌딩)

전화 02)532-3000, 팩스 02)532-3001, E-mail : jsh0909@naver.com

피 고   장건주

서울 서초구 반포대로 100

양수금 청구의 소

청 구 취 지

1. 피고는 원고에게 5,000만 원을 지급하라.

2. 소송비용은 피고가 부담한다.

3. 제1항은 가집행할 수 있다.

라는 판결을 구합니다.

---

288 원고가 이을남으로부터 이을남의 피고에 대한 이 사건 점포에 관한 임대차보증금반환채권을 양도받았다고 주장하고 있는데 첨부자료들에 비추어 볼 때, 양수금청구의 요건사실, 즉 양도대상 채권(위 임대차보증금반환채권)의 존재/ 채권양도의 약정사실/ 채권양도의 통지 및 통지의 도달 사실이 모두 인정된다. 한편 이을남은 꽃집을 운영하는 상인이므로 위 임대차보증금반환채권에는 상사시효가 적용되는데, 위 임대차계약의 기간만료일인 2015. 10. 31.부터 5년이 지나기 전인 2020. 10. 1. 이 사건 소장이 작성 및 접수되는 것으로 전제하였으므로 상사시효는 문제되지 않는다.

<h1 style="text-align:center">청 구 원 인[289]</h1>

이을남은 2013. 10. 15. 피고로부터 이 사건 점포를 임대차보증금 5,000만 원, 월 차임 100만 원, 기간 2013. 11. 1.부터 2015. 10. 31.까지 정하여 임차하였습니다. 이을남은 2013. 11. 1. 피고에게 위 보증금 5,000만 원을 지급하였습니다.

이을남은 2015. 8. 1. 원고에게 위 임대차보증금반환채권을 양도하였고, 같은 날 피고에게 위 채권양도를 통지하였으며, 그 통지는 2015. 8. 4. 피고에게 송달되었습니다.

그렇다면, 피고는 위 임대차보증금반환채권을 양수한 원고에게 양수금 5,000만 원을 지급할 의무가 있습니다.

<h2 style="text-align:center">증 명 방 법</h2>

1. 갑 제1호증 (채권양도양수 계약서)
2. 갑 제2호증 (채권양도양수 통지서)
3. 갑 제3호증 (우편물배달증명서)[290]

<h2 style="text-align:center">첨 부 서 류</h2>

1. 위 각 증명방법	각 2통
2. 영수필확인서	1통
3. 송달료납부서	1통
4. 소송위임장	1통
5. 소장 부본	1통

2020. 10. 1.

원고 소송대리인

변호사 전승혜 ㊞

서울중앙지방법원 귀중

---

289 양수금청구의 요건사실에 맞추어 서술하면 된다. 그 요건사실 및 기재방식에 관하여는 [부록] 제1항 중 순번 6번을 참조하라. 김갑동과 이을남이 화훼 대금을 5,000만 원으로 정산하기로 약정한 사실은 기재할 필요가 없다. 이는 채권양도하게 된 동기에 불과하기 때문에 양수금청구의 요건사실에 포함되지 않는다.

290 첨부자료 중 약정서는 증명방법으로 첨부할 필요가 없다. 왜냐하면, 위 약정서는 원고가 이을남으로부터 위 임대차보증금반환채권을 양도받게 된 원인관계와 관련된 서류인데, 양수금청구에 있어서 채권양도의 원인관계에 관한 사실은 요건사실이 아니기 때문이다.

기록 4

<문제 2> 귀하는 변호사 전승혜로서 【문제 1 모범답안】과 같은 소장을 접수한 다음, 서울중앙
지방법원 민사 제70단독으로부터 아래와 같은 【답변서】와 을 제1호증(임대차계약서)
을 송달받았고 의뢰인 김갑동으로부터 아래와 같이 갑 제4호증(부동산가압류결정),
갑 제5호증(등기사항전부증명서)을 추가로 제공받았습니다.
위 답변서를 반박하는 내용의 **준비서면**(작성일자 2021. 3. 3.자)을 작성하시오. **다만, 소
장의 작성 및 접수일자를 2021. 1. 12.로, 해당 부동산가압류신청일은 2017. 1. 4.로
전제하고,** 수원시 팔달구 신풍동 10 대 2,000㎡를 '이 사건 토지'라고 표시하기 바랍
니다.

답 변 서

사 건   2021가단345 양수금청구
원 고   김갑동
피 고   장건주

위 사건에 관하여 피고의 소송대리인은 다음과 같이 답변합니다.

청구취지에 대한 답변
1. 원고의 청구를 기각한다.
2. 소송비용은 원고가 부담한다.
라는 판결을 구합니다.

청구원인에 대한 답변
1. 인정하는 사실
  이을남이 2013. 10. 15. 피고로부터 이 사건 점포를 임대차보증금 5,000만 원, 월 차
임 100만 원, 임대차기간 2013. 11. 1.부터 2015. 10. 31.까지로 정하여 임차한 사실, 이
을남이 2013. 11. 1. 피고에게 위 임대차보증금 5,000만 원을 지급한 사실, 이을남이
2015. 8. 1. 원고에게 위 임대차보증금반환채권을 양도하고, 같은 날 피고에게 위 채권
양도를 통지한 사실, 그 통지가 2015. 8. 4. 피고에게 송달된 사실은 모두 인정합니다.

2. 양도금지특약의 항변

　피고와 이을남은 이 사건 점포에 관하여 임대차계약시 피고의 승낙 없이는 위 임대차보증금반환채권을 양도할 수 없다는 내용의 특약을 맺었습니다(위 임대차계약서 제5조). 따라서 피고는 위 양도특지특약으로써 양수인인 원고에게 대항할 수 있습니다.

3. 상사시효소멸 항변

　한편, 이을남은 꽃집을 운영하는 상인이므로 위 임대차보증금반환채권에 관하여는 상사시효가 적용됩니다. 그런데 위 임대차보증금반환채권의 변제기는 위 임대차계약기간의 만료일인 2015. 10. 31.인바, 이 사건 소는 그때로부터 상사시효 5년이 경과한 2021. 1. 12. 제기되었습니다. 따라서 위 채권은 상사시효로 소멸하였습니다.

4. 결론

　원고의 청구는 어느 모로 보나 이유가 없으므로 기각되어야 합니다.

증 명 방 법
　　1. 을 제1호증 (임대차계약서)

첨 부 서 류
　　1. 위 증명방법　　　　　　　　　2통
　　2. 답변서 부본　　　　　　　　　1통

2021.　2.　2.

피고 소송대리인
변호사　정당한 ㉕

서울중앙지방법원 민사 제70단독　귀중

부동산 임대차계약서

임대인 장건주[서울 서초구 반포대로 100]와
임차인 이을남[수원시 장안구 정조로 100]은
임대인 소유인 아래 물건에 대하여 다음과 같이 임대차계약을 체결한다.

제1조 (임대차 물건)

　임대차 목적물은 **수원시 팔달구 팔단산로 10 지상 2층 점포건물 중 1층 500m²**이다.

제2조 (목적물의 인도와 임대차 기간)

　임대인은 2013년 11월 1일 목적물을 임차인에게 인도하며, 임대차계약기간은 그 때부터 2015년 10월 31일까지 2년으로 한다.

제3조 (임대료)

　임차인은 임대인에게 임대료를 월세로 매월 일백만(1,000,000) 원을 지급한다.

제4조 (임대차보증금)

　① 임대차보증금은 오천만(50,000,000) 원으로 하고, 임차인은 2013. 11. 1. 임대인에게 이를 지급한다.

　② 임차인에게 임대료 연체, 기타 본 계약에 의한 채무의 불이행 또는 손해배상 채무가 있을 때는 임차인의 동의 없이 임대차보증금으로 충당할 수 있다.

제5조 (양도금지)

　임차인은 임차보증금 반환채권을 임대인의 승낙 없이 제3자에게 양도하지 못한다.

제6조 (사용용도)

　임차인은 임대차 목적물을 꽃집 운영 용도로만 사용하기로 한다.

2013.　10.　15.

　　　임대인 ： 장 건 주　(인)

　　　　　　　주민등록번호 660808-1914355

　　　　　　　주소 서울 서초구 반포대로 100

　　　　　　　　　　　　　　　　　　　　　　　| 을 제1호증 |

　　　임차인 ： 이을남　(인)

　　　　　　　주민등록번호 790811-1231230

　　　　　　　주소 수원시 장안구 정조로 100

서 울 중 앙 지 방 법 원
결   정

사 건   2017카단1500 부동산가압류
채 권 자   김갑동
            서울 서초구 서초로 200
채 무 자   장건주
            서울 서초구 반포대로 100

갑 제4호증

주   문

채무자 소유의 별지 기재 부동산을 가압류한다.
채무자는 다음 청구금액을 공탁하고 가압류의 집행정지 또는 그 취소를 신청할 수 있다.

청구채권의 내용   2013. 10. 15.자 임대차보증금
청구금액   금 50,000,000원

이   유

 이 사건 부동산가압류신청은 이유 있으므로 담보로 별지 첨부의 지급보증위탁계약을
맺은 문서를 제출받고 주문과 같이 결정한다. (공탁보증보험증권의 첨부는 생략함)

                    2017.   1.   21.

                                  정 본 입 니 다.
        사법보좌관 이창보 ㊞   2017. 1. 21.
                                  법원주사 김윤성 ㊞

별지

가압류할 부동산의 표시

수원시 팔달구 신풍동 10 대 2,000m². 끝.

등기사항전부증명서(말소사항 포함) - 토지

[토지] 경기도 수원시 팔달구 신풍동 10

【 갑 구 】	(소유권에 관한 사항)			
순위번호	등 기 목 적	접 수	등 기 원 인	권 리 자 및 기 타 사 항
		(기재 생략)		
2	소유권이전	2015년12월5일 제853342호	2015년11월5일 매매	소 유 자 장건주 660808-******* 서울특별시 서초구 반포대로 100
3	가압류	2017년1월23일 제23473호	2017년1월21일 서울중앙지방법원 의 가압류결정 (2017카단1500)	청구금액 금 50,000,000원 채 권 자 김갑동 780105-1045678 서울특별시 서초구 서초로 200

(나머지 기재 생략)

갑 제5호증

준 비 서 면

사   건   2021가단345 양수금청구
원   고   김갑동
피   고   장건주

위 사건에 관하여 원고의 소송대리인은 다음과 같이 변론을 준비합니다.

1. 양도금지특약 항변에 관하여[291]

채무자는 제3자가 채권자로부터 채권을 양수한 경우 채권양도금지 특약의 존재를 알고 있는 양수인이나 그 특약의 존재를 알지 못함에 중대한 과실이 있는 양수인에게 그 특약으로써 대항할 수 있고, 제3자의 악의 내지 중과실은 채권양도금지의 특약으로 양수인에게 대항하려는 자가 이를 주장·증명하여야 합니다.[292]

그런데 피고는 이을남과 피고 사이에 이 사건 임대차보증금반환채권을 피고의 승낙 없이는 타인에게 양도하지 아니하기로 하는 약정이 있었으므로 위 양도금지특약으로써 양수인인 원고에게 대항할 수 있다고 항변하나, 원고가 위 양도금지특약의 존재를 알았거나 이를 알지 못한 데 대하여 중과실이 있었다는 점에 대한 아무런 주장·증명이 없는 이상 채무자인 피고는 위 양도금지특약의 존재가 인정된다 하더라도 이를 들어 원고에게 대항할 수 없습니다.

피고의 위 항변은 이유 없습니다.

---

[291] 아래 판례법리에서 보는 것처럼, 채무자가 양도금지특약으로써 채권양수인에게 대항하려면 양도금지특약의 존재를 주장·증명하여야 할 뿐만 아니라 양수인의 악의 또는 중과실을 주장·증명하여야 한다. 그런데 이 사안에서 피고는 답변서에서 양수인인 원고의 악의 또는 중과실에 관하여 주장조차 하지 않았다. 따라서 피고의 이 부분 항변은 배척되어야 한다. 이러한 취지를 준비서면에 기재하면 되겠다.
[292] 대법원 2010. 5. 13. 선고 2010다8310 판결 등

2. 상사시효 소멸 항변에 관하여[293]

피고는 이 사건 임대차보증금반환채권이 상사시효 5년의 경과로 소멸하였다고 항변합니다. 그러나 원고는 소멸시효기간 만료 전인 2017. 1. 4. 위 임대차보증금반환채권을 청구채권으로 하여 피고 소유의 이 사건 토지에 대하여 서울중앙지방법원 2017카단1500호로 가압류신청을 하여 그 결정을 받아 집행하였습니다. 이로써 상사소멸시효는 중단되었습니다.

피고의 이 부분 항변도 이유 없습니다.

증 명 방 법

1. 갑 제4호증 (부동산가압류결정)
2. 갑 제5호증 (등기사항전부증명서)

첨 부 서 류

1. 위 각 증명방법   각 2통
2. 준비서면 부본   1통

2021. 3. 3.

원고 소송대리인

변호사 전승혜 ㊞

서울중앙지방법원 민사 제70단독 귀중

---

293 피고는 위 임대차보증금반환채권의 변제기로서 위 임대차계약기간의 만료일인 2015. 10. 31.부터 상사시효 5년이 경과하였다고 항변하나, 원고는 그 소멸시효기간 만료 전인 2017. 1. 4. 위 임대차보증금반환채권을 청구채권으로 하여 피고 소유의 이 사건 토지에 관하여 가압류신청을 하여 그 결정을 받아 집행(해당 부동산에 가압류기입등기의 경료)까지 마쳤다. 따라서 그러한 취지의 원고의 소멸시효 중단의 재항변을 제출할 필요가 있다.

가압류로 인한 시효중단의 효력은 가압류신청시에 발생한다(대법원 2017. 4. 7. 선고 2016다35451 판결). 다만, 가압류신청만으로는 시효중단의 효력이 발생하는 것이 아니고, 그 결정을 받아 집행까지 마쳐야 한다. 그러므로 원고가 압류, 가압류, 가처분 등 신청을 하여 그 결정을 받아 집행까지 완료되었음(가령, 부동산가압류의 경우 가압류기입등기의 경료)을 사유로 시효중단의 재항변을 하는 경우, 그 요건사실은 **"원고가 2020. 12. 1. ... 가압류신청을 하여 그 결정을 받아 집행한 사실"**과 같이 신청일자가 드러나도록 기재하여야 한다. 부동산가압류신청으로 인한 시효중단의 재항변에 관한 기재례는 민사재판실무 222쪽을 참조하라.

<문제 3> 변호사시험 출제 형식에 따라 소장 작성하기

　　귀하는 변호사 전승혜로서 <u>소장</u>을 작성하시오. 다만, 의뢰인 김갑동으로부터 상담을 의뢰받을 때에, 앞에서 본 상담자료들 중 【문제 2】에 제시된 답변서의 본문을 그 내용으로 하는 피고 작성의 '회신서'와 【문제 2】에서 추가로 제공받은 부동산가압류결정(<u>해당 부동산가압류신청일은 2017. 1. 4.로 전제할 것</u>), 등기사항전부증명서도 함께 제시받았다고 가정하기 바랍니다.

　　제시된 사실관계만으로 피고에게 항변사유가 있고 그 요건이 갖추어진 것으로 판단되면 이를 청구범위에 반영하고, 피고의 주장이 이유 없다고 판단되면 해당 청구원인 부분에서 배척의 이유를 간략히 기재하시오. 나머지 작성요령은 【문제 1】과 동일합니다(다만, 소장의 작성 및 접수일자를 2021. 1. 12.로 전제하기 바랍니다).

문제 3   모범답안[294]

소　　장

원　고　　김갑동

　　　　　서울 서초구 서초로 200

　　　　　소송대리인 변호사 전승혜

　　　　　서울 서초구 서초대로10길 11, 1200호(서초동, 완승빌딩)

　　　　　전화 02)532-3000, 팩스 02)532-3001, E-mail : jsh0909@naver.com

피　고　　장건주

　　　　　서울 서초구 반포대로 100

양수금 청구의 소

청 구 취 지

1. 피고는 원고에게 5,000만 원을 지급하라.

2. 소송비용은 피고가 부담한다.

3. 제1항은 가집행할 수 있다.

라는 판결을 구합니다.

청 구 원 인

1. 양수금 채권의 발생

　이을남은 2013. 10. 15. 피고로부터 이 사건 점포를 임대차보증금 5,000만 원, 월 차임 100만 원, 기간 2013. 11. 1.부터 2015. 10. 31.까지 정하여 임차하였습니다. 이을남은 2013. 11. 1. 피고에게 위 보증금 5,000만 원을 지급하였습니다.

---

294 [문제1]의 소장 모범답안과 [문제2]의 준비서면 모범답안의 각 본문내용을 결합하여 작성하면 충분하다.

이을남은 2015. 8. 1. 원고에게 위 임대차보증금반환채권을 양도하였고, 같은 날 피고에게 위 채권양도를 통지하였으며, 그 통지는 2015. 8. 4. 피고에게 송달되었습니다.

2. 결론

그렇다면, 피고는 특별한 사정이 없는 한 위 임대차보증금반환채권을 양수한 원고에게 위 양수금 5,000만 원을 지급할 의무가 있습니다.

3. 피고의 예상되는 주장과 반박

가. 양도금지특약 항변에 관하여

피고는 이을남과 피고 사이에 이 사건 임대차보증금반환채권을 피고의 승낙 없이는 타인에게 양도하지 아니하기로 하는 약정이 있었으므로 위 양도금지특약으로써 양수인인 원고에게 대항할 수 있다고 항변할 것으로 예상됩니다.

채무자는 제3자가 채권자로부터 채권을 양수한 경우 채권양도금지 특약의 존재를 알고 있는 양수인이나 그 특약의 존재를 알지 못함에 중대한 과실이 있는 양수인에게 그 특약으로써 대항할 수 있고, 제3자의 악의 내지 중과실은 채권양도금지의 특약으로 양수인에게 대항하려는 자가 이를 주장·증명하여야 합니다.

원고가 위 양도금지특약의 존재를 알았거나 이를 알지 못한 데 대하여 중과실이 있었다는 점에 대한 아무런 주장·증명이 없는 이상 채무자인 피고는 위 양도금지특약의 존재가 인정된다 하더라도 이를 들어 원고에게 대항할 수 없습니다.

피고의 위 항변은 이유 없습니다.

나. 상사시효 소멸 항변에 관하여

피고는, 이을남이 위 임대차계약체결 당시 꽃집을 운영한 상인이므로 위 임대차보증금반환채권에 관하여는 상사시효가 적용되고, 이 사건 소가 위 채권의 변제기인 2015. 10. 31.부터 5년이 경과한 2021. 1. 12. 제기되어 위 채권은 시효소멸하였다고 주장할 것으로 예상됩니다.

그러나 원고는 소멸시효기간 만료 전인 2017. 1. 4. 위 임대차보증금반환채권을 청구채권으로 하여 피고 소유의 이 사건 토지에 대하여 서울중앙지방법원 2017카단1500호로 가압류신청을 하여 그 결정을 받아 집행하였습니다. 이로써 상사소멸시효는 중단되었습니다.

피고의 이 부분 항변도 이유 없습니다.

증 명 방 법

1. 갑 제1호증 (채권양도양수 계약서)
2. 갑 제2호증 (채권양도양수 통지서)
3. 갑 제3호증 (우편물배달증명서)
4. 갑 제4호증 (부동산가압류결정)
5. 갑 제5호증 (등기사항전부증명서)

첨 부 서 류

1. 위 각 증명방법   각 2통
2. 영수필확인서   1통
3. 송달료납부서   1통
4. 소송위임장   1통
5. 소장 부본   1통

2021. 1. 12.

원고 소송대리인

변호사 전승혜 ㊞

서울중앙지방법원   귀중

<문제 4> 귀하는 <u>관할법원 재판연구원으로서 검토보고서</u>를 작성하시오. ① 【문제 1 모범답안】과 같은 소장, 【문제 2】에서 제시된 피고의 답변서, 모범답안과 같은 원고의 준비서면 및 각 이에 첨부된 증거가 제출되었고, ② 아래에서 제시되는 변론조서가 작성되었다고 가정하되, 아래 검토보고서 양식 중 [검토] 부분만 작성하기 바랍니다.

<u>소장의 작성 및 접수일은 2021. 1. 12., 소장 부본의 송달일은 2021. 1. 15.로 보고,</u> 수원시 팔달구 팔단산로 10 지상 2층 점포건물 중 1층 500m²를 '이 사건 점포'로, 수원시 팔달구 신풍동 10 대 2,000m²를 '이 사건 토지'로 표시하기 바랍니다.

[검토보고서 양식]

검토보고서

사　건　　2021가단345 양수금청구
원　고　　김갑동
피　고　　장건주

[검토]

1. 결론
2. 논거

[주문]

서 울 중 앙 지 방 법 원
변 론 조 서

제 1 차

사   건   2021가단345   양수금청구
판   사   김공하   기   일 : 2021. 4. 8. 10:00
                                                      장   소 :   제401호 법정
                                                      공개여부 :   공개
법원 사무관   장참여   고지된
                                                      선고기일 : 2021. 4. 22. 10:00

사건과 당사자의 이름을 부름
원고 및 원고 대리인 변호사 전승혜   각 출석
피고 및 피고 대리인 변호사 정당한   각 출석

  원고 및 원고 대리인
    소장 진술

  피고 및 대리인
    답변서 진술

  원고 및 원고 대리인
    이을남이 꽃집을 운영하는 사실을 인정하면서 2021. 3. 3.자 준비서면 진술

  피고 및 대리인
    원고가 2017. 1. 4. 피고 소유의 이 사건 토지(수원시 팔달구 신풍동 10 대 2,000㎡)에 관하여 서울중앙지방법원 2017카단1500호로 부동산가압류신청을 하여 그 결정을 받아 2017. 1. 23. 집행한 사실을 인정한다고 진술

증거관계 별지와 같음(원·피고 서증)

변론종결

                    법 원 사 무 관   장   참   여   ㉑
                    판   사 김   공   하   ㉑

기록 4
모범답안

문제 4 모범답안

1. 결론[295]

청구 전부 인용(가집행 가능)
[인용되는 부분의 주문]
피고는 원고에게 50,000,000원을 지급하라.

2. 논거

가. 청구원인에 관한 판단

1) 청구원인의 요지
원고는 피고를 상대로 양수금의 지급을 구한다.

2) 인정사실[296]
○ 이을남은 2013. 10. 15. 피고로부터 이 사건 점포를 임대차보증금 5,000만 원, 월 차임 100만 원, 기간 2013. 11. 1.부터 2015. 10. 31.까지 정하여 임차하였다. 이을남은 2013. 11. 1. 피고에게 위 보증금 5,000만 원을 지급하였다.
○ 이을남은 2015. 8. 1. 원고에게 위 임대차보증금반환채권을 양도하였다.
○ 이을남은 같은 날 피고에게 위 채권양도를 통지하였고, 그 통지는 2015. 8. 4. 피고에게 송달되었다.
[인정근거 : 다툼 없는 사실]

---

295 원고가 주장한 청구원인사실에 관하여 피고가 모두 자백한 대신 양도금지특약 항변과 상사시효항변을 제출하였다. 검토한 결과 전자의 항변은 양수인의 악의 또는 중과실에 대한 주장책임 흠결을 이유로 배척되고, 후자의 항변은 소멸시효 중단의 재항변이 인용되어 결국 항변이 배척된다. 따라서 원고의 청구는 모두 인용되어야 한다.
296 양수금청구의 요건사실([부록] 제1항 중 순번 6번 참조)에 맞추어 기재하면 된다.

3) 소결론

위 인정사실에 의하면, 특별한 사정이 없는 한 피고는 원고에게 양도된 위 임대차보증금 5,000만 원을 지급할 의무가 있다.

나. 양도금지특약 항변에 관한 판단

1) 항변의 요지

피고는 이을남과 피고 사이에 위 임대차보증금반환채권을 피고의 승낙 없이는 타인에게 양도하지 아니하기로 하는 약정이 있었으므로 그 양도금지특약으로써 양수인인 원고에게 대항할 수 있다고 항변한다.

2) 관련 법리

채무자는 제3자가 채권자로부터 채권을 양수한 경우 채권양도금지 특약의 존재를 알고 있는 양수인이나 그 특약의 존재를 알지 못함에 중대한 과실이 있는 양수인에게 그 특약으로써 대항할 수 있고, 제3자의 악의 내지 중과실은 채권양도금지의 특약으로 양수인에게 대항하려는 자가 이를 주장·증명하여야 한다.

3) 소결론

양수인인 원고가 위 양도금지특약의 존재를 알았거나 이를 알지 못한 데 대하여 중과실이 있었다는 점에 대한 아무런 주장·증명이 없는 이상 채무자인 피고는 위 양도금지특약의 존재가 인정된다 하더라도 이를 들어 원고에게 대항할 수 없다.

피고의 위 항변은 이유 없다.

다. 상사시효소멸 항변에 관한 판단

1) 항변의 요지

피고는 위 임대차보증금반환채권이 상사시효로 소멸하였다고 항변한다.

2) 인정사실

○ 이을남은 위 임대차계약을 체결할 때부터 꽃집을 운영하고 있었다.

[인정근거 : 다툼 없는 사실]

○ 위 임대차보증금반환채권의 변제기가 2015. 10. 31.인 사실은 앞서 본 바와 같다.

○ 이 사건 소는 그때로부터 5년이 경과한 2021. 1. 12. 제기되었다.

[인정근거 : 기록상 명백한 사실]

3) 소결론

특별한 사정이 없는 한, 양도된 위 임대차보증금반환채권은 상사시효로 소멸하였고, 피고의 위 소멸시효 항변은 이유 있다.

4) 원고의 시효중단 재항변

가) 재항변 요지

원고는 부동산가압류에 의하여 임대차보증금반환채권의 소멸시효가 중단되었다고 재항변한다.

나) 인정사실

원고가 상사소멸시효기간 만료 전인 2017. 1. 4. 위 임대차보증금반환채권을 청구채권으로 하여 피고 소유의 이 사건 토지에 관하여 서울중앙지방법원 2017카단1500호로 부동산가압류신청을 하여 그 결정을 받아 집행하였다.

[인정근거: 다툼 없는 사실]

다) 소결론

○ 위 임대차보증금반환채권의 상사소멸시효는 중단되었다.
○ 원고의 위 재항변은 이유 있다.

5) 피고의 상사시효소멸 항변에 관한 최종결론

결국 피고의 위 항변은 이유 없다.

라. 이 사건 청구에 관한 결론

피고는 원고에게 양도된 위 임대차보증금 5,000만 원을 지급할 의무가 있다.

[주문]

1. 피고는 원고에게 50,000,000원을 지급하라.
2. 소송비용은 피고가 부담한다.
3. 제1항은 가집행할 수 있다.

<문제 4 - 1(심화문제)> 귀하는 <u>관할법원 재판연구원으로서 검토보고서</u>를 작성하시오. ① 【문제 1 모범답안】의 소장(각 증명방법 포함), ② 【문제 2】에 제시된 답변서(증명방법 포함), ③ 【문제 2 모범답안】의 준비서면(각 증명방법 포함), ④ **아래에서 제시되는 피고의 준비서면(증명방법 포함),** ⑤ 【문제 4】에서 제시된 변론조서(다만 추가된 피고의 준비서면의 내용도 반영하여 변경된 것으로 전제할 것)를 일체의 기록으로 가정하되, 아래 검토보고서 양식에서 [검토] 중 2의 다. 항 상사소멸시효 항변에 관한 판단 부분만 작성하기 바랍니다.

<u>소장의 작성 및 접수일은 2021. 1. 12., 소장 부본의 송달일은 2021. 1. 15.로 보고,</u> 수원시 팔달구 팔단산로 10 지상 2층 점포건물 중 1층 500m²를 '이 사건 점포'로, 수원시 팔달구 신풍동 10 대 2,000m²를 '이 사건 토지'로 표시하기 바랍니다.

[검토보고서 양식]

> **검토보고서**
>
> 사　건　2021가단345 양수금청구
> 원　고　김갑동
> 피　고　장건주
>
> **[검토]**
>
> 1. 결론
> 2. 논거
> 　가. 청구원인에 관한 판단
> 　나. 양도금지특약 항변에 관한 판단
> 　다. 상사소멸시효 항변에 관한 판단
>
> **[주문]**

준 비 서 면

사 건   2021가단345 양수금청구
원 고   김갑동
피 고   장건주

위 사건에 관하여 **피고의 소송대리인**은 다음과 같이 변론을 준비합니다.

원고는 피고의 상사소멸시효 항변에 관하여 2017. 1. 4.자 신청 부동산가압류로 인하여 소멸시효가 중단되었다고 재항변하였습니다.

그러나 원고가 받은 해당 부동산가압류결정에 관하여 2020. 7. 1. 서울중앙지방법원 2020카단8000호로 '가압류가 집행된 뒤에 3년간 본안의 소를 제기하지 아니한 때'에 해당되어 취소결정이 내려졌습니다. 따라서 그 시효중단은 소급적으로 그 효력이 상실되었습니다.

따라서 원고의 소멸시효 중단의 재항변은 이유 없고, 피고의 상사소멸시효 항변이 이유 있습니다. 원고의 청구를 기각하여 주시기 바랍니다.

증 명 방 법

1. 을 제2호증 (가압류취소결정)   1통

첨 부 서 류

1. 위 증명방법   2통
2. 준비서면 부본   1통

2021. 3. 20.
피고 소송대리인
변호사 정당한 ㊞

서울중앙지방법원 민사 제70단독 귀중

서 울 중 앙 지 방 법 원
결   정

사 건   2020카단8000 가압류취소
채 권 자   김갑동
         서울 서초구 서초로 200
채 무 자   장건주
         서울 서초구 반포대로 100

주   문

이 법원이 위 당사자들 사이의 2017카단1500 사건에서 수원시 팔달구 신풍동 10 대 2,000㎡에 관하여 2017. 1. 21.에 한 부동산가압류결정을 취소한다.

이   유

주문 제1항 기재 가압류결정은 가압류가 집행된 뒤에 3년간 본안의 소를 제기하지 아니한 때에 해당되어 민사집행법 제288조 제1항 제3호에 따라 이를 취소하기로 하여 주문과 같이 결정한다.

2020. 7. 1.

사법보좌관 최진호 ㊞

정 본 입 니 다.
2020. 7. 1.
법원주사 황순철 ㊞

을 제2호증

문제 4-1 (심화문제) 모범답안

다. 상사시효소멸 항변에 관한 판단

1) 항변의 요지

피고는 위 임대차보증금반환채권이 상사시효로 소멸하였다고 항변한다.

2) 인정사실

○ 이을남은 위 임대차계약을 체결할 때부터 꽃집을 운영하고 있었다.

[인정근거 : 다툼 없는 사실]

○ 위 임대차보증금반환채권의 변제기가 2015. 10. 31.인 사실은 앞서 본 바와 같다.

○ 이 사건 소는 그때로부터 5년이 경과한 2021. 1. 12. 제기되었다.

[인정근거 : 기록상 명백한 사실]

3) 소결론

특별한 사정이 없는 한, 양도된 위 임대차보증금반환채권은 상사시효로 소멸하였고, 피고의 위 소멸시효 항변은 이유 있다.

4) 원고의 시효중단 재항변

가) 재항변 요지

원고는 부동산가압류에 의하여 임대차보증금반환채권의 소멸시효가 중단되었다고 재항변한다.

나) 인정사실

원고가 상사소멸시효기간 만료 전인 2017. 1. 4. 위 임대차보증금반환채권을 청구채권으로 하여 피고 소유의 이 사건 토지에 관하여 서울중앙지방법원 2017카단1500호로 부동산가압류신청을 하여 그 결정을 받아 집행하였다.

[인정근거: 다툼 없는 사실]

다) 소결론

○ 위 임대차보증금반환채권의 상사소멸시효는 중단되었다.

○ 원고의 위 재항변은 이유 있다.

5) 시효중단 효력상실의 재재항변에 관한 판단[297]

가) 재재항변 요지

피고는, 위 부동산가압류결정이 2020. 7. 1. 서울중앙지방법원 2020카단8000호로 '가압류가 집행된 뒤에 3년간 본안의 소를 제기하지 아니한 때'에 해당된다는 이유로 취소되었으므로 시효중단은 소급적으로 그 효력이 상실되었다고 재재항변한다.

나) 관련 법리

민법 제175조는 가압류가 '권리자의 청구에 의하여 또는 법률의 규정에 따르지 아니함으로 인하여 취소된 때에는 소멸시효 중단의 효력이 없다.'고 규정하고 있고, 이는 그러한 사유가 가압류 채권자에게 권리행사의 의사가 없음을 객관적으로 표명하는 행위이거나 또는 처음부터 적법한 권리행사가 있었다고 볼 수 없는 사유에 해당한다고 보기 때문이므로, 법률의 규정에 따른 적법한 가압류가 있었으나 가압류가 집행된 뒤에 3년간 본안의 소를 제기하지 아니한 때 등의 사정변경으로 인하여 가압류가 취소된 경우에는 위 법조가 정한 소멸시효 중단의 효력이 없는 경우에 해당한다고 볼 수 없다.[298]

다) 소결론

○ 위 관련 법리에 비추어 보면, 원고가 피고 소유의 이 사건 토지에 관하여 받은 위 부동산가압류결정이 취소되었다고 하더라도 이는 집행된 뒤에 3년간 본안의 소를 제기하지 아니한 때 등의 사정변경으로 인하여 취소된 경우이므로 소멸시효 중단의 효력이 상실되지 않는다.

○ 피고의 위 재재항변은 이유 없다.

6) 피고의 상사시효소멸 항변에 관한 최종결론

결국 피고의 위 항변은 이유 없다.

---

[297] 아래에서 보는 판례법리에 비추어 보면, 피고의 시효중단 효력상실의 재재항변은 이유가 없다.

[298] 대법원 2009. 5. 28. 선고 2009다20 판결, 대법원 2011. 1. 13. 선고 2010다88019 판결의 취지 참조. 참고로 가압류결정 후 위 사정변경을 이유로 가압류가 취소된 경우, 채권의 소멸시효는 가압류로 인하여 중단되었다가 가압류가 취소된 때로부터 다시 진행된다.

5 기록

취득시효/ 취득시효중단,
시효이익포기 항변

<문제 1> 귀하는 법무법인 수원 담당변호사 오지혜로서, 의뢰인 김민재와의 상담을 통해 아래 【상담내용】과 같은 사실관계를 청취하고, 【의뢰인 희망사항】 기재사항에 관한 본안소송의 대리권을 수여받고, 첨부된 소송기록을 자료로 받았습니다.

의뢰인을 위하여 본안의 소를 제기하기 위한 **반소장**을 작성하시오.

【작성요령】

1. 반소장의 작성일은 2021. 3. 11.로 하시오.
2. 【의뢰인 희망사항】란에 기재된 희망사항에 부합하도록 반소장을 작성하되, 현행법과 그 해석상 승소 가능한 최대한의 범위에서 작성하시오.
3. 【의뢰인 상담일지】와 첨부자료에 기재된 사실관계는 모두 사실에 부합한 것으로 보고(작성자의 의견에 해당하는 사항은 제외), 기재되지 않은 사실은 없는 것으로 전제하며, 첨부된 서류는 모두 진정하게 성립된 것으로 간주하시오.
4. 부동산을 표시할 때 소장에 첨부된 별지 도면을 활용하되, 해당 도면을 별지로 붙이지 않아도 됩니다.
5. 관련 증거자료를 제시하여 기술할 필요는 없습니다.
6. 기록상의 날짜가 공휴일인지 여부, 문서의 서식이 실제와 부합하는지 여부는 고려하지 마시오.

의뢰인 상담일지

법무법인 수원 담당변호사 오지혜

경기도 수원시 영통구 광교중앙로 10, 210호(대성빌딩)
☎ : 031-216-3000, 팩스 : 031-216-3001, E-mail : jhoh@law.com

접수번호	2021-100	상담일시	2021. 2. 19.
상담인	김민재 010-4563-9600	**내방경위**	지인소개

【상 담 내 용】

1. 김민재는 다음과 같은 상담을 위해 수원지방법원 2021가합456 소송기록을 복사하여 변호사 사무실에 찾아왔다.

2. 박장남은 수원시 권선구 경수동 20-11 대 116㎡(이하 '원고 토지'라고 한다)의 소유자이다. 김민재는 원고 토지에 인접한 수원시 권선구 경수동 20-10 대 152㎡(이하 '피고 토지'라고 한다)를 소유하고 있는데, 원고 토지 중 소장 별지 도면의 (나) 부분(이하 '이 사건 분쟁토지'라고 한다)을 점유하고 있다. 원고 토지와 피고 토지 사이에는 오래전부터 담장이 설치되어 있었는데, 담장을 기준으로 원고 토지 중에서 이 사건 분쟁토지를 제외한 부분이 한쪽에, 피고 토지와 이 사건 분쟁토지가 다른 한쪽에 위치하고 있다.

3. 박장남은 2015년 10월경 김민재에게 이 사건 분쟁토지의 인도를 요청하였는데 그 후 한참 지나 2021년 김민재에게 이 사건 분쟁토지의 인도를 소송으로 구하였다.

4. 김민재는 답변서에서 취득시효를 주장하면서 이 사건 분쟁토지의 인도를 구하는 것은 이유 없다고 하였으나, 박장남은 원고 토지의 소유 관계의 변동을 들면서 취득시효가 완성되지 않았다고 반박하고 있다.

【의뢰인 희망사항】

이 사건 분쟁토지는 공로와 피고 토지 및 그 지상주택을 잇는 곳으로서 김민재가 마당의 일부로 사용하여 온 곳이다. 김민재가 오랫동안 사용해 왔기 때문에 토지의 인도청구에 응할 수 없고, 오히려 취득시효를 주장하면서 이 사건 분쟁토지에 대한 소유권을 확보하기 원하면서 반소를 청구하고 싶다.

년 질 호		전 책중 책

기일	수원지방법원
2/9 P2	**민사 제1심 소송기록**
3/16 P2	

	사 건	2021가합456 토지인도	재판부	2
			주심	다

	원 고	박장남 대리인 법무법인 필승 담당변호사 이지성

	피 고	김민재

수 원 지 방 법 원
서 증 목 록

2021가합456
원고   제출

변론(준비거일)조서의 일부

서증 번호	기일 및 장 수	서 증 명	인부기일	인 부 요 지	비 고
1	1차	등기사항전부 증명서	1차	성립인정	
	00장				
2	1차	등기사항전부 증명서	1차	성립인정	
	00장				
3	1차	측량감정도면	1차	성립인정	
	00장				
4	1차	최고서	1차	성립인정	
	00장				
	차		차		
	장				
	차		차		
	장				
	차		차		
	장				
	차		차		
	장				

수 원 지 방 법 원
서 증 목 록

2021가합456
피고　제출

변론(준비거일)조서의 일부

서증번호	기일 및 장 수	서 증 명	인부기일	인 부 요 지	비 고
1	1차	확인서	1차	성립인정	
	00장				

소   장

토지인도 청구의 소

원 고   박장남

피 고   김민재

사건번호	456
배당순위번호	5
재 판 부	제2부
주 심	라

전산입력

소 가	<생략> 원
첨부할 인지액	<생략> 원
첨부한 인지액	<생략> 원
송 달 료	<생략> 원
비 고	㉑

접 수
No. 456
2021. 01. 04.
수원지방법원
종합민원실

수원지방법원   귀중

소 장

원 고   박장남

　　　　수원시 권선구 경수대로 120-11

　　　　소송대리인 법무법인 필승 담당변호사 이지성

　　　　서울 서초구 강남대로 122, 102호(서초동)

　　　　전화 02)530-0123, 팩스 02)530-0124, E-mail : lawyer@law.com

피 고   김민재

　　　　수원시 권선구 경수대로 120-10

토지인도 청구의 소

청 구 취 지

1. 피고는 원고에게 수원시 권선구 경수동 20-11 대 116m² 중 별지 도면표시 1, 2, 3, 4, 5, 1을 순차로 연결한 선 내 (나) 부분 27m²를 인도하라.
2. 소송비용은 피고가 부담한다.
3. 제1항은 가집행할 수 있다.

라는 판결을 구합니다.

청 구 원 인

1. 사안의 내용

가. 수원시 권선구 경수동 20-11 대 116m²(이하 '원고 토지'라고 합니다)는 원고의 아버지인 박태조의 소유였다가 1993. 3. 20. 매매를 원인으로 하여 1993. 12. 15. 원고의 동생인 박차남 앞으로 소유권이전등기가 마쳐졌고, 이후 2007. 3. 2. 매매를 원인으로

하여 2007. 7. 19. 원고 앞으로 소유권이전등기가 마쳐졌습니다.

나. 수원시 권선구 경수동 20-10 대 152m²(이하 '피고 토지'라고 합니다)는 원고 토지에 인접해 있는데, 위 토지는 김인선의 소유였다가, 1983. 3. 20. 증여를 원인으로 1983. 3. 20. 김인선의 아들인 김승련 앞으로 소유권이전등기가 마쳐졌고, 이후 2005. 9. 21. 매매를 원인으로 하여 2005. 9. 28. 피고 앞으로 소유권이전등기가 마쳐졌습니다.

다. 원고 토지와 피고 토지 지상에는 각 주택이 있는데, 원고 토지 중 별지 도면 표시 1, 2, 3, 4, 5, 1의 각 점을 순차로 연결한 선 내 (나) 부분(이하 '이 사건 분쟁토지'라고 합니다)은 피고 토지 지상 주택의 마당 부분에 연결되어 있습니다. 그런데 피고는 원고 토지를 이 사건 분쟁토지 부분만큼 침범하여 이 사건 분쟁토지를 마당의 일부로 점유 및 사용하고 있습니다.

라. 원고는 2015. 10. 10. 피고에게 이 사건 분쟁토지를 인도해 달라는 취지로 내용증명을 발송하기도 하였습니다. 그럼에도 피고는 현재까지도 이 사건 분쟁토지를 인도하여 주지 않고 있습니다.

2. 결론

따라서, 피고는 원고 소유인 이 사건 분쟁토지를 점유하고 있으므로 원고에게 이 사건 분쟁토지를 인도할 의무가 있습니다.

증 명 방 법

1. 갑 제1호증 (등기사항전부증명서)
2. 갑 제2호증 (등기사항전부증명서)
3. 갑 제3호증 (측량감정도면)
4. 갑 제4호증 (최고서)

첨 부 서 류

1. 위 각 증명방법   각 2통
2. 영수필확인서   1통

3. 토지대장등본[299]   1통
4. 송달료납부서   1통
5. 소송위임장   1통
6. 소장 부본   1통

2021. 1. 4.

원고 소송대리인

법무법인 필승 담당변호사 이지성 ㊞

수원지방법원   귀중

---

[299] 부동산에 관한 청구를 하는 경우 통상 토지대장등본 등 소가산정자료를 첨부한다.

별지　　　　　　　　　　# 도면

토지소재	수원시 권선구 경수동

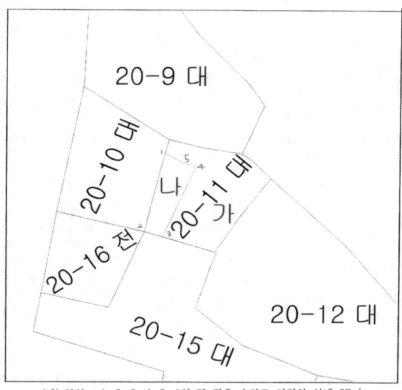

(나) 부분 : 1, 2, 3, 4, 5, 1의 각 점을 순차로 연결한 선내 27㎡

등기사항전부증명서 (말소사항 포함) - 토지 [제출용]

[토지] 수원시 권선구 경수동 20-11   고유번호 1222-7864-781355

【 표 제 부 】		(토지의 표시)			
표시번호	접 수	소 재 지 번	지 목	면 적	등기원인 및 기타사항
1 (전 2)	1995년 1월 10일	수원시 권선구 경수동 20-11	대	116m²	부동산등기법 제177조의6 제1항의 규정에 의하여 1999년 9월 1일 전산이기

【 갑 구 】		(소유권에 관한 사항)		
순위번호	등 기 목 적	접 수	등 기 원 인	권 리 자 및 기 타 사 항
1 (전 2)	소유권이전	1991년7월1일 제18937호	1991년4월20일 매매	소유자 박태조 340520-1258236 수원시 권선구 권선동 10
2	소유권이전	1993년12월15일 제11223호	1993년3월20일 매매	소유자 박차남 590815-1027328 수원시 권선구 권선동 10
				부동산등기법 제177조의6 제1항의 규 정에 의하여 1999년 9월 1일 전산이기
3	소유권이전	2007년7월19일 제46023호	2007년3월2일 매매	소유자 박장남 581024-1357823 서울특별시 서초구 반포동 200 별님아파트 104동 908호 거래가액 금300,000,000원
4	가압류	2010년12월10일 제23473호	2010년12월8일 수원지방법원 의 가압류결정 (2010카단6725)	청구금액 금 100,000,000원 채권자 조대여 651010-1041211 수원시 팔달구 인계동 10 경륜아파트 30동 608호

---- 이 하 여 백 ----

수수료 금 1,000원 영수함
        관할등기소 수원지방법원 동수원등기소/ 발행등기소 법원행정처 등기정보중앙관리소

이 증명서는 등기기록의 내용과 틀림없음을 증명합니다. | 갑 제1호증 | 등기정보
                                        중앙관리
                        서기 2021년 1월 2일   소전산운
                                                        영책임관인

        법원행정처 등기정보중앙관리소   전산운영책임관
*실선으로 그어진 부분은 말소사항을 표시함. *등기기록에 기록된 사항이 없는 갑구 또는 을구는 생략함.
*증명서는 컬러 또는 흑백으로 출력 가능함.
 발행번호 12389234789102367836718934082939023448 1/1 발급확인번호 AAIK-VPTF-0000 발행일 2021/01/02

[인터넷 발급] 문서 하단의 바코드를 스캐너로 확인하거나, 인터넷등기소(http://www.iros.go.kr)의 발급확인 메뉴에서 발급확인번호를 입력하여 위·변조 여부를 확인할 수 있습니다. 발급확인번호를 통한 확인은 발행일로부터 3개월까지 5회에 한하여 가능합니다.

대 법 원

등기사항전부증명서 (말소사항 포함) - 토지 [제출용]

[토지] 수원시 권선구 경수동 20-10

고유번호 1222-7864-782644

【 표 제 부 】		(토지의 표시)			
표시번호	접 수	소 재 지 번	지목	면 적	등기원인 및 기타사항
1 (전 2)	1995년 1월 10일	수원시 권선구 경수동 20-10	대	152m²	부동산등기법 제177조의6 제1항의 규정에 의하여 1999년 9월 1일 전산이기

【 갑 구 】		(소유권에 관한 사항)		
순위번호	등 기 목 적	접 수	등 기 원 인	권 리 자 및 기 타 사 항
1 (전 2)	소유권이전	1970년2월1일 제18937호	1970년2월1일 매매	소유자 김인선 291104-1110236 수원시 권선구 경수동 100
2	소유권이전	1983년3월20일 제11223호	1983년3월20일 증여	소유자 김승련 570611-1444321 수원시 권선구 탑동 50
				부동산등기법 제177조의6 제1항의 규정에 의하여 1999년 9월 1일 전산이기
3	소유권이전	2005년9월28일 제46023호	2005년9월21일 매매	소유자 김민재 680720-1000827 서울특별시 관악구 봉천동 100 거래가액 금350,000,000원

---- 이 하 여 백 ----

수수료 금 1,000원 영수함

　　관할등기소 수원지방법원 동수원등기소/ 발행등기소 법원행정처 등기정보중앙관리소

이 증명서는 등기기록의 내용과 틀림없음을 증명합니다.

서기 2021년 1월 2일　　갑 제2호증

법원행정처 등기정보중앙관리소

전산운영책임관

등기정보 중앙관리 소전산운 영책임관인

*실선으로 그어진 부분은 말소사항을 표시함. *등기기록에 기록된 사항이 없는 갑구 또는 을구는 생략함.
*증명서는 컬러 또는 흑백으로 출력 가능함.
발행번호 12389234789102367836718934082939023349 1/1 발급확인번호 AAIK-VPTF-0000 발행일 2021/01/02

[인터넷 발급] 문서 하단의 바코드를 스캐너로 확인하거나, 인터넷등기소(http://www.iros.go.kr)의 발급확인 메뉴에서 발급확인번호를 입력하여 위·변조 여부를 확인할 수 있습니다. 발급확인번호를 통한 확인은 발행일로부터 3개월까지 5회에 한하여 가능합니다.

대 법 원

측량감정도면

토지소재	수원시 권선구 경수동

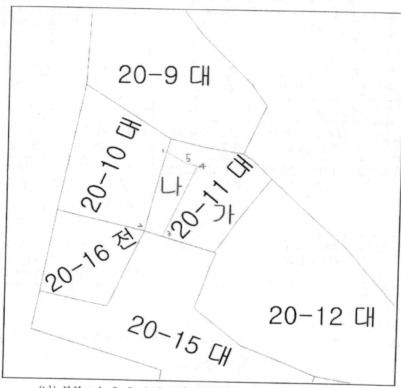

(나) 부분 : 1. 2. 3. 4. 5. 1의 각 점을 순차로 연결한 선내 27㎡

갑 제3호증

최 고 서

발신인 : 박장남

수신인 : 김민재

1. 저는 귀하와 이웃하여 사는 박장남입니다.

2. 발신인의 토지와 귀하의 토지 지상에는 각 주택이 있는데, 발신인의 토지 중 일부분은 귀하의 토지 지상 주택의 마당 부분에 연결되어 있고 귀하는 발신인의 토지를 침범하여 현재 발신인 토지의 일부를 귀하의 마당의 일부로 이용하고 있습니다.

3. 귀하는 조속한 시간 내에 위 토지를 저에게 반환해 주시기 바랍니다. 그러하지 않을 경우 소송으로 갈 수도 있음을 알려드립니다.

2015. 10. 10.

발신인 박장남 (인)

본 우편물은 2015-10-10
제3621호에 의하여
내용증명우편물로 발송하였음을 증명함
서수원우체국장

서수원우체국
2015. 10. 10.
15 - 3621

갑 제4호증

소 송 위 임 장

당사자   원고 박장남

피고 김민재

위 당사자 사이의 토지인도 청구사건에 관하여

주 소   서울특별시 서초구 강남대로 122, 102호(서초동)

법무법인 필승에 소송대리를 위임하고 아래 권한을 수여함.

(1) 일체의 소송행위 (2) 반소의 제기 및 응소 (3) 재판상 및 재판외의 화해 (4) 소의 취하 (5) 청구의 포기 및 인낙 (6) 복대리인의 선임 (7) 목적물의 수령 (8) 공탁물의 납부, 공탁물 및 이자의 반환청구와 수령 (9) 담보권행사 최고 신청, 담보취소신청, 동 신청에 대한 동의, 담보취소결정 정본의 수령, 동 취소결정에 대한 항고권의 포기

변호사회 경유
18001-
NO. 115128
(위임장 등 부착용)
경유증표(본안)
20 . .
경기지방변호사회(회관2)

위 소송을 위임함.

2021년 1월 2일

주소 수원시 권선구
경수대로 120-11

위임인   박장남

담당변호사 지정서

위 사건의 소송을 수행할 담당변호사로 법무법인 필승 소속 변호사 이지성을 지정함.

법무법인 필승

대표 변호사 최대준 ㊞

답 변 서

사　건　2021가합456　토지인도

원　고　박장남

피　고　김민재

전산입력

수원지방법원 제2민사부 귀중

답 변 서

사 건   2021가합456 토지인도
원 고   박장남
피 고   김민재

위 사건에 관하여 피고는 다음과 같이 답변합니다.

청구취지에 대한 답변

1. 원고의 청구를 기각한다.
2. 소송비용은 원고가 부담한다.
라는 판결을 구합니다.

청구원인에 대한 답변

1. 소장 기재 청구원인 사실 중 이 사건 원고 토지가 원고의 소유인 사실과 이 사건 피고 토지는 피고의 소유인 사실 및 피고가 현재 갑 제3호증의 기재와 같이 이 사건 원고 토지 일부(이하 '이 사건 분쟁토지'라고 합니다)를 점유하고 있는 사실은 인정합니다.

2. 그러나 피고는 아래에서 보는 바와 같이 취득시효 완성을 통해 이 사건 분쟁토지에 관한 소유권을 취득했습니다. 따라서 피고는 정당하게 이 사건 분쟁토지를 점유하고 있으므로 원고에게 위 토지를 인도할 의무가 없습니다.

   가. 김인선은 1970. 2. 1.부터 이 사건 피고 토지 지상주택에 거주하면서 이 사건 분쟁토지를 위 주택의 마당의 일부로 점유·사용하기 시작하였습니다. 그때부터 원고 토지와 피고 토지 사이에는 담장이 설치되어 있었고, 이 사건 분쟁토지는 담장을 경계로 피고 토지와 함께 피고 토지 쪽에 위치하고 있었습니다. 김인선

은 1983. 3. 20. 그 아들 김승련에게 이 사건 피고 토지와 그 지상 주택을 증여하여 같은 날 소유권이전등기를 마쳐 주었고 김승련은 그때부터 이 사건 피고 토지와 그 지상 주택은 물론 이 사건 분쟁토지를 계속 점유·사용하였습니다. 이후 피고가 2005. 9. 28. 김승련에게서 이 사건 피고 토지와 그 지상 주택의 소유권을 이전받으면서 그 무렵부터 이 사건 분쟁토지를 계속 점유하여 왔습니다.

나. 김승련은 1983. 3. 20.부터 이 사건 분쟁토지를 소유의 의사로 평온, 공연하게 20년 간 점유하였으므로, 민법 제245조 제1항에 의하여 2003. 3. 20. 취득시효가 완성되었습니다. 피고는 2005. 9. 28. 김승련의 점유를 승계하여 현재까지 이 사건 분쟁토지를 소유의 의사로 평온, 공연하게 점유하고 있습니다. 그렇다면 피고는 전 점유자인 김승련의 점유를 승계하여 이 사건 분쟁토지를 시효취득하였으므로, 원고에 대하여 이 사건 분쟁토지에 대한 소유권이전등기청구권을 갖고 있습니다.

3. 그렇다면 피고는 이 사건 분쟁토지를 정당하게 점유하고 있으므로, 이 사건 토지인도 청구는 부당하다 할 것입니다.

증 명 방 법

1. 을 제1호증 (확인서)

첨 부 서 류

1. 위 증명방법   2통
2. 소송위임장   1통
3. 답변서 부본   1통

2021.   1.   11.

피고 김민재 ㊞

수원지방법원 제2민사부 귀중

확 인 서

1. 저는 어려서부터 수원시 권선구 경수동 20-11 대지가 속한 동네에서 살았습니다. 그 뿐만 아니라 박장남의 동생으로서 수원시 권선구 경수동 20-11 대지를 2007년까지 소유하고 있었고 현재도 위 대지 근처에 거주하고 있습니다.

2. 박장남 소유의 수원시 권선구 경수동 20-11 대지와 이에 인접한 김민재 소유의 경수동 20-10 대지 위에는 각각 주택이 있는데, 위 두 주택 사이에는 담장이 있습니다.

3. 경수동 20-10 대지 위 주택에서는, 원래 김인선이라는 분이 1970. 2.경부터 거주하였고, 그 아들 김승련이 1983년부터 증여받아서 거기 주택에서 거주하였습니다. 김인선은 물론 김승련도 담장을 경계로 삼아 그 안쪽 부분을 마당 용도로 이용하여 왔습니다.

4. 그러다가 김민재가 2005. 9. 김승련에게서 경수동 20-10 대지와 그 지상 주택을 매수해서 그때부터 현재까지 20-10 대지와 담장 안쪽 부분을 포함한 그 지상주택을 점유·사용하고 있습니다.

2021. 1. 8.

박차남

┌─────────────┐
│ 을 제1호증 │
└─────────────┘

준 비 서 면

원　고　박장남

피　고　김민재

전산입력

수원지방법원 제2민사부 귀중

준 비 서 면

사 건   2021가합456   토지인도
원 고   박장남
피 고   김민재

　　위 당사자 사이의 토지인도 청구사건에 관하여 **원고** 소송대리인은 다음과 같이 변론을 준비합니다.

1. 피고가 주장하는 점유관계는 인정합니다.

　　김인선이 1970. 2. 1.부터 이 사건 피고 토지와 그 지상 주택을 점유하면서 이 사건 분쟁토지를 점유한 사실, 김승련이 1983. 3. 20.부터 위 토지와 그 지상 주택을 점유하면서 이 사건 분쟁토지를 점유한 사실, 피고가 2005. 9. 28. 위 토지와 그 지상 주택에 대하여 소유권이전등기를 마치면서 그때부터 현재까지 이 사건 분쟁토지를 점유 사용하고 있는 사실은 모두 인정합니다.

2. 점유취득시효 주장에 대한 반박

　　피고는, 김승련이 이 사건 분쟁토지를 점유하기 시작한 1983. 3. 20.부터 20년이 지난 2003. 3. 20. 점유취득시효가 완성되었고, 피고가 김승련의 점유를 승계하여 2005. 9. 28.부터 이 사건 분쟁토지를 점유하였으므로, 이 사건 분쟁토지를 점유할 권원이 있다고 주장합니다.

　　부동산에 대한 점유취득시효가 완성되었다고 하더라도 이를 등기하지 아니하고 있는 사이에 그 부동산에 관하여 제3자에게 소유권이전등기가 마쳐지면 점유자는 그 제3자에게 대항할 수 없습니다.

　　그런데 김승련이 이 사건 분쟁토지를 점유하기 시작한 1983. 3. 20.로부터 20년이 지난 2003. 3. 20. 점유취득시효가 완성되었더라도 그에 따른 소유권이전등기를 마치기 전인 2007. 7. 19. 원고가 이 사건 원고 토지에 관하여 소유권이전등기를 마쳤으므로 피고는 원고에게 위 점유취득시효 완성의 효과를 주장할 수 없습니다.

　　결국 피고의 취득시효 주장은 부당합니다.

첨 부 서 류

1. 준비서면 부본　　　　　　　　　　　　　　　1통

2021.　1.　26.

원고 소송대리인

법무법인 필승 담당변호사 이지성 ㊞

수원지방법원 제2민사부 귀중

수원지방법원
변 론 조 서

제 1 차

사　　　건　　2021가합456　토지인도

재판장 판사　　강정수

　　　판사　　조학규

　　　판사　　이지수

법원 사무관　　정재환

기　　　일 :　2021. 2. 9. 14:00

장　　　소 :　제317호 법정

공개여부 :　　　공개

고지된

다음기일 :　2021. 3. 16. 14:00

사건과 당사자의 이름을 부름

원고 및 대리인 법무법인 필승 담당변호사 이지성　　　　　　　　　　　각 출석

피고　　　　　　　　　　　　　　　　　　　　　　　　　　　　　　출석

원고 대리인

　소장 및 2021. 1. 26.자 준비서면 진술

피고

　답변서 진술

원고 대리인, 피고

　다음의 사실들은 당사자 사이에 다툼이 없다고 진술

　1. 수원시 권선구 경수동 20-11 대 116m²가 원고의 소유이고, 위 원고 토지에 인접한
　　위 경수동 20-10 대 152m²가 피고의 소유인 사실

　2. 김인선이 1970. 2. 1.부터 위 피고 토지와 그 지상 주택을 점유하면서 위 원고 토
　　지 중 소장 별지 도면 표시 1, 2, 3, 4, 5, 1의 각 점을 순차로 연결한 선 내 (나)
　　부분 27m²(이하 '이 사건 분쟁토지'라고 한다)를 담장을 경계로 삼아 마당의 일부로서
　　점유한 사실, 김승련이 1983. 3. 20.부터 위 피고 토지와 그 지상 주택을 점유하
　　면서 이 사건 분쟁토지를 점유한 사실, 피고가 2005. 9. 28. 위 피고 토지와 그
　　지상 주택에 대하여 소유권이전등기를 마치면서 이 사건 분쟁토지의 점유를 시작
　　하여 현재까지 이를 점유사용하고 있는 사실

증거관계 별지와 같음(쌍방 서증)

속행

　　　　　　　　　　　　법원 사무관　　　정재환　㊞

　　　　　　　　　　　　재판장 판사　　　강정수　㊞

| 문제 1 | 모범답안 |

반 소 장[300]

본소사건	2021가합456 토지인도
반소원고(본소피고)	김민재(680720-1000827)
	수원시 권선구 경수대로 120-10
	소송대리인 법무법인 수원 담당변호사 오지혜
	수원시 영통구 광교중앙로 10, 210호(대성빌딩)
	전화 031)216-3000, 팩스 031)216-3001,
	E-mail : jhoh@law.com
반소피고(본소원고)	박장남(581024-1357823)
	수원시 권선구 경수대로 120-11[301]
	소송대리인 법무법인 필승 담당변호사 이지성

소유권이전등기청구의 반소

위 본소사건에 관하여 반소원고(본소피고)는 다음과 같이 반소장을 제출합니다.[302]

---

300 앞서 설명한 반소장 작성원리에 따라 작성하면 된다.

301 표제를 반소장이라 쓰고 본소 사건번호와 당사자를 기재하되, 피고를 반소원고로 원고를 반소피고로 표현한다. 이때 본소 피고나 본소원고와 같은 본소에서의 지위를 괄호 안에 병기하여 준다. 반소장에서는 판결서나 검토보고서와 달리 '반소원 고'를 앞서 기재하고 괄호 속에 '본소피고'라고 기재함에 유의하자. 판결서와 검토보고서에서는 「원고(반소피고), 피고(반소 원고)」와 같이 반소의 지위를 괄호 속에 기재한다.

302 반소의 사건명을 기재하고("○○○○청구의 반소"), 이른바 반소문언[위 본소사건에 관하여 반소원고(본소피고)는 다음과 같 이 반소장을 제출합니다.]을 기재하여 준다.

반소 청구취지[303]

1. 반소피고(본소원고, 이하 '원고'라고 합니다)는 반소원고(본소피고, 이하 '피고'라고 합니다)에게 수원시 권선구 경수동 20-11 대 116m² 중 별지 도면 표시 1, 2, 3, 4, 5, 1의 각 점을 순차로 연결한 선 내 (나) 부분 27m²에 관하여 2013. 12. 15. 취득시효를 원인으로 한 소유권이전등기절차를 이행하라.
2. 반소 소송비용은 원고가 부담한다.

반소 청구원인

1. 사실관계[304]

수원시 권선구 경수동 20-11 대 116m²(이하 '원고 토지'라고 합니다)에 관하여 1993.

---

303 문제1의 조건에 맞추어 의뢰인 김민재의 요청에 따라 취득시효를 원인으로 한 소유권이전등기청구의 반소 청구취지를 기재한다. 이때 당사자의 지위 표시를 혼동하지 않도록 주의하자.

304 지금까지 살펴본 기록의 내용을 분석한 결과, 이 사건 분쟁토지에 관한 소유관계와 점유관계를 도식화하면 아래와 같다. 반소원고(피고)가 전전 점유자인 김인선의 점유부터 그 점유를 승계한 것으로 주장할 경우 김인선의 최초 점유개시시점인 1970. 2. 1.경부터 20년이 경과한 1990. 2. 1.경 1차 취득시효가 완성된다. 그러나 1차 취득시효 완성 이후 반소원고(피고)가 이 사건 분쟁토지에 관하여 소유권이전등기를 마치지 않고 있던 사이에 박차남이 소유권이전등기를 하였으므로, 판례법리상 반소원고(피고)는 박차남을 상대로 취득시효의 완성을 주장할 수 없게 된다. 따라서 반소원고(피고)의 취득시효 주장이 받아들여지려면, 이른바 2차 취득시효가 완성되어야 한다. 박차남이 소유권이전등기를 마친 1993. 12. 15.부터 다시 20년이 경과한 2013. 12. 15.에 2차 취득시효가 완성되어 결국 반소원고(피고)는 2차 취득시효기간 진행 중에 등기를 넘겨받은 원고를 상대로는 그 2차 취득시효의 완성을 주장할 수 있게 된다.

그러므로 반소원고(피고)로서는 반소장에서 이 사건 분쟁토지에 관한 소유와 점유에 대하여 사실관계를 밝힐 필요가 있다.

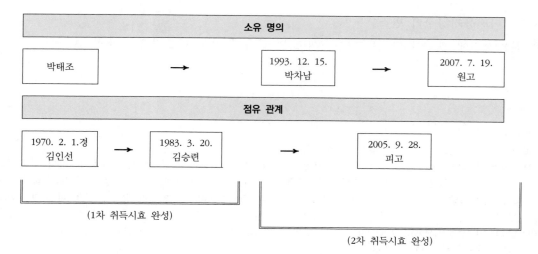

12. 15. 박태조에서 박차남 앞으로, 2007. 7. 19. 박차남에서 원고 앞으로 각 소유권이 전등기가 마쳐졌습니다.

김인선은 1970. 2. 1.경부터 원고 토지에 인접한 수원시 권선구 경수동 20-10 대 152㎡(이하 '피고 토지'라고 합니다) 지상 주택에 거주하면서 원고 토지 중 소장 별지 도면 표시 1, 2, 3, 4, 5, 1의 각 점을 순차로 연결한 선 내 (나) 부분 27㎡(이하 '이 사건 분쟁토지'라고 합니다)를 위 주택의 마당의 일부로 사용하여 이를 점유하기 시작하였습니다.

1983. 3. 20. 김승련은 아버지 김인선에게서 증여를 원인으로 피고 토지와 그 지상 주택에 관하여 소유권이전등기를 마치고 그 때부터 이 사건 분쟁토지를 계속 점유·사용하였습니다. 이후 피고가 2005. 9. 28. 김승련에게서 피고 토지와 그 지상 주택의 소유권을 이전받으면서 그 무렵부터 이 사건 분쟁토지를 계속 점유·사용하여 왔습니다.

2. 법리[305]

취득시효기간의 계산에 있어 점유기간 중에 당해 부동산의 소유권자의 변동이 있는 경우에는 취득시효를 주장하는 자가 임의로 기산점을 선택하거나 소급하여 20년 이상 점유한 사실만 내세워 시효 완성을 주장할 수 없고, 이와 같은 경우에는 법원이 당사자의 주장에 구애됨이 없이 소송자료에 의하여 인정되는 바에 따라 진정한 점유의 개시시기를 인정하고, 그에 터잡아 취득시효 주장의 당부를 판단하여야 합니다(대법원 1995. 5. 23. 선고 94다39987 판결 등 참조).

한편 점유가 순차 승계된 경우에 있어서는 취득시효의 완성을 주장하는 자는 자기의 점유만을 주장하거나 또는 자기의 점유와 전 점유자의 점유를 아울러 주장할 수 있는 선택권이 있는 것이고, 전 점유자의 점유를 아울러 주장하는 경우에도 어느 단계 점유자의 점유까지를 아울러 주장할 것인가도 이를 주장하는 사람에게 선택권이 있습니다(대법원 1998. 4. 10. 선고 97다56822 판결 등 참조).

부동산에 대한 점유취득시효가 완성된 후 취득시효 완성을 원인으로 한 소유권이전등기를 하지 않고 있는 사이에 그 부동산에 관하여 제3자 명의의 소유권이전등기가 경료된 경우라 하더라도 당초의 점유자가 계속 점유하고 있고 소유자가 변동된 시점을 기산점으로 삼아도 다시 취득시효의 점유기간이 경과한 경우에는 점유자로서는 제3자 앞으로의 소유권 변동시를 새로운 점유취득시효의 기산점으로 삼아 2차의 취득시효의 완성을 주장할 수 있습니다. 그리고 취득시효기간이 경과하기 전에 등기부상의 소유명의자가 변경된

---

[305] 2차 취득시효와 관련된 법리 위주로 판례법리를 제시하여야 한다.

다고 하더라도 그 사유만으로는 점유자의 종래의 사실상태의 계속을 파괴한 것이라고 볼 수 없어 취득시효를 중단할 사유가 되지 못하므로, 새로운 소유명의자는 취득시효 완성 당시 권리의무 변동의 당사자로서 취득시효 완성으로 인한 불이익을 받게 된다 할 것이 어서 시효완성자는 그 소유명의자에게 시효취득을 주장할 수 있는바, 이러한 법리는 위와 같이 새로이 2차의 취득시효가 개시되어 그 취득시효기간이 경과하기 전에 등기부상의 소유명의자가 다시 변경된 경우에도 마찬가지로 적용된다고 봄이 상당합니다(대법원 2009. 7. 16. 선고 2007다15172,15189 전원합의체 판결 참조).

3. 이 사건의 경우[306]

피고가 전 점유자의 점유를 아울러 주장하는 경우 어느 단계 점유자의 점유까지를 아울러 주장할 것인지 선택할 수 있는 바, 피고가 김승련뿐만 아니라 김인선의 점유까지를 승계함으로써, 김인선의 최초 점유개시일인 1970. 2. 1.경부터 20년이 경과한 1990. 2. 1.경 이 사건 분쟁토지에 관한 1차 취득시효가 완성되었습니다. 나아가 박차남 앞으로 소유권이전등기가 마쳐진 1993. 12. 15.부터 새로이 점유취득시효가 개시되어 그로부터 20년이 경과한 2013. 12. 15. 2차 점유취득시효가 완성되었습니다. 그런데 원고는 2차 점유취득시효가 완성되기 전인 2007. 7. 19. 원고토지의 소유권을 취득하였으므로, 결국 김인선과 김승련의 점유를 순차로 승계한 피고로서는 원고에 대하여 위 2차 점유취득시효 완성[307]을 주장할 수 있습니다.

4. 결론

피고에게는 이러한 2차 점유취득시효완성을 원인으로 한 소유권이전등기청구권이 있으므로 피고는 이로써 이 사건 분쟁토지를 점유할 권원이 있다는 항변을 함과 동시에[308] 반소로써 원고를 상대로 이 사건 분쟁토지에 관한 2013. 12. 15. 취득시효를 원인으로 한 소유권이전등기절차를 이행할 것을 청구합니다.

---

[306] 사실관계를 제시한 판례법리에 포섭하여 판단하는 모습을 보여 주어야 한다.

[307] 앞서 [문제1]의 작성요령 제2항에서 현행법과 그 해석상 "승소 가능한" 최대한의 범위에서 작성할 것을 요구하고 있음을 감안하여야 한다. 따라서 답변서에서 주장한 1차 점유취득시효가 아니라, 2차 점유취득시효를 원인으로 한 소유권이전등기청구권을 주장하여야 한다.

[308] 반소는 본소의 청구나 방어의 방법과 관련된 청구이어야 하므로, 이를 결론 부분에서 언급하여 주었다.

첨 부 서 류

1. 소송위임장   1통
2. 반소장 부본   1통

2021년 3월 11일

피고 소송대리인

법무법인 수원 담당변호사 오지혜   ㉑

수원지방법원 제2민사부 귀중

기록 5

<문제 2> 귀하는 <u>관할법원 재판연구원으로서 검토보고서</u>를 작성하시오. ① 【문제 1】의 소송기
록 일체(다만, <u>제1, 2차 변론조서는 아래에서 제시되는 각 변론조서로 대체하고, 2021. 1. 26.자</u>
<u>준비서면 중 제1항을 삭제하는 것으로 전제할 것</u>), ② 【문제 1】 모범답안의 반소장, ③ 아
래에서 제시되는 제1, 2차 변론조서를 일체의 기록으로 가정하되, 아래 검토보고서
양식 중 [검토] 부분만 작성하기 바랍니다.
부동산을 표시할 때 소장에 첨부된 별지 도면을 활용하되, 해당 도면을 별지로 붙이
지 않아도 됩니다.

[검토보고서 양식]

검토보고서

사　　건　　2021가합456(본소) 토지인도
　　　　　　　2021가합678(반소) 소유권이전등기
원　　고(반소피고) 박장남
피　　고(반소원고) 김민재

[검토]

본소와 반소를 함께 본다.
1. 결론
2. 논거

[주문]

수 원 지 방 법 원
서 증 목 록

2021가합456 (본소)
2021가합678 (반소)
　원고(반소피고)　제출　　　　　　　　　　　　변론(준비거일)조서의 일부

서증 번호	기일 및 장 수	서 증 명	인부기일	인 부 요 지	비 고
1	1차 00장	등기사항전부증명서	1차	성립인정	
2	1차 00장	등기사항전부증명서	1차	성립인정	
3	1차 00장	측량감정서	1차	성립인정	
4	1차 00장	최고서	1차	성립인정	
	차 장		차		
	차 장		차		
	차 장		차		
	차 장		차		

<table>
<tr><td colspan="6" align="center">수 원 지 방 법 원
서 증 목 록</td></tr>
<tr><td colspan="6">2021가합456 (본소)
2021가합678 (반소)
피고(반소원고)　　제출　　　　　　　　　　　　　　　　변론(준비기일)조서의 일부</td></tr>
<tr>
<td>서증
번호</td>
<td>기일 및
장 수</td>
<td>서 증 명</td>
<td>인부기일</td>
<td>인 부 요 지</td>
<td>비 고</td>
</tr>
<tr>
<td>1</td>
<td>1차
00장</td>
<td>확인서</td>
<td>1차</td>
<td>인영부분 인정
제3자에 의해 위조되었다고
증거항변</td>
<td></td>
</tr>
<tr><td></td><td></td><td></td><td></td><td></td><td></td></tr>
<tr><td></td><td></td><td></td><td></td><td></td><td></td></tr>
<tr><td></td><td></td><td></td><td></td><td></td><td></td></tr>
<tr><td></td><td></td><td></td><td></td><td></td><td></td></tr>
<tr><td></td><td></td><td></td><td></td><td></td><td></td></tr>
<tr><td></td><td></td><td></td><td></td><td></td><td></td></tr>
<tr><td></td><td></td><td></td><td></td><td></td><td></td></tr>
</table>

수원지방법원
변 론 조 서

제 1 차
사   건   2021가합456   토지인도
재판장 판사   강정수   기   일 :   2021. 2. 9. 14:00
          판사   조학규   장   소 :   제317호 법정
          판사   이지수   공개여부 :   공개
법원 사무관   정재환   고지된
                                                       다음기일 :   2021. 3. 16. 14:00

사건과 당사자의 이름을 부름
원고 및 대리인 법무법인 필승 담당변호사 이지성   각 출석
피고   출석
_____

원고 대리인
  피고가 현재 점유할 권원 없이 원고 소유의 땅을 점유·사용하고 있고, 피고가 주장하
  는 전 점유자들의 점유관계는 원고로서는 알지 못한다면서 소장 및 2021. 1. 26.자
  준비서면 진술

피고
  답변서 진술

증거관계 별지와 같음(쌍방 서증)

재판장 원고 대리인에게,
  을 제1호증(확인서)이 위조되었다는 증거항변에 관하여 입증계획을 밝히라고 명함

원고 대리인
  작성명의인 박차남이 을 제1호증과 같은 내용의 확인서를 작성해 준 일이 없다고 진
  술한 바 있어, 박차남에 대하여 증인신청을 고려 중에 있고 박차남을 만난 이후에 법
  정 외에서 증인신청서를 제출하겠다고 진술

속행(원고의 증인신청 등 검토를 위하여)

                        법원 사무관   정재환   ㊞

                        재판장 판사   강정수   ㊞

수원지방법원
변 론 조 서

제 2 차

사   건   2021가합456(본소) 토지인도
                   2021가합678(반소) 소유권이전등기

재판장 판사   강정수   기   일 : 2021. 3. 16. 14:00
       판사   조학규   장   소 :   제317호 법정
       판사   이지현   공개여부 :   공개
법원 사무관   정재환   고지된
                                                    다음기일 : 2021. 3. 30. 10:00

사건과 당사자의 이름을 부름

원고(반소피고) 및 대리인 법무법인 필승 담당변호사 이지성   각 출석
피고(반소원고) 및 대리인 법무법인 수원 담당변호사 오지혜   각 출석

피고(반소원고) 대리인

반소장 진술하되 답변서에서 주장한 제1차 점유취득시효 주장은 철회하고,[309] 더 이상
주장하거나 제출할 증거가 없다고 진술

원고(반소피고) 대리인

작성명의인 박차남이 어머니 부양문제로 사이가 틀어져서 증언하기를 원하지 않아 증
인신청을 하지 않겠으며, 더 이상 주장하거나 제출할 증거가 없다고 진술

소송관계 표명, 증거조사 결과 변론
변론종결

법원 사무관   정재환   ㊞

재판장 판사   강정수   ㊞

---

[309] 이렇게 변론조서에서 주장서면에서 하였던 주장을 철회하거나 주장을 추가하는 경우가 있으므로 유의하여야 한다.

문제 2   모범답안

본소와 반소를 함께 본다.[310]

1. 결론[311]

○ 본소 : 청구 기각
○ 반소 : 청구 전부 인용(가집행 불가능)

[인용되는 부분의 주문]

원고(반소피고, 이하 '원고'라고 한다)는 피고(반소원고, 이하 '피고'라고 한다)에게 수원시 권선구 경수동 20−11 대 116㎡ 중 별지 도면 표시 1, 2, 3, 4, 5, 1의 각 점을 순차로 연결한 선 내 (나) 부분 27㎡에 관하여 2013. 12. 15. 취득시효를 원인으로 한 소유권이전등기절차를 이행하라.

2. 논거

가. 본소청구원인에 관한 판단

1) 청구원인의 요지

원고는 피고를 상대로 원고 소유 토지의 인도를 구한다.

---

310 소송물이 2개(본소청구와 반소청구)이므로 체계구성이 먼저 문제된다. 가장 기본적인 형태로 소송물 별로 각각 검토하는 방식도 물론 가능하다(가령, 1. 본소청구에 관한 판단/ 2. 반소청구에 관한 판단). 그러나 그렇게 체계를 구성하면 본소청구에 관한 피고(반소원고)의 '점유할 권원' 항변에 대한 판단 부분과 그 아래에서 살펴볼 반소 청구원인의 판단 부분이 동일한 내용임에도 분리하여 2번 기재하거나 뒤에서 앞의 내용을 원용기재해야 할 것으로 예상된다. 따라서 본소청구에 대한 항변과 반소청구원인을 한 번만 표현해 주는 방식이 보다 간결하고 명료한 구조로 파악된다. 이에 본소청구와 반소청구를 묶어서 기재한다.

311 본소청구와 반소청구를 묶어서 기재하므로 결론란에서도 자연히 본소와 반소별로 결론을 구분해서 기재하여야 한다. 2차 점유취득 시효완성을 원인으로 한 소유권이전등기청구권을 보유하고 있다는 피고(반소원고)의 점유할 권원 항변이 받아들여지므로, 원고(반소피고)의 본소청구는 기각되어야 하고, 피고(반소원고)의 반소청구는 인용되어야 한다. 반소의 경우는 청구 전부 인용이므로 가집행 가능 여부를 밝혀 주고 인용되는 부분의 주문을 기재하여 주어야 한다. 다만, 등기절차의 이행을 명하는 판결은 확정되어야만 의사의 진술이 있는 것으로 간주되기 때문에 가집행선고가 허용되지 않는다. 따라서 '가집행 불가능'이라고 병기하였다.

2) 인정사실[312]

○ 원고가 수원시 권선구 경수동 20−11 대 116m²(이하 '원고 토지'라고 한다)를 소유하고 있다.

○ 피고가 원고 토지 중 별지 도면 표시 1, 2, 3, 4, 5, 1을 순차로 연결한 선 내 (나) 부분 27m²(이하 '이 사건 분쟁토지'라고 한다)를 점유하고 있다.

[인정근거 : 다툼 없는 사실]

3) 소결론

위 인정사실에 의하면, 특별한 사정이 없는 한 피고는 원고에게 이 사건 분쟁토지를 인도할 의무가 있다.[313]

나. 본소청구에 관한 항변 및 반소청구에 관한 판단[314]

1) 피고의 항변 및 반소청구원인의 요지

피고는 이 사건 분쟁토지에 관하여 전 점유자들의 점유를 순차로 승계하여 2차 점유취득시효 완성을 원인으로 한 소유권이전등기청구권을 보유하고 있으므로 이 사건 분쟁토지를 점유할 권원이 있고, 원고는 피고에게 이에 관하여 소유권이전등기절차를 이행할 의무가 있다.

2) 관련 법리

가) 취득시효기간의 계산에 있어 점유기간 중에 당해 부동산의 소유권자의 변동이 있는 경우에는 취득시효를 주장하는 자가 임의로 기산점을 선택하거나 소급하여 20년 이상 점유한 사실만 내세워 시효 완성을 주장할 수 없고, 이와 같은 경우에는 법원이 당사자의 주장에 구애됨이 없이 소송자료에 의하여 인정되는 바에 따라 진정한 점유의 개시시기를 인정하고, 그에 터잡아 취득시효 주장의 당부를 판단하여야 한다.[315]

나) 한편 점유가 순차 승계된 경우에 있어서는 취득시효의 완성을 주장하는 자는 자기의 점유만을 주장하거나 또는 자기의 점유와 전 점유자의 점유를 아울러 주장할 수 있는 선택권이 있는 것이고, 전 점유자의 점유를 아울러 주장하는 경우에도 어느 단계 점유자의 점유까지를 아울러 주장할 것인가도 이를 주장하는 사람에게 선택권이 있다.[316]

---

312 소유권에 기한 부동산인도청구에 관한 요건사실들, 즉 원고의 목적물 소유사실과 피고의 목적물 점유사실(민사재판실무 368쪽)을 나열하여야 한다.

313 이하에서 피고의 항변 및 반소청구의 판단이 이어지므로 잠정적인 결론을 제시하였다.

314 본소청구에 대한 항변과 반소청구의 청구원인이 동일한 내용이므로 함께 묶어서 판단하는 것이 바람직하다.

315 대법원 1995. 5. 23. 선고 94다39987 판결 등 참조

316 대법원 1998. 4. 10. 선고 97다56822 판결 등 참조

다) 부동산에 대한 점유취득시효가 완성된 후 취득시효 완성을 원인으로 한 소유권이전등기를 하지 않고 있는 사이에 그 부동산에 관하여 제3자 명의의 소유권이전등기가 경료된 경우라 하더라도 당초의 점유자가 계속 점유하고 있고 소유자가 변동된 시점을 기산점으로 삼아도 다시 취득시효의 점유기간이 경과한 경우에는 점유자로서는 제3자 앞으로의 소유권 변동시를 새로운 점유취득시효의 기산점으로 삼아 2차의 취득시효의 완성을 주장할 수 있다. 그리고 취득시효기간이 경과하기 전에 등기부상의 소유명의자가 변경된다고 하더라도 그 사유만으로는 점유자의 종래의 사실상태의 계속을 파괴한 것이라고 볼 수 없어 취득시효를 중단할 사유가 되지 못하므로, 새로운 소유명의자는 취득시효 완성 당시 권리의무 변동의 당사자로서 취득시효 완성으로 인한 불이익을 받게 된다 할 것이어서 시효완성자는 그 소유명의자에게 시효취득을 주장할 수 있는바, 이러한 법리는 위와 같이 새로이 2차의 취득시효가 개시되어 그 취득시효기간이 경과하기 전에 등기부상의 소유명의자가 다시 변경된 경우에도 마찬가지로 적용된다고 봄이 상당하다.[317]

3) 인정사실[318]

○ 원고 토지에 관하여 1993. 12. 15. 박태조에서 박차남 앞으로, 2007. 7. 19. 박차남에서 원고 앞으로 각 소유권이전등기가 마쳐졌다.

[인정근거 : 다툼 없는 사실]

○ 김인선은 1970. 2. 1.경부터 원고 토지에 인접한 수원시 권선구 경수동 20−10 대 152m²(이하 '피고 토지'라고 한다) 지상 주택에 거주하면서 이 사건 분쟁토지를 위 주택의 마당의 일부로 계속 점유·사용하였다.

○ 김승련은 1983. 3. 20. 김인선에게서 증여를 원인으로 피고 토지와 그 지상 주택에 관하여 소유권이전등기를 마치고 그때부터 이 사건 분쟁토지를 계속 점유·사용하였다.

○ 피고는 2005. 9. 28. 김승련에게서 피고 토지와 그 지상 주택의 소유권을 이전받으면서 그 무렵부터 현재까지 이 사건 분쟁토지를 계속 점유·사용하였다.

[인정근거 : 갑 제1호증(등기사항전부증명서), 갑 제2호증(등기사항전부증명서), 을 제1호증(확인서)의 각 기재[319] 및 변론 전체의 취지]

○ 을 제1호증(확인서)의 박차남 이름 다음의 인영은 박차남의 인장에 의한 것이다.[320]

---

317 대법원 2009. 7. 16. 선고 2007다15172, 15189 전원합의체 판결 참조
318 앞서 반소장 모범답안에서 설명한 대로 2차 점유취득시효완성을 주장하는 경우이므로 이 사건 분쟁토지에 대한 소유 및 점유관계에 관하여 사실인정이 요구된다.
319 제1회 변론기일에서 원고 대리인이 피고가 주장하는 전 점유자들의 점유관계는 알지 못한다고 하였으므로 이에 관한 증거들을 설시하여야 한다.
320 증거목록에서 원고가 피고가 제출한 을 제1호증(확인서)에 대하여 증거항변을 하였다. 따라서 이에 관하여는 반드시 그 당

[인정근거 : 다툼 없는 사실]

ㅇ 따라서 그 인영은 박차남의 의사에 따라 날인된 것으로 추인되고, 이에 따라 문서 전체의 진정성립이 추정된다.

ㅇ 원고는 이 문서가 위조되었다고 항변하나, 이를 인정할 증거가 없다.

4) 소결론[321]

ㅇ 피고가 전 점유자의 점유를 아울러 주장하는 경우 어느 단계 점유자의 점유까지를 아울러 주장할 것인지 선택할 수 있는 바, 피고가 김승련뿐만 아니라 김인선의 점유까지를 승계함으로써, 김인선의 최초 점유개시일인 1970. 2. 1.경부터 20년이 경과한 1990. 2. 1.경 이 사건 분쟁토지에 관한 1차 취득시효가 완성되었다. 나아가 박차남 앞으로 소유권이전등기가 마쳐진 1993. 12. 15.부터 새로이 점유취득시효가 개시되어 그로부터 20년이 경과한 2013. 12. 15. 2차 취득시효가 완성되었다. 그런데 원고는 2차 취득시효가 완성되기 전인 2007. 7. 19. 원고 토지의 소유권을 취득하였으므로, 결국 김인선과 김승련의 점유를 순차로 승계한 피고로서는 원고에 대하여 위 2차 점유취득시효 완성을 주장할 수 있다.[322]

ㅇ 원고는 피고에게 이 사건 분쟁토지에 관하여 2013. 12. 15. 취득시효를 원인으로 한 소유권이전등기절차를 이행할 의무가 있다.[323]

ㅇ 피고의 항변은 이유 있다.

다. 본소 및 반소청구에 관한 결론

원고의 본소청구는 이유 없고, 원고는 피고에게 이 사건 분쟁토지에 관하여 2013. 12. 15. 취득시효를 원인으로 한 소유권이전등기절차를 이행할 의무가 있다.

[주문]

1. 원고(반소피고)는 피고(반소원고)에게 수원시 권선구 경수동 20-11 대 116m² 중 별지 도면 표시 1, 2, 3, 4, 5, 1의 각 점을 순차로 연결한 선 내 (나) 부분 27m²에 관하여 2013. 12. 15. 취득시효를 원인으로 한 소유권이전등기절차를 이행하라.

부 판단을 하여 주어야 한다. 원고가 위 확인서의 인영부분은 인정하였으므로 이른바 2단의 추정법리가 적용되고 원고가 위조되었다는 점을 증명할 책임이 있다. 그런데 기록상 위조항변을 인정할 증거가 없다. 그러한 내용을 본문과 같은 형식으로 기재하여 준다.

[321] (재)항변의 소결론에서는 「포섭판단(항변 인용시에는 법률효과)+(재)항변의 당부판단」 2가지를 기재하여야 한다.

[322] 이와 같이 앞서 인정한 사실을 관련 법리에 비추어 포섭판단하는 내용을 기재하여야 한다. 이를 누락할 경우 3단논법의 논증에 흠결이 발생하여 논증력이 떨어지는 글이 되고 만다.

[323] 그 법률효과를 기재한다. 의무자를 주어로 하여 어떠한 의무를 부담하는지 구체적으로 표현하여야 한다.

2. 원고(반소피고)의 본소청구를 기각한다.

3. 소송비용은 본소와 반소를 합하여 원고(반소피고)가 부담한다.

<문제 2 - 1(심화문제)> ① 【문제 1】의 소송기록 일체(다만, 답변서에 【문제 1】 모범답안의 반소장의 본문 내용이 추가되었고 1차 점유취득시효 완성 주장은 철회되었으며, 2021. 1. 26.자 준비서면은 아래에서 제시되는 준비서면으로 변경된 것으로 전제할 것)를 하나의 기록으로 보되, ② 제1차 변론기일에서 변론이 종결되었고 <u>피고의 반소제기 없이</u> 위와 같이 변경된 답변서와 준비서면의 내용에 상응하게 제1차 변론조서도 모순 없이 수정된 것으로 전제하여, 아래 검토보고서 양식 중 [검토] 부분만 작성하기 바랍니다.

부동산을 표시할 때 소장에 첨부된 별지 도면을 활용하되, 해당 도면을 별지로 붙이지 않아도 됩니다.

[검토보고서 양식]

```
                    검토보고서

   사   건    2021가합456 토지인도청구
   원   고    박장남
   피   고    김민재

                     [검토]

   1. 결론
   2. 논거

                     [주문]
```

준 비 서 면

사 건   2021가합456   토지인도
원 고   박장남
피 고   김민재

위 당사자 사이의 토지인도 청구사건에 관하여 **원고** 소송대리인은 다음과 같이 변론을 준비합니다.

1. 피고가 주장하는 점유관계는 인정합니다.

김인선이 1970. 2. 1.부터 이 사건 피고 토지와 그 지상 주택을 점유하면서 이 사건 분쟁토지를 점유한 사실, 김승련이 1983. 3. 20.부터 위 토지와 그 지상 주택을 점유하면서 이 사건 분쟁토지를 점유한 사실, 피고가 2005. 9. 28. 위 토지와 그 지상 주택에 대하여 소유권이전등기를 마치면서 그때부터 현재까지 이 사건 분쟁토지를 점유한 사실은 모두 인정합니다.

2. 제2차 취득시효 중단 및 시효이익 포기의 항변

피고가 주장하는 제2차 취득시효는 중단되었거나 그 시효이익이 포기되었습니다.

갑 제1호증(등기사항전부증명서)의 기재에서 보는 바와 같이, 이 사건 분쟁토지에 관하여는 2010. 12. 8. 수원지방법원 2010카단6725호로 가압류결정이 있었고, 2010. 12. 10. 가압류기입등기가 마쳐졌습니다. 따라서 민법 제247조 제2항, 제168조 제2호에 따라 그 취득시효는 중단되었습니다.

한편, 피고는 제2차 취득시효 완성 후인 2015. 11. 1. 원고에게 이 사건 토지를 적절한 가격에 매수하겠다고 제의함으로써 시효이익을 포기하였습니다.

3. 결론

결국 피고의 취득시효 주장은 어느 모로 보나 부당합니다.

증 명 방 법

1. 갑 제5호증 (사실확인서)

첨 부 서 류

1. 위 증명방법   2통
2. 준비서면 부본   1통

2021. 1. 26.

원고 소송대리인

법무법인 필승 담당변호사 이지성 ㉫

수원지방법원 제2민사부 귀중

사 실 확 인 서

1. 저는 박장남과 김민재의 이웃입니다.

2. 저는 2015. 11. 1. 김민재가 박장남에게 수원시 권선구 경수동 20-11 대지 중에서 김민재가 마당의 일부로 사용하고 있는 부분을 자기에게 팔라고 제의하는 것을 들은 적이 있습니다.

3. 2015. 11. 1.은 매년 저희 마을 청년회 주관으로 노래자랑 대회가 있는 날이라서, 그 날 노래자랑 대회를 같이 구경하던 중에 옆에서 김민재가 박장남에게 위 제2항과 같이 말을 하여 이를 정확히 기억하고 있습니다.

4. 필요하다면 법정에서 제가 기억하고 있는 내용을 증언할 용의도 있음을 밝혀 둡니다.

2021. 1. 8.

조인우 (인)

갑 제5호증

1. 결론

청구 기각[324]

2. 논거

가. 청구원인에 관한 판단

1) 청구원인의 요지

원고는 피고를 상대로 토지인도를 구한다.

2) 인정사실

○ 원고가 수원시 권선구 경수동 20-11 대 116m²(이하 '원고 토지'라고 한다)를 소유하고 있다.

○ 피고가 원고 토지 중 별지 도면 표시 1, 2, 3, 4, 5, 1을 순차로 연결한 선 내 (나) 부분 27m²(이하 '이 사건 분쟁토지'라고 한다)를 점유하고 있다.

[인정근거 : 다툼 없는 사실]

3) 소결론

위 인정사실에 의하면, 특별한 사정이 없는 한 피고는 원고에게 이 사건 분쟁토지를 인도할 의무가 있다.

---

324 원고가 가압류로 인한 취득시효 중단의 재항변과 시효취득 이익 포기의 재항변을 하였는데, 판례법리상 가압류는 취득시효 중단의 사유가 아니고, 점유자가 매수를 제의한 것만으로는 시효취득 이익을 포기한 것으로 볼 수 없으므로, 원고의 재항변들은 모두 이유 없다. 따라서 원고의 청구는 기각되어야 한다.

나. 항변에 관한 판단

1) 항변의 요지

피고는 이 사건 분쟁토지에 관하여 전 점유자들의 점유를 순차로 승계하여 제2차 취득시효 완성을 원인으로 한 소유권이전등기청구권을 보유하고 있으므로 이 사건 분쟁토지를 점유할 권원이 있다.

2) 관련 법리

가) 취득시효기간의 계산에 있어 점유기간 중에 당해 부동산의 소유권자의 변동이 있는 경우에는 취득시효를 주장하는 자가 임의로 기산점을 선택하거나 소급하여 20년 이상 점유한 사실만 내세워 시효 완성을 주장할 수 없고, 이와 같은 경우에는 법원이 당사자의 주장에 구애됨이 없이 소송자료에 의하여 인정되는 바에 따라 진정한 점유의 개시시기를 인정하고, 그에 터잡아 취득시효 주장의 당부를 판단하여야 한다.

나) 한편 점유가 순차 승계된 경우에 있어서는 취득시효의 완성을 주장하는 자는 자기의 점유만을 주장하거나 또는 자기의 점유와 전 점유자의 점유를 아울러 주장할 수 있는 선택권이 있는 것이고, 전 점유자의 점유를 아울러 주장하는 경우에도 어느 단계 점유자의 점유까지를 아울러 주장할 것인가도 이를 주장하는 사람에게 선택권이 있다.

다) 부동산에 대한 점유취득시효가 완성된 후 취득시효 완성을 원인으로 한 소유권이전등기를 하지 않고 있는 사이에 그 부동산에 관하여 제3자 명의의 소유권이전등기가 경료된 경우라 하더라도 당초의 점유자가 계속 점유하고 있고 소유자가 변동된 시점을 기산점으로 삼아도 다시 취득시효의 점유기간이 경과한 경우에는 점유자로서는 제3자 앞으로의 소유권 변동시를 새로운 점유취득시효의 기산점으로 삼아 2차의 취득시효의 완성을 주장할 수 있다. 그리고 취득시효기간이 경과하기 전에 등기부상의 소유명의자가 변경된다고 하더라도 그 사유만으로는 점유자의 종래의 사실상태의 계속을 파괴한 것이라고 볼 수 없어 취득시효를 중단할 사유가 되지 못하므로, 새로운 소유명의자는 취득시효 완성 당시 권리의무 변동의 당사자로서 취득시효 완성으로 인한 불이익을 받게 된다 할 것이어서 시효완성자는 그 소유명의자에게 시효취득을 주장할 수 있는바, 이러한 법리는 위와 같이 새로이 2차의 취득시효가 개시되어 그 취득시효기간이 경과하기 전에 등기부상의 소유명의자가 다시 변경된 경우에도 마찬가지로 적용된다고 봄이 상당하다.

3) 인정사실

○ 원고 토지에 관하여 1993. 12. 15. 박태조에서 박차남 앞으로, 2007. 7. 19. 박차남에서

원고 앞으로 각 소유권이전등기가 마쳐졌다.

○ 김인선은 1970. 2. 1.경부터 원고 토지에 인접한 수원시 권선구 경수대로 20－10 대 152m²(이하 '피고 토지'라고 한다) 지상 주택에 거주하면서 이 사건 분쟁토지를 위 주택의 마당의 일부로 점유·사용하기 시작하였다.

○ 김승련은 1983. 3. 20. 김인선에게서 증여를 원인으로 피고 토지와 그 지상 주택에 관하여 소유권이전등기를 마치고 그 때부터 이 사건 분쟁토지를 계속 점유·사용하였다.

○ 피고는 2005. 9. 28. 김승련에게서 피고 토지와 그 지상 주택의 소유권을 이전받으면서 그 무렵부터 현재까지 이 사건 분쟁토지를 계속 점유·사용하였다.

[인정근거 : 다툼 없는 사실]

4) 소결론

○ 전 점유자의 점유를 아울러 주장하는 경우 어느 단계 점유자의 점유까지를 아울러 주장할 것인지 선택할 수 있는 바, 피고가 김승련뿐만 아니라 김인선의 점유까지를 승계함으로써, 김인선의 최초 점유개시일인 1970. 2. 1.경부터 20년이 경과한 1990. 2. 1.경 이 사건 분쟁토지에 관한 1차 취득시효가 완성되었다. 나아가 박차남 앞으로 소유권이전등기가 마쳐진 1993. 12. 15.부터 새로이 점유취득시효가 개시되어 그로부터 20년이 경과한 2013. 12. 15. 2차 취득시효가 완성되었다. 그런데 원고는 2차 취득시효가 완성되기 전인 2007. 7. 19. 원고 토지의 소유권을 취득하였으므로, 결국 김인선과 김승련의 점유를 순차로 승계한 피고로서는 원고에 대하여 위 2차 점유취득시효 완성을 주장할 수 있다.

○ 특별한 사정이 없는 한, 피고의 항변은 이유 있다.

5) 취득시효 중단의 재항변에 관한 판단[325]

가) 재항변의 요지

이 사건 분쟁토지에 관하여는 2010. 12. 8. 수원지방법원 2010카단6725호로 가압류결정이 있었고 2010. 12. 10. 가압류기입등기가 마쳐졌으므로, 위 제2차 취득시효는 중단되었다.

나) 관련 법리

민법 제247조 제2항은 '소멸시효의 중단에 관한 규정은 점유로 인한 부동산소유권의 시효취득기간에 준용한다.'고 규정하고, 민법 제168조 제2호는 소멸시효 중단사유로 '압류 또는 가압류, 가처분'을 규정하고 있다. 점유로 인한 부동산소유권의 시효취득에 있어 취득시효의 중단사유는 종래의 점유상태의 계속을 파괴하는 것으로 인정될 수 있는 사유이어야 하는데, 민

---

325 재항변의 요지 → 법리 → 인정사실 → 판단의 논리적 순서에 따라 검토하여 주면 된다.

법 제168조 제2호에서 정하는 '압류 또는 가압류'는 금전채권의 강제집행을 위한 수단이거나 그 보전수단에 불과하여 취득시효기간의 완성 전에 부동산에 압류 또는 가압류 조치가 이루어졌다고 하더라도 이로써 종래의 점유상태의 계속이 파괴되었다고는 할 수 없으므로 이는 취득시효의 중단사유가 될 수 없다.[326]

다) 소결론[327]

원고 주장과 같이 이 사건 분쟁토지에 관하여 원고의 채권자가 가압류결정을 받았다고 하더라도 이로써 종래의 점유상태의 계속이 파괴되었다고 할 수 없으므로 이는 취득시효의 중단사유가 될 수 없다.

원고의 위 재항변은 이유 없다.

6) 취득시효 이익 포기의 재항변에 관한 판단[328]
가) 재항변의 요지

피고가 위 제2차 취득시효 완성 후인 2015. 11. 1. 원고에게 이 사건 분쟁토지를 매수하겠다고 제의함으로써 시효이익을 포기하였다.

나) 관련 법리

점유로 인한 부동산 소유권의 취득시효기간이 경과한 뒤에 점유자가 소유자에게 그 부동산을 매수하겠다고 제의한 사실이 있었다는 것만으로 점유자가 소유자에게 그 부동산에 대한 시효이익을 포기하였다고는 볼 수 없다.[329]

다) 소결론

원고의 주장사실만으로는 피고가 시효이익을 포기하였다고 볼 수는 없으므로, 원고의 위 재항변은 이유 없다.[330]

7) 취득시효 항변에 관한 최종결론

결국 피고의 위 항변은 이유 있다.

---

326 대법원 2019. 4. 3. 선고 2018다296878 판결
327 (재)항변의 소결론에서는 「포섭판단(항변 인용시에는 법률효과) + (재)항변의 당부판단」 2가지를 기재하여야 한다.
328 마찬가지로 재항변의 요지 → 법리 → 인정사실 → 판단의 논리적 순서에 따른다.
329 대법원 1992. 9. 1. 선고 92다26543 판결, 대법원 1991. 2. 22. 선고 90다12977 판결 등
330 (재)항변의 소결론이므로 「포섭판단 + (재)항변의 당부판단」 2가지를 기재하였다.

다. 이 사건 청구에 관한 결론

원고의 청구는 이유 없다.

[주문]

1. 원고의 청구를 기각한다.
2. 소송비용은 원고가 부담한다.

6 기록

채권자취소소송/ 선의항변 등

기록 6

<문제 1> 귀하는 변호사 전승혜로서, 의뢰인 이을남과의 상담을 통해 아래 【상담내용】과 같이
김갑동이 이을남을 상대로 제기한 사해행위취소청구의 소에 관한 사실관계를 청취하
고, 【의뢰인 희망사항】 기재사항에 관한 본안소송의 대리권을 수여받고, 첨부된 서류
를 자료로 받았습니다.
의뢰인을 위한 **답변서**를 작성하시오.

【작성요령】
1. 답변서의 작성일은 2021. 3. 25.로 하시오.
2. 【의뢰인 희망사항】란에 기재된 희망사항에 부합하도록 답변서를 작성하되, 현행법과 그 해
   석상 승소 가능한 최대한의 범위에서 작성하시오.
3. 【의뢰인 상담일지】와 첨부자료에 기재된 사실관계는 모두 사실에 부합한 것으로 보고(작성
   자의 의견에 해당하는 사항은 제외), 기재되지 않은 사실은 없는 것으로 전제하며, 첨부된 서류
   는 모두 진정하게 성립된 것으로 간주하시오.
4. 관련 증거자료를 제시하여 기술할 필요는 없습니다.
5. 기록상의 날짜가 공휴일인지 여부, 문서의 서식이 실제와 부합하는지 여부는 고려하지 마시오.

의뢰인 상담일지

변호사 전 승 혜 법률사무소

서울 서초구 서초대로10길 11, 1200호(서초동, 완승빌딩)
☎ : 02)532-3000, 팩스 : 02)532-3001, E-mail : jsh0909@naver.com

접수번호	2021-100	상담일시	2021. 3. 17.
상담인	이을남 010-1456-3960	내방경위	지인소개

【상 담 내 용】

1. 이을남은 정채무로부터 서울 강남구 압구정동 88 압구정아파트 제1동 제201호를 10억 원에 매수하였다. 그런데 김갑동은 정채무에 대하여 대여금채권을 갖고 있음을 이유로, 정채무가 이을남에게 위 아파트를 매도한 행위는 사해행위에 해당한다고 주장하면서, 서울중앙지방법원에 정채무와 이을남을 피고로 삼아 사해행위 취소의 소를 제기하였다고 한다.

2. 이을남은 갑자기 연로하신 모친을 모시고 살기로 하면서 넓은 집을 구하기 위하여 급하게 시세보다 비싸게 위 아파트를 매수하였고, 정채무의 재산관계나 채무관계는 전혀 몰랐다고 주장한다.

3. 정채무의 적극재산은 위 아파트가 유일하였다고 한다.

4. 이을남은 상담의뢰시에 서울중앙지방법원 제18민사부로부터 송달받은 소장 및 갑 제1호증 내지 갑 제5호증의 증거서류를 포함(사건번호 서울중앙지방법원 2021가합2345)하여 첨부서류들을 제시하였다.

【의뢰인 희망사항】

이을남은 원고 김갑동이 제기한 위 소에서 유리한 판결을 받을 수 있도록 답변서를 작성하여 제출하는 등으로 대응하고 싶어 한다.

소   장

원 고   김갑동

서울 서초구 잠원로 567, 102동 1801호(잠원동, 태양아파트)

소송대리인 법무법인 필승 담당변호사 김남일

서울 서초구 강남대로 122, 102호(서초동)

전화 02)530-0123, 팩스 02)530-0124, E-mail : lawyer@law.com

피 고   1. 정채무

서울 서초구 반포대로 234, 104동 908호(반포동, 달님아파트)

2. 이을남

서울 서초구 서초로 100

사해행위취소 등 청구의 소

청 구 취 지

1. 피고들 사이에 별지 목록 기재 부동산에 관하여 2019. 11. 2. 체결된 매매계약을 취소한다.

2. 피고 이을남은 피고 정채무에게 별지 목록 기재 부동산에 관하여 서울중앙지방법원 등기국 2019. 12. 26. 접수 제29876호로 마친 소유권이전등기의 말소등기절차를 이행하라.

3. 소송비용은 피고들이 부담한다.

라는 판결을 구합니다.

접   수
No. 2345
2021.03.11.
서울중앙지방법원
종합민원실

청 구 원 인

원고는 피고 정채무에게 2018. 1. 4. 금 1억 원을 이자 월 1%, 변제기 2018. 3. 3.로 정하여 대여하였습니다. 피고 정채무는 2018. 1. 4. 원고에게 위 대여금채무에 관하여 공증인가 서울합동법률사무소 증서 2018년 제5400호로 피고 정채무가 위 대여금의 지급을 지체할 때에는 즉시 강제집행을 받을 것을 인낙하는 취지의 기재가 있는 소비대차계약 공정증서를 작성하여 주었습니다.

피고 정채무는 이자와 원금을 한 푼도 갚지 아니한 채 변제기를 넘겼습니다.

그런데 피고 정채무는 원고에 대한 채무 변제를 게을리한 채 그의 유일한 재산인 별지목록 기재 부동산[서울 강남구 압구정동 88 소재 압구정아파트 제1동 제201호(이하 '이 사건 아파트'라고 합니다)]을 2019. 11. 2. 피고 이을남에게 대금 11억 원에 매도하였고, 2019. 12. 26. 그에 따른 소유권이전등기를 마쳤습니다. 피고 정채무는 피고 이을남과 같은 절에 다니는 자로, 피고 이을남은 피고 정채무가 채무초과임을 알고도 이 사건 아파트를 매수하여 원고를 해하였습니다.

이에 원고는 피고들 사이에 체결된 이 사건 아파트에 관한 2019. 11. 2.자 매매계약의 취소를 구하고, 피고 이을남이 피고 정채무에게 이 사건 아파트에 관하여 서울중앙지방법원 등기국 2019. 12. 26. 접수 제29876호로 마친 소유권이전등기의 말소등기절차를 이행할 것을 구합니다.

원고의 피고들에 대한 청구를 인용하여 주시기 바랍니다.

증 명 방 법

1. 갑 제1호증 (공정증서)
2. 갑 제2호증 (등기사항전부증명서)
3. 갑 제3호증 (통고서)
4. 갑 제4호증 (통고서에 대한 회신서)
5. 갑 제5호증 (확인서)

첨 부 서 류

1. 위 각 증명방법   각 2통
2. 영수필확인서   1통
3. 토지대장등본   1통
4. 송달료납부서   1통
5. 소송위임장   1통
6. 소장 부본   1통

2021. 3. 11.

원고 소송대리인

법무법인 필승 담당변호사 김남일 ㊞

서울중앙지방법원   귀중

별지 목록

[1동의 건물의 표시]

서울 강남구 압구정동 88 압구정아파트 제1동 철근콘크리트구조 콘크리트슬래브지붕

4층 아파트, 1 내지 4층 각 2270.72m²

[대지권의 목적인 토지의 표시]

서울 강남구 압구정동 88 대 5,165.3m²

[전유부분의 건물의 표시]

제2층 제201호 철근콘크리트구조 165.29m²

[대지권의 표시]

소유권대지권 9,082.88분의 165.29. 끝.

증서 2018년 제 5400 호

공 정 증 서

갑 제1호증

사본

공증인가 서울합동법률사무소
전화 : 02)534-9001~3
FAX : 02)534-9008

공증인가 서울합동법률사무소

증서 2018년 　제5400호
소비대차계약 공정증서
본 공증인은 당사자들의 촉탁에 따라 다음의 법률행위에 관한 진술의 취지를
청취하여 이 증서를 작성한다.
제1조 채무자는 채권자에 대하여 지급하여야 할 대여원금이 금 1억 원임을 승인
하고 다음 각 조항에 따라 변제할 것을 청약하고 채권자는 이를 승낙하였다.
제2조(변제기한과 방법)　2018년 3월 3일에 금 1억 원을 변제하기로 한다.
제3조(이자) 이자는 월 1%로 한다.
(중략)
제9조(강제집행의 인낙)　채무자는 이 계약에 의한 금전채무를 이행하지 아니할
때에는 즉시 강제집행을 당하여도 이의가 없음을 인낙하였다.

공증인가 서울합동법률사무소

관 계 자 의 표 시
관 계 (촉탁인) 채권자
성 명 (명 칭) 김갑동
주 소 (소재지) 서울 서초구 잠원로 567, 102동 1801호(잠원동, 태양아파트)
직 업   주민등록번호 770301-1010143
관 계 (촉탁인) 채무자
성 명 (명 칭) 정채무
주 소 (소재지) 서울 서초구 반포대로 234, 104동 908호(반포동, 달님아파트)
직 업   주민등록번호 600111-1026289
관 계
성 명
주 소
직 업   주민등록번호
관 계
성 명
주 소
직 업   주민등록번호

공증인가 서울합동법률사무소

본 공증인은 위 촉탁인들이 제시한 운전면허증에 의하여 그 사람이 틀림없음을 인정하였다.

본 공증인은 이 증서를 열석자들에게 읽어주고, 열람시켰던바 열석자들이 이 증서의 작성내용에 이의가 없다고 승인하고 각자 서명날인하였다.

채권자 김갑동 (인)

채무자 정채무 (인)

이 증서는 2018년 1월 4일 이 사무소에서 작성하였다.----------------------

같은 날 본 공증인은 위 촉탁인들의 청구에 의하여 정본은 채권자 김갑동에게 등본은 채무자 정채무에게 각 1통씩 교부한바, 각자 이를 수령하였다.

공증인가 서울합동법률사무소

증서 2018년   제 5400호

위는 정본입니다.

2018년 1월 4일

주 소   서울특별시 서초구 서초로 500 교대빌딩 201호

작성자   공증인가 서울합동법률사무소

공증담당변호사   김정규 ㊞

이준희 ㊞

등기사항전부증명서(말소사항 포함) - 집합건물 ▌▌▌▌▌▌

[집합건물] 서울특별시 강남구 압구정동 88 압구정아파트 제2층 제201호   고유번호 1109-2005-129835

【 표 제 부 】	(1동의 건물의 표시)			
표시번호	접 수	소재지번, 건물명칭 및 번호	건물내역	등기원인 및 기타사항
1	~~2005년 12월 22일~~	~~서울특별시 강남구 압구정동 88 압구정아파트 제1동~~	~~철근콘크리트구조 콘크리트슬래브지붕 4층 아파트~~ ~~1층 2270.72m²~~ ~~2층 2270.72m²~~ ~~3층 2270.72m²~~ ~~4층 2270.72m²~~	~~도면편철장 제5책 제922장~~
2		서울특별시 강남구 압구정동 88 [도로명주소] 서울특별시 강남구 압구정로10길 50	철근콘크리트구조 콘크리트슬래브지붕 4층 아파트 1층 2270.72m² 2층 2270.72m² 3층 2270.72m² 4층 2270.72m²	도로명주소 2012년 6월 29일 등기 도면편철장 제5책 제922장

(대지권의 목적인 토지의 표시)				
표시번호	소재지번	지 목	면 적	등기원인 및 기타사항
1	서울특별시 강남구 압구정동 88	대	5,165.3m²	2005년 12월 22일

【 표 제 부 】	(전유부분의 건물의 표시)			
표시번호	접 수	건물번호	건물내역	등기원인 및 기타사항
1	2005년 12월 22일	제2층 제201호	철근콘크리트구조 165.29m²	도면편철장 제5책 제1053장

(대지권의 표시)			
표시번호	대지권 종류	대지권 비율	등기원인 및 기타사항
1	소유권 대지권	9,082.88분의 165.29	2005년 12월 22일 대지권

*실선으로 그어진 부분은 말소사항을 표시함. *등기부에 기록된 사항이 없는 갑구 또는 을구는 생략함.

문서 하단의 바코드를 스캐너로 확인하거나 인터넷등기소(http://iros.go.kr)의 발급확인 메뉴에서 발급확인번호를 입력하여 위·변조 여부를 확인할 수 있습니다. 발급확인번호를 통한 확인은 발행일부터 3개월까지 5회에 한하여 가능합니다.

발행번호 11419911406199016096022115LK0236342NOG336210911121 1/2 발급확인번호 ARTT-CPYR-3246 발행일 2021/02/22

대 법 원

[집합건물] 서울특별시 강남구 압구정동 88 압구정아파트 제2층 제201호   고유번호 1109-2005-129835

【 갑 구 】	(소유권에 관한 사항)			
순위번호	등기목적	접 수	등기원인	권리자 및 기타사항
1	소유권보존	2005년 12월 22일 제14647호		소유자 정채무 600111-1026289 서울 서초구 반포동 400 달님아파트 104동 908호
2	소유권이전	2019년 12월 26일 제29876호	2019년 11월 2일 매매	소유자 이을남 830624-1662156 서울 서초구 서초로 100 거래가액 1,100,000,000원

— 이 하 여 백 —

수수료 금 1,000원 영수함
관할등기소 서울중앙지방법원 등기국 / 발행등기소 법원행정처 등기정보중앙관리소

이 증명서는 등기기록의 내용과 틀림없음을 증명합니다.

서기 2020년 05월 02일

법원행정처 등기정보중앙관리소 전산운영책임관 ㊞

등기정보
중앙관리소
전산운영
책임관

＊실선으로 그어진 부분은 말소사항을 표시함. ＊등기부에 기록된 사항이 없는 갑구 또는 을구는 생략함.

문서 하단의 바코드를 스캐너로 확인하거나 인터넷등기소(http://iros.go.kr)의 발급확인 메뉴에서 발급확인번호를 입력하여
위·변조 여부를 확인할 수 있습니다. 발급확인번호를 통한 확인은 발행일부터 3개월까지 5회에 한하여 가능합니다.

발행번호 11419911406199016096022ISLK0236342NOG336210911121 2/2 발급확인번호 ARTT-CPYR-3246 발행일 2021/02/22

대 법 원

본 증명(문서번호:전자제출제증명(민사) 92367)에 관하여 문의할 사항이 있으시면 02)533-6859로 문의하
시기 바랍니다.

갑 제2호증

통고서

발신인 : 김갑동

　　　　서울 서초구 잠원로 567, 102동 1801호(잠원동, 태양아파트)

수신인 : 정채무

　　　　서울 서초구 반포대로 234, 104동 908호(반포동, 달님아파트)

1. 저는 귀하에게 채권이 있습니다.

2. 귀하가 이을남에게 유일한 아파트를 매도한 것은 사해행위에 해당합니다. 이을남과 같은 절에 다닌다 하니 이을남도 사해의사로 아파트를 매수한 것이 틀림없습니다. 원상회복을 바라고, 그렇지 않으면 소를 제기할 수밖에 없음을 양지하시기 바랍니다.

갑 제3호증

2021.　2.　20.

발신인 김갑동　　(인)

본 우편물은 2021-02-20
제73548호에 의하여
내용증명우편물로 발송하였음을 증명함
서울서초우체국장

통고서에 대한 회신서

발신인 : 정채무

　　　　서울 서초구 반포대로 234, 104동 908호(반포동, 달님아파트)

수신인 : 김갑동

　　　　서울 서초구 잠원로 567, 102동 1801호(잠원동, 태양아파트)

1. 귀하가 보낸 통고서는 잘 받아 보았습니다.

2. 제가 이을남과 같은 절에 다니고 있고 저의 유일한 재산인 압구정동 아파트를 매도한 것은 맞습니다.

3. 그러나 이을남 씨가 급해서 아파트를 11억 원에 샀고, 저는 돈이 생겼으니 귀하에게 대여금을 변제하겠습니다.

2021.　2.　26.

발신인　정채무　(인)

서울서초우체국

2021. 2. 26.

21 - 82651

본 우편물은 2021-02-26
제82651호에 의하여 내용증명우편물로
발송하였음을 증명함
서울서초우체국장

갑 제4호증

확인서

　확인인은 약 20년 전부터 친구인 '정채무'와 함께 서울 강남구 삼성동 소재 '봉은사'에 다니고 있습니다. 또한, 이을남이라는 젊은 친구가 약 3년 전에 저희 '봉은사'에 다니기 시작하였습니다.

2021.　2.　5.

확인인　오룡　㊞

갑 제5호증

거 래 내 역

이을남   고객

계좌명 : 하나 저축예금

고객명	이을남	계좌잔액	(생략)
계좌번호	123-45-67890-1	출금가능금액	(생략)
신규일자	2015. 12. 1.	대출승인액	(생략)

거래일자	시간	출금(원)	입금(원)	내용	잔액(원)	거래점
2019-11-02	14:00:04	300,000,000	정채무	이체	935,050,000	
(중 략)						
2019-12-02	16:40:33	300,000,000	정채무	이체	605,250,000	
(중 략)						
2019-12-26	12:11:30	500,000,000	정채무	이체	82,200,000	
(이하 생략)						

사실확인서

1. 확인인은 2000년부터 서울 강남구 압구정동 100에 있는 '현대부동산중개사무소'를 운영하고 있는 공인중개사입니다.

2. 확인인은 2019. 11. 서울 강남구 압구정동 88 압구정아파트 1동 201호를 중개한 사실이 있습니다.

3. 2019. 11. 2. 저희 사무실에서 매매계약서를 작성하였는데, 매도인 정채무와 매수인 이을남과 대화를 나누다 보니, 두 사람이 같은 '봉은사'에 다니는 불교 신자라는 사실을 알게 되었습니다. 그러나 두 사람은 서로 잘 모르는 사이로 이번에 매매 거래를 하면서 처음 만나게 되었다고 하였습니다.

4. 당시 매수인 이을남은 갑자기 늙으신 어머니를 모시게 되면서 급하게 아파트를 구한다면서 저에게 매수를 의뢰하였습니다.

2021.   3.   16.

확인인   최중개   ㉛

아파트 실거래가 조회

서울 강남구 압구정동 88 압구정아파트 1동 201호(전용면적 165.29m²)의 2019년 3/4분기 실거래가는 10억 원임. 나머지 기재는 생략

<국토교통부 실거래가 공개시스템(http://rt.molit.go.kr) 제공>

답 변 서

사건   2021가합2345   사해행위취소 등
원고   김갑동
피고   이을남 외 1인

위 사건에 대하여 피고 이을남의 소송대리인은 아래와 같이 답변합니다.

청구취지에 대한 답변

1. 원고의 피고 이을남에 대한 청구를 기각한다.
2. 소송비용은 원고의 부담으로 한다.
라는 판결을 구합니다.

청구원인에 대한 답변

원고가 피고 정채무에게 2018. 1. 4. 금 1억 원을 이자 월 1%, 변제기 2018. 3. 3.로 정하여 대여한 사실, 피고 정채무는 2019. 11. 2. 피고 이을남에게 서울 강남구 압구정동 88 소재 압구정아파트 제1동 제201호(이하 '이 사건 아파트'라고 합니다)를 대금 11억 원에 매도한 사실, 피고 이을남이 위 매매에 따라 이 사건 아파트에 관하여 서울중앙지방법원 등기국 2019. 12. 26. 접수 제29876호로 소유권이전등기를 마친 사실은 인정합니다.[331]

그러나 피고 이을남은 피고 정채무의 채무관계를 전혀 알지 못하였을 뿐만 아니라, 이 사건 아파트에 관한 위 매매계약으로 인해 채권자인 원고를 해함을 알지 못하였습니다.[332]

---

[331] 답변서에서는 먼저 원고의 주장 중에서 인정하는 사실들을 밝혀 주는 것이 바람직하다.

[332] 피고 이을남이 선의라는 점에 관해서는 피고 이을남이 증명책임을 지므로, 선의로 인정될 수 있을 만한 간접사실을 밝히고

피고 이을남은 피고 정채무를 알지 못하고 위 매매계약을 체결할 때 처음으로 만난 사이입니다. 피고 이을남은 이 사건 아파트를 공인중개사 최중개의 중개를 통하여 매수하였습니다. 2019. 11. 2. 당시 이 사건 아파트의 시세는 10억 원이었는데, 피고 이을남은 어머니를 모시고 살 집이 급하게 필요하여 시세보다 더 비싼 11억 원에 매수하였습니다. 피고 이을남은 피고 정채무에게 을 제1호증(거래내역)의 기재에서 보는 것처럼 11억 원을 실제로 송금하여 매매대금을 모두 지급하였습니다.

원고의 청구를 기각하여 주시기 바랍니다.

증 명 방 법[333]

1. 을 제1호증 (거래내역)   1통
1. 을 제2호증 (사실확인서)   1통
1. 을 제3호증 (아파트 실거래가 조회)   1통

첨 부 서 류

1. 위 각 증명방법   각 2통
2. 답변서 부본   1통

2021. 3. 25.

피고 이을남의 소송대리인
변호사 전승혜 ㉑

서울중앙지방법원 제18민사부 귀중

그 간접사실에 부합하는 증거를 제출할 필요가 있다. 이을남이 제시한 첨부자료들, 특히 공인중개사 최중개가 작성한 사실확인서, 국토교통부 실거래가 공개시스템의 아파트 실거래가 조회 등을 종합하여 보면, 이을남은 매도인 정채무를 이번에 부동산매수 거래를 하면서 처음으로 알게 된 것으로 보이는 점, 이을남은 정채무와 사적으로 계약한 것이 아니라 공인중개사의 중개를 통해 거래를 한 점, 이을남은 이 사건 아파트의 당시 시가는 10억 원인데 노모를 모셔야 하는 급한 사정으로 인해 이 사건 아파트를 11억 원에 매수한 점, 이을남은 가장거래를 하지 않고 실제로 매매대금을 지급한 점 등을 확인할 수 있다. 이러한 사정들을 고려하여 볼 때, 이을남은 위 매매계약 당시 사해행위임을 알지 못하였던 것으로 보인다.

[333] 제시받은 첨부자료들 중에서 앞서 주장한 선의항변에 부합하는 서증들을 제출하여야 한다.

기록 6

<문제 2> 귀하는 <u>관할법원 재판연구원으로서 검토보고서</u>를 작성하시오. ① 【문제 1】의 소장과 증명방법, ② 【문제 1 모범답안】의 답변서와 증명방법, ③ **아래에서 제시되는 제1, 2차 변론조서**를 일체의 기록으로 가정하되, 아래 검토보고서 양식 중 [검토] 부분만 작성하기 바랍니다.

서울 강남구 압구정동 88 압구정아파트 제1동 제201호를 '이 사건 아파트'로 표기하기 바랍니다.

[검토보고서 양식]

검토보고서

사　　건　　2021가합2345 사해행위취소청구
원　　고　　김갑동
피　　고　　이을남 외 1

[검토]

1. 피고 정채무에 대한 청구에 관한 판단
　가. 결론
　나. 논거
2. 피고 이을남에 대한 청구에 관한 판단
　가. 결론
　나. 논거

[주문]

서울중앙지방법원
변 론 조 서

제 1 차

사　　　　건　　　2021가합2345　사해행위취소 등

재판장 판사　　　조주엽　　　　　　　　　기　　　일 : 2021. 4. 11. 10:00

　　　판사　　　채화정　　　　　　　　　장　　　소 :　　　제216호 법정

　　　판사　　　김일산　　　　　　　　　공개 여부 :　　　　　공개

법원 사무관　　　백탄현　　　　　　　　　고지된

　　　　　　　　　　　　　　　　　　　　다음 기일 : 2021. 4. 25. 15:00

사건과 당사자의 이름을 부름

원고 및 대리인 법무법인 필승 담당변호사 김남일　　　　　　　각 출석

피고 1. 정채무　　　　　　　　　　　　　　　　　　　　　　　출석

피고 2. 이을남 및 대리인 변호사 전승혜　　　　　　　　　　각 출석

원고 대리인

　　소장 진술

피고 정채무

　　압구정동 아파트는 유일한 재산이었고 이를 매도할 당시 원고에 대한 대여
　　금채무를 전혀 변제하지 못하고 있었고, 매도대금은 다른 채권자에 대한 채
　　무를 변제하는 데 다 써버렸다고 진술

피고 이을남 및 대리인

　　답변서 진술

증거관계 별지와 같음(쌍방 서증, 증인 등)

속행(증인신문)

　　　　　　　　　　법원사무관　　　백 탄 현　㊞

　　　　　　　　　　재판장 판사　　　조 주 엽　㊞

서울중앙지방법원
변 론 조 서

제 2 차

사 건	2021가합2345 사해행위취소 등	
재판장 판사	조주엽	기 일 : 2021. 4. 25. 15:00
판사	채화정	장 소 : 제216호 법정
판사	김일산	공개 여부 : 공개
법원 사무관	백탄현	고지된
		다음 기일 : 2021. 5. 9. 10:00

사건과 당사자의 이름을 부름

원고 및 대리인 법무법인 필승 담당변호사 김남일　　　　　　　　　각 출석

피고 1. 정채무　　　　　　　　　　　　　　　　　　　　　　　출석

피고 2. 이을남 및 대리인 변호사 전승혜　　　　　　　　　　　각 출석

증인 최중개　　　　　　　　　　　　　　　　　　　　　　　　출석

증거관계 별지와 같음

출석한 증인 별지 조서와 같이 신문

원고 및 대리인, 피고들 및 피고 2. 대리인
　더 이상 주장하거나 제출할 증거가 없다.

소송관계 표명, 증거조사 결과 변론
변론종결

　　　　　　　　　　법원 사무관　　백　탄　현　㉑

　　　　　　　　　　재판장 판사　　조　주　엽　㉑

서울중앙지방법원
증인신문조서(2021. 4. 25. 제2차 변론조서의 일부)

사   건   2021가합2345   사해행위취소 등
증 인 성   명   최중개
          생 년 월 일   1972. 3. 2.
          주   소   서울 송파구 송파대로 200

재판장 판사
증인에게 선서의 취지를 명시하고 위증의 벌을 경고한 다음 별지 선서서와 같이 선
서를 하게 하였다.

피고 이을남 대리인
문 : 증인은, 피고 이을남이 연로하신 어머니를 모시고 살기 위한 집을 찾는 것을 알고
    있었나요.
답 : 피고 이을남이 2019. 10. 1. 저의 사무실에 찾아 와서 2019. 12.에 입주할 수 있는
    어머니를 모시고 살기 위한 집을 찾는다고 저에게 이야기해서 제가 급하게 매물을
    찾았고, 피고 정채무를 연결시켜 주었습니다.
문 : 증인은 2019. 11. 2. 계약을 하면서 중개료를 얼마 받았나요.
답 : 피고 정채무로부터 400만 원, 피고 이을남으로부터 400만 원을 각 받았습니다.
문 : 당시 이 사건 아파트의 시세는 얼마였나요.
답 : 2019. 11. 2. 당시 10억 원이었습니다.
문 : 피고 이을남이 시세보다 1억 원 비싼 11억 원에 매수한 이유를 아는가요.
답 : 급하게 집에 들어가야 했고, 피고 정채무도 자식 교육 문제로 아파트를 떠나기를 망설
    였는데, 피고 이을남이 피고 정채무를 설득해서 1억 원 비싸게 산 것으로 압니다.

원고 대리인
문 : 증인이 보기에는 피고들이 서로 잘 아는 사람들로 보이던가요.
답 : 전혀 아닙니다.
문 : 두 사람이 '봉은사' 절에 같이 다닌 것으로 아는데 아닌가요.
답 : 계약서 작성할 때 같은 절에 다니는 사이라는 사실을 서로 처음으로 확인하던데요.

만약 둘이 잘 아는 사이라면 저한테 복비를 주면서 부동산을 계약하겠습니까? 피고 정채무가 내놓은 아파트가 피고 이을남에게 적당해 보여 소개해 주었고, 둘이 부동산에서 계약할 때도 피고 이을남이 피고 정채무를 열심히 설득했습니다.

법원사무관　　백　탄　현　㊞

재판장 판사　조　주　엽　㊞

[선서서 첨부 생략]

문제 2　모범답안

1. 피고 정채무에 대한 청구에 관한 판단[334]

가. 결론

소 각하[335]

나. 논거

1) 직권판단

원고는 피고들 사이의 매매계약이 사해행위라고 주장하면서 채무자인 피고 정채무를 상대로 그 매매계약의 취소를 구하고 있는바, 이 부분 소의 적법 여부에 관하여 직권으로 판단한다.[336 · 337]

2) 관련 법리

채권자가 채권자취소권을 행사하려면 사해행위로 인하여 이익을 받은 자나 전득한 자를 상대로 그 법률행위의 취소를 구하는 소를 제기하여야 하고 채무자를 상대로 그 소를 제기할 수는 없다.[338]

3) 소결론

따라서 원고는 피고들 사이의 매매계약이 사해행위에 해당한다고 하더라도 채무자인 피고 정채무를 상대로는 그 매매계약의 취소를 구할 수 없으므로, 이 사건 소 중 채무자인 피고 정

---

334 피고가 2명이므로 먼저 검토보고서의 체계를 검토하여야 한다. 이 사안은 피고 정채무에 대한 소가 부적법하므로 원칙으로 돌아가 피고들별로 각각 제목을 설정하고 검토하는 것이 자연스럽다.

335 아래 관련 법리에 비추어 볼 때, 피고 정채무를 상대로 이 사건 매매계약의 취소를 구하는 부분은 부적법하므로 이 부분 소는 각하되어야 한다.

336 피고 정채무가 본안 전 항변을 제출하지 않았으나 피고적격 등 소송요건은 직권조사사항이므로 이를 검토하여야 한다. 검토한 결과 피고적격이 흠결되었음이 확인되었으므로 이를 검토보고서에 적어 주어야 한다.

337 당사자적격은 원고의 청구와 관계가 있는 소송요건이므로, 직권판단의 요지를 기재할 때에 먼저 원고의 청구의 요지를 기재한 다음 '소의 적법 여부에 관하여 직권으로 판단한다.'라고 서술한다.

338 대법원 1991. 8. 13. 선고 91다13717 판결, 대법원 2009. 1. 15. 선고 2008다72394 판결 등

채무를 상대로 한 청구 부분은 부적법하다.[339]

2. 피고 이을남에 대한 청구에 관한 판단

가. 결론

청구 기각[340]

나. 논거

1) 청구원인에 관한 판단

가) 청구원인의 요지

원고는 피고들 사이의 매매계약이 사해행위에 해당한다고 주장하면서 피고 이을남을 상대로 그 매매계약을 취소하고, 원상회복으로 그에 따른 소유권이전등기의 말소를 구한다.

나) 관련 법리

채무자가 자기의 유일한 재산인 부동산을 매각하여 소비하기 쉬운 금전으로 바꾸거나 타인에게 무상으로 이전하여 주는 행위는 특별한 사정이 없는 한 채권자에 대하여 사해행위가 된다고 볼 것이므로 채무자의 사해의 의사는 추정된다.[341]

다) 인정사실[342]

○ 원고가 2018. 1. 4. 피고 정채무에게 1억 원을 이자 월 1%, 변제기 2018. 3. 3.로 정하여 대여하였다.

○ 피고 정채무는 2019. 11. 2. 피고 이을남에게 그의 유일한 재산인 이 사건 아파트를 대금 11억 원에 매도하고, 피고 이을남이 위 매매에 따라 이 사건 아파트에 관하여 서울중앙

---

339 소결론으로 소가 부적법하다는 취지의 기재를 한다.

340 피고 정채무는 제1회 변론기일에서 이 사건 아파트가 유일한 재산이었고 이를 매도할 당시 채권자인 원고에 대한 대여금 채무를 부담하고 있었음을 인정하였다. 이로 미루어 보건대, 우선 채무자인 피고 정채무의 사해행위와 사해의사는 인정된다. 그러나 앞서 보았듯이 피고 이을남의 선의 항변이 받아들여지므로 원고 김갑동의 청구는 기각되어야 한다.

341 대법원 2001. 4. 24. 선고 2000다41875 판결 등

342 사해행위취소청구의 요건사실, 즉 피보전채권의 존재 사실, 채무자의 사해행위, 채무자의 사해의사를 기재하여야 한다. 그런데 채무자의 어떠한 법률행위가 사해의사에 기초한 사해행위인지 여부는 대체로 여러 간접사실들을 종합하여 판단하게 된다. 따라서 이를 기술할 때에는 일반적으로 '채무자가 어떠한 사해행위를 사해의사를 가지고 하였다.'라고 곧바로 기재하지 아니하고 법률행위 당시 채무자가 채무초과 상태였는지, 그 목적물이 당시 채무자의 유일한 재산이었는지, 채무자와 수익자인 피고 상호 간에 친인척관계가 있는지 등에 관하여 사실인정을 한 다음, 판례 법리에 비추어 그러한 상태에서의 채무자의 해당 법률행위는 사해행위에 해당하고 사해의사는 추정된다는 방식으로 서술한다. [부록] 제1항 중 순번 16번 기재례를 참조하자.

지방법원 등기국 2019. 12. 26. 접수 제29876호로 소유권이전등기를 마쳤다.

[인정근거: 다툼 없는 사실]

라) 소결론

위 인정사실을 위 관련 법리에 비추어 보면, 피고 정채무의 피고 이을남에 대한 위 매매는 사해행위에 해당하고 채무자인 피고 정채무의 사해의사는 추정된다. 따라서 특별한 사정이 없는 한 위 매매는 취소되어야 하고, 피고 이을남은 원상회복으로 이 사건 아파트에 관한 위 소유권이전등기를 말소하여야 한다.

2) 피고 이을남의 항변에 대한 판단
가) 항변의 요지

피고 이을남은 이 사건 아파트를 매수할 당시 원고를 해함을 알지 못했다고 항변한다.

나) 인정사실

피고 이을남은 피고 정채무와 전혀 알지 못하는 사이였는데 어머니를 모시고 살 아파트를 마련해야 할 사정으로 인해, 공인중개사 최중개를 통하여 2019. 11. 2. 이 사건 아파트를 피고 정채무로부터 시가보다 비싼 11억 원에 매수한 뒤 2019. 12. 26.까지 매수대금 11억 원을 전부 지급하였다.[343]

[인정근거 : 을 제1호증(거래내역), 을 제2호증(사실확인서), 을 제3호증(아파트 실거래가 조회)의 각 기재, 증인 최중개의 증언 및 변론 전체의 취지]

다) 소결론

위 인정사실에 의하면, 피고 이을남이 그 매수 당시 채권자인 원고를 해함을 알지 못하였다고 추인할 수 있다.[344]

피고 이을남의 위 항변은 이유 있다.[345]

3) 피고 이을남에 대한 청구에 관한 결론

원고의 피고 이을남에 대한 청구는 결국 이유 없다.

---

[343] [문제1]에서 보았듯이 피고 이을남의 선의를 추인할 만한 간접사실들을 나열하여야 한다.
[344] 인정된 여러 간접사실들을 종합하여 보면 피고 이을남의 선의를 추인할 수 있다.
[345] 항변의 당부판단을 기재하였다.

[주문][346]

1. 이 사건 소 중 피고 정채무에 대한 청구 부분을 각하한다.

2. 원고의 피고 이을남에 대한 청구를 기각한다.

3. 소송비용은 원고가 부담한다.

---

346 참고로 주문 부분도 소개하였다. 주문은 각하 → 인용 → 기각 순으로 나열함이 원칙이다.

<문제 2 - 1(심화문제)> 귀하는 관할법원 재판연구원으로서 검토보고서를 작성하시오. ① 【문제 1】의 소장과 갑 제2 내지 5호증, <u>아래와 같이 수정된 갑 제1호증(공정증서)(소장의 내용도 이에 상응하여 변경된 것으로 볼 것)</u>, ② 아래에서 제시되는 답변서, ③ 아래에서 제시되는 준비서면, ④ 아래에서 제시되는 변론조서를 일체의 기록으로 가정하되, 아래 검토보고서 양식 중 **[검토]에서 제2항 부분**만 작성하기 바랍니다.

서울 강남구 압구정동 88 압구정아파트 제1동 제201호를 '이 사건 아파트'라고 표기하기 바랍니다.

[검토보고서 양식]

검토보고서

사 건   2021가합2345 사해행위취소청구
원 고   김갑동
피 고   이을남 외 1

[검토]

1. 피고 정채무에 대한 청구에 관한 판단
 가. 결론
 나. 논거
2. 피고 이을남에 대한 청구에 관한 판단
 가. 결론
 나. 논거

[주문]

공증인가 서울합동법률사무소

증서 2008년   제2999호
<div align="center">소비대차계약 공정증서</div>
본 공증인은 당사자들의 촉탁에 따라 다음의 법률행위에 관한 진술의 취지를
청취하여 이 증서를 작성한다.
제1조 채무자는 채권자에 대하여 지급하여야 할 대여원금(대여일 : 2008. 1. 4.자)
이 금 1억 원임을 승인하고 다음 각 조항에 따라 변제할 것을 청약하고 채권자는
이를 승낙하였다.
제2조(변제기한과 방법) 2008년 3월 3일에 금 1억 원을 변제하기로 한다.
제3조(이자) 이자는 월 1%로 한다.
(중략)
제9조(강제집행의 인낙) 채무자는 이 계약에 의한 금전채무를 이행하지 아니할
때에는 즉시 강제집행을 당하여도 이의가 없음을 인낙하였다.

이 증서는 2008년 1월 4일 이 사무소에서 작성하였다.----------------------
같은 날 본 공증인은 위 촉탁인들의 청구에 의하여 정본은 채권자 김갑동(770301-
1010143)에게 등본은 채무자 정채무(600111-1026289)------------------------에게
각 1통씩 교부한바, 각자 이를 수령하였다.
(후략)

답 변 서

사 건 2021가합2345 사해행위취소 등
원 고 김갑동
피 고 이을남 외 1

　위 사건에 관하여 피고 이을남의 소송대리인은 다음과 같이 답변합니다.

청구취지에 대한 답변

1. 원고의 청구를 기각한다.
2. 소송비용은 원고가 부담한다.
라는 판결을 구합니다.

청구원인에 대한 답변

1. 인정하는 사실

　원고가 피고 정채무에게 2008. 1. 4. 금 1억 원을 이자 월 1%, 변제기 2008. 3. 3.로 정하여 대여한 사실, 피고 정채무는 2019. 11. 2. 그의 유일한 재산인 서울 강남구 압구정동 88 소재 압구정아파트 1동 201호(이하 '이 사건 아파트'라 합니다)를 피고 이을남에게 매도한 사실, 피고 이을남이 이 사건 아파트에 관하여 서울중앙지방법원 등기국 2019. 12. 26. 접수 제29876호로 소유권이전등기를 마친 사실은 인정합니다.

2. 피보전채권의 시효소멸

　그런데 원고의 피고 정채무에 대한 2008. 1. 4.자 대여금채권의 변제기는 2008. 3. 3.인바, 위 매매계약은 위 변제기로부터 10년이 경과한 후에 체결되었습니다. 따라서 원고의 피보전채권인 위 대여금채권은 위 매매계약 당시에 시효소멸하여 존재하지 않았습니다.
수익자인 피고 이을남은 소멸시효를 원용할 수 있는 사람이므로 원고의 청구는 기각되어야 합니다.

첨 부 서 류

　1. 답변서 부본　　　　　　　1통

2021. 3. 25.

피고 소송대리인
변호사 정당한 ㊞

서울중앙지방법원 제18민사부 귀중

준 비 서 면

사 건   2021가합2345 사해행위취소청구
원 고   김갑동
피 고   이을남 외 1

　위 사건에 관하여 원고의 소송대리인은 다음과 같이 변론을 준비합니다.

　채권자취소소송에 있어서 수익자는 제3자로서 채무자가 아니므로 채무자가 취
소채권자에게 대하여 보유하고 있는 소멸시효완성 항변을 원용할 수 없습니다.
따라서 수익자로서 제3자에 불과한 피고는, 원고의 피보전채권(채무자인 피고 정
채무에 대한 대여금채권)이 시효소멸하였다는 항변을 원용할 수 없습니다.
　피고 이을남의 이 부분 주장은 이유 없습니다.

2021. 3. 30.

원고 소송대리인

변호사　전승혜 ㉑

서울중앙지방법원 제18민사부 귀중

서 울 중 앙 지 방 법 원
변 론 조 서

제 1 차

사　　　　건	2021가합2345　사해행위취소	
재판장 판사	조주엽	기　　　일 : 2021. 4. 11. 10:00
판사	채화정	장　　　소 :　　　제216호 법정
판사	김일산	공개 여부 :　　　　　공개
법원 사무관	백탄현	고지된
		선고기일 : 2021. 4. 25. 15:00

사건과 당사자의 이름을 부름

원고 및 대리인 법무법인 필승 담당변호사 김남일	각 출석
피고 1. 정채무	출석
피고 2. 이을남 및 대리인 변호사 전승혜	각 출석

원고 및 대리인

　소장 및 2021. 3. 30.자 준비서면 각 진술

피고 정채무

　압구정동 아파트는 유일한 재산이었고 이를 매도할 당시 원고에 대한

　대여금채무를 전혀 변제하지 못하고 있었고 매도대금은 다른 채권자에

　대한 채무를 변제하는 데 다 써버렸다고 진술

피고 이을남 및 대리인

　답변서 진술

증거관계 별지와 같음(원·피고 서증)

변론종결

　　　　　　　　　　법원 사무관　백　탄　현　㊞

　　　　　　　　　　재판장 판사　조　주　엽　㊞

문제 2-1 (심화문제) 모범답안

2. 피고 이을남에 대한 청구에 관한 판단

가. 결론

청구 기각[347]

나. 논거

1) 청구원인에 관한 판단

가) 청구원인의 요지

원고는 피고들 사이의 매매계약이 사해행위에 해당한다고 주장하면서 피고 이을남을 상대로 그 매매계약을 취소하고, 원상회복으로 그에 따른 소유권이전등기의 말소를 구한다.

나) 관련 법리

채무자가 자기의 유일한 재산인 부동산을 매각하여 소비하기 쉬운 금전으로 바꾸거나 타인에게 무상으로 이전하여 주는 행위는 특별한 사정이 없는 한 채권자에 대하여 사해행위가 된다고 볼 것이므로 채무자의 사해의 의사는 추정된다.

다) 인정사실

○ 원고가 2008. 1. 4. 피고 정채무에게 1억 원을 이자 월 1%, 변제기 2008. 3. 3.로 정하여 대여하였다.

○ 피고 정채무는 2019. 11. 2. 피고 이을남에게 그의 유일한 재산인 이 사건 아파트를 대금 11억 원에 매도하고, 피고 이을남이 위 매매에 따라 이 사건 아파트에 관하여 서울중앙지방법원 등기국 2019. 12. 26. 접수 제29876호로 소유권이전등기를 마쳤다.

---

[347] 아래에서 보는 관련 법리에 비추어 볼 때, 채권자취소소송의 수익자는 채권자대위소송의 제3채무자와 달리 채무자의 취소채권자에 대한 시효항변을 원용할 수 있으므로, 사안에서는 피고 이을남의 피보전채권의 시효소멸 항변을 받아들여야 한다. 다만, 채권자취소소송에 있어서 피보전채권이 존재하지 아니하는 경우 소각하판결을 하여야 하는지, 청구기각판결을 하여야 하는지 문제되나, 하급심의 실무는 대체로 후자의 입장이다.

[인정근거: 다툼 없는 사실]

라) 소결론

위 인정사실을 위 관련 법리에 비추어 보면, 피고 정채무의 피고 이을남에 대한 위 매매는 사해행위에 해당하고 채무자인 피고 정채무의 사해의사는 추정된다. 따라서 특별한 사정이 없는 한 위 매매는 취소되어야 하고, 피고 이을남은 원상회복으로 이 사건 아파트에 관한 위 소유권이전등기를 말소하여야 한다.

2) 소멸시효 항변에 관한 판단

가) 항변의 요지

피고 이을남은 원고의 피고 정채무에 대한 위 대여금채권이 위 매매계약 당시에 시효로 소멸하였다고 항변한다.

나) 관련 법리

소멸시효를 원용할 수 있는 사람은 권리의 소멸에 의하여 직접 이익을 받는 자에 한정되는바, 사해행위취소소송의 상대방이 된 사해행위의 수익자는, 사해행위가 취소되면 사해행위에 의하여 얻은 이익을 상실하고 사해행위취소권을 행사하는 채권자의 채권이 소멸하면 그와 같은 이익의 상실을 면하는 지위에 있으므로, 그 채권의 소멸에 의하여 직접 이익을 받는 자에 해당하는 것으로 보아야 한다.[348]

다) 인정사실

위 대여금채권의 변제기가 2008. 3. 3.이고 위 매매계약이 위 변제기로부터 10년이 경과한 후인 2019. 11. 2. 체결된 사실은 앞서 본 바와 같다.

라) 소결론

따라서 원고의 피고 정채무에 대한 위 대여금채권은 시효로 소멸하였고, 수익자인 피고 이을남은 피보전채권의 소멸시효를 원용할 수 있다.

피고 이을남의 위 항변은 이유 있다.

3) 피고 이을남에 대한 청구에 관한 결론

원고의 피고 이을남에 대한 청구는 이유 없다.

---

[348] 대법원 2007. 11. 29. 선고 2007다54849 판결

7 기록

채권자대위소송/
시효항변의 원용,
중복제소

<문제 1> 귀하는 변호사 전승혜로서, 의뢰인 김갑동과의 상담을 통해 아래【상담내용】과 같은 사실관계를 청취하고, 【의뢰인 희망사항】 기재사항에 관한 본안소송의 대리권을 수여받고, 첨부된 서류를 자료로 받았습니다.
의뢰인을 위한 본안의 소를 제기하기 위한 <u>소장</u>을 작성하시오.

【작성요령】

1. 소장 작성일 및 소제기일은 2021. 3. 11.로 하시오.
2. 【의뢰인 희망사항】란에 기재된 희망사항에 부합하도록 소장을 작성하되, 현행법과 그 해석상 승소 가능한 최대한의 범위에서 청구하고, 소 각하나 청구기각 부분이 발생하지 않도록 하시오.
3. 【의뢰인 상담일지】와 첨부자료에 기재된 사실관계는 모두 사실에 부합한 것으로 보고(작성자의 의견에 해당하는 사항은 제외), 기재되지 않은 사실은 없는 것으로 전제하며, 첨부된 서류는 모두 진정하게 성립된 것으로 간주하시오.
4. 부동산의 표시는 아래 [목록(부동산의 표시)]을 소장 말미에 첨부함을 전제로 하여 작성하므로 소장에 해당 [목록(부동산의 표시)]을 기재하지 마시오.
5. 관련 증거자료를 제시하여 기술할 필요는 없습니다.
6. 기록상의 날짜가 공휴일인지 여부, 문서의 서식이 실제와 부합하는지 여부는 고려하지 마시오.

별지 목록(부동산의 표시)

서울 강남구 개포동 22 대 500m². 끝.

의뢰인 상담일지

변호사 전 승 혜 법률사무소

서울 서초구 서초대로10길 11, 1200호(서초동, 완승빌딩)
☎ : 02-532-3000, 팩스 : 02-532-3001, e-mail : jsh0909@naver.com

접수번호	2021-100	상담일시	2021. 2. 25.
상담인	김갑동 010-4563-9601	내방경위	지인소개

【상 담 내 용】

1. 김갑동은 다음과 같은 상담을 위해 증거를 갖고 변호사 사무실에 찾아왔다.

2. 김갑동은 유채무에 대하여 상사매매대금 채권 1억 원을 갖고 있다.

3. 유채무는 김갑동에 대하여 돈을 변제하지 못하고 있는데, 현재 채무초과 상태로 별다른 재산은 없으나 서울 강남구 개포동 22 토지에 관하여 유채무로부터 넘어간 임매순의 소유권이전등기가 원인무효라는 이야기를 들었다.

4. 유채무가 이전등기를 말소받는 것에 소극적이자, 김갑동은 임매순에게 유채무로부터 이전받은 등기를 말소해 달라고 요청하였다. 그러나 임매순은 이에 불응하였다.

【의뢰인 희망사항】

김갑동은 위 개포동 토지에 관한 소유권이전등기 명의를 유채무 앞으로 돌리고 싶다. 임매순을 상대로 소를 제기할 것을 희망한다.

賣買契約書

매도인   원스포츠
              대표   김갑동(730603-1000234)
              서울 서초구 서초로 200
매수인   미생스포츠
              대표   유채무(650815-1027328)
              서울 성북구 돈암로 100 삼단빌딩 1층

   원스포츠(대표 김갑동)는 미생스포츠(대표 유채무)에게 헬스기구 20대를 1개당 500만 원씩 합계 1억 원에 공급하기로 하고, 그 구체적 조건을 아래와 같이 정한다.

-아 래-

1. 김갑동은 2016. 4. 4. 헬스기구 20대를 유채무의 영업장소인 서울 성북구 돈암동 131 삼단빌딩 1층 미생스포츠로 배달해 준다.
2. 유채무는 위 헬스기구 대금 1억 원을 2016. 4. 4.까지 김갑동의 신한은행 통장 (110-084-107374)으로 송금하여 지급한다.
3. 기타 사항은 법률과 상관례에 따른다.

2016년   3월   4일

매 도 인   김 갑 동 ⑨

매 수 인   유 채 무 ⑨

등기사항전부증명서 (말소사항 포함) - 토지 [제출용]

[토지] 서울특별시 강남구 개포동 22   고유번호 1222-7864-781355

【 표 제 부 】   (토지의 표시)

표시번호	접 수	소 재 지 번	지목	면 적	등기원인 및 기타사항
1 (전 2)	1995년 1월 10일	서울특별시 강남구 개포동 22	대	500m²	부동산등기법 제177조의6 제1항의 규정에 의하여 1999년 9월 1일 전산이기

【 갑 구 】   (소유권에 관한 사항)

순위번호	등 기 목 적	접 수	등 기 원 인	권 리 자 및 기 타 사 항
1 (전 2)			(기재 생략)	
2	소유권이전	2015년11월5일 제8006호	2015년10월5일 매매	소유자 유채무 650815-1027328 서울특별시 서초구 잠원로 700, 102동 1801호(잠원동, 태양아파트)
3	소유권이전	2017년5월19일 제46023호	2017년1월5일 매매	소유자 임매순 681024-2357823 서울특별시 서초구 반포대로 234, 104동 908호(반포동, 달님아파트) 거래가액 금300,000,000원

---- 이 하 여 백 ----

수수료 금 1,000원 영수함
관할등기소 서울중앙지방법원 등기국/ 발행등기소 법원행정처 등기정보중앙관리소
이 증명서는 등기기록의 내용과 틀림없음을 증명합니다.

서기 2021년 2월 1일   등기정보 중앙관리 소전산운 영책임관인

법원행정처 등기정보중앙관리소 전산운영책임관

*실선으로 그어진 부분은 말소사항을 표시함. *등기기록에 기록된 사항이 없는 갑구 또는 을구는 생략함.
*증명서는 컬러 또는 흑백으로 출력 가능함.

발행번호 12389234789102367836718934082939023481 1/1 발급확인번호 AAIK-VPTF-0000 발행일 2021/02/01

[인터넷 발급] 문서 하단의 바코드를 스캐너로 확인하거나, **인터넷등기소(http://www.iros.go.kr)**의 발급확인 메뉴에서 **발급확인번호**를 입력하여 **위·변조 여부를 확인할 수 있습니다.** 발급확인번호를 통한 확인은 발행일로부터 3개월까지 5회에 한하여 가능합니다.

대 법 원

서 울 중 앙 지 방 법 원
판   결

사 건	2017고단32145 사기, 사문서위조, 위조사문서행사, 공전자기록등불실기재, 불실기재공전자기록등행사
피 고 인	유경무 (670125-1064522), 대중음식점업
	주거 서울 서초구 잠원로 10, 501호(잠원동, 그린빌라)
	등록기준지 부산 남구 대연로 520
검 사	최종화(기소), 이인종(공판)
변 호 인	변호사 하신혜
판 결 선 고	2018. 2. 14.

주   문

피고인을 징역 1년에 처한다.

이   유

범 죄 사 실

피고인은,

1. 2017. 1. 5. 11:30경 서울 서초구 잠원로 10, 501호(잠원동, 그린빌라) 피고인의 집에서 유채무로부터 인감도장을 교부받아 소지하고 있는 것을 기화로 행사할 목적으로, 임의로 백색 용지에 흑색 볼펜을 이용하여 표제를 위임장이라고 쓰고, 그 아래에 "부동산의 표시 : 서울 강남구 개포동 22 대 500m², 수임인 유경무(670125-1064522), 서울 서초구 잠원로 10, 501호(잠원동, 그린빌라), 본인은 위 토지의 매도에 관한 모든 권한을 위 유경무에게 위임합니다. 2017년 1월 3일 위임인 유채무(650815-1027328)"라고 기재한 다음 유채무의 이름 다음에 유채무의 인감도장을 날인하여 권리의무에 관한 사문서인 유채무 명의의 위임장 1장을 위조하고, 같은 날 17:00경 서울 서초구 반포대로 234, 104동 908호(반포동, 달님아파트) 임매순의 집에서 마치 유채무의 대리인인 것처럼 행세하면서 위 위임장을 제시하여 이를 행사하였다.

2. 유채무의 인감도장을 소지하고 있음을 기화로 행사할 목적으로,
   2017. 1. 5. 17:00경 위 임매순의 집에서 마치 자신이 유채무의 대리인인 것처럼 행세하여 임매순에게 위 토지를 3억 원에 매도하는 내용의 매매계약을 체결하면서, 흑색 볼펜을 이용하여 부동산매매계약서 용지에 매매목적 부동산을 위 부동산, 매

매일자를 2017. 1. 5. 매매대금을 3억 원, 매도인을 유채무라고 기재한 다음 미리 소지하고 있던 유채무의 인감도장을 날인하여 권리의무에 관한 사문서인 유채무 명의의 매매계약서 1장을 위조하고, 그 자리에서 임매순에게 교부하여 이를 행사하였다.

3. 유채무로부터 위 토지에 관한 매도권한을 위임받은 사실이 없음에도, 제2항과 같은 일시·장소에서 위와 같은 방법으로 마치 피고인에게 그러한 권한이 있는 것처럼 피해자 임매순을 기망하여 위 토지를 피해자 임매순에게 3억 원에 매도한 후 그 자리에서 계약금 명목으로 3천만 원을 교부받고, 2017. 5. 19. 잔대금 명목으로 2억 7천만 원을 교부받음으로써 피해자 임매순으로부터 합계 3억 원을 교부받아 이를 편취하였다.

4. 2017. 5. 19. 10:00경 서울 강남구 개포동 소재 법무사 조중희 사무소에서 제1, 2항 기재와 같은 방법으로 권리의무에 관한 사문서인 유채무 명의의 매매계약서 1장과 등기신청에 관한 위임장 1장을 각 위조하고, 그 무렵 서울중앙지방법원 등기국에서 위 조중희로 하여금 그 정을 모르는 등기관 성명불상자에게 마치 진정하게 성립한 것처럼 제출하게 하여 이를 각 행사하고, 그 일시·장소에서 위 등기관으로 하여금 위 토지에 관하여 위 등기소 같은 날 접수 제46023호로 2017. 1. 5. 매매를 원인으로 한 임매순 명의의 소유권이전등기절차를 마치게 함으로써 공전자기록인 부동산등기전산시스템에 불실의 사실을 입력하게 하고, 이를 열람가능하게 함으로써 행사하였다.

증거의 요지

1. 피고인의 법정 진술
1. 유채무, 임매순에 대한 각 검찰 진술조서
1. 압수조서

법령의 적용

(기재생략)

판사   조동근   _____

위 등본입니다.

2018. 2. 25.

서울중앙지방검찰청

검찰주사보 주현웅 ㊞

통 고 서

발신인 : 김갑동

수신인 : 임매순

1. 발신인은 2016. 3. 4. 유채무에게 헬스기구 20대를 1억 원에 매도하고, 2016. 4. 4. 위 헬스기구를 공급하였으나, 유채무로부터 1억 원을 지급받지 못하고 있습니다.

2. 귀하도 아시다시피 유채무의 동생 유경무가 서울 강남구 개포동 22 토지에 관하여 유채무의 명의를 도용하여 귀하에게 원인 무효의 소유권이전등기를 마쳐 주었습니다.

3. 유경무에 대한 형사재판 결과도 나왔으니, 귀하는 유채무 앞으로 소유권이전등기를 말소해 주시기 바랍니다.

4. 현재 유채무는 채무초과 상태로서 위 개포동 토지를 제외하고는 아무런 재산이 없습니다. 그럼에도 유채무는 귀하를 상대로 위 개포동 토지의 소유권회복을 위해 아무런 조치도 하지 않고 있습니다. 발신인이 강제집행을 위하여 유채무에 대한 부동산이 필요하니 협조해 주시면 감사하겠습니다.

2019. 12. 20.

발신인 김갑동 (인)

소 장

원　고　　김갑동

　　　　　서울 서초구 서초로 200

　　　　　소송대리인 변호사 전승혜

　　　　　서울 서초구 서초대로10길 11, 1200호(서초동, 완승빌딩)

　　　　　전화 02)532-3000, 팩스 02)532-3001, E-mail : jsh0909@naver.com

피　고　　임매순

　　　　　서울 서초구 반포대로 234, 104동 908호(반포동, 달님아파트)

소유권이전등기말소청구의 소

청구취지

1. 피고는 유채무[주민등록번호 : 650815-1027328, 주소 : 서울 서초구 잠원로 700, 102동 1801호(잠원동, 태양아파트)][349]에게 별지 목록 기재 토지(이하 '이 사건 토지'라고 한다)에 관하여 서울중앙지방법원 등기국 2017. 5. 19. 접수 제46023호로 마친 소유권이전등기의 말소등기절차를 이행하라.
2. 소송비용은 피고가 부담한다.

　라는 판결을 구합니다.

---

[349] 채권자대위에 의한 등기청구소송의 경우 피대위자의 주민등록번호와 주소를 기재한다(민사재판실무 96쪽 두 번째 기재례 참조).

청 구 원 인

원고는 2016. 3. 4. 유채무에게 헬스기구 20대를 대금 1억 원에 매도하였고, 유채무는 현재 무자력 상태입니다.[350]

그런데 유채무의 동생 유경무는 유채무의 인감증명서를 갖고 있음을 이용하여 2017. 1. 5. 유채무 명의의 위임장과 매매계약서를 위조하여 유채무의 소유이던 이 사건 토지에 관하여 피고 앞으로 서울중앙지방법원 등기국 2017. 5. 19. 접수 제46023호로 소유권이전등기를 마쳐 주었습니다.

따라서 피고 명의의 소유권이전등기는 원인무효의 등기라 할 것입니다.[351]

그렇다면, 피고는 유채무에게 이 사건 토지에 관하여 위 소유권이전등기의 말소등기절차를 이행할 의무가 있고, 원고는 유채무의 채권자로서 무자력인 유채무를 대위하여 그 이행을 구할 수 있습니다.

증 명 방 법

1. 갑 제1호증 (매매계약서)
2. 갑 제2호증 (등기사항전부증명서)
3. 갑 제3호증 (판결등본)
4. 갑 제4호증 (통고서)

---

[350] 채권자대위소송에서는 ① 피보전채권의 존재, ② 피보전채권 변제기의 도래, ③ 보전의 필요성(피대위자의 무자력), ④ 채무자의 권리 불행사, ⑤ 피대위채권의 존재를 심리대상으로 한다. 판례나 실무는, 채권자대위소송이 제3자 법정소송담당이라는 점에 착안하여 위 사항 중 ① 내지 ④는 모두 당사자적격에 관계되는 소송요건 사실로 보고 ⑤는 실체법적인 요건사실로 보고 있다. 다만, ①항에 대하여는 소송요건으로 보면서도 실무에서는 판결문 작성시 대개 청구원인사실 단계에서 이를 경위사실처럼 설시하고 있다([부록] 제1항 중 순번 17번 참조).

한편, 소장 작성시에는 ⑤를 중심으로 서술하되 ①과 ③을 언급하는 것이 바람직하다. ②와 ④는 직권조사사항일 뿐만 아니라 실무상 상대방의 반박이 있을 경우 판단해 주면 충분하므로 쟁점이 되지 않는 한 이에 관해서 따로 적을 필요가 없는 반면에, ①과 ③은 직권조사사항이기는 하나 재판부를 설득한다는 소장의 기능적 측면을 고려하여 볼 때 이를 적어 주는 것이 이해의 편의상 도움이 되기 때문이다.

참고로 앞서 상담일지에 첨부된 통고서의 기재 등을 보면, 피보전채권인 원고의 채무자 유채무에 대한 물품대금채권의 변제기가 도래한 사실, 채무자 유채무가 채무초과 상태로서 무자력한 사실, 채무자 유채무가 피고 임매순을 상대로 아무런 권리행사를 하지 않고 있는 사실이 확인된다. 직권조사사항인 소송요건의 흠결은 발견되지 않는다.

[351] 피대위채권인 유채무의 피고 임매순에 대한 소유권이전등기말소청구권에 관한 요건사실은, 원고의 소유사실, 피고의 소유권이전등기 경료사실, 등기의 원인무효 사실이다. [부록] 중 1항의 순번 9번 기재례 참조

첨 부 서 류

1. 위 각 증명방법   각 2통
2. 영수필확인서   1통
3. 토지대장등본   1통
4. 송달료납부서   1통
5. 소송위임장   1통
6. 소장 부본   1통

2021. 3. 11.

원고 소송대리인

변호사   전승혜 ㊞

서울중앙지방법원   귀중

<문제 2> 귀하는 변호사 전승혜로서 【문제 1 모범답안】과 같은 소장을 접수한 다음, 서울중앙
지방법원 제11민사부로부터 아래와 같은 【답변서】와 을 제1호증(회신서)를 송달받았
습니다.
이를 반박하는 내용의 **준비서면**을 작성하시오.

답 변 서

사 건   2021가합1234 소유권이전등기말소청구
원 고   김갑동
피 고   임매순

위 사건에 관하여 피고의 소송대리인은 다음과 같이 답변합니다.

청구취지에 대한 답변

1. 원고의 소를 각하한다.
2. 소송비용은 원고가 부담한다.
라는 판결을 구합니다.

청구원인에 대한 답변

1. 인정하는 사실

원스포츠를 운영하는 원고가 2016. 3. 4. 미생스포츠를 운영하는 유채무에게
헬스기구 20대를 지급기일 2016. 4. 4.로 정하여 1억 원에 매도하였고, 유채무가
현재 무자력인 사실, 그런데 유채무의 동생 유경무가 유채무의 인감증명서를 갖
고 있음을 이용하여 2017. 1. 5. 유채무 명의의 위임장과 매매계약서를 위조하여
유채무의 소유이던 이 사건 토지에 관하여 피고 앞으로 서울중앙지방법원 등기국
2017. 5. 19. 접수 제46023호로 소유권이전등기를 마쳐 준 사실은 모두 인정합
니다.

---

2. 본안 전 항변(피보전채권의 시효소멸)

원고의 유채무에 대한 매매대금채권은 상인이 판매한 상품의 대가에 해당하여 그 소멸시효기간은 민법 제163조 제6호에 따라 3년인데 그 기간이 경과하여 소멸되었고, 원고가 유채무를 대위하여 청구하고 있는 이 사건에서 피보전권리가 존재하지 아니하므로 이 사건의 소는 부적법하여 각하되어야 합니다.

증 명 방 법

1. 을 제1호증 (회신서)

첨 부 서 류

1. 위 증명방법   2통
2. 답변서 부본   1통

2021. 3. 25.

피고 소송대리인
변호사 정당한 ㊞

서울중앙지방법원 제11민사부 귀중

회 신 서

발신인 : 임매순
수신인 : 김갑동

1. 귀하의 통고서를 잘 받았습니다.
1. 귀하가 2016. 3. 4. 유채무에게 헬스기구 20대를 1억 원에 매도하고 그 헬스기구를 2016. 4. 4. 전달한 사실을 잘 알고 있습니다.
1. 그런데 귀하의 유채무에 대한 매매대금 채권은 상인이 판매한 상품의 대가에 해당하는 것으로 보이는데, 2016. 4. 4.부터 3년이 경과한 2019. 4. 4. 이후에는 귀하가 유채무에게 위 매매대금 채권을 주장할 수 없습니다.
1. 귀하가 유채무에 대한 채권이 소멸하였음에도 저에게 서울 강남구 개포동 22 토지에 관한 소유권이전등기를 말소해 달라고 요청하는 것은 부당합니다.

2020. 1. 20.
발신인 임매순

을 제1호증

준 비 서 면

사　　건　　2021가합1234 소유권이전등기말소청구
원　　고　　김갑동
피　　고　　임매순

위 사건에 관하여 원고의 소송대리인은 다음과 같이 변론을 준비합니다.

1. 피고 주장의 요지

피고는, 채무자 유채무의 원고에 대한 매매대금채무가 소멸시효의 경과로 소멸하였으므로 원고가 채무자 유채무를 대위하여 구하고 있는 이 사건 소는 피보전권리가 존재하지 않아 부적법 각하되어야 한다고 주장합니다.

2. 피고 주장의 부당성

채권자가 채권자대위권을 행사하여 제3자에 대하여 하는 청구에 있어서, 제3채무자는 채무자가 채권자에 대하여 가지는 항변으로 대항할 수 없고, 채권의 소멸시효가 완성된 경우 이를 원용할 수 있는 자는 원칙적으로는 시효이익을 직접 받는 자뿐이고, 채권자대위소송의 제3채무자는 이를 행사할 수 없습니다.[353]

---

[352] 채권자대위소송에서 제3채무자가 채무자의 채권자에 대한 시효항변권을 원용할 수 있는지가 쟁점이다. 판례에 따르면 그러한 경우 제3채무자는 시효항변권을 원용할 수 없다. 이러한 법리를 들어 반박하는 내용으로 준비서면을 작성하면 된다.
[353] 대법원 2004. 2. 12. 선고 2001다10151 판결 등

　따라서 원고가 채무자 유채무를 대위하여 피고에 대하여 청구하는 이 사건에서, 제3채무자인 피고는 채무자 유채무가 원고에 대하여 가지는 소멸시효항변으로 대항할 수 없습니다. 피고의 위 주장은 이유 없습니다.

2021. 3. 30.

원고 소송대리인
변호사　전승혜 ㊞

서울중앙지방법원 제11민사부 귀중

<문제 3> **변호사시험 출제 형식에 따라 소장 작성하기**

귀하는 변호사 전승혜로서 <u>소장</u>을 작성하시오. 다만, 의뢰인 김갑동으로부터 상담을 의뢰받을 때에 제시받은 증거들에 추가하여, 【문제 1】에서 제시된 답변서에 첨부된 '을 제1호증(회신서)'도 함께 교부받았다고 가정하기 바랍니다.

제시된 사실관계만으로 피고에게 항변사유가 있고 그 요건이 갖추어진 것으로 판단 되면 이를 청구범위에 반영하고, 피고의 주장이 이유 없다고 판단되면 해당 청구원 인 부분에서 배척의 이유를 간략히 기재하시오. 나머지 작성요령은 【문제 1】과 동일 합니다.

문제 3   모범답안[354]

소　장

원　　고　　김갑동

　　　　　　서울 서초구 서초로 200

　　　　　　소송대리인 변호사 전승혜

　　　　　　서울 서초구 서초대로10길 11, 1200호(서초동, 완승빌딩)

　　　　　　전화 02)532-3000, 팩스 02)532-3001, E-mail : jsh0909@naver.com

피　　고　　임매순

　　　　　　서울 서초구 반포대로 234, 104동 908호(반포동, 달님아파트)

소유권이전등기말소청구의 소

청 구 취 지

1. 피고는 유채무[주민등록번호 : 650815-1027328, 주소 : 서울 서초구 잠원로 700,
   102동 1801호(잠원동, 태양아파트)]에게 별지 목록 기재 토지(이하 '이 사건 토지'라고
   한다)에 관하여 서울중앙지방법원 등기국 2017. 5. 19. 접수 제46023호로 마친 소
   유권이전등기의 말소등기절차를 이행하라.
2. 소송비용은 피고가 부담한다.

라는 판결을 구합니다.

---

354 문제1의 모범답안과 문제2의 모범답안의 본문내용을 그대로 결합하여 기재하면 충분하다.

청 구 원 인

1. 소유권이전등기의 무효

원스포츠를 운영하는 원고는 2016. 3. 4. 미생스포츠를 운영하는 유채무에게 헬스기구 20대를 지급기일 2016. 4. 4.로 정하여 1억 원에 매도하였고, 유채무는 현재 무자력 상태입니다.

그런데 유채무의 동생 유경무는 유채무의 인감증명서를 갖고 있음을 이용하여 2017. 1. 5. 유채무 명의의 위임장과 매매계약서를 위조하여 유채무의 소유이던 이 사건 토지에 관하여 피고 앞으로 서울중앙지방법원 등기국 2017. 5. 19. 접수 제46023호로 소유권이전등기를 마쳐 주었습니다.

따라서 피고 명의의 소유권이전등기는 원인무효의 등기라 할 것입니다.

그렇다면, 피고는 유채무에게 이 사건 토지에 관하여 위 소유권이전등기의 말소등기절차를 이행할 의무가 있고, 원고는 유채무의 채권자로서 무자력인 유채무을 대위하여 그 이행을 구할 수 있습니다.

2. 피고의 예상되는 주장과 반박

피고는, 원고의 유채무에 대한 매매대금채권은 상인이 판매한 상품의 대가에 해당하여 민법 제163조 제6호에 따라 소멸시효기간이 3년인데 그 기간이 경과하여 소멸되었고 원고가 유채무를 대위하여 청구하고 있는 이 사건에서 피보전권리가 존재하지 아니하므로 이 사건의 소는 각하되어야 한다고 주장할 것으로 예상됩니다.

그러나 채권자가 채권자대위권을 행사하여 제3자에 대하여 하는 청구에 있어서, 제3채무자는 채무자가 채권자에 대하여 가지는 항변으로 대항할 수 없고, 채권의 소멸시효가 완성된 경우 이를 원용할 수 있는 자는 원칙적으로는 시효이익을 직접 받는 자뿐이고, 채권자대위소송의 제3채무자는 이를 행사할 수 없습니다.

따라서 원고가 채무자 유채무를 대위하여 피고에 대하여 청구하는 이 사건에서, 제3채무자인 피고는 채무자 유채무가 원고에 대하여 가지는 소멸시효항변으로 대항할 수 없습니다. 피고의 위 주장은 이유 없습니다.

증 명 방 법

1. 갑 제1호증 (매매계약서)
2. 갑 제2호증 (등기사항전부증명서)
3. 갑 제3호증 (판결등본)
4. 갑 제4호증 (통고서)

첨 부 서 류

1. 위 각 증명방법   각 2통
2. 영수필확인서   1통
3. 토지대장등본   1통
4. 송달료납부서   1통
5. 소송위임장   1통
6. 소장 부본   1통

2021. 3. 11.

원고 소송대리인
변호사 전승혜 ㊞

서울중앙지방법원   귀중

<문제 4> 귀하는 <u>관할법원 재판연구원으로서 검토보고서</u>를 작성하시오. ① 【문제 1 모범답안】
의 소장(각 증명방법 포함), ② 【문제 2】에 제시된 답변서(증명방법 포함), ③ 【문제 3
모범답안】의 준비서면, ④ 아래에서 제시되는 변론조서를 일체의 기록으로 가정하
되, 아래 검토보고서 양식 중 [검토] 부분만 작성하기 바랍니다.
서울 강남구 개포동 22 대 500m²는 '이 사건 토지'로 표시하여 작성하기 바랍니다.

[검토보고서 양식]

검토보고서

사   건   2021가합1234 소유권이전등기말소청구
원   고   김갑동
피   고   임매순

[검토]

1. 결론
2. 논거

[주문]

서 울 중 앙 지 방 법 원
변 론 조 서

제 1 차

사 건	2021가합1234 소유권이전등기말소청구		
재판장 판사	김공하	기 일 :	2021. 4. 8. 10:00
판사	이유진	장 소 :	제401호 법정
판사	정희열	공개여부 :	공개

법원 사무관   장참여

고지된
선고기일 : 2021. 4. 22. 10:00

사건과 당사자의 이름을 부름
원고 및 원고 대리인 변호사 전승혜   각 출석
피고 및 피고 대리인 변호사 정당한   각 출석

___

원고 및 원고 대리인
　소장 및 2021. 3. 30.자 준비서면 진술

피고 및 대리인
　답변서 진술

증거관계 별지와 같음(원·피고 서증)
변론종결

법원사무관   장   참   여   ㉙
판   사   김   공   하   ㉙

기록 7
모범답안

1. 결론

청구 전부 인용(가집행 불가능)[355]

[인용되는 부분의 주문]

피고는 유채무[주민등록번호 : 650815-1027328, 주소 : 서울 서초구 잠원로 700, 102동 1801호(잠원동, 태양아파트)]에게 이 사건 토지에 관하여 서울중앙지방법원 등기국 2017. 5. 19. 접수 제46023호로 마친 소유권이전등기의 말소등기절차를 이행하라.[356]

2. 논거

가. 본안 전 항변에 관한 판단[357]

1) 항변의 요지

원고가 매매대금채권을 보전하기 위해 유채무를 대위하여 피고를 상대로 이 사건 토지에 관하여 소유권이전등기의 말소를 구함[358]에 대하여, 피고는 원고의 유채무에 대한 매매대금채권은 상인이 판매한 상품의 대가에 해당하여 소멸시효 3년의 경과로 소멸되어 피보전권리가 존재하지 아니하므로 이 사건의 소는 부적법하다고 항변한다.

---

355 청구원인 사실에 관하여 피고가 자백하고 있는데, 피고가 제출한 본안 전 항변(피보전채권의 시효소멸 주장)이 배척되므로 결국 원고의 이 사건 청구는 인용되어야 한다. 그런데 등기절차의 이행을 명하는 판결의 경우이므로 가집행의 선고는 허용되지 않는다.

356 청구 전부 인용의 경우이므로 주된 주문을 기재하였다.

357 본안 전 항변이 제출된 사안이므로, 검토보고서의 기본체계는 '본안 전 항변에 관한 판단'을 먼저 하고 '본안(청구원인)에 관한 판단'을 하는 방식으로 설정함이 논리적이다.

358 본안 전 항변 배척시 항변내용을 적시하여야 하는데, 이때 이 사건 본안 전 항변이 원고의 청구(본안)와 관계되는 것이므로 원고의 청구내용을 간략히 언급하였다(민사재판실무 184쪽).

2) 관련 법리

채권자가 채권자대위권을 행사하여 제3자에 대하여 하는 청구에 있어서, 제3채무자는 채무자가 채권자에 대하여 가지는 항변으로 대항할 수 없고, 채권의 소멸시효가 완성된 경우 이를 원용할 수 있는 자는 원칙적으로는 시효이익을 직접 받는 자뿐이고, 채권자대위소송의 제3채무자는 이를 행사할 수 없다.[359 · 360]

3) 소결론

원고가 채무자 유채무를 대위하여 청구하고 있는 이 사건에서 제3채무자에 불과한 피고로서는 채무자 유채무의 시효항변권을 행사할 수 없다.

피고의 위 항변은 이유 없다.

나. 본안(청구원인)에 관한 판단

1) 청구원인의 요지

원고는 유채무를 대위하여 피고를 상대로 소유권이전등기의 말소를 구한다.[361]

2) 인정사실[362]

○ 원고는 2016. 3. 4. 유채무에게 헬스기구 20대를 1억 원에 매도하였다.[363]

○ 그런데 유채무의 동생 유경무가 유채무의 인감증명서를 갖고 있음을 이용하여 2017. 1. 5. 유채무 명의의 위임장과 매매계약서를 위조하여 유채무의 소유이던 이 사건 토지에 관하여 피고 앞으로 서울중앙지방법원 등기국 2017. 5. 19. 접수 제46023호로 소유권이전등기를 마쳐 주었다.[364]

[인정근거 : 다툼 없는 사실]

---

359 대법원 2004. 2. 12. 선고 2001다10151 판결 등
360 본안 전 항변의 내용이 법리를 토대로 한 것이므로 관련 법리를 제시한 후 피고의 해당 항변을 배척하는 순서로 기재함이 타당하다.
361 그 주장을 받아들이는 경우이므로 주장의 요지를 간략하게 기재하였다. 그 기재는 대체로 누구를 상대로 어떠한 소송물을 구하는지를 드러내는 방식에 따른다.
362 앞서 문제1의 소장 모범답안에서 설명한 것처럼, 판례와 실무는 채권자대위소송에 있어서 '피대위채권의 존재 사실'을 요건사실로 파악하고 다만 이해를 돕기 위해 피보전채권의 존재 사실을 기재하여 주고 있다.
363 매도인의 매매대금청구에 있어서 요건사실에 해당하는 〈당사자/ 매매일자/ 매매목적물/ 대금〉의 4가지 요소를 포함한 매매계약체결 사실을 나열하였다.
364 소유권에 기한 원인무효의 소유권이전등기말소청구에 있어서 요건사실은, 원고의 소유사실, 피고의 소유권이전등기 경료사실, 등기의 원인무효 사실인바, 이에 맞추어 열거하면 된다.

3) 소결론

위 인정사실에 의하면, 피고 명의의 위 소유권이전등기는 원인 무효의 등기이므로 피고는 유채무에게 위 소유권이전등기의 말소등기절차를 이행할 의무가 있고, 원고는 유채무의 채권자로서 유채무를 대위하여 그 이행을 구할 수 있다.[365 · 366]

[주문][367]

1. 피고는 유채무[주민등록번호 : 650815－1027328, 주소 : 서울 서초구 잠원로 700, 102동 1801호(잠원동, 태양아파트)]에게 별지 목록 기재 토지에 관하여 서울중앙지방법원 등기국 2017. 5. 19. 접수 제46023호로 마친 소유권이전등기의 말소등기절차를 이행하라.
2. 소송비용은 피고가 부담한다.

---

365 앞에서 설명한 것처럼, 채권자대위소송에서 '피보전권리의 존재'와 같은 특수한 소송요건은 피고의 항변이 없더라도 판결의 소결론 또는 최종결론 부분에서 그것이 구비되었음을 간략하게 설시하는 것이 일반적인 실무례이다(민사재판실무 186쪽). 더군다나 이 기록사안에서는 피고가 '피보전권리가 존재하지 않는다.'는 본안 전 항변을 제출하였다.

366 채권자대위소송에 있어서, 검토보고서의 경우에는 소장과 달리 피고가 다투지 않은 이상 직권조사사항인 채무자의 무자력 등 보전의 필요성에 관하여 언급할 필요는 없다. 소장의 경우에 관하여는 문제1 모범답안의 각주 설명 참조

367 참고로 주문 부분도 소개하였다.

<문제 4 - 1(심화문제)> 귀하는 <u>관할법원 재판연구원으로서 검토보고서</u>를 작성하시오. ① 【문제 1 모범답안】의 소장(<u>소장 부본의 송달일을 2021. 3. 15.로 볼 것, 증명방법 중 등기사항전부증명서는 아래와 같이 변경된 것으로 볼 것</u>), ② 아래에 제시된 답변서와 그 증명방법(<u>【문제 2】에 제시된 답변서와 그 증명방법을 아래와 같이 변경된 것으로 볼 것</u>), ③ 아래에 제시된 준비서면(<u>【문제 3 모범답안】의 준비서면이 아래와 같이 변경된 것으로 볼 것</u>)을 일체의 기록으로 가정하되, 변론조서는 위와 같이 수정된 내용과 상응하게 변경된 것으로 전제하고 아래 검토보고서 양식 중 [검토] 부분만 작성하기 바랍니다.

서울 강남구 개포동 22 대 500m²는 '이 사건 토지'로 표시하여 작성하기 바랍니다.

[검토보고서 양식]

검토보고서

사　건　　2021가합1234 소유권이전등기말소청구
원　고　　김갑동
피　고　　임매순

[검토]

1. 결론
2. 논거

[주문]

등기사항전부증명서 (말소사항 포함) - 토지 [제출용]

[토지] 서울특별시 강남구 개포동 22

고유번호 1222-7864-781355

【 표 제 부 】		(토지의 표시)				
표시번호	접 수	소 재 지 번	지목	면 적	등기원인 및 기타사항	
1 (전 2)	1995년 1월 10일	서울특별시 강남구 개포동 22	대	500m²	부동산등기법 제177조의6 제1항의 규정에 의하여 1999년 9월 1일 전산이기	

【 갑 구 】		(소유권에 관한 사항)		
순위번호	등 기 목 적	접 수	등 기 원 인	권 리 자 및 기 타 사 항
1 (전 2)			(기재 생략)	
2	소유권이전	2015년11월5일 제8006호	2015년10월5일 매매	소유자 유채무 650815-1027328 　서울특별시 서초구 잠원로 700, 　102동 1801호(잠원동, 태양아파트)
3	소유권이전	2017년5월19일 제46023호	2017년1월5일 매매	소유자 임매순 681024-2357823 　서울특별시 서초구 반포대로 234 　104동 908호(반포동, 달님아파트) 거래가액 금300,000,000원
4	가처분	2020년11월15일 제45645호	2020년11월14일 서울중앙지방법 원의 가처분결정 (2020카합4321)	피보전권리 소유권이전등기말소등기청구권 채권자 김갑동 730603-1000234 　서울 강남구 논현로 300 금지사항 양도, 담보권설정 기타 일체의 처분행위 금지

---- 이 하 여 백 ----

수수료 금 1,000원 영수함
관할등기소 서울중앙지방법원 등기국/ 발행등기소 법원행정처 등기정보중앙관리소
이 증명서는 등기기록의 내용과 틀림없음을 증명합니다.

갑 제2호증

서기 2021년 2월 1일

등기정보
중앙관리
소전산운
영책임관인

법원행정처 등기정보중앙관리소 전산운영책임관

*실선으로 그어진 부분은 말소사항을 표시함. *등기기록에 기록된 사항이 없는 갑구 또는 을구는
생략함.
*증명서는 컬러 또는 흑백으로 출력 가능함.
발행번호 12389234789102367836718934082939023 48 1/1 발급확인번호 AAIK-VPTF-0000 발행일 2021/02/01

[인터넷 발급] 문서 하단의 바코드를 스캐너로 확인하거나, 인터넷등기소(http://www.iros.go.kr)의 발급확인 메뉴에서 발급확인번호를
입력하여 위 · 변조 여부를 확인할 수 있습니다. 발급확인번호를 통한 확인은 발행일로부터 3개월까지 5회에 한하여 가능합니다.

대 법 원

답 변 서

사 건   2021가합1234 소유권이전등기말소청구
원 고   김갑동
피 고   임매순

 위 사건에 관하여 피고의 소송대리인은 다음과 같이 답변합니다.

청구취지에 대한 답변

1. 원고의 소를 각하한다.
2. 소송비용은 원고가 부담한다.
라는 판결을 구합니다.

청구원인에 대한 답변

1. 인정하는 사실

 원스포츠를 운영하는 원고가 2016. 3. 4. 미생스포츠를 운영하는 유채무에게 헬스기구 20대를 지급기일 2016. 4. 4.로 정하여 1억 원에 매도하였고, 유채무가 현재 무자력인 사실, 그런데 유채무의 동생 유경무가 유채무의 인감증명서를 갖고 있음을 이용하여 2017. 1. 5. 유채무 명의의 위임장과 매매계약서를 위조하여 유채무의 소유이던 이 사건 토지에 관하여 피고 앞으로 서울중앙지방법원 등기국 2017. 5. 19. 접수 제46023호로 소유권이전등기를 마쳐 준 사실은 모두 인정합니다.

2. 본안 전 항변(중복제소)

 유채무의 다른 채권자 박대여가 2021. 1. 19. 이 사건 토지에 대한 유채무자의 피고에 대한 소유권이전등기말소청구권에 관하여 채권자대위권에 기초한 소를 먼저 제기하여 2021. 1. 22. 피고에게 그 소장 부본이 송달되어 현재 소송계속 중입니다. 나중에 계속된 이 사건 소는 중복된 소제기 금지의 원칙에 위배하여 제기된 것이므로 부적법하여 각하되어야 합니다.

증 명 방 법

 1. 을 제1호증 (송달증명 및 소송계속증명원)

첨 부 서 류

 1. 위 증명방법   2통
 2. 답변서 부본   1통

2021. 3. 25.

피고 소송대리인
변호사 정당한 ㊞

서울중앙지방법원 제11민사부 귀중

송달 및 소송계속 증명

사   건 : 서울중앙지방법원 2021가합1113   소유권이전등기말소청구

원   고 : 박대여

피   고 : 임매순

증명신청인 : 피고 임매순

위 사건에 관하여 아래와 같이 송달되었으며 현재 위 사건이 소송계속되어 있음을 증명합니다.

피고 임매순   2021. 1. 22. 소장 부본 송달. 끝.

2021.   3.   24.

서울중앙지방법원

법원주사   구경민   서울중앙
지방법원
법원주사

을 제1호증

준 비 서 면

사　건　　2021가합1234 소유권이전등기말소청구
원　고　　김갑동
피　고　　임매순

　위 사건에 관하여 원고의 소송대리인은 다음과 같이 변론을 준비합니다.

　채권자대위소송의 계속 중 다른 채권자가 같은 채무자를 대위하여 같은 제3채무자를 상대로 법원에 출소한 경우 두 개 소송의 소송물이 같다면 나중에 계속된 소는 중복제소금지의 원칙에 위배하여 제기된 부적법한 소가 된다 할 것입니다. 그러나 소제기에 앞서 가압류, 가처분 등의 보전절차가 선행되어 있는 경우에는 이를 기준으로 전소인지 후소인지의 여부를 가려야 합니다.
　채권자는 2020. 11. 14. 서울중앙지방법원 2020카합4321호로 이 사건 토지에 관하여 처분금지가처분결정을 받았고 위 가처분결정에 관하여 2020. 11. 15. 기입등기가 마쳐졌으며, 그 이후에 유채무의 다른 채권자 박대여가 유채무의 피고에 대한 소유권이전등기말소청구권에 관하여 대위소송을 제기하고 그 소장 부본이 2021. 1. 22.에야 피고에게 송달되어 소송계속이 발생하였습니다. 따라서 박대여의 채권자대위소송이 후소에 해당하고 이 사건 소는 중복제소금지의 원칙에 위배되지 않습니다.

2021. 3. 30.

원고 소송대리인
변호사　전승혜 ㊞

서울중앙지방법원 제11민사부 귀중

문제 4-1 (심화문제) 모범답안

1. 결론

소 각하[368]

2. 논거

가. 본안 전 항변에 관한 판단

1) 항변의 요지

원고가 매매대금채권을 보전하기 위해 유채무를 대위하여 피고를 상대로 이 사건 토지에 관하여 소유권이전등기의 말소를 구함에 대하여, 피고는 유채무의 다른 채권자 박대여가 동일한 소송물에 관하여 채권자대위권에 기초한 소를 제기하여 이미 법원에 계속되어 있으므로 나중에 계속된 이 사건 소는 부적법하다고 항변한다.[369]

2) 관련 법리

채권자대위소송의 계속 중 다른 채권자가 같은 채무자를 대위하여 같은 제3채무자를 상대로 법원에 출소한 경우 두 개 소송의 소송물이 같다면 나중에 계속된 소는 중복제소금지의 원칙에 위배하여 제기된 부적법한 소가 된다 할 것이고, 이 경우 전소와 후소의 판별기준은 소송계속의 발생시기, 즉 소장이 피고에게 송달된 때의 선후에 의할 것이며, 비록 소제기에 앞서 가압류, 가처분 등의 보전절차가 선행되어 있다 하더라도 이를 기준으로 가릴 것은 아니다.[370]

---

368 중복소송(전소 및 후소)의 판단기준이 쟁점인바, 전소와 후소의 판별은 소제기에 앞서 가처분 등의 보전처분이 있었는지 여부를 불문하고 소장 부본이 피고에게 송달된 때의 선후에 의하므로, 피고의 중복제소 본안 전 항변이 인용되어 이 사건 소는 각하되어야 한다.

369 항변의 요지를 기재하되, 항변의 내용이 원고의 청구와 관계가 있으므로 청구의 요지를 먼저 기재하였다(민사재판실무 188쪽 두 번째 기재례 참조).

370 대법원 1994. 11. 25. 선고 94다12517,94다12524 판결 등

3) 인정사실

○ 유채무의 다른 채권자 박대여가 2021. 1. 19. 유채무를 대위하여 피고를 상대로 이 사건 토지에 관하여 소유권이전등기의 말소를 구하는 소를 제기하였고, 그 소장 부본이 2021. 1. 22. 피고에게 송달되었다.

[인정근거 : 을 제1호증(송달 및 소송계속 증명)의 기재 및 변론 전체의 취지]

○ 원고의 이 사건 소가 2021. 3. 11. 제기되어 소장 부본이 2021. 3. 15. 피고에게 송달되었다.

[인정근거 : 기록상 명백한 사실]

4) 소결론

○ 위 관련 법리에 비추어 보면, 원고가 이 사건 토지에 관하여 박대여의 위 소송계속 보다 먼저 처분금지가처분절차를 밟았는지 여부를 불문하고[371] 박대여의 소송계속일인 2021. 1. 22. 이 원고의 소송계속일 2021. 3. 15.보다 앞서므로, 원고의 이 사건 소는 중복된 소제기 금지의 원칙에 위배된다.

○ 피고의 위 항변은 이유 있다.

나. 이 사건 청구에 관한 결론

이 사건 소는 부적법하여 각하되어야 한다.

[주문]

1. 원고의 소를 각하한다.
2. 소송비용은 원고가 부담한다.

---

[371] 가처분절차를 먼저 밟은 대위채권자가 제기한 소의 소송계속이 뒤에 발생하였다고 하더라도 그 소가 전소가 된다는 원고의 주장은, 판례법리에 의하여 시인되지 않는 독단적인 법률상 주장에 해당한다. 이런 경우 검토보고서에서는 반드시 그 당부를 판단하여 주어야 한다. 다만, 판단과정을 보여 주는 방식은 본문과 같이 간략하게 법리를 제시하여 배척할 수도 있고, 별도로 목차를 설정하고 주장의 요지 → 법리제시 → 배척하는 방식을 사용할 수도 있다. 이 사안은 전자의 방식을 취하였다.

8

기록

임대차/ 공제항변 등

<문제 1> 귀하는 변호사 전승혜로서, 의뢰인 김갑동과의 상담을 통해 아래 【상담내용】과 같은 사실관계를 청취하고, 【의뢰인 희망사항】 기재사항에 관한 본안소송의 대리권을 수여받고, 첨부된 서류를 자료로 받았습니다.

의뢰인을 위한 본안의 소를 제기하기 위한 소장을 작성하시오.

【작성요령】

1. 소장 작성일 및 소제기일은 2021. 3. 11.로 하시오.
2. 【의뢰인 희망사항】란에 기재된 희망사항에 부합하도록 소장을 작성하되, 현행법과 그 해석상 승소 가능한 최대한의 범위에서 청구하고, 소 각하나 청구기각 부분이 발생하지 않도록 하시오.
3. 【의뢰인 상담일지】와 첨부자료에 기재된 사실관계는 모두 사실에 부합한 것으로 보고(작성자의 의견에 해당하는 사항은 제외), 기재되지 않은 사실은 없는 것으로 전제하며, 첨부된 서류는 모두 진정하게 성립된 것으로 간주하시오.
4. 부동산의 표시는 아래 [별지 부동산표시]를 소장 말미에 첨부함을 전제로 하여 작성하므로 소장에 해당 [별지 부동산표시]를 기재하지 마시오.
5. 관련 증거자료를 제시하여 기술할 필요는 없습니다.
6. 기록상의 날짜가 공휴일인지 여부, 문서의 서식이 실제와 부합하는지 여부는 고려하지 마시오.

별지 부동산표시

서울 서초구 신원동 100 (청계산길 10) 지상 철근콘크리트조 슬래브지붕 2층 근린생활시설 1층 110㎡, 2층 110㎡ 중

　　1층 101호 점포 60㎡. 끝.

의뢰인 상담일지

변호사 전 승 혜 법률사무소

서울 서초구 서초대로10길 11, 1200호(서초동, 완승빌딩)

☎ : 02-532-3000, 팩스 : 02-532-3001, e-mail : jsh0909@naver.com

접수번호	2021-100	상담일시	2021. 2. 25.
상담인	김갑동 010-4563-9601	내방경위	지인소개

【상 담 내 용】

1. 김갑동은 다음과 같은 상담을 위해 증거를 갖고 변호사 사무실에 찾아왔다.

2. 김갑동은 서울 서초구 신원동 100(청계산길 10) 지상 철근콘크리트조 슬래브지붕 2층 근린생활시설 1층 110㎡, 2층 110㎡ 전체를 소유하고 있는데, 위 상가건물은 1층과 2층 모두 각각 3개의 점포로 이용상 구분되어 1층 101호, 102호, 103호, 2층 201호, 202호, 203호 총 6개의 점포로 구분소유되어 있다.
   그런데 김갑동은 2018. 6. 1. 임세인에게 위 상가건물 중 1층 101호 점포 60㎡를 보증금 6억 원, 월 임대료 100만 원, 임대기간 2018. 6. 1.부터 2020. 5. 31.까지로 정하여 임대하였다.

3. 임세인은 101호 점포에서 화원을 운영하던 중 2019. 11. 1.부터 현재까지 월 임대료를 내지 않고 있는데, 김갑동은 2020. 2. 2. 임세인에게 계약의 갱신을 거절하였다.

4. 임세인은 현재 여전히 101호 점포에서 계속해서 화원 영업을 하면서 이를 인도하지 않고 있다.

【의뢰인 희망사항】

김갑동은 101호 점포를 반환받기를 희망한다.

부동산임대차계약서 (전세/월세)

부동산의 표시: **서울특별시 서초구 신원동 100(청계산길 10) 지상 철근콘크리트조 슬래브지붕 2층 근린생활시설 1층 110㎡, 2층 110㎡ 중 1층 101호 점포 60㎡**

제1조 위 부동산을 (전세 · 월세)로 사용함에 있어 쌍방 합의하에 아래 각 조항과 같은 조건으로 계약한다.

보 증 금	600,000,000원	월세금액	1,000,000원정 (매월 말일 후불함)
계 약 금	일금 ~~원정을 계약 당일 임대인에게 지불하고~~		
중 도 금	일금 ~~원정을 년 월 일 지불하고~~		
잔 액 금	일금 600,000,000원정을 2018년 6월 1일 소개인 입회하에 지불키로 함. 잔액금을 전액 수령함. 긴갑동 ㉑		

제2조 부동산은 2018년 6월 1일 인도하기로 한다.
제3조 임대기간은 2018년 6월 1일부터 2020년 5월 31일까지로 한다.
제4조 임차인은 이 계약으로 인한 권리를 타에 양도, 전대할 수 없다.
제5조 임차인은 임대인의 승인 없이는 건물의 형상을 변경할 수 없다.
특약사항 :

위 계약조건을 틀림없이 지키기 위하여 본 계약서를 2부 작성하여 각자 1부씩 보관한다.

2018년 6월 1일

임대인	주소	서울특별시 서초구 서초로 200		
	성명	긴 갑 동 ㉑	주민등록번호	560321-2395426
임차인	주소	서울특별시 용산구 갈월로 100		
	성명	임 세 인 ㉑	주민등록번호	640430-1672418

통 고 서

발신인 : 김갑동
수신인 : 임세인

발신인은 2018. 6. 1. 귀하에게 서울 서초구 신원동 100(청계산길 10) 지상 철근콘크리트조 슬래브지붕 2층 상가건물 중 1층 101호 점포 60m²를 보증금 6억 원, 월 임대료 100만 원, 임대기간 2018. 6. 1.부터 2020. 5. 31.까지로 정하여 임대하였습니다. 발신인은 같은 날 귀하에게 위 101호 점포를 인도하여 주었습니다.

그런데 귀하는 2019. 11. 1.부터 월 차임을 지급하지 않고 있습니다. 발신인은 2020. 1. 2. 귀하에 대하여 임대차계약 갱신도 거절하였습니다. 귀하는 계약이 종료된 만큼 101호 점포의 점유를 풀고 조속히 인도하여 주십시오.

2020. 6. 30.

발신인 김갑동 (인)

회 신 서

발신인 : 임세인
수신인 : 김갑동

귀하의 통고서를 잘 받았습니다.

제가 2019. 11. 1.부터 월 임료를 연체한 사실은 인정합니다.

그러나 저는 현재 101호 점포에서 나갈 수 없고 화원 영업을 중단할 수도 없음을 양해
해 주시기 바랍니다.

2020. 7. 20.
발신인 임세인 (인)

소   장

원 고   김갑동

　　　　　서울 서초구 서초로 200

　　　　　소송대리인 변호사 전승혜

　　　　　서울 서초구 서초대로10길 11, 1200호(서초동, 완승빌딩)

　　　　　전화 02)532-3000, 팩스 02)532-3001, E-mail : jsh0909@naver.com

피 고   임세인

　　　　　서울 서초구 청계산길 10

건물인도청구의 소

---

372 의뢰인 김갑동은 101호 점포를 인도받기를 희망하고 있다. 그런데 제시받은 첨부서류들을 살펴보면, 김갑동과 임세인은
　　2018. 6. 1. 임대차보증금 6억 원, 월 차임 100만 원, 기간 2018. 6. 1.부터 2020. 5. 31.까지로 정한 임대차계약을
　　체결한 점, 임차인 임세인은 2019. 11. 1.부터 월 차임을 연체한 점, 임대인 김갑동은 2020. 2. 2. 갱신거절한 점,
　　2020. 5. 31. 그 계약기간이 만료된 점, 임대인 김갑동은 2020. 6. 30.경 임차인 임세인에게 그 인도를 최고한 점 등을
　　확인할 수 있다.
　　임대인 김갑동으로서는 월 차임 3개월 연체를 이유로 계약해지를 할 수 있지 않을까 생각될 수 있으나, 위 임대차계약기
　　간의 만료일인 2020. 5. 31. 이전에 차임 연체를 이유로 해지의 의사를 표시한 바 없으므로, 계약기간 만료로 인하여 이
　　미 소멸한 임대차계약을 해지할 수는 없다. 따라서 위 임대차계약의 기간만료를 원인으로 101호 점포의 인도를 청구하는
　　것이 적정한 청구원인으로 판단된다.

청 구 취 지

1. 피고는 원고에게 별지 목록 기재 부동산(이하 '이 사건 점포'라고 한다)을 인도하라.
2. 소송비용은 피고가 부담한다.
3. 제1항은 가집행할 수 있다.
라는 판결을 구합니다.

청 구 원 인

　김갑동은 2018. 6. 1. 임세인에게 이 사건 점포를 보증금 6억 원, 월 임료 100만 원, 임대기간 2018. 6. 1.부터 2020. 5. 31.까지로 정하여 임대하였습니다. 김갑동은 계약 당일 임세인에게 이 사건 점포를 인도하였습니다.[373]

　그렇다면, 위 임대차계약은 기간만료로 종료하였으므로 피고는 원고에게 이 사건 점포를 반환할 의무가 있습니다.

증 명 방 법

1. 갑 제1호증 (부동산임대차계약서)
2. 갑 제2호증 (통고서)
3. 갑 제3호증 (회신서)

첨 부 서 류

1. 위 각 증명방법　　　　　　　　각 2통
2. 영수필확인서　　　　　　　　　1통
3. 토지대장등본　　　　　　　　　1통
4. 송달료납부서　　　　　　　　　1통
5. 소송위임장　　　　　　　　　　1통
6. 소장 부본　　　　　　　　　　　1통

---

[373] 임대차 기간만료를 원인으로 하는 임대차목적물인도청구의 요건사실, 즉 임대차계약의 체결 사실/ 목적물의 인도 사실/ 임대차의 종료 사실에 맞추어 이를 기재한다([부록] 중 제1항 순번 15번 참조).

2021. 3. 11.

원고 소송대리인
변호사   전승혜 ㊞

서울중앙지방법원   귀중

기록 8

<문제 2> 귀하는 변호사 전승혜로서 【문제 1 모범답안】과 같은 소장을 접수한 다음, 서울중앙
지방법원 제11민사부로부터 아래와 같은 【답변서】를 송달받았습니다.
원고에게 가장 유리하도록 이를 반박하는 내용의 **준비서면**을 작성하시오.

답 변 서

사 건   2021가합1234 건물인도청구
원 고   김갑동
피 고   임세인

위 사건에 관하여 피고의 소송대리인은 다음과 같이 답변합니다.

청구취지에 대한 답변

1. 원고의 청구를 기각한다.
2. 소송비용은 원고가 부담한다.
라는 판결을 구합니다.

청구원인에 대한 답변

1. 인정하는 사실

원고가 2018. 6. 1. 피고에게 이 사건 점포를 보증금 6억 원, 월 임료 100만
원, 임대기간 2018. 6. 1.부터 2020. 5. 31.까지로 정하여 임대한 사실, 원고가
계약 당일 피고에게 이 사건 점포를 인도한 사실, 위 임대차계약이 기간만료로
종료한 사실, 피고가 현재까지 이 사건 점포에서 계속 화원 영업을 하고 있는 사
실은 모두 인정합니다.

2. 동시이행항변

피고는 원고로부터 보증금 6억 원을 반환받을 때까지는 원고의 이 사건 점포에
관한 인도청구에 응할 수 없습니다.

　　피고는 2018. 6. 1. 원고에게 보증금 6억 원을 지급하였습니다. 위 임대차계약
은 기간만료로 종료하였으므로 원고는 피고에게 보증금 6억 원을 반환할 의무가
있습니다. 그리고 원고의 임대차보증금반환의무와 피고의 이 사건 점포의 반환의
무는 동시이행의 관계에 있습니다.

첨 부 서 류

　1. 답변서 부본　　　　　　　　　　　　　　1통

2021.　3.　25.

피고 소송대리인
변호사　정당한　㊞

서울중앙지방법원 제11민사부　귀중

문제 2   **모범답안[374]**

준 비 서 면

사 건   2021가합1234 건물인도청구
원 고   김갑동
피 고   임세인

위 사건에 관하여 원고의 소송대리인은 다음과 같이 변론을 준비합니다.

1. 피고의 주장의 요지

피고는 원고로부터 보증금 6억 원을 반환받을 때까지는 원고의 이 사건 점포에 관한 인도청구에 응할 수 없다고 동시이행의 항변을 제출하였습니다.

2. 공제 재항변

가. 관련 법리

임대차보증금은 임대차계약 종료 후 목적물을 인도할 때까지 임대차와 관련하여 발생하는 차임, 차임 상당 부당이득 등 임차인의 모든 채무를 담보하므로, 임대인은 그 금액을 공제한 잔액만을 반환할 의무가 있습니다.[375]

나. 이 사건의 경우

임대차보증금 6억 원에서 아래와 같이 연체된 차임과 차임 상당 부당이득금이 공제되어야 합니다.

---

374 상대방의 주장에 대하여 반박하는 취지의 준비서면의 성격상, 피고가 답변서에서 주장한 내용에 주목하여야 한다. 피고는 원고의 청구원인에 관한 요건사실은 모두 자백하면서 동시이행항변을 하고 있다. 이를 반박하는 내용으로 준비서면을 구성하면 된다.
동시이행항변에 관하여는 일단 피고의 항변을 구성하는 요건사실(해당 임대차계약의 기간이 만료한 사실, 임대인인 원고가 해당 임대차계약에 따라 보증금을 지급받은 사실, 보증금반환채무와 이 사건 점포의 인도의무가 동시이행관계에 있는 사실 등)은 모두 인정하는 입장이므로, 재항변사항으로 연체된 차임과 임대차계약 종료 이후의 부당이득금에 관한 공제 재항변을 제출할 수 있는 사안이다.
375 공제재항변을 주장하기에 앞서 임대차보증금의 담보적 성격과 관련된 판례법리를 기재하여 주는 것이 바람직하다.

이 사건 임대차계약상 차임은 월 100만 원이므로 피고는 원고에게 차임연체가 시작된 2019. 11. 1.부터 임대차종료시인 2020. 5. 31.까지[376] 월 100만 원의 비율에 의한 차임을 지급할 의무가 있습니다.[377]

또한 위 임대차계약이 종료된 이후에도 피고가 이 사건 점포를 점유·사용하면서 화원 영업을 계속하고 있으므로, 피고는 임대차계약 종료 후에도 이 사건 점포를 점유·사용함으로써 그 사용이익 상당의 이익을 얻고 그로 인하여 임대인인 원고에게 같은 금액 상당의 손해를 가하고 있습니다. 따라서 피고는 원고에게 부당이득을 반환할 의무가 있습니다.

그 부당이득의 액수에 관하여 보면, 통상 부동산의 점유·사용으로 인한 이득액은 그 부동산의 차임 상당액이라고 할 것인바, 위 임대차계약 종료 후의 차임 상당액도 월 100만 원일 것으로 추인되므로, 피고는 원고에게 임대차 종료 후 이 사건 점포의 인도 완료시까지 같은 금액 비율에 의한 부당이득을 지급할 의무가 있습니다.[378]

3. 결론

따라서 위 임대차보증금 6억 원에서 위 차임과 차임 상당 부당이득금이 공제되어야 할 것이므로 피고의 동시이행항변은, 임대차보증금 6억 원에서 2019. 11. 1.부터 이 사건 점포 인도완료일까지 월 100만 원의 비율로 계산한 차임 내지 차임 상당의 부당이득금을 공제한 나머지 돈을 지급받음과 동시이행을 구하는 범위 내에서 이유 있습니다.[379]

2021. 3. 30.
원고 소송대리인
변호사   전승혜 ㊞

서울중앙지방법원 제11민사부 귀중

---

376 참고로, 위 2018. 6. 1.자 임대차계약 체결 당시 시행 중이던 상가건물 임대차보호법(법률 제15791호로 2018. 10. 16. 개정되어 2018. 10. 16. 시행되기 전의 것) 제2조 제1항, 제2항과 같은 법 시행령(대통령령 제29671호로 2019. 4. 2. 개정되어 2019. 4. 2. 시행되기 전의 것) 제2조 제1항 제1호에 의하면, 서울특별시의 경우 보증금 6억 1,000만 원을 초과하는 때에는 상가건물 임대차보호법이 적용되지 않는다. 그런데 이 기록사안의 경우 임대차보증금 6억 원과 월 차임 100만 원의 100배에 상당한 금액(같은 시행령 제2조 제3항)의 합계 7억 원이므로 위 법령이 적용되지 않는다. 따라서 위 법 제9조 제2항(임대차가 종료한 경우에도 임차인이 보증금을 돌려받을 때까지는 임대차 관계는 존속하는 것으로 본다)을 고려할 필요가 없어 2020. 5. 31. 임대차계약이 종료되었다고 봄이 상당하다.

377 공제(재)항변에 있어서 요건사실은 '공제대상 채권의 발생사실'임에 주의하여야 한다. 이 사안에서 보자면, 차임채권의 발생 사실까지만 요건사실인 것이지, 발생된 차임채권이 연체된 사실은 공제 재항변의 요건사실이 아니라, 오히려 발생된 차임채권이 변제 등으로 소멸된 사실이 피고의 재재항변사실에 해당한다.

378 부당이득반환청구에 있어 요건사실, 즉 피고의 수익/ 원고의 손해/ 인과관계의 존재/ 이득액/ 법률상 원인 흠결을 구체적으로 기재하여 주면 된다. [부록] 제1항 중 순번 10번을 참조하라.

379 결론으로 피고가 제출한 동시이행항변의 당부판단을 기재하여 주는데, 공제 재항변이 받아들여지는 부분을 제외한 범위 내에서 이유 있다고 적어 주면 된다.

<문제 3> **변호사시험 출제 형식에 따라 소장 작성하기**

귀하는 변호사 전승혜로서 <u>소장</u>을 작성하시오. 다만, 의뢰인 김갑동으로부터 상담을 의뢰받을 때에 앞에서 본 상담자료들 중 ① 부동산임대차계약서, ② 통고서를 제시받았고, 또한 ③ <u>회신서가【문제 2】에 제시된 답변서의 본문을 그 내용으로 하고 있었다고 가정</u>하기 바랍니다.

제시된 사실관계만으로 피고에게 항변사유가 있고 그 요건이 갖추어진 것으로 판단되면 이를 청구범위에 반영하고, 피고의 주장이 이유 없다고 판단되면 해당 청구원인 부분에서 배척의 이유를 간략히 기재하시오. 나머지 작성요령은【문제 1】과 동일합니다.

소 장

원 고   김갑동

　　　서울 서초구 서초로 200

　　　소송대리인 변호사 전승혜

　　　서울 서초구 서초대로10길 11, 1200호(서초동, 완승빌딩)

　　　전화 02)532-3000, 팩스 02)532-3001, E-mail : jsh0909@naver.com

피 고   임세인

　　　서울 서초구 청계산길 10

건물인도청구의 소

청 구 취 지

1. 피고는 원고로부터 6억 원에서 2019. 11. 1.부터 별지 목록 기재 부동산(이하 '이 사건 점포'라고 한다)의 인도완료일까지 월 1,000,000원의 비율로 계산한 돈을 공제한 나머지 돈을 지급받음과 동시에 원고에게 이 사건 점포를 인도하라.[381]

---

380 [문제1]의 모범답안 소장과 [문제2]의 모범답안 준비서면의 본문 내용을 결합하여 기재하면 충분하다.

381 이러한 경우 청구취지 기재방식에는 기재방식, 즉 연체차임액을 계산하여 이를 공제한 금액을 특정하는 방식과 연체차임액을 전혀 특정하지 않는 방식이 있다(민사재판실무 118쪽 기재례 ①, ② 참조). 현재 본문은 후자의 방식을 따랐다. 이를 전자의 방식에 따라 기재하여 보면 아래와 같다[2019. 11. 1.부터 임대차계약 기간만료일인 2020. 5. 31.까지 연체된 차임 합계 700만 원(=월 100만 원×7개월)을 6억 원에서 차감한 액수를 제시하였다].

「피고는 원고로부터 5억 9,300만 원에서 2020. 6. 1.부터 이 사건 점포의 인도완료일까지 월 100만 원의 비율로 계산한 돈을 공제한 나머지 돈을 지급받음과 동시에 원고에게 이 사건 점포를 인도하라.」

후자의 방식을 취할 경우에는 변론종결시까지 남은 임대차보증금액이 전혀 없게 되거나 부족하게 되지 않는지 여부를 반드시 확인하여야 한다(민사재판실무 118쪽 각주126).

2. 소송비용은 피고가 부담한다.
3. 제1항은 가집행할 수 있다.
라는 판결을 구합니다.

청 구 원 인

1. 임대차계약에 기초한 인도청구권의 발생

  김갑동은 2018. 6. 1. 임세인에게 이 사건 점포를 보증금 6억 원, 월 임료 100만 원, 임대기간 2018. 6. 1.부터 2020. 5. 31.까지로 정하여 임대하였습니다. 김갑동은 계약 당일 임세인에게 이 사건 점포를 인도하였습니다.
  따라서 위 임대차계약은 기간만료로 종료하였으므로 특별한 사정이 없는 한 피고는 원고에게 이 사건 점포를 반환할 의무가 있습니다.

2. 피고의 예상되는 주장(동시이행항변)

  피고는 원고로부터 보증금 6억 원을 반환받을 때까지는 원고의 이 사건 점포에 관한 인도청구에 응할 수 없다고 동시이행의 항변을 할 것으로 예상됩니다.
  피고는 2018. 6. 1. 원고에게 보증금 6억 원을 지급하였습니다. 위 임대차계약은 기간만료로 종료하였으므로 원고는 피고에게 보증금 6억 원을 반환할 의무가 있습니다. 그리고 임대인의 임대차보증금반환의무와 임차인의 임대차목적물반환의무는 동시이행의 관계에 있습니다.
  한편 임대차보증금은 임대차계약 종료 후 목적물을 인도할 때까지 임대차와 관련하여 발생하는 차임, 차임 상당 부당이득 등 임차인의 모든 채무를 담보하는 것이므로, 임대인은 그 금액을 공제한 잔액만을 반환할 의무가 있습니다. 위 임대차계약상 차임은 월 100만 원이므로 피고는 원고에게 차임연체가 시작된 2019. 11. 1.부터 임대차종료시인 2020. 5. 31.까지 월 100만 원의 비율에 의한 차임을 지급할 의무가 있습니다.
  또한 위 임대차계약이 종료된 이후에도 피고가 이 사건 상가를 점유·사용하면서 화원 영업을 하고 있으므로, 피고는 임대차계약 종료 후에도 이 사건 점포를 점유·사용함으로써 그 사용이익 상당의 이익을 얻고 그로 인하여 임대인인 원고에게 같은 금액 상당의 손해를 가하고 있습니다. 따라서 피고는 원고에게 부당이득을 반환할 의무가 있습니다.
  그 부당이득의 액수에 관하여 보면, 통상 부동산의 점유·사용으로 인한 이득액은 그 부동산의 차임 상당액이라고 할 것인바, 위 임대차계약 종료 후의 차임 상당액도 월 100만 원일 것으로 추인되므로, 피고는 원고에게 임대차 종료 후 이 사건 점포의 인도 완료일까지 같은 금액 비율에 의한 부당이득을 지급할 의무가 있습니다.

따라서 위 임대차보증금 6억 원에서 위 차임과 차임 상당 부당이득금이 공제되어야 할 것이므로 피고의 동시이행항변은 위 차임과 차임 상당 부당이득금을 공제한 나머지 돈과의 동시이행을 구하는 범위 내에서 이유 있습니다.

3. 결론

그렇다면, 피고는 원고로부터 임대차보증금 6억 원에서 2019. 11. 1.부터 이 사건 점포의 인도 완료일까지 차임 및 차임 상당 부당이득금 월 100만 원의 비율에 의한 돈을 공제한 나머지 돈을 지급받음과 동시에 원고에게 이 사건 점포를 인도할 의무가 있습니다.

증 명 방 법

1. 갑 제1호증 (부동산임대차계약서)
2. 갑 제2호증 (통고서)
3. 갑 제3호증 (회신서)

첨 부 서 류

1. 위 각 증명방법   각 2통
2. 영수필확인서   1통
3. 토지대장등본   1통
4. 송달료납부서   1통
5. 소송위임장   1통
6. 소장 부본   1통

2021. 3. 11.

원고 소송대리인
변호사 전승혜 ㊞

서울중앙지방법원   귀중

기록 8

<문제 4> 귀하는 <u>관할법원의 재판연구원으로서 검토보고서</u>를 작성하시오. ① 【문제 1 모범답안】의 소장(증명방법 포함), ② 【문제 2】에서 제시된 답변서, ③ 【문제 2 모범답안】의 원고의 준비서면, ④ <u>**아래에서 제시되는 피고의 준비서면,**</u> ⑤ <u>**아래에서 제시되는 변론조서**</u>를 일체의 기록으로 가정하되, 아래 검토보고서 양식 중 [검토] 부분만 작성하기 바랍니다.

임대차목적물인 서울 서초구 신원동 100(청계산길 10) 지상 철근콘크리트조 슬래브 지붕 2층 근린생활시설 1층 110m², 2층 110m² 중 1층 101호 점포 60m²는 '별지 목록 기재 부동산'으로 특정하기 바랍니다.

[검토보고서 양식]

```
                    검토보고서

    사   건    2021가합1234 건물인도청구
    원   고    김갑동
    피   고    임세인

                     [검토]

    1. 결론
    2. 논거

                     [주문]
```

준 비 서 면

사 건   2021가합1234 건물인도청구
원 고   김갑동
피 고   임세인

위 사건에 관하여 **피고의 소송대리인**은 다음과 같이 변론을 준비합니다.

1. 원고의 주장의 요지
원고는 피고에게 반환해야 할 보증금 6억 원에서 연체된 차임과 차임 상당 부당이득금을 모두 공제하여야 한다고 재항변하였습니다.

2. 공제 재항변의 부당성
원고의 채권자 정대여는 2019. 12. 5. 서울중앙지방법원 2019타채9000호로 이 사건 점포에 관한 임대차계약에 기초한 원고의 피고에 대한 월 차임채권에 대하여 압류·추심명령을 받았습니다. 그 압류·추심명령이 2019. 12. 12. 피고에게 송달되었습니다. 이에 피고는 2019년 12월분 차임부터 이를 원고에게 지급할래야 지급할 수가 없어서 지급하지 않았을 뿐입니다. 따라서 반환받을 임대차보증금을 계산할 때에 2019년 12월부터 2020년 5월까지의 차임 합계 600만 원은 공제되어서는 안 됩니다.

증 명 방 법

1. 을 제1호증 (채권압류 및 추심명령)
2. 을 제2호증 (송달 및 확정증명원)

첨 부 서 류

1. 위 각 증명방법   각 2통
2. 준비서면 부분   1통

2021. 4. 3.
피고 소송대리인
변호사 정당한 ㊞

서울중앙지방법원 제11민사부 귀중

서 울 중 앙 지 방 법 원
결   정

사 건	2019타채9000 채권압류 및 추심명령
채 권 자	정대여
	서울 강남구 일원로 10
채 무 자	김갑동
	서울 서초구 서초로 200
제3채무자	임세인
	서울 서초구 청계산길 10

을 제1호증

주   문

채무자의 제3채무자에 대한 별지 기재 채권을 압류한다.
제3채무자는 채무자에 대하여 별지 기재 채권의 지급을 하여서는 아니 된다.
채무자는 위 채권의 처분과 영수를 하여서는 아니 된다.
채권자는 위 압류채권을 추심할 수 있다.

청구금액

금 2억 원(2018. 10. 1.자 약속어음금)

이   유

채권자가 위 청구금액을 변제받기 위하여 공증인가 연수합동법률사무소 증서 2017년 제4000호로 작성한 집행력 있는 약속어음공정증서 정본에 기초하여 한 이 사건 신청은 이유 있으므로 주문과 같이 결정한다.

2019.   12.   5.

정 본 입 니 다.

사법보좌관 최지원 ㊞   2019. 12. 5.

법원주사 박성규 ㊞

별지

압류 및 추심할 채권의 표시

채무자가 아래 임대차계약에 따라 제3채무자에 대하여 가지는 월 차임채권

임대차목적물   서울 서초구 신원동 100(청계산길 10) 지상 철근콘크리트조 슬래
            브지붕 2층 근린생활시설 1층 110m², 2층 110m² 중 1층 101호 점포
            60m²
임대차계약일   2018. 6. 1.
임대차보증금 6억 원
임대료 월 100만 원
임대차기간 2018. 6. 1. – 2020. 5. 31. 끝.

송달 및 확정 증명원

사   건 : 서울중앙지방법원 2019타채9000 채권압류 및 추심명령
채 권 자 : 정대여
채 무 자 : 김갑동
제 3 채 무 자 : 임세인
증명신청인 : 제3채무자 임세인

위 사건에 관하여 아래와 같이 송달 및 확정되었음을 증명합니다.

채무자 김갑동   2019. 12. 12. 채권압류 및 추심명령 정본 송달
제3채무자 임세인   2019. 12. 12. 채권압류 및 추심명령 정본 송달
2019. 12. 20. 확정. 끝.

2021. 3. 24.

서울중앙지방법원

법원주사   이진수   서울중앙
지방법원
법원주사

을 제2호증

서 울 중 앙 지 방 법 원
변 론 조 서

제 1 차

사   건   2021가합1234 건물인도청구

재판장 판사   김공하   기   일 :   2021. 4. 8. 10:00
        판사   이유진   장   소 :   제401호 법정
        판사   정희열   공개여부 :   공개
법원 사무관   장참여   고지된
                                    선고기일 : 2021. 4. 22. 10:00

사건과 당사자의 이름을 부름
원고 및 원고 대리인 변호사 전승혜   각 출석
피고 및 피고 대리인 변호사 정당한   각 출석

___

원고 및 원고 대리인
   소장 및 2021. 3. 30.자 준비서면 진술

피고 및 피고 대리인
   답변서 및 2021. 4. 3.자 준비서면 진술

증거관계 별지와 같음(원·피고 서증)

변론종결

                    법원사무관   장 참 여   ㉑
                    판   사 김 공 하   ㉑

문제 4 모범답안

1. 결론[382]

청구 일부 인용(가집행 가능)

[인용되는 부분의 주문]

피고는 원고로부터 6억 원에서 2019. 11. 1.부터 별지 목록 기재 부동산(이하 '이 사건 점포'라고 한다)의 인도완료일까지 월 1,000,000원의 비율로 계산한 돈을 공제한 나머지 돈을 지급받음과 동시에 원고에게 이 사건 점포를 인도하라.

2. 논거

가. 청구원인에 관한 판단

1) 청구원인의 요지

원고는 피고를 상대로 임대차계약의 종료에 따라 이 사건 점포의 인도를 구한다.

2) 인정사실[383]

○ 원고는 2018. 6. 1. 피고에게 이 사건 점포를 보증금 6억 원, 월 차임 100만 원, 임대기간 2018. 6. 1.부터 2020. 5. 31.까지로 정하여 임대하였다(이하 '이 사건 임대차'라고 한다).

○ 원고는 계약 당일 피고에게 이 사건 점포를 인도하였다.

[인정근거 : 다툼 없는 사실]

---

382 원고가 임대차 기간만료를 원인으로 하여 이 사건 점포의 인도를 청구하였는데, 피고가 그 청구원인사실 일체를 자백하면서 임대차보증금 6억 원과의 동시이행항변을 제출하였고, 그러자 원고가 연체차임과 부당이득금에 관한 공제 재항변을 제출하였다. 피고는 다시 연체된 차임채권 중 일부가 추심명령으로 인해 공제될 수 없다고 주장하였다. 그러나 피고의 위 주장은 아래에서 보게 될 법리에 반하는 것으로 배척되어야 한다. 결국 공제 재항변을 받아들이므로 연체 차임 700만 원(= 월 100만 원×2019. 11. 1.부터 기간만료일 2020. 5. 31.까지 7개월)과 위 기간만료일 다음 날부터 이 사건 점포의 인도완료일까지 월 100만 원의 비율로 계산한 부당이득금을 공제한 범위 내에서 피고의 위 동시이행항변이 이유 있다. 따라서 원고의 청구는 일부 인용되어야 하고 그 인용되는 부분의 주문은 위와 같다.

383 해당 요건사실에 맞추어 기재한다.

3) 소결론

특별한 사정이 없는 한, 이 사건 임대차는 2020. 5. 31. 기간만료로 종료되었으므로, 임차인인 피고는 임대인인 원고에게 이 사건 점포를 인도할 의무가 있다.

나. 피고의 동시이행항변에 관한 판단

1) 항변의 요지

피고는 원고로부터 임대차보증금을 반환받을 때까지는 원고의 청구에 응할 수 없다고 항변한다.

2) 인정사실

○ 피고는 2018. 6. 1. 원고에게 이 사건 임대차에 따라 임대차보증금 6억 원을 지급하였다. [인정근거 : 갑 제1호증(부동산임대차계약서)의 기재 및 변론 전체의 취지]
○ 이후 이 사건 임대차가 종료되었음은 앞에서 본 바와 같다.

3) 소결론

위 인정사실에 의하면, 원고는 피고에게 위 임대차보증금 6억 원을 반환할 의무가 있고, 임대차가 종료한 경우에 발생하는 임차인의 임대차목적물 인도의무와 임대인의 임대차보증금 반환의무는 서로 동시이행의 관계에 있으므로,[384] 원고의 위 임대차보증금 반환의무는 피고의 이 사건 점포 인도의무와 동시이행의 관계에 있다.

따라서, 피고의 위 항변은 특별한 사정이 없는 한 이유 있다.

4) 차임 및 부당이득 공제 재항변에 관한 판단

가) 재항변 요지

원고는 반환하여야 할 임대차보증금에서 2019. 11. 1.부터 이 사건 점포 인도일까지 월 100만 원의 비율로 계산한 차임 또는 같은 금액 상당의 부당이득금이 공제되어야 한다고 재항변한다.

---

[384] 이 기록사안에서 당사자 사이에 임대차 종료시 임대차목적물 반환의무와 임대차보증금 반환의무를 동시에 이행하기로 하는 약정이 없으나, 그와 같은 약정이 없다고 하더라도 임대차계약의 종료에 의하여 발생된 임차인의 임차목적물 반환의무와 임대인의 연체차임을 공제한 나머지 보증금의 반환의무는 동시이행의 관계에 있다(대법원 1990. 12. 21. 선고 90다카24076 판결 등 참조).

나) 관련 법리

○ 임대차보증금은 성질상 임대차 종료로 목적물을 반환할 때까지 임대차와 관련하여 발생하는 차임, 부당이득 등 임차인의 모든 채무를 담보하는 것이므로, 임대인은 임대차보증금에서 위 차임, 부당이득 등의 금액을 공제한 잔액만을 반환할 의무가 있다.[385]

○ 피고는 원고의 채권자 정대여가 받은 압류 및 추심명령이 송달된 이후에 발생한 차임은 공제대상이 아니라고 주장하나,[386] 부동산 임대차에 있어서 수수된 보증금은 차임채무, 목적물의 멸실·훼손 등으로 인한 손해배상채무 등 임대차에 따른 임차인의 모든 채무를 담보하는 것으로서 그 피담보채무 상당액은 임대차관계의 종료 후 목적물이 반환될 때에 특별한 사정이 없는 한 별도의 의사표시 없이 보증금에서 당연히 공제되는 것이므로, 임대보증금이 수수된 임대차계약에서 차임채권에 관하여 압류 및 추심명령이 있었다 하더라도, 당해 임대차계약이 종료되어 목적물이 반환될 때에는 그때까지 추심되지 아니한 채 잔존하는 차임채권 상당액도 임대보증금에서 당연히 공제된다.[387]

피고의 위 주장은 이유 없다.

다) 공제되는 차임의 범위[388]

(1) 인정사실

이 사건 임대차의 차임이 월 100만 원인 사실은 앞에서 본 바와 같고,[389] 원고는 2019. 10. 31.까지의 차임을 수령하였음을 자인하고 있다.[390]

---

385 대법원 1987. 6. 9. 선고 87다68 판결, 대법원 1988. 1. 19. 선고 87다카1315 판결, 대법원 1998. 4. 24. 선고 97다56679 판결, 대법원 1998. 10. 20. 선고 98다31905 판결 등
386 피고의 이 부분 주장은 판례 법리에 비추어 시인될 수 없는 피고의 독단적인 법률상 주장에 해당한다. 따라서 검토보고서에서는 필수적인 검토대상이다. 원고의 공제 재항변과 관련하여 제기된 주장이므로, 재항변 판단 부분에 해당하는 이곳에 기재하는 것이 논리상 자연스럽다. 이처럼 여기서 피고의 법률상 주장에 대해 써 주는 것도 좋고, 이 문단 아래에 별도로 목차를 설정하고서 피고의 법률상 주장에 대한 판단(주장의 요지, 법리, 소결론)의 형식으로 써 주어도 무방하다.
387 대법원 2004. 12. 23. 선고 2004다56554 판결 등
388 이 기록사안에서 결국 차임액수와 부당이득액수는 동일하나 차임과 부당이득금에 관한 요건사실이 서로 다르므로 구분하여 판단하는 것이 적절하다.
389 임대인은 임대차 존속 중의 차임 등 공제주장과 함께 그 발생사실로서 위와 같이 차임약정사실을 주장·증명하면 충분하다. 여기서 피고(임차인)가 차임을 연체한 사실은 요건사실이 아니므로 "피고가 2019. 11. 1.부터 현재까지 월 차임 100만 원을 연체하였다."를 기재해서는 아니 된다. 임차인의 차임 지급사실은 임차인이 주장·증명하여야 하는 재재항변 사항이다.
390 월 차임이 100만 원인 사실이 증거에 의하여 인정될 경우 논리적으로 그 법률효과로 임대차계약 전체기간 동안 매월 100만 원의 차임채무가 발생한다. 그런데 이 기록사안에서 실제 공제되는 연체차임은 2019. 11. 1.부터 이 사건 임대차종료일까지의 발생분에 국한되는바, 2019. 10. 31.까지 발생된 차임채무를 공제하지 않는 이유를 밝혀 줄 필요가 생긴다. 달리 말해 인정사실과 법률효과 사이의 간격을 메워 주려면 위와 같이 원고가 '자인'하고 있는 부분을 기재하여 주어야 한다.

(2) 공제되는 차임금액

차임 수령을 자인한 기간 말일의 다음 날인 2019. 11. 1.부터 이 사건 임대차 종료일인 2020. 5. 31.까지 차임 700만 원(=100만 원×7개월)은 위 임대차보증금에서 공제되어야 한다.

라) 공제되는 부당이득의 범위

(1) 인정사실

피고가 이 사건 임대차가 종료된 후 현재까지 이 사건 점포를 점유·사용하면서 영업을 하고 있다.[391]

[인정근거 : 다툼 없는 사실]

(2) 부당이득 인정 범위[392]

○ 통상 부동산의 점유·사용으로 인한 이득액은 그 부동산의 차임 상당액이다.

○ 이 사건 임대차 종료 당시 이 사건 점포의 차임이 월 100만 원인 사실은 앞에서 본 바와 같고 그 후의 차임도 같은 액수일 것으로 추인된다.

○ 따라서 피고는 원고에게 이 사건 임대차 종료 다음 날인 2020. 6. 1.부터 이 사건 점포의 인도완료일까지 월 100만 원의 비율에 의한 부당이득금을 반환할 의무가 있다.

마) 재항변의 소결론

원고의 위 공제 재항변은 이유 있다.

5) 피고의 동시이행항변에 관한 최종결론

결국 피고의 위 동시이행항변은 위 인정 범위 내에서 이유 있다.

다. 이 사건 청구에 관한 결론

피고는 원고로부터 위 임대차보증금 6억 원에서 원고가 차임 수령을 자인한 기간 말일의 다음 날인 2019. 11. 1.부터 이 사건 점포의 인도완료일까지 월 100만 원의 비율로 계산한 차임 및 차임 상당의 부당이득금을 공제한 나머지 돈을 지급받음과 동시에 원고에게 이 사건 점포를 인도할 의무가 있다.

---

[391] 법률상의 원인 없이 이득하였음을 이유로 한 부당이득의 반환에 있어 이득이라 함은 실질적인 이익을 의미하므로, 임차인이 임대차계약관계가 소멸된 이후에도 임차목적물을 계속 점유하기는 하였으나 이를 본래의 임대차계약상의 목적에 따라 사용·수익하지 아니하여 실질적인 이득을 얻은 바 없는 경우에는 그로 인하여 임대인에게 손해가 발생하였다 하더라도 임차인의 부당이득반환의무는 성립되지 않는다(대법원 1998. 5. 29. 선고 98다6497 판결 등).

[392] 부당이득의 액수 인정에 대한 기재례는 민사재판실무 199쪽 참조

[주문]

1. 피고는 원고로부터 6억 원에서 2019. 11. 1.부터 이 사건 점포의 인도완료일까지 월 100만 원의 비율로 계산한 돈을 공제한 나머지 돈을 지급받음과 동시에 원고에게 이 사건 점포를 인도하라.

2. 원고의 나머지 청구를 기각한다.

3. 소송비용 중 40%는 원고가, 나머지는 피고가 각 부담한다.

4. 제1항은 가집행할 수 있다.

<문제 4-1(심화문제)> 귀하는 <u>관할법원의 재판연구원으로서 검토보고서</u>를 작성하시오. ① 【문제 1 모범답안】의 소장(증명방법 포함), ② 【문제 2】에서 제시된 답변서, ③ 아래에서 제시되는 원고의 준비서면(증명방법 포함)(【문제 2 모범답안】의 준비서면이 아래와 같이 그 <u>내용이 변경된 것으로 전제할 것</u>), ④ 아래에서 제시되는 피고의 준비서면(증명방법 포함) [【문제 4】에서 제시된 피고의 준비서면이 아래와 같이 내용이 변경된 것으로 전제하고, 을 제1호 증(채권압류 및 추심명령), 을 제2호증(송달 및 확정증명원) 이외에 을 제3호증(화재감식결과)이 추가로 제출된 것으로 볼 것]을 일체의 기록으로 가정하되(변론조서는 소장, 답변서, 각 준비 서면의 내용을 반영하고 있는 것으로 전제할 것), <u>아래 검토보고서 양식 [검토] 중 2의 나. 항 부분만 작성하기 바랍니다.</u>

서울 서초구 신원동 100 대(청계산길 10) 지상 철근콘크리트조 슬래브지붕 2층 근린 생활시설 1층 110㎡, 2층 110㎡를 '이 사건 상가건물'로 표기하고, 이 사건 상가건물 중 1층 101호 점포 60㎡를 '이 사건 점포'로 표기하기 바랍니다.

[검토보고서 양식]

검토보고서

사　　건　　2021가합1234 건물인도청구
원　　고　　김갑동
피　　고　　임세인

[검토]

1. 결론
2. 논거
　가. 청구원인에 관한 판단
　나. 피고의 동시이행항변에 관한 판단

[주문]

준 비 서 면

사　건　　2021가합1234　건물인도청구
원　고　　김갑동
피　고　　임세인

위 사건에 관하여 **원고의 소송대리인**은 다음과 같이 변론을 준비합니다.

1. 피고의 주장의 요지

피고는 원고로부터 보증금 6억 원을 반환받을 때까지는 원고의 이 사건 점포에 관한 인도청구에 응할 수 없다고 동시이행의 항변을 제출하였습니다.

2. 공제 재항변

가. 관련 법리

임대차보증금은 임대차계약 종료 후 목적물을 인도할 때까지 임대차와 관련하여 발생하는 차임, 차임 상당 부당이득 등 임차인의 모든 채무를 담보하므로, 임대인은 그 금액을 공제한 잔액만을 반환할 의무가 있습니다.

나. 이 사건의 경우

임대차보증금 6억 원에서 아래와 같이 연체된 차임, 차임 상당 부당이득금과 화재로 인한 손해배상금이 모두 공제되어야 합니다.

1) 연체차임

이 사건 임대차계약상 차임은 월 100만 원이므로 피고는 원고에게 차임 연체가 시작된 2019. 11. 1.부터 임대차종료시인 2020. 5. 31.까지 월 100만 원의 비율에 의한 차임을 지급할 의무가 있습니다.

2) 부당이득금

위 임대차계약이 종료된 이후에도 피고가 이 사건 점포를 점유·사용하면서 화원 영업을 계속 하고 있으므로, 피고는 임대차계약 종료 후에도 이 사건 점포를 점유·사용함으로써 그 사용이익 상당의 이익을 얻고 그로 인하여 임대인인 원고에게 같은 금액 상당의 손해를 가하고 있습니다. 따라서 피고는 원고에게 부당이득을 반환할 의무가 있습니다.

그 부당이득의 액수에 관하여 보면, 통상 부동산의 점유·사용으로 인한 이득액은 그 부동산의 차임 상당액이라고 할 것인바, 위 임대차계약 종료 후의 차임 상당액도 월 100만 원일 것으로 추인되므로, 피고는 원고에게 임대차 종료 후 이 사건 점포의 인도 완료시까지 같은 금액 비율에 의한 부당이득을 지급할 의무가 있습니다.

3) 화재손해

피고는 2019. 1. 10. 화재로 인한 손해를 배상할 의무가 있습니다. 당시 원고는 그 화재로 인하여 소훼된 이 사건 점포의 수리비 1,000만 원을 비롯하여 원고가 직접 사용하고 있던 1층 102호와 103호의 수리비 2,000만 원 총 합계 3,000만 원을 지출하였습니다. 당시 화재감식결과 화재원인은 밝혀지지 않았으나 임차인인 피고는 이 사건 임대차계약에 따라 이 사건 점포를 보존·관리할 의무가 있는데 이를 위반하였으므로 위 화재로 인한 손해금 3,000만 원을 원고에게 지급할 의무가 있습니다.

3. 결론

따라서 위 임대차보증금 6억 원에서 위 연체차임, 차임 상당 부당이득금 및 위 손해배상금 전액이 공제되어야 할 것이므로 피고의 동시이행항변은 이를 공제한 나머지 돈과의 동시이행을 구하는 범위 안에서만 이유 있습니다.

증 명 방 법

1. 갑 제4호증 (영수증)

첨 부 서 류

1. 위 증명방법   각 2통
2. 준비서면 부분   1통

2021. 3. 30.
원고 소송대리인
변호사 전승혜 ㊞

서울중앙지방법원 제11민사부 귀중

영 수 증

김갑동 귀하

2019. 2. 3. 귀하로부터 서울특별시 서초구 신원동 100(청계산길 10) 상가건물 중 1층 101호, 102호, 103호 점포들에 관하여 2019. 1. 10. 발생한 화재로 인한 수리비로 각 1,000만 원 합계금 3,000만 원을 지급받았음을 확인합니다.

2019. 2. 3.

영수인 한실인테리어 상사

대표자 이한실 (인)

갑 제4호증

준 비 서 면

사　건　　2021가합1234　건물인도청구
원　고　　김갑동
피　고　　임세인

위 사건에 관하여 **피고의 소송대리인**은 다음과 같이 변론을 준비합니다.

1. 원고의 주장의 요지
원고는 피고에게 반환해야 할 보증금 6억 원에서 연체된 차임과 차임 상당 부당이득금 및 화재로 인한 손해배상금을 모두 공제하여야 한다고 재항변하였습니다.

2. 공제 재항변의 부당성
가. 차임채권에 대한 추심명령
원고의 채권자 정대여는 2019. 12. 5. 서울중앙지방법원 2019타채9000호로 이 사건 점포에 관한 임대차계약에 기초한 원고의 피고에 대한 월 차임채권에 대하여 압류·추심명령을 받았습니다. 그 압류·추심명령이 2019. 12. 12. 피고에게 송달되었습니다. 이에 피고는 2019년 12월분 차임부터 이를 원고에게 지급할래야 지급할 수가 없어서 지급하지 않았을 뿐입니다. 따라서 반환받을 임대차보증금을 계산할 때에 2019년 12월부터 2020년 5월까지의 차임 합계 600만 원은 공제되어서는 안 됩니다.

나. 이 사건 점포 화재로 손해 관련 주장
2019. 1. 10.에 이 사건 상가건물에 화재가 발생된 일이 있었습니다. 당시 소방서의 감식결과 이 사건 점포에서 발화한 것은 맞지만 화재원인은 밝혀지지 않았습니다. 당시 화재로 인해 이 사건 점포 101호와 원고가 직접 사용하고 있는 102, 103호 점포가 소훼되어 손해가 발생했고 당시 원고가 자신의 비용으로 이 사건 점포를 포함하여 손상된 점포 전체를 수리하였습니다. 그러나 화재의 원인이 불명인 이상, 그 화재손해를 위 임대차보증금에서 공제하여서는 아니 됩니다.

증 명 방 법

1. 을 제1호증 (채권압류 및 추심명령)
2. 을 제2호증 (송달 및 확정증명원)
3. 을 제3호증 (화재감식결과)

첨 부 서 류

1. 위 각 증명방법　　　　　　각 2통
2. 준비서면 부분　　　　　　　1통

2021. 4. 3.
피고 소송대리인
변호사　정당한 ㊞

서울중앙지방법원 제11민사부 귀중

화재감식결과

화 재 일 : 2019. 1. 10.

화재장소 : 서울특별시 서초구 신원동 100(청계산길 10) 상가건물

발화지점 : 위 상가건물 1층 101호 점포

화재원인 : 원인불명

(나머지 기재 생략)

2019. 2. 2.

서울서초소방서 화재감식반

소방경 정강식 (인)

을 제3호증

문제 4-1 (심화문제) 모범답안

나. 피고의 동시이행항변에 관한 판단

1) 항변의 요지

피고는 원고로부터 위 임대차보증금을 반환받을 때까지는 원고의 청구에 응할 수 없다고
항변한다.

2) 인정사실

○ 피고는 2018. 6. 1. 원고에게 이 사건 임대차에 따라 임대차보증금 6억 원을 지급하였다.
[인정근거 : 갑 제1호증(부동산임대차계약서)의 기재 및 변론 전체의 취지]
○ 이후 이 사건 임대차가 종료되었음은 앞에서 본 바와 같다.

3) 소결론

위 인정사실에 의하면, 원고는 피고에게 위 임대차보증금 6억 원을 반환할 의무가 있고, 통
상 임대차가 종료한 경우에 발생하는 임차인의 임대차목적물 인도의무와 임대인의 임대차보증
금 반환의무는 서로 동시이행의 관계에 있으므로, 원고의 위 임대차보증금 반환의무는 피고의
이 사건 점포 인도의무와 동시이행의 관계에 있다.

따라서, 피고의 위 항변은 특별한 사정이 없는 한 이유 있다.

4) 차임, 부당이득 및 손해배상금 공제 재항변에 관한 판단

가) 재항변 요지

원고는 반환하여야 할 임대차보증금에서 2019. 11. 1.부터 이 사건 점포 인도일까지 월
100만 원의 비율로 계산한 차임, 같은 금액 상당의 부당이득금과 2019. 1. 10.자 화재로 인한
손해금 3,000만 원이 공제되어야 한다고 재항변한다.

나) 관련 법리

○ 임대차보증금은 성질상 임대차 종료로 목적물을 반환할 때까지 임대차와 관련하여 발
생하는 차임, 부당이득 등 임차인의 모든 채무를 담보하는 것이므로, 임대인은 임대차보증금에

서 위 차임, 부당이득 등의 금액을 공제한 잔액만을 반환할 의무가 있다.

○ 피고는 원고의 채권자 정대여가 받은 압류 및 추심명령이 송달된 이후에 발생한 차임은 공제대상이 아니라고 주장하나, 부동산 임대차에 있어서 수수된 보증금은 차임채무, 목적물의 멸실·훼손 등으로 인한 손해배상채무 등 임대차에 따른 임차인의 모든 채무를 담보하는 것으로서 그 피담보채무 상당액은 임대차관계의 종료 후 목적물이 반환될 때에 특별한 사정이 없는 한 별도의 의사표시 없이 보증금에서 당연히 공제되는 것이므로, 임대보증금이 수수된 임대차계약에서 차임채권에 관하여 압류 및 추심명령이 있었다 하더라도, 당해 임대차계약이 종료되어 목적물이 반환될 때에는 그때까지 추심되지 아니한 채 잔존하는 차임채권 상당액도 임대보증금에서 당연히 공제된다.

피고의 위 주장은 이유 없다.

다) 공제되는 차임의 범위

(1) 인정사실

이 사건 임대차의 차임이 월 100만 원인 사실은 앞에서 본 바와 같고, 원고는 2019. 10. 31.까지의 차임을 수령하였음을 자인하고 있다.

(2) 공제되는 차임금액

차임 수령을 자인한 기간 말일의 다음 날인 2019. 11. 1.부터 이 사건 임대차 종료일인 2020. 5. 31.까지 차임 700만 원(=100만 원×7개월)은 위 임대차보증금에서 공제되어야 한다.

라) 공제되는 부당이득의 범위

(1) 인정사실

피고가 이 사건 임대차가 종료된 후 현재까지 이 사건 점포를 점유·사용하면서 영업을 하고 있다.

[인정근거 : 다툼 없는 사실]

(2) 부당이득 인정 범위

○ 통상 부동산의 점유·사용으로 인한 이득액은 그 부동산의 차임 상당액이다.

○ 이 사건 임대차 종료 당시 이 사건 점포의 차임이 월 100만 원인 사실은 앞에서 본 바와 같고 그 후의 차임도 같은 액수일 것으로 추인된다.

○ 따라서 피고는 원고에게 이 사건 임대차 종료 다음 날인 2020. 6. 1.부터 이 사건 점포의 인도완료일까지 월 100만 원의 비율에 의한 부당이득금을 반환할 의무가 있다.

마) 공제되는 손해배상금의 범위

(1) 관련 법리[393]

임대차 목적물이 화재 등으로 인하여 소멸됨으로써 임차인의 목적물 반환의무가 이행불능이 된 경우에, 임차인은 이행불능이 자기가 책임질 수 없는 사유로 인한 것이라는 증명을 다하지 못하면 목적물 반환의무의 이행불능으로 인한 손해를 배상할 책임을 지며, 화재 등의 구체적인 발생 원인이 밝혀지지 아니한 때에도 마찬가지이다. 또한 이러한 법리는 임대차 종료 당시 임대차 목적물 반환의무가 이행불능 상태는 아니지만 반환된 임차 건물이 화재로 인하여 훼손되었음을 이유로 손해배상을 구하는 경우에도 동일하게 적용된다.

임차인이 임대인 소유 건물의 일부를 임차하여 사용·수익하던 중 임차 건물 부분에서 화재가 발생하여 임차 건물 부분이 아닌 건물 부분(이하 '임차 외 건물 부분'이라고 한다)까지 불에 타 그로 인해 임대인에게 재산상 손해가 발생한 경우에, 임차인이 보존·관리의무를 위반하여 화재가 발생한 원인을 제공하는 등 화재 발생과 관련된 임차인의 계약상 의무 위반이 있었음이 증명되고, 그러한 의무 위반과 임차 외 건물 부분의 손해 사이에 상당인과관계가 있으며, 임차 외 건물 부분의 손해가 그러한 의무 위반에 따른 통상의 손해에 해당하거나, 임차인이 그 사정을 알았거나 알 수 있었을 특별한 사정으로 인한 손해에 해당한다고 볼 수 있는 경우라면, 임차인은 임차 외 건물 부분의 손해에 대해서도 민법 제390조, 제393조에 따라 임대인에게 손해배상책임을 부담하게 된다.

(2) 인정사실[394]

○ 2019. 1. 10. 화재가 발생되어 이 사건 점포가 소훼되었다.

○ 이로 인하여 원고가 수리비 1,000만 원을 지출하였다.

[인정근거 : 갑 제4호증(영수증)의 기재 및 변론 전체의 취지]

(3) 공제되는 손해배상금의 범위

위 관련 법리에 비추어 볼 때, 이 사건 임대차의 목적물인 이 사건 점포에 화재로 발생한 손해 부분에 대하여는 임차인인 피고가 자신의 귀책사유가 없음을 주장·증명하지 못하는 이상 임대인인 원고에 대하여 손해배상책임을 져야 하므로 이 사건 점포의 수리비 상당액 1,000만 원은 위 임대차보증금에서 공제되어야 한다.

---

393 대법원 2017. 5. 18. 선고 2012다86895,86901 전원합의체 판결
394 이 사건 점포에 관하여 임차인으로서 보존·관리의무를 부담하는 피고에게 채무불이행에 따른 손해배상채무를 구하는 경우에 있어 요건사실을 기재하여 주면 된다. 민법 제390조 본문에 따라, 원고로서는 피고의 채무불이행 사실, 원고의 손해발생 사실, 양자 간의 인과관계에 관하여 기재하면 된다.

그러나 이 사건 상가건물 중 102호, 103호 점포의 화재로 인한 손해 부분에 대하여는, 임대인인 원고가 임차인인 피고가 보존·관리의무를 위반하여 화재가 발생한 원인을 제공하는 등 화재 발생과 관련된 임차인의 계약상 의무 위반이 있었고, 그러한 의무 위반과 임차 외 건물인 위 102호, 103호 점포 부분의 손해 사이에 상당인과관계가 있으며, 임차 외 건물 부분의 손해가 의무 위반에 따라 민법 제393조에 의하여 배상하여야 할 손해의 범위 내에 있다는 점을 주장·증명하지 못하는 이상 이를 공제할 수 없다.

따라서 원고의 위 손해배상금 공제 재항변은 이 사건 점포에 대한 손해액 1,000만 원 부분에 한하여 이유 있다.

바) 재항변의 소결론

원고의 위 공제 재항변은 위 인정 범위 내에서 이유 있다.

5) 피고의 동시이행항변에 관한 최종결론

결국 피고의 위 동시이행항변은 위 인정 범위 내에서 이유 있다.

[주문]

1. 피고는 원고로부터 5억 8,300만 원[395]에서 2020. 6. 1.부터 이 사건 점포의 인도완료일까지 월 1,000,000원의 비율로 계산한 돈을 공제한 나머지 돈을 지급받음과 동시에 원고에게 이 사건 점포를 인도하라.
2. 원고의 나머지 청구를 기각한다.
3. 소송비용 중 30%는 원고가, 나머지는 피고가 각 부담한다.
4. 제1항은 가집행할 수 있다.

---

[395] 임대차보증금 6억 원에서 확정된 연체차임 700만 원과 손해배상금 1,000만 원을 공제한 금액이다. '5억 9,000만 원에서 2019. 11. 1.부터 이 사건 점포의 인도완료일까지'로 써도 좋다. 다만 이렇게 써 주는 경우에는 변론종결일까지 공제한 잔액이 남아 있음을 확인하지 않으면 위 계산금액이 0원이 되어 부적절해질 수 있음에 유의해야 한다(민사재판실무 118쪽 참조).

9 기록

추심금/ 집행채권소멸 주장 등

기록 9

<문제 1> 귀하는 변호사 전승혜로서, 의뢰인 김갑동과의 상담을 통해 아래 【상담내용】과 같은 사실관계를 청취하고, 【의뢰인 희망사항】 기재사항에 관한 본안소송의 대리권을 수여받고, 첨부된 서류를 자료로 받았습니다.

의뢰인을 위한 본안의 소를 제기하기 위한 **소장**을 작성하시오.

【작성요령】

1. 소장 작성일 및 소제기일은 2021. 3. 11.로 하시오.
2. 【의뢰인 희망사항】란에 기재된 희망사항에 부합하도록 소장을 작성하되, 현행법과 그 해석상 승소 가능한 최대한의 범위에서 청구하고, 소 각하나 청구기각 부분이 발생하지 않도록 하시오.
3. 【의뢰인 상담일지】와 첨부자료에 기재된 사실관계는 모두 사실에 부합한 것으로 보고(작성자의 의견에 해당하는 사항은 제외), 기재되지 않은 사실은 없는 것으로 전제하며, 첨부된 서류는 모두 진정하게 성립된 것으로 간주하시오.
4. 관련 증거자료를 제시하여 기술할 필요는 없습니다.
5. 기록상의 날짜가 공휴일인지 여부, 문서의 서식이 실제와 부합하는지 여부는 고려하지 마시오.

의뢰인 상담일지

변호사 전 승 혜 법률사무소

서울 서초구 서초대로10길 11, 1200호(서초동, 완승빌딩)

☎ : 02-532-3000, 팩스 : 02-532-3001, e-mail : jsh0909@naver.com

접수번호	2021-100	상담일시	2021. 2. 25.
상담인	김갑동 010-4563-9601	내방경위	지인소개

【상 담 내 용】

1. 김갑동은 다음과 같은 상담을 위해 증거를 갖고 변호사 사무실에 찾아왔다.

2. 김갑동은 2018. 9. 1. 이을남에게 3억 원을 이자 연 5%, 변제기 2019. 8. 31.로 정하여 빌려주었다. 김갑동은 이을남이 돈을 갚지 않자 이을남을 상대로 지급명령을 신청하였고, 서울중앙지방법원은 이을남을 상대로 지급명령을 내렸다. 김갑동은 위 지급명령에 터잡아 이을남이 최대인에 대하여 가지는 임대차보증금반환채권(임대차목적물 : 서울 강남구 신사로 100 반도빌라 301호)에 관하여 2020. 12. 11. 채권압류 및 추심명령을 받았다. 이을남은 그 임대차계약 기간만료일인 2020. 9. 30. 최대인에게 위 반도빌라 301호를 인도하였다. 그런데 최대인은 현재까지 김갑동에게 위 임대차보증금을 지급하지 않고 있다.

【의뢰인 희망사항】

김갑동은 이을남이 최대인에 대하여 가지는 임대차보증금반환채권 중 원금을 직접 수령할 수 있도록 하는 판결을 받고 싶다.

서 울 중 앙 지 방 법 원
결   정

사   건　　2020타채9500 채권압류 및 추심명령
채 권 자　　김갑동
　　　　　　서울 서초구 서초로 200
채 무 자　　이을남
　　　　　　서울 관악구 봉천로 100
제3채무자　　최대인
　　　　　　서울 강남구 압구정로 100

주   문

채무자의 제3채무자에 대한 별지 기재 채권을 압류한다.

제3채무자는 채무자에 대하여 별지 기재 채권의 지급을 하여서는 아니 된다.

채무자는 위 채권의 처분과 영수를 하여서는 아니 된다.

채권자는 위 압류채권을 추심할 수 있다.

청구금액

금 3억 원(2018. 9. 1.자 대여금)

이   유

채권자가 위 청구금액을 변제받기 위하여 서울중앙지방법원 2019차5000호 지급명령에 터잡아 한 이 사건 신청은 이유 있으므로 주문과 같이 결정한다.

2020.   12.   11.

사법보좌관 박수경　㊞

정 본 입 니 다.
2020. 12. 11.
법원주사 배민철　㊞

별지

압류 및 추심할 채권의 표시

채무자(임차인)가 아래 임대차계약이 종료되는 경우에 제3채무자(임대인)에 대하
여 가지는 임대차보증금 반환채권

서울 강남구 신사로 100 반도빌라 301호
임대차보증금 2억 5,000만 원
임대차기간 2018. 10. 1. – 2020. 9. 30. 끝.

송달 및 확정 증명원

사   건 : 서울중앙지방법원 2020타채9500 채권압류 및 추심명령

채 권 자 : 김갑동

채 무 자 : 이을남

제3채무자 : 최대인

증명신청인 : 김갑동

위 사건에 관하여 아래와 같이 송달 및 확정되었음을 증명합니다.

채무자 이을남   2020. 12. 16. 채권압류 및 추심명령 정본 송달

제3채무자 최대인   2020. 12. 16. 채권압류 및 추심명령 정본 송달

2020. 12. 24. 확정. 끝.

2021. 3. 8.

서울중앙지방법원

법원주사   오대성

서울중앙
지방법원
법원주사

통 고 서

발신인 : 김갑동

수신인 : 최대인

1. 발신인은 이을남에 대하여 3억 원의 대여금채권을 보유하고 있습니다.

1. 이을남은 2018. 10. 1. 귀하로부터 서울 강남구 신사로 100 반도빌라 301호를 임대차보증금 2억 5,000만 원, 임대차기간 2018. 10. 1.부터 2020. 9. 30.까지로 정하여 임차하였고, 같은 날 위 보증금을 지급하고 이사를 와서 전입신고를 마쳤습니다.

1. 그 후 이을남은 위 임대차기간이 종료함에 따라 2020. 9. 30. 귀하에게 위 반도빌라 301호를 인도하여 주었습니다.

1. 따라서 귀하는 2020. 12. 11.자 서울중앙지방법원 2020타채9500호 채권압류 및 추심명령에 따라 발신인에게 위 임대차보증금 2억 5,000만 원을 지급하여야 합니다. 귀하는 본 통고서를 받은 날부터 14일 이내에 위 임대차보증금을 지급하여 주시기 바랍니다.

2020. 12. 26.

발신인 김갑동 (인)

문제 1   모범답안

소   장

원 고   김갑동

　　　　서울 서초구 서초로 200

　　　　소송대리인 변호사 전승혜

　　　　서울 서초구 서초대로10길 11, 1200호(서초동, 완승빌딩)

　　　　전화 02)532-3000, 팩스 02)532-3001, E-mail : jsh0909@naver.com

피 고   최대인

　　　　서울 강남구 압구정로 100

추심금 청구의 소

청 구 취 지

1. 피고는 원고에게 2억 5,000만 원[396]을 지급하라.

2. 소송비용은 피고가 부담한다.

3. 제1항은 가집행할 수 있다.

라는 판결을 구합니다.

---

[396] 의뢰인 김갑동이 원금만을 지급받기를 희망하고 있어 원금만을 기재하였다.

청 구 원 인

이을남은 2018. 10. 1. 피고로부터 서울 강남구 신사로 100 반도빌라 301호(이하 '이 사건 빌라'라고 한다)를 임대차보증금 2억 5,000만 원, 임대차기간 2018. 10. 1. 부터 2020. 9. 30.까지로 정하여 임차하였습니다. 이을남은 2018. 10. 1. 피고에게 위 임대차보증금 2억 5,000만 원을 지급하였습니다.

원고는 이을남에 대한 서울중앙지방법원 2019차5000호 지급명령에 기초하여 2020. 12. 11. 위 법원 2020타채9500호로 이을남의 피고에 대한 위 임대차보증금반환채권에 관하여 채권압류 및 추심명령(이하 '이 사건 압류 및 추심명령'이라고 하고, 위 추심명령을 '이 사건 추심명령'이라고 한다)을 받았습니다. 이 사건 채권압류 및 추심명령은 2020. 12. 16. 제3채무자인 피고에게 송달되었습니다.[397]

그렇다면, 제3채무자인 피고는 추심채권자인 원고에게 위 임대차보증금 2억 5,000만 원을 지급할 의무가 있습니다.

증 명 방 법

1. 갑 제1호증 (채권압류 및 추심명령)   1통
2. 갑 제2호증 (송달 및 확정증명원)   1통

첨 부 서 류

1. 위 각 증명방법   각 2통
2. 영수필확인서   1통
3. 송달료납부서   1통
4. 소송위임장   1통
5. 소장 부본   1통

2021. 3. 11.
원고 소송대리인
변호사 전승혜 ㊞

서울중앙지방법원   귀중

---

[397] 추심금청구의 요건사실, 즉 피추심채권의 존재 사실/ 추심명령 사실/ 제3채무자에 대한 추심명령의 송달 사실을 이 사안에 맞추어 구체적으로 기재하면 된다. [부록] 제1항 중 19번 기재례를 참조하라.

<문제 2> 귀하는 변호사 전승혜로서 【문제 1 모범답안】과 같은 소장을 접수한 다음, 서울중앙
지방법원 제11민사부로부터 아래와 같은 【답변서】(증거방법 포함)를 송달받았습니다.
이를 반박하는 내용의 **준비서면**을 작성하시오.

답 변 서

사 건   2021가합1234 추심금청구
원 고   김갑동
피 고   최대인

　위 사건에 관하여 피고의 소송대리인은 다음과 같이 답변합니다.

청구취지에 대한 답변
1. 원고의 청구를 기각한다.
2. 소송비용은 원고가 부담한다.
라는 판결을 구합니다.

청구원인에 대한 답변
1. 인정하는 사실
　이을남이 2018. 10. 1. 피고로부터 이 사건 빌라를 임대차보증금 2억 5,000만 원,
임대차기간 2018. 10. 1.부터 2020. 9. 30.까지로 정하여 임차한 사실, 이을남이
2018. 10. 1. 피고에게 위 임대차보증금 2억 5,000만 원을 지급한 사실, 원고가
이을남에 대한 서울중앙지방법원 2019차5000호 지급명령에 기초하여 2020. 12.
11. 위 법원 2020타채9500호로 이을남의 피고에 대한 위 임대차보증금반환채권
에 관하여 이 사건 압류 및 추심명령을 받은 사실, 이 사건 채권압류 및 추심명
령이 2020. 12. 16. 피고에게 송달된 사실은 모두 인정합니다.

2. 집행채권 소멸의 항변

집행채권에 해당하는 원고의 이을남에 대한 2018. 9. 1.자 대여금채권 3억 원은 이 사건 압류 및 추심명령이 발령되기 전인 2020. 11. 10. 모두 변제되어 소멸하였습니다. 따라서 이 사건 추심명령은 무효입니다.

3. 압류경합으로 인한 안분변제 항변

피고는 이 사건 압류 및 추심명령을 송달받기 전에 주식회사 국민은행의 채권 압류 및 추심명령을 송달받았습니다. 압류가 경합하므로 이 사건 추심명령은 무효이고 주식회사 국민은행과 원고의 각 집행채권 액수 비율에 따라 공평하게 안분변제하여야 합니다.

증 거 방 법

1. 을 제1호증(사실확인서)
2. 을 제2호증(국민은행 채권압류 및 추심명령)

첨 부 서 류

1. 위 증명방법   각 2통
2. 답변서 부본   1통

2021. 3. 25.

피고 소송대리인
변호사 정당한 ㊞

서울중앙지방법원 제11민사부 귀중

사실확인서

확인인 : 이을남

　　　　서울 관악구 봉천로 100

1. 확인인은 2018. 9. 1. 김갑동으로부터 3억 원을 이자 연 5%, 변제기 2019. 8. 31.로 정하여 차용하였습니다.

1. 확인인은 2020. 11. 10. 김갑동에게 위 대여원리금 전액을 모두 상환하였습니다.

　　　　　　　　　　2021. 3. 22.

　　　　　　　　확인인 이을남 (인)

첨부　인감증명서 1통(첨부생략)


```
을 제1호증
```

서 울 중 앙 지 방 법 원
결   정

사 건	2020타채8500 채권압류 및 추심명령
채 권 자	주식회사 국민은행
	서울 영등포구 국제금융로 100
	대표자 은행장 이궁민
채 무 자	이을남
	서울 관악구 봉천로 100
제3채무자	최대인
	서울 강남구 압구정로 100

┌────────────┐
│ 을 제2호증 │
└────────────┘

주   문

채무자의 제3채무자에 대한 별지 기재 채권을 압류한다.

제3채무자는 채무자에 대하여 별지 기재 채권의 지급을 하여서는 아니 된다.

채무자는 위 채권의 처분과 영수를 하여서는 아니 된다.

채권자는 위 압류채권을 추심할 수 있다.

청구금액

금 1억 원(2017. 5. 10.자 대출금)

이   유

 채권자가 위 청구금액을 변제받기 위하여 서울중앙지방법원 2020차3000호 지급명령에 터잡아 한 이 사건 신청은 이유 있으므로 주문과 같이 결정한다.

2020.   11.   21.

정 본 입 니 다.

사법보좌관 이창수 ㊞   2020. 11. 21.

법원주사 김희균 ㊞

별지

압류 및 추심할 채권의 표시

채무자(임차인)가 아래 임대차계약이 종료되는 경우에 제3채무자(임대인)에 대하
여 가지는 임대차보증금 반환채권

서울 강남구 신사로 100 반도빌라 301호
임대차보증금 2억 5,000만 원
임대차기간 2018. 10. 1. - 2020. 9. 30. 끝.

준 비 서 면

사 건   2021가합1234 추심금청구
원 고   김갑동
피 고   최대인

위 사건에 관하여 원고의 소송대리인은 다음과 같이 변론을 준비합니다.

1. 집행채권의 소멸로 인한 추심명령 무효 주장에 관하여

집행채권의 부존재나 소멸은 집행채무자가 청구이의의 소에서 주장할 사유이지 추심의 소에서 제3채무자인 피고가 이를 항변으로 주장하여 채무의 변제를 거절할 수 있는 것이 아닙니다.[399]

따라서 피고의 주장과 같이 집행채권인 원고의 이을남에 대한 2018. 9. 1.자 대여금채권이 변제로 소멸하였다고 하더라도 이는 집행채무자인 이을남이 청구이의의 소에서 주장할 사유에 해당할 뿐이고, 이로써 제3채무자인 피고가 추심금청구의 소에서 채무의 변제를 거절할 수 없습니다.

피고의 위 주장은 이유 없습니다.

2. 압류경합으로 인한 추심명령 무효 및 안분변제 주장에 관하여

같은 채권에 관하여 추심명령이 여러 번 발부되더라도 그 사이에는 순위의 우열이

---

[398] 피고가 답변서에서 이 사건 추심명령에 관하여 집행채권의 소멸로 인하여 위 추심명령이 무효라는 주장과 압류의 경합으로 인하여 이 사건 추심명령이 무효라는 이른바 법률상 주장을 하였다. 판례법리를 제시하면서 이를 반박하는 내용으로 준비서면을 작성하면 된다.

[399] 대법원 2017. 5. 30. 선고 2015다25570 판결, 대법원 1996. 9. 24. 선고 96다13781 판결 등

없고, 추심명령을 받아 채권을 추심하는 채권자는 자기채권의 만족을 위하여서 뿐만 아니라 압류가 경합되거나 배당요구가 있는 경우에는 집행법원의 수권에 따라 일종의 추심기관으로서 압류나 배당에 참가한 모든 채권자를 위하여 제3채무자로부터 추심을 하는 것이므로 그 추심권능은 압류된 채권 전액에 미치며, 제3채무자로서도 정당한 추심권자에게 변제하면 그 효력은 위 모든 채권자에게 미치므로 압류된 채권을 경합된 압류채권자 및 또 다른 추심권자의 집행채권액에 안분하여 변제하여야 하는 것도 아닙니다.[400]

따라서 피고의 주장처럼 압류의 경합이 있다고 하더라도 제3채무자인 피고로서는 정당한 추심권자 중 1인인 원고에게 이를 변제하면 그 효력이 모든 채권자들에게 미치므로 이 사건 추심명령은 무효가 아니고, 다른 추심권자들의 집행채권액에 안분하여 변제하여야 하는 것도 아닙니다.

피고의 이 부분 주장도 이유 없습니다.

2021. 3. 30.

원고 소송대리인
변호사 전승혜 ㊞

서울중앙지방법원 제11민사부 귀중

---

[400] 대법원 2001. 3. 27. 선고 2000다43819 판결 등

기록 9

<문제 3> **변호사시험 출제 형식에 따라 소장 작성하기**

귀하는 변호사 전승혜로서 <u>소장</u>을 작성하시오. 다만, 의뢰인 김갑동으로부터 상담을 의뢰받을 때에 앞에서 본 상담자료들 중 ① 채권압류 및 추심명령, ② 송달 및 확정 증명원, ③ 통고서 이외에 추가로 ④ **【문제 2】에 제시된 답변서의 본문을 그 내용으로 하는 '회신서'와** ⑤ **【문제 2】 답변서에 첨부된 사실확인서, 국민은행의 채권압류 및 추심명령을 제시받았다고 가정**하기 바랍니다.

제시된 사실관계만으로 피고에게 항변사유가 있고 그 요건이 갖추어진 것으로 판단되면 이를 청구범위에 반영하고, 피고의 주장이 이유 없다고 판단되면 해당 청구원인 부분에서 배척의 이유를 간략히 기재하시오. 나머지 작성요령은 【문제 1】과 동일합니다.

소 장

원 고   김갑동
         서울 서초구 서초로 200
         소송대리인 변호사 전승혜
         서울 서초구 서초대로10길 11, 1200호(서초동, 완승빌딩)
         전화 02)532-3000, 팩스 02)532-3001, E-mail : jsh0909@naver.com

피 고   최대인
         서울 강남구 압구정로 100

추심금 청구의 소

청 구 취 지

1. 피고는 원고에게 2억 5,000만 원을 지급하라.
2. 소송비용은 피고가 부담한다.
3. 제1항은 가집행할 수 있다.
라는 판결을 구합니다.

청 구 원 인

1. 추심금청구

  이을남은 2018. 10. 1. 피고로부터 서울 강남구 신사로 100 반도빌라 301호(이하 '이 사건 빌라'라고 한다)를 임대차보증금 2억 5,000만 원, 임대차기간 2018. 10. 1.부터 2020. 9. 30.까지로 정하여 임차하였습니다. 이을남은 2018. 10. 1. 피고에게 위 임대차

---

401 [문제1]의 소장 모범답안과 [문제2] 준비서면 모범답안의 각 본문 내용을 결합하여 기재하여 주면 충분하다.

보증금 2억 5,000만 원을 지급하였습니다.

원고는 이을남에 대한 서울중앙지방법원 2020차5000호 지급명령에 기초하여 2020. 12. 11. 위 법원 2020타채9500호로 이을남의 피고에 대한 위 임대차보증금반환채권에 관하여 채권압류 및 추심명령(이하 '이 사건 압류 및 추심명령'이라 하고, 위 추심명령을 '이 사건 추심명령'이라 한다)을 받았습니다. 이 사건 채권압류 및 추심명령은 2020. 12. 16. 제3채무자인 피고에게 송달되었습니다.

그렇다면, 제3채무자인 피고는 추심채권자 원고에게 위 임대차보증금 2억 5,000만 원을 지급할 의무가 있습니다.

2. 피고의 예상되는 주장과 반박

가. 집행채권의 소멸로 인한 추심명령 무효 주장

피고가 집행채권의 소멸로 인하여 이 사건 추심명령이 무효라고 주장할 것으로 예상됩니다.

그러나 집행채권의 부존재나 소멸은 집행채무자가 청구이의의 소에서 주장할 사유이지 추심의 소에서 제3채무자인 피고가 이를 항변으로 주장하여 채무의 변제를 거절할 수 있는 것이 아닙니다.

따라서 피고의 주장과 같이 집행채권인 원고의 이을남에 대한 2018. 9. 1.자 대여금채권이 변제로 소멸하였다고 하더라도 이는 집행채무자인 이을남이 청구이의의 소에서 주장할 사유에 해당할 뿐이고, 이로써 제3채무자인 피고가 추심금청구의 소에서 채무의 변제를 거절할 수 없습니다.

피고의 위 주장은 이유 없습니다.

나. 압류경합으로 인한 추심명령 무효 및 안분변제 주장

피고가 국민은행의 채권압류 및 추심명령이 이 사건 채권압류 및 추심명령이 피고에게 송달되기 이전에 발령되어 압류경합으로 인해 이 사건 추심명령이 무효이고, 국민은행과 원고의 각 집행채권액의 비율에 따라 안분변제되어야 한다고 주장할 것으로 예상됩니다.

그러나 같은 채권에 관하여 추심명령이 여러 번 발부되더라도 그 사이에는 순위의 우열이 없고, 추심명령을 받아 채권을 추심하는 채권자는 자기채권의 만족을 위하여서뿐만 아니라 압류가 경합되거나 배당요구가 있는 경우에는 집행법원의 수권에 따라 일종의 추심기관으로서 압류나 배당에 참가한 모든 채권자를 위하여 제3채무자로부터 추심을 하는 것이므로 그 추심권능은 압류된 채권 전액에 미치며, 제3채무자로서도 정당한 추심권자에게 변제하면 그 효력은 위 모든 채권자에게 미치므로 압류된 채권을 경합된 압류채권자 및 또 다른 추심권자의 집행채권액에 안분하여 변제하여야 하는 것도 아닙니다.

따라서 피고의 주장처럼 압류의 경합이 있다고 하더라도 제3채무자인 피고로서는 정당한 추심권자 중 1인인 원고에게 이를 변제하면 그 효력이 모든 채권자들에게 미치므로 이 사건 추심명령은 무효가 아니고, 다른 추심권자들의 집행채권액에 안분하여 변제하여야 하는 것도 아닙니다.

피고의 이 부분 주장도 이유 없습니다.

증 명 방 법

1. 갑 제1호증 (채권압류 및 추심명령)
2. 갑 제2호증 (송달 및 확정증명원)
3. 갑 제3호증 (통고서)

첨 부 서 류

1. 위 각 증명방법   각 2통
2. 영수필확인서   1통
3. 송달료납부서   1통
4. 소송위임장   1통
5. 소장 부본   1통

2021. 3. 11.
원고 소송대리인
변호사 전승혜 ㊞

서울중앙지방법원   귀중

<문제 4> 귀하는 <u>관할법원 재판연구원으로서 검토보고서</u>를 작성하시오. ① 【문제 1 모범답안】
의 소장(각 증명방법 포함), ② 【문제 2】에 제시된 답변서(각 증명방법 포함), ③ 【문제
2 모범답안】의 준비서면, ④ 아래에서 제시되는 변론조서를 일체의 기록으로 가정하
되, 아래 검토보고서 양식 중 [검토] 부분만 작성하기 바랍니다.
서울 강남구 신사로 100 반도빌라 301호를 '이 사건 빌라'로 표시하여 작성하기 바
랍니다.

[검토보고서 양식]

검토보고서

사　건　　2021가합1234 추심금청구
원　고　　김갑동
피　고　　최대인

[검토]

1. **결론**
2. **논거**

[주문]

서울중앙지방법원
변론조서

제 1 차

사 건	2021가합1234 추심금청구		
재판장 판사	김공하	기 일 :	2021. 4. 8. 10:00
판사	이유진	장 소 :	제401호 법정
판사	정희열	공개여부 :	공개
법원 사무관	장참여	고지된	
		선고기일 :	2021. 4. 22. 10:00

사건과 당사자의 이름을 부름
원고 및 원고 대리인 변호사 전승혜   각 출석
피고 및 피고 대리인 변호사 정당한   각 출석

  원고 및 원고 대리인
    소장 진술

  피고 및 대리인
    답변서 진술

  원고 및 원고 대리인
    2021. 3. 30.자 준비서면 진술

증거관계 별지와 같음(원·피고 서증)

변론종결

                법원 사무관   장 참 여   ㊞
                재판장 판사   김 공 하   ㊞

문제 4   모범답안

1. 결론[402]

청구 전부 인용(가집행 가능)
[인용되는 부분의 주문]
피고는 원고에게 250,000,000원을 지급하라.

2. 논거

가. 청구원인에 관한 판단

1) 청구원인의 요지
원고는 피고를 상대로 추심금의 지급을 구한다.

2) 인정사실[403]
○ 이을남은 2018. 10. 1. 피고로부터 이 사건 빌라를 임대차보증금 2억 5,000만 원, 임대차기간 2018. 10. 1.부터 2020. 9. 30.까지로 정하여 임차하고 2018. 10. 1. 피고에게 위 임대차보증금 2억 5,000만 원을 지급하였다.

○ 원고는 이을남에 대한 서울중앙지방법원 2019차5000호 지급명령에 기초하여 2020. 12. 11. 위 법원 2020타채9500호로 이을남의 피고에 대한 위 임대차보증금반환채권에 관하여 압류 및 추심명령(이하 '이 사건 압류 및 추심명령'이라고 한다)을 받았다.

○ 이 사건 압류 및 추심명령은 2020. 12. 16. 피고에게 송달되었다.

[인정근거 : 다툼 없는 사실]

---

402 피고가 원고의 청구원인 사실 일체를 자백하였는데 판례법리상 시인될 수 없는 집행채권 소멸 주장이나 압류경합으로 인한 추심명령 무효 주장만을 하였으므로, 결국 원고의 청구는 전부 인용되어야 한다.
403 앞서 [문제1]의 소장에 대한 모범답안에서 설명한 대로 추심금청구의 요건사실들을 이 사안에서 맞추어서 기재하면 된다.

3) 소결론

위 인정사실에 의하면, 특별한 사정이 없는 한 제3채무자인 피고는 추심채권자인 원고에게 위 임대차보증금 2억 5,000만 원을 지급할 의무가 있다.

나. 피고의 집행채권 소멸 주장에 관한 판단

1) 주장의 요지

집행채권에 해당하는 원고의 이을남에 대한 2018. 9. 1.자 대여금채권이 변제로 소멸되었으므로 위 추심명령이 무효라고 주장한다.

2) 관련 법리

집행채권의 부존재나 소멸은 집행채무자가 청구이의의 소에서 주장할 사유이지 추심의 소에서 제3채무자인 피고가 이를 항변으로 주장하여 채무의 변제를 거절할 수 있는 것이 아니다.

3) 소결론

따라서 피고의 주장과 같이 집행채권이 변제로 소멸하였다고 하더라도 이는 집행채무자인 이을남이 청구이의의 소에서 주장할 사유에 해당할 뿐이고, 이로써 제3채무자인 피고가 추심금청구의 소에서 채무의 변제를 거절할 수 없다.

피고의 위 주장은 이유 없다.

다. 피고의 압류경합으로 인한 추심명령 무효 및 안분변제 주장

1) 주장의 요지

피고는 국민은행의 채권압류 및 추심명령이 이 사건 압류 및 추심명령이 피고에게 송달되기 이전에 발령되어 압류경합으로 인해 위 추심명령이 무효이고, 국민은행과 원고의 각 집행채권액의 비율에 따라 안분변제되어야 한다고 주장한다.

2) 관련 법리

같은 채권에 관하여 추심명령이 여러 번 발부되더라도 그 사이에는 순위의 우열이 없고, 추심명령을 받아 채권을 추심하는 채권자는 자기채권의 만족을 위하여서 뿐만 아니라 압류가 경합되거나 배당요구가 있는 경우에는 집행법원의 수권에 따라 일종의 추심기관으로서 압류나 배당에 참가한 모든 채권자를 위하여 제3채무자로부터 추심을 하는 것이므로 그 추심권능은 압류된 채권 전액에 미치며, 제3채무자로서도 정당한 추심권자에게 변제하면 그 효력은 위 모든 채권자에게 미치므로 압류된 채권을 경합된 압류채권자 및 또 다른 추심권자의 집행채권액에 안분하여 변제하여야 하는 것도 아니다.

3) 소결론

따라서 피고의 주장처럼 압류의 경합이 있다고 하더라도 제3채무자인 피고로서는 정당한 추심권자 중 1인인 원고에게 이를 변제하면 그 효력이 모든 채권자들에게 미치므로 위 추심명령은 무효가 아니고, 다른 추심권자들의 집행채권액에 안분하여 변제하여야 하는 것도 아니다.

피고의 이 부분 주장도 이유 없다.

라. 이 사건 청구에 관한 결론

제3채무자인 피고는 추심채권자인 원고에게 위 임대차보증금 2억 5,000만 원을 지급할 의무가 있다.

[주문]

1. 피고는 원고에게 250,000,000원을 지급하라.
2. 소송비용은 피고가 부담한다.
3. 제1항은 가집행할 수 있다.

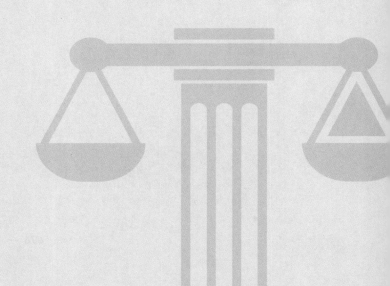

10

기록

전부금/ 상계항변 등

기록 10

<문제 1> **변호사시험 출제형식에 따라 소장 작성하기**

　　귀하는 변호사 전승혜로서, 의뢰인 김갑동과의 상담을 통해 아래【상담내용】과 같은 사실관계를 청취하고,【의뢰인 희망사항】기재사항에 관한 본안소송의 대리권을 수여받고, 첨부된 서류를 자료로 받았습니다.

　　의뢰인을 위한 본안의 소를 제기하기 위한 **소장**을 작성하시오.

【작성요령】

1. 소장 작성일 및 소제기일은 2021. 3. 11.로 하시오.
2. 【의뢰인 희망사항】란에 기재된 희망사항에 부합하도록 소장을 작성하되, 현행법과 그 해석상 승소 가능한 최대한의 범위에서 청구하고, 소 각하나 청구기각 부분이 발생하지 않도록 하시오.
3. **제시된 사실관계만으로 피고에게 항변사유가 있고 그 요건이 갖추어진 것으로 판단되면 이를 청구범위에 반영하고, 피고의 주장이 이유 없다고 판단되면 해당 청구원인 부분에서 배척의 이유를 간략히 기재하시오.**
4. 【의뢰인 상담일지】와 첨부자료에 기재된 사실관계는 모두 사실에 부합한 것으로 보고(작성자의 의견에 해당하는 사항은 제외), 기재되지 않은 사실은 없는 것으로 전제하며, 첨부된 서류는 모두 진정하게 성립된 것으로 간주하시오.
5. 관련 증거자료를 제시하여 기술할 필요는 없습니다.
6. 기록상의 날짜가 공휴일인지 여부, 문서의 서식이 실제와 부합하는지 여부는 고려하지 마시오.

의뢰인 상담일지

변호사 전 승 혜 법률사무소

서울 서초구 서초대로10길 11, 1200호(서초동, 완승빌딩)

☎ : 02-532-3000, 팩스 : 02-532-3001, e-mail : jsh0909@naver.com

접수번호	2021-100	상담일시	2021. 2. 25.
상담인	김갑동 010-4563-9601	내방경위	지인소개

【상 담 내 용】

1. 김갑동은 다음과 같은 상담을 위해 증거를 갖고 변호사 사무실에 찾아왔다.

2. 박병서는 제지업자로서 2016년경부터 김갑동으로부터 폐지 등 원재료를 공급받았다. 박병서는 영업부진으로 대금을 결제하지 못하고 있다가 2018. 8. 1. 김갑동과, 그때까지 지급하지 못한 대금을 2억 원으로 정산하고, 위 정산금의 지급을 위하여 2018. 8. 3. 김갑동에게 액면금 2억 원, 지급기일 2019. 8. 3.로 된 약속어음을 발행하였고, 같은 날 공증인가 서울합동법률사무소 증서 2018년 제4000호로 위 약속어음에 대한 공정증서를 작성하였다.

3. 김갑동은 박병서가 돈을 갚지 않자 박병서가 발행한 약속어음을 가지고 박병서의 정차용에 대한 2018. 7. 1.자 대여금채권에 관하여 2020. 12. 4. 압류 및 전부명령을 받았다.

4. 김갑동은 2020. 12. 17. 정차용에게 전부금의 이행을 구하는 취지의 통고서를 발송하였는데 정차용은 2020. 12. 22.자 회신서를 보내왔다. 김갑동은 2020. 12. 24. 그 회신서를 송달받았다.

5. 정차용은 아직까지 김갑동에게 전부명령에 따른 이행을 거부하고 있다.

【의뢰인 희망사항】

김갑동은 전부명령에 따른 대여금채권의 원금을 지급받을 수 있도록 소를 제기하고 싶다.

서 울 중 앙 지 방 법 원
결 정

사   건   2020타채9000 채권압류 및 전부명령
채 권 자   김갑동
             서울 서초구 서초로 200
채 무 자   박병서
             서울 서초구 남부순환로 300
제3채무자   정차용
             서울 강남구 학동로 700

주   문

채무자의 제3채무자에 대한 별지 기재 채권을 압류한다.
제3채무자는 채무자에 대하여 별지 기재 채권의 지급을 하여서는 아니 된다.
채무자는 위 채권의 처분과 영수를 하여서는 아니 된다.
위 압류된 채권은 지급에 갈음하여 채권자에게 전부한다.

청구금액

금 2억 원(2018. 8. 3.자 약속어음금)

이   유

 채권자가 위 청구금액을 변제받기 위하여 공증인가 서울합동법률사무소 증서 제2018년
제4000호로 작성한 집행력 있는 약속어음공정증서 정본에 기초하여 한 이 사건 신청은
이유 있으므로 주문과 같이 결정한다.

2020.   12.   4.

정 본 입 니 다.
사법보좌관 김재철 ㊞   2020. 12. 4.
                          법원주사 오대성 ㊞

별지

압류 및 전부할 채권의 표시

　채무자가 제3채무자에 대하여 가지고 있는 아래 2018. 7. 1.자 대여금의 원금 반환 채권 중 청구금액에 이르기까지의 금액

　　대여일 : 2018. 7. 1.
　　원금 : 3억 원
　　이자 : 없음
　　변제기 : 2019. 6. 30. 끝.

송달 및 확정 증명원

사   건 : 서울중앙지방법원 2020타채9000 채권압류 및 전부명령
채 권 자 : 김갑동
채 무 자 : 박병서
제3채무자 : 정차용
증명신청인 : 김갑동

위 사건에 관하여 아래와 같이 송달 및 확정되었음을 증명합니다.

채무자 박병서   2020. 12. 8. 채권압류 및 전부명령 정본 송달
제3채무자 정차용   2020. 12. 8. 채권압류 및 전부명령 정본 송달
2020. 12. 16. 확정. 끝.

2021. 2. 24.

서울중앙지방법원

법원주사   오대성

서울중앙
지방법원
법원주사

통 고 서

발신인 : 김갑동

수신인 : 정차용

1. 발신인은 박병서에 대하여 공증인가 서울합동법률사무소 증서 제2018년 제4000호로 작성한 집행력 있는 약속어음공정증서 정본에 기초하여 2020. 12. 4. 서울중앙지방법원 2020타채9000호로 박병서의 귀하에 대한 2018. 7. 1.자 대여금채권에 관하여 채권압류 및 전부명령을 받았습니다. 위 채권압류 및 전부명령은 박병서가 즉시항고를 하지 않아 2020. 12. 16. 확정되었습니다.

1. 따라서 귀하는 위 전부명령에 따라 발신인에게 대여금 중 2억 원을 지급하여야 하므로 이를 이행하여 주시기 바랍니다.

2020. 12. 17.

발신인 김갑동 (인)

회 신 서

발신인 : 정차용
수신인 : 김갑동

1. 발신인은 2020. 12. 20. 귀하의 통고서를 수령하였습니다.
1. 귀하가 박병서의 발신인에 대한 2018. 7. 1.자 대여금채권에 관하여 채권압류 및 전부명령을 받아 그 전부명령이 2020. 12. 8. 박병서와 발신인에게 송달된 사실은 인정합니다.
1. 그러나 중고자동차판매업을 하고 있는 발신인은 2019. 6. 25. 박병서에게 BMW 승용차 1대를 대금 5,000만 원에 판매하면서 2019. 6. 30. 위 승용차를 인도하고 소유권 등록명의를 이전하여 줌과 동시에 박병서로부터 위 대금을 받기로 약정하였습니다. 발신인은 2019. 6. 30. 박병서에게 위 승용차를 인도하고 등록명의를 옮겨 주었는데, 박병서는 대금을 지급하지 않았습니다. 당시 발신인도 위 대여금채무를 변제하지 못하고 있던 터라, 박병서에게 특별히 독촉하지 못하고 자동차판매대금을 받지 못한 채로 지금까지 시간이 흘렀습니다.
발신인은 본 회신서의 송달로써 위 승용차판매대금 채권을 자동채권으로 하여 전부된 박병서의 위 대여금채권 및 이에 대한 부대채권과 대등액에서 상계하고자 합니다.

2020. 12. 22.
발신인 정차용 (인)

첨부서류 : 1. 판매계약서(정차용이 2019. 6. 25. BMW 승용차 1대를 대금 5,000만 원에 박병서에게 판매하였다는 취지. 첨부생략)
2. 자동차등록증(박병서 앞으로 2019. 6. 30. 위 승용차에 대하여 소유권이전등록하였다는 취지. 첨부생략)

소 장

원 고   김갑동

　　　　서울 서초구 서초로 200

　　　　소송대리인 변호사 전승혜

　　　　서울 서초구 서초대로10길 11, 1200호(서초동, 완승빌딩)

　　　　전화 02)532-3000, 팩스 02)532-3001, E-mail : jsh0909@naver.com

피 고   정차용

　　　　서울 강남구 학동로 700

전부금청구의 소

청 구 취 지

1. 피고는 원고에게 150,000,000원을 지급하라.

2. 소송비용은 피고가 부담한다.

3. 제1항은 가집행할 수 있다.

라는 판결을 구합니다.

---

404 전부금청구의 요건사실, 즉 피전부채권의 존재 사실/ 전부명령 사실/ 제3채무자에 대한 전부명령의 송달·확정 사실에 관하여 피고가 모두 인정하고 있다. 다만 첨부자료 중 회신서의 내용에 비추어 볼 때, 피고가 승용차판매대금 채권을 자동채권으로 하여 피전부채권과 상계항변을 할 것으로 예상된다. 문제에서 【의뢰인 상담일지】와 첨부자료에 기재된 사실관계는 모두 사실에 부합한 것으로 보라고 전제하고 있으므로 상계항변은 모두 받아들여진다.

청 구 원 인

1. 전부금청구[405]

박병서는 2018. 7. 1. 피고에게 3억 원을 변제기 2019. 6. 30.로 정하여 빌려주었습니다.

원고는 공증인가 서울합동법률사무소 증서 제2018년 제4000호로 작성한 집행력 있는 약속어음공정증서 정본에 기초하여 2020. 12. 4. 서울중앙지방법원 2020타채9000호로 박병서의 피고에 대한 위 대여원금채권 중 2억 원에 관하여 채권압류 및 전부명령(이하 '이 사건 압류 및 전부명령'이라고 합니다)을 받았습니다. 이 사건 압류 및 전부명령은 2020. 12. 8. 채무자인 박병서와 제3채무자인 피고에게 각 송달되어 2020. 12. 16. 확정되었습니다.

2. 피고의 예상되는 주장(상계 항변)[406]

피고는 전부된 위 대여금채권이 박병서에 대한 승용차판매대금 채권으로 상계되었다고 항변할 것으로 예상됩니다.

피고는 2019. 6. 25. 박병서에게 BMW 승용차 1대를 대금 5,000만 원에 매도하면서 2019. 6. 30. 위 승용차를 인도하고 소유권등록명의를 이전하여 줌과 동시에 박병서로부터 위 대금을 받기로 약정하였습니다. 피고는 2019. 6. 30. 박병서에게 위 승용차를 인도하고 소유권등록명의를 옮겨 주었습니다. 피고가 원고에 대하여 위 승용차판매대금 채권과 원고의 전부받은 위 대여금 채권을 대등액에서 상계한다는 의사표시가 기재된 2020. 12. 22.자 회신서가 2020. 12. 24. 원고에게 송달되었습니다.

따라서 원고의 위 전부금 채권 중 5,000만 원은 상계적상일인 2019. 6. 30.에 소급하여 위 승용차 판매대금 채권과 대등액의 범위에서 소멸하였습니다.[407]

---

405 전부금청구는 요건사실과 기재방식에 관하여는 [부록] 제1항 중 순번 18번을 참조하라.
406 상계항변의 요건사실과 기재방식에 관하여는 [부록] 제2항 중 상계항변 부분을 참조하라.
407 채권압류 및 전부명령에 있어 제3채무자는 그 명령이 송달되기 이전에 채무자에 대하여 상계적상에 있었던 반대채권을 가지고 있었다면 그 명령이 송달된 이후에 상계로서 전부채권자에게 대항할 수 있다(대법원 1973. 11. 13. 선고 73다518 전원합의체 판결). 또한 가분적인 금전채권의 일부에 대한 전부명령이 확정되면 특별한 사정이 없는 한 전부명령이 제3채무자에 송달된 때에 소급하여 전부된 채권 부분과 전부되지 않은 채권 부분에 대하여 각기 독립한 분할채권이 성립하게 되므로, 그 채권에 대하여 압류채무자에 대한 반대채권으로 상계하고자 하는 제3채무자로서는 전부채권자 혹은 압류채무자 중 어느 누구도 상계의 상대방으로 지정하여 상계하거나 상계로 대항할 수 있고, 그러한 제3채무자의 상계 의사표시를 수령한 전부채권자는 압류채무자에 잔존한 채권 부분이 먼저 상계되어야 한다거나 각 분할채권액의 채권 총액에 대한 비율에 따라 상계되어야 한다는 이의를 할 수 없다(대법원 2010. 3. 25. 선고 2007다35152 판결). 이 사건의 경우 대여금 3억 원 중 2억 원에 관하여 전부명령이 확정되었으므로, 원고의 전부금채권과 전부되지 않은 채권은 각기 독립한 분할채권이 성립되고, 이때 제3채무자인 피고는 전부채권자인 원고나 잔존한 부분의 채권자인 박병서 중 상대방을 지정하여 상계할 수 있고, 이와 같은 상계 의사표시를 수령한 전부채권자는 위 전액의 상계를 인정해야 할 것이다.

3. 결론

그렇다면, 피고는 전부채권자인 원고에게 나머지 전부금 1억 5,000만 원(＝2억 원－5,000만 원)을 지급할 의무가 있습니다.

증 명 방 법

1. 갑 제1호증 (채권압류 및 전부명령)   1통
2. 갑 제2호증 (송달 및 확정증명원)   1통
3. 갑 제3호증 (통고서)   1통
4. 갑 제4호증 (회신서)   1통

첨 부 서 류

1. 위 각 증명방법   각 2통
2. 영수필확인서   1통
3. 송달료납부서   1통
4. 소송위임장   1통
5. 소장 부본   1통

2021. 3. 11.

원고 소송대리인

변호사 전승혜 ㊞

서울중앙지방법원   귀중

기록 10

<문제 2> 귀하는 <u>관할법원 재판연구원으로서</u> <u>검토보고서</u>를 작성하시오. ① 아래에서 제시되는 소장 및 답변서와 각 증명방법, ② 아래에서 제시되는 변론조서를 일체의 기록으로 가정하되, 아래 검토보고서 양식 중 [검토] 부분만 작성하기 바랍니다.

피고 정차용이 원고의 청구원인에 관한 요건사실은 모두 자백하는 것으로 전제하며, 피고 정차용의 2020. 12. 22.자 회신서가 2020. 12. 24. 원고에게 송달된 사실을 다툼 없는 사실로, 소장 부본의 송달일을 2021. 3. 14., 판결선고일을 2021. 5. 14.로 간주하고 작성하기 바랍니다.

[검토보고서 양식]

검토보고서

사　　건　　2021가단2345 전부금청구
원　　고　　김갑동
피　　고　　정차용

[검토]

1. **결론**
2. **논거**

[주문]

소 장

원 고 김갑동(주소 및 소송대리인 등 생략)
피 고 정차용(주소 생략)

전부금청구의 소

청 구 취 지

1. 피고는 원고에게 200,000,000원을 지급하라.
2. 소송비용은 피고가 부담한다.
3. 제1항은 가집행할 수 있다.
라는 판결을 구합니다.

청 구 원 인

박병서는 2018. 7. 1. 피고에게 3억 원을 변제기 2019. 6. 30.로 정하여 빌려 주었습니다.

원고는 공증인가 서울합동법률사무소 증서 제2018년 제4000호로 작성한 집행력 있는 약속어음공정증서 정본에 기초하여 2020. 12. 4. 서울중앙지방법원 2020타채9000호로 박병서의 피고에 대한 위 대여금채권 중 원금 2억 원에 관하여 채권압류 및 전부명령(이하 '이 사건 압류 및 전부명령'이라고 합니다)을 받았습니다. 이 사건 압류 및 전부명령은 2020. 12. 8. 채무자인 박병서와 제3채무자인 피고에게 각 송달되어 2020. 12. 16. 확정되었습니다.

그렇다면 피고는 원고에게 전부금 2억 원을 지급할 의무가 있습니다.

증 명 방 법

1. 갑 제1호증 (채권압류 및 전부명령)
2. 갑 제2호증 (송달 및 확정증명원)
3. 갑 제3호증 (통고서)

첨 부 서 류

(생략)

2021. 3. 11.
원고 소송대리인
변호사 전승혜 ㊞

서울중앙지방법원 귀중

답 변 서

사 건　2021가단2345 전부금청구
원 고　김갑동
피 고　정차용

　위 사건에 관하여 피고의 소송대리인은 다음과 같이 답변합니다.

청구취지에 대한 답변

1. 원고의 청구를 기각한다.
2. 소송비용은 원고가 부담한다.
라는 판결을 구합니다.

청구원인에 대한 답변

1. 인정하는 사실

　박병서가 2018. 7. 1. 피고에게 3억 원을 변제기 2019. 6. 30.로 정하여 빌려 준 사실, 원고가 공증인가 서울합동법률사무소 증서 제2018년 제4000호로 작성한 집행력 있는 약속어음공정증서 정본에 기초하여 2020. 12. 4. 서울중앙지방법원 2020타채9000호로 박병서의 피고에 대한 위 대여금채권 중 원금 2억 원에 관하여 이 사건 압류 및 전부명령을 받은 사실, 이 사건 채권압류 및 전부명령이 2020. 12. 8. 채무자인 박병서와 제3채무자인 피고에게 각 송달되어 확정된 사실은 인정합니다.

2. 상계

　피고는 2019. 6. 25. 박병서에게 BMW 승용차 1대를 대금 5,000만 원에 매도하면서 2019. 6. 30. 위 승용차를 인도하고 소유권등록명의를 이전하여 줌과 동시에 박병서로부터 위 대금을 받기로 약정하였습니다. 피고는 2019. 6. 30. 박병서에게 위 승용차를 인도하고 소유권등록명의를 옮겨 주었습니다. 피고가 원고에 대하여 위 승용차판매대금 채권과 원고의 전부받은 위 대여금 채권을 대등액에서 상계한다는 의사표시가 기재된 2020. 12. 22.자 회신서가 2020. 12. 24. 원고에게 송달되었습니다. 따라서 원고의 전부금 채권 중 5,000만 원은 위 승용차판매대금 채권과 대등액의 범위에서 소멸하였습니다.

증 명 방 법

　1. 을 제1호증 (회신서)
　2. 을 제2호증 (판매계약서)
　3. 을 제3호증 (자동차등록증)

첨 부 서 류

(생략)

2021. 3. 25.

피고 소송대리인
변호사　정당한　㊞

서울중앙지방법원 민사 제50단독　귀중

서 울 중 앙 지 방 법 원
변 론 조 서

1 차

사 건	2021가단2345 전부금청구	
판 사	김공하	

기일 :　　　　2021. 4. 8. 10:00

장소 :　　　　제401호 법정

공개여부 :　　　　　공개

법원 사무관　　장참여

고지된

선고기일 : 2021. 4. 22. 10:00

사건과 당사자의 이름을 부름

원고 및 원고 대리인 변호사 전승혜　　　　　　　　　　각 출석

피고 및 피고 대리인 변호사 정당한　　　　　　　　　　각 출석

　원고 및 원고 대리인
　　원고는 이 법원 2020타채9000호 채권압류 및 전부명령에 따라 피고를 상대
　로 전부금을 구한다고 하면서, 소장 진술

　피고 및 대리인
　　2021. 3. 25.자 답변서 진술

증거관계 별지와 같음(원·피고 서증)

변론종결

　　　　　　　　법원사무관　장　참　여　㊞
　　　　　　　　판　　사　김　공　하　㊞

기록 10

모범답안

1. 결론[408]

청구 일부 인용(가집행 가능)
[인용되는 부분의 주문]
피고는 원고에게 150,000,000원을 지급하라.

2. 논거

가. 청구원인에 관한 판단

1) 주장의 요지
원고는 피고를 상대로 전부금의 지급을 구한다.

2) 인정사실
○ 박병서는 2018. 7. 1. 피고에게 3억 원을 변제기 2019. 6. 30.로 정하여 대여하였다.

○ 원고는 공증인가 서울합동법률사무소 증서 제2018년 제4000호로 작성한 집행력 있는 약속어음공정증서 정본에 기초하여 2020. 12. 4. 서울중앙지방법원 2020타채9000호로 박병서의 피고에 대한 위 대여금채권 중 원금 2억 원에 관하여 채권압류 및 전부명령(이하 '이 사건 압류 및 전부명령'이라고 한다)을 받았다.

○ 이 사건 압류 및 전부명령은 2020. 12. 8. 박병서와 피고에게 각 송달되어 2020. 12. 16. 확정되었다.[409]

---

[408] 피고가 원고의 청구원인에 관한 요건사실은 모두 자백하나 상계항변을 제출하여 상계항변이 인용되었으므로 원고의 청구는 일부 인용되어야 한다. 즉, 원고가 전부받은 원금 2억 원에서 피고의 상계항변으로 소멸한 5,000만 원을 차감한 1억 5,000만 원이 잔존원금이 된다.

[409] 전부금청구의 요건사실은 앞서 설명한 대로 피전부채권의 존재 사실/ 전부명령 사실/ 제3채무자에 대한 전부명령의 송달·확정 사실이다. 전부명령의 확정사실도 요건사실이므로 추심금청구에서와 달리 '채무자에 대한 송달일'을 기재하여야 한다. 채무자에게 송달되고 7일 이내에 채무자가 즉시항고하지 않을 경우 해당 전부명령이 확정되기 때문이다(민사집행법 제15조 제1항, 제2항, 제229조 제1항, 제6항, 제7항 참조).

[인정근거 : 다툼 없는 사실]

3) 소결론

위 인정사실에 의하면, 특별한 사정이 없는 한 제3채무자인 피고는 전부채권자인 원고에게 위 전부금 2억 원을 지급할 의무가 있다.

나. 피고의 상계항변에 관한 판단[410]

1) 주장의 요지

피고는 전부된 위 대여금채권이 박병서에 대한 승용차판매대금 채권으로 상계되었다고 항변한다.

2) 관련 법리

채권압류 및 전부명령에 있어 제3채무자는 그 명령이 송달되기 이전에 채무자에 대하여 상계적상에 있었던 반대채권을 가지고 있었다면 그 명령이 송달된 이후에 상계로써 전부채권자에게 대항할 수 있다.[411]

3) 인정사실

○ 피고는 2019. 6. 25. 박병서에게 BMW 승용차 1대를 대금 5,000만 원에 매도하면서 2019. 6. 30. 위 승용차를 인도하고 소유권등록명의를 이전하여 줌과 동시에 박병서로부터 위 대금을 받기로 약정하였다. 피고는 2019. 6. 30. 박병서에게 위 승용차를 인도하고 소유권등록명의를 이전하였다.

○ 피고가 원고에 대하여 위 승용차판매대금 채권과 원고의 위 대여금 채권을 대등액에서 상계한다는 의사표시가 기재된 2020. 12. 22.자 회신서가 2020. 12. 24. 원고에게 송달되었다.

[인정근거 : 다툼 없는 사실]

4) 소결론

따라서 원고의 위 전부금채권 중 5,000만 원은 상계적상일인 2019. 6. 30.에 소급하여 피고의 위 승용차판매대금 채권과 대등액의 범위에서 소멸하였다. 위 항변은 이유 있다.

다. 이 사건 청구에 관한 결론

그렇다면, 피고는 전부채권자인 원고에게 나머지 전부금 1억 5,000만 원(=2억 원-5,000만 원)을 지급할 의무가 있다.

---

410 [부록] 제2항 중 상계항변 기재례를 참조하라.
411 대법원 1973. 11. 13. 선고 73다518 전원합의체 판결, 대법원 1980. 9. 9. 선고 80다939 판결

[주문]

1. 피고는 원고에게 150,000,000원을 지급하라.
2. 원고의 나머지 청구를 기각한다.
3. 소송비용 중 25%는 원고가, 나머지는 피고가 각 부담한다.
4. 제1항은 가집행할 수 있다.

<문제 2 - 1(심화문제)> 귀하는 관할법원 재판연구원으로서 검토보고서를 작성하시오. ① 【문제2】의 소장과 그 증명방법, ② 아래에서 제시되는 답변서와 그 증명방법, ③ 【문제2】에서 제시된 변론조서를 일체의 기록으로 가정하되, 아래 검토보고서 양식 중 [검토] 부분만 작성하기 바랍니다.

[검토보고서 양식]

검토보고서

사 건   2021가단2345 전부금청구
원 고   김갑동
피 고   정차용

[검토]

1. 결론
2. 논거

[주문]

답 변 서

사 건   2021가단2345 전부금청구
원 고   김갑동
피 고   정차용

 위 사건에 관하여 피고의 소송대리인은 다음과 같이 답변합니다.

청구취지에 대한 답변

1. 원고의 청구를 기각한다.
2. 소송비용은 원고가 부담한다.
라는 판결을 구합니다.

청구원인에 대한 답변

1. 인정하는 사실
  박병서가 2018. 7. 1. 피고에게 3억 원을 변제기 2019. 6. 30.로 정하여 빌려준 사실, 원고가 공증인가 서울합동법률사무소 증서 제2018년 제4000호로 작성한 집행력 있는 약속어음공정증서 정본에 기초하여 2020. 12. 4. 서울중앙지방법원 2020타채9000호로 박병서의 피고에 대한 위 대여금채권에 관하여 이 사건 압류 및 전부명령을 받은 사실, 이 사건 압류 및 전부명령이 2020. 12. 8. 채무자인 박병서와 제3채무자인 피고에게 각 송달된 사실은 인정합니다.

2. 전부명령의 무효
 박병서의 다른 채권자 김대위가 2020. 3. 18. 박병서를 대위하여 박병서의 피고에 대한 2018. 7. 1.자 대여금채권에 관하여 채권자대위소송을 제기하여 2020. 6. 17. 승소판결을 얻었고, 그 판결이 2020. 7. 5. 확정되었습니다. 위 채권자대위소송에서 박병서는 증인으로 출석하였습니다. 따라서 그 이후에 발령된 위 전부명령은 민법 제405조 제2항에 위반되어 무효입니다.

증 명 방 법

    1. 을 제1호증 (판결등본)
    2. 을 제2호증 (증인신문조서)
    3. 을 제3호증 (확정증명원)

첨 부 서 류

    1. 위 각 증명방법   각 2통
    2. 답변서 부본   1통

2021. 3. 25.

피고 소송대리인
변호사 정당한 ㊞

서울중앙지방법원 민사 제50단독 귀중

수 원 지 방 법 원
제 1 민 사 부
판　　　결

사　　　건	2020가합7654　대여금	
원　　　고	김대위	
	수원 권선구 권선로 100	
	소송대리인 변호사 강종원	
피　　　고	정차용	
	서울 강남구 학동로 700	
	소송대리인 변호사 정철인	
변 론 종 결	2020. 6. 3.	
판 결 선 고	2020. 6. 17.	

주　　　문

1. 피고는 원고에게 300,000,000원 및 이에 대하여 2019. 7. 1.부터 2020. 3. 23.까지는 연 5%의, 그 다음 날부터 다 갚는 날까지는 연 12%의 각 비율로 계산한 돈을 지급하라.
2. 소송비용은 피고가 부담한다.
4. 제1항은 가집행할 수 있다.

청 구 취 지

주문과 같다.

이　　　유

　갑 제1 내지 5호증의 각 기재, 증인 박병서의 증언에 변론 전체의 취지를 종합하면, 박병서가 2018. 7. 1. 피고에게 3억 원을 변제기 2019. 6. 30.로 정하여 빌려준 사실, 박병서

가 원고 김대위와의 약정을 위반한 사실이 인정되고, ... (원고 김대위가 박병서에 대한 약
정위반으로 인한 손해배상채권을 피보전권리로 하여 박병서를 대위하여 위 대여금 채권
을 행사함에 따라 피고 정차용은 원고 김대위에게 주문 기재와 같은 금원을 지급할 의무
가 있다는 취지의 기재, 나머지 기재는 생략.)

```
┌─────────────────────────────────┐
│            사본함                │
│         원본과 상위 없음          │
│   피고 소송대리인 변호사 정당한    │
└─────────────────────────────────┘
```

```
┌──────────────┐
│   을 제1호증   │
└──────────────┘
```

수원지방법원
제1민사부
증인신문조서 (2차 변론조서의 일부)

사 건   2020가합7654 대여금

증 인 성   명   박병서
       생 년 월 일   1972. 9. 11.
       주   소   서울 서초구 남부순환로 300

재판장 판사
  증인에게 선서의 취지를 명시하고 위증의 벌을 경고한 다음, 별지 선서서와 같이 선서하게 하였다.

원고 대리인
1. 증인은 2018. 7. 1. 피고에게 3억 원을 변제기 2019. 6. 30.로 정하여 빌려준 사실, 증인은 원고와의 2019. 10. 1.자 약정을 위반한 사실이 있다.
2. 증인은 원고가 2020. 3. 18. 이 사건 채권자대위소송을 제기한 사실을 그 무렵 원고로부터 들어서 알고 있다.
(이하 기재 생략)

법원 사무관   서태경   ㉑

재판장 판사   김진용   ㉑

을 제2호증

확정 증명원

사   건 : 수원지방법원 2020가합7654   대여금

원   고 : 김대위

피   고 : 정차용

증명신청인 : 정차용

위 사건이 2020. 7. 5. 확정되었음을 증명합니다.

2021. 3. 20.

수원지방법원

법원주사   서태경

> 수원
> 지방법원
> 법원주사

> 을 제3호증

1. 결론

청구 기각[412]

2. 논거

가. 청구원인에 관한 판단

1) 주장의 요지

원고는 피고를 상대로 전부금의 지급을 구한다.

2) 인정사실

○ 박병서는 2018. 7. 1. 피고에게 3억 원을 변제기 2019. 6. 30.로 정하여 빌려주었다.

○ 원고는 공증인가 서울합동법률사무소 증서 제2018년 제4000호로 작성한 집행력 있는 약속어음공정증서 정본에 기초하여 2020. 12. 4. 서울중앙지방법원 2020타채9000호로 박병서의 피고에 대한 위 대여금채권 중 원금 2억 원에 관하여 압류 및 전부명령(이하 '이 사건 압류 및 전부명령'이라고 한다)을 받았다.

○ 이 사건 압류 및 전부명령은 2020. 12. 8. 박병서와 피고에게 각 송달되어 2020. 12. 16. 확정되었다.

[인정근거 : 다툼 없는 사실]

---

412 피고는 원고의 청구원인에 관한 요건사실을 모두 자백하고 있다. 그러나 피고는 아래에서 보는 판례법리, 즉 채권자대위소송이 제기되고 채무자가 이를 알게 된 이후에 발령된 전부명령은 민사집행법 제229조 제5항이 유추적용되어 무효라는 법리를 들어 다투고 있으므로, 원고의 청구는 기각되어야 한다.

3) 소결론

위 인정사실에 의하면, 특별한 사정이 없는 한 제3채무자인 피고는 전부채권자인 원고에게 위 전부금 2억 원을 지급할 의무가 있다.

나. 피고의 전부명령 무효 항변에 관한 판단

1) 항변의 요지

박병서의 다른 채권자 김대위가 먼저 위 대여금채권에 관한 채권자대위소송을 제기하였고 채무자 박병서가 이를 알았으므로 민법 제405조 제2항에 따라 위 전부명령은 무효라고 항변한다.

2) 관련 법리

채권자대위소송이 제기되고 대위채권자가 채무자에게 대위권 행사사실을 통지하거나 채무자가 이를 알게 되면 민법 제405조 제2항에 따라 채무자는 피대위채권을 양도하거나 포기하는 등 채권자의 대위권 행사를 방해하는 처분행위를 할 수 없게 되고 이러한 효력은 제3채무자에게도 그대로 미치는데, 그럼에도 그 이후 대위채권자와 평등한 지위를 가지는 채무자의 다른 채권자가 피대위채권에 대하여 전부명령을 받는 것도 가능하다고 하면, 채권자대위소송의 제기가 채권자의 적법한 권리행사방법 중 하나이고 채무자에게 속한 채권을 추심한다는 점에서 추심소송과 공통점이 있음에도 그것이 무익한 절차에 불과하게 될 뿐만 아니라, 대위채권자가 압류·가압류나 배당요구의 방법을 통하여 채권배당절차에 참여할 기회조차 가지지 못하게 한 채 전부명령을 받은 채권자가 대위채권자를 배제하고 전속적인 만족을 얻는 결과가 되어, 채권자대위권의 실질적 효과를 확보하고자 하는 민법 제405조 제2항의 취지에 반하게 된다.

따라서 채권자대위소송이 제기되고 대위채권자가 채무자에게 대위권 행사사실을 통지하거나 채무자가 이를 알게 된 이후에는 민사집행법 제229조 제5항이 유추적용되어 피대위채권에 대한 전부명령은, 우선권 있는 채권에 기초한 것이라는 등의 특별한 사정이 없는 한, 무효라고 보는 것이 타당하다.[413]

3) 인정사실[414]

○ 박병서의 다른 채권자 김대위가 2020. 3. 18. 박병서를 대위하여 위 대여금채권에 관하여 채권자대위소송을 제기하여 2020. 6. 17. 청구인용 판결을 받았다.

---

[413] 대법원 2016. 8. 29. 선고 2015다236547 판결
[414] 관련 법리에 비추어 볼 때, 다른 채권자가 피전부채권에 대하여 먼저 채권자대위소송을 제기한 사실, 채무자가 이를 안 사실을 서술하여야 한다.

○ 박병서는 2020. 3. 18. 위 채권자대위소송의 제기사실을 알고 있었다.

[인정근거 : 을 제1호증(판결사본), 을 제2호증(증인신문조서)의 각 기재 및 변론 전체의 취지]

○ 원고가 그 이후인 2020. 12. 4. 위 대여금채권에 관하여 이 사건 압류 및 전부명령을 받았고, 이 사건 압류 및 전부명령이 2020. 12. 8. 피고에게 송달된 사실은 앞서 본 바와 같다.

4) 소결론

위 인정사실을 위 관련 법리에 비추어 보면, 박병서의 다른 채권자 김대위가 먼저 위 대여금채권에 관하여 채권자대위소송을 제기하였고 채무자 박병서가 이를 알게 된 이후에 이 사건 압류 및 전부명령이 발령되고 제3채무자인 피고에게 송달되었으므로 위 전부명령은 민법 제405조 제2항의 취지에 반하고 민사집행법 제229조 제5항을 유추적용하여 무효이다.

피고의 위 항변은 이유 있다.

다. 전부금청구에 관한 결론

원고의 청구는 이유 없다.

[주문]

1. 원고의 청구를 기각한다.
2. 소송비용은 원고가 부담한다.

부록

요건사실 기재례

1. 주요 청구별 요건사실 기재례

순번	유형	법률요건	실제 기재 요건사실(기재례)
1	매매대금 및 지연손해금 청구	매매계약 체결사실(＋소유권이전의무의 이행 또는 이행의 제공사실)＋대금지급기한의 도래사실＋목적물의 인도사실(＋손해의 발생 및 그 범위)	○ 원고는 2021. 2. 1. 피고에게 제네시스 승용차 1대를 5,000만 원에 매도하면서, 2021. 2. 15. 위 승용차를 인도하고 위 대금을 지급받기로 약정하였다. ○ 원고는 2021. 2. 15. 피고에게 위 승용차를 인도하였다.
2	매수인의 소유권이전등기 청구	매매계약의 체결사실	○ 원고는 2021. 2. 1. 피고로부터 서울 서초구 신원동 100 답 500㎡를 대금 3억 원에 매수하였다.
3	매매계약해제에 따른 매매대금 반환청구	피고의 이행지체 사실(ⓐ 이행기의 약정, ⓑ 이행기에 채무의 이행 또는 이행제공이 없을 것, ⓒ 원고가 동시이행관계에 있는 자기 채무를 이행 또는 이행제공하였을 것)＋상당한 기간을 정하여 이행을 최고한 사실＋최고기간 내에 이행 또는 이행제공이 없을 것＋해제의 의사표시를 한 사실	○ 원고가 2020. 1. 7. 피고로부터 X토지를 대금 2억 원에 매수하면서 계약금 2,000만 원은 당일 지급하고, 중도금 8,000만 원은 2020. 2. 7. 잔금 1억 원은 2020. 3. 7.에 각 지급하되, 소유권이전등기에 필요한 일체의 서류는 2020. 3. 7. 14:00경 정법무 법무사사무소에서 잔금지급과 교환으로 교부받기로 약정하였다. ○ 원고는 피고에게, 2020. 1. 7. 위 계약금을, 2020. 2. 7. 위 중도금을 각 지급하였다. ○ 원고가 2020. 3. 7. 14:00경 잔금 1억 원을 준비하여 위 법무사사무소를 방문하였으나 피고는 위 약속장소에 나타나지 않았고 소유권이전등기에 필요한 서류도 제공하지 않았다. ○ 원고가 다시 2020. 3. 8. 피고에게 2020. 3. 15.까지 X토지에 관한 소유권이전등기절차를 이행할 것을 최고하였다. ○ 피고가 위 최고를 받고도 위 기간이 경과할 때까지 X토지에 관한 소유권이전등기절차를 이행하거나 그 이행의 제공을 하지 않았다. ○ 피고의 이행지체를 원인으로 위 매매계약을 해제한다는 원고의 의사표시가 기재된 이 사건 소장 부본이 2020. 4. 10. 피고에게 송달되었다.
4	대여원금/ 이자/ 지연손해금 청구	원금채권의 발생사실＋이자약정사실＋목적물의 인도사실 및 인도시기＋반환시기 및 그 도과사실＋손해의 발생과 그 범위	○ 원고는 2021. 2. 1. 피고에게 1억 원을 이자 월 1%, 변제기 2021. 4. 30.로 정하여 대여하였다.

5	보증채무이행청구	주채무의 발생사실＋보증계약의 체결사실＋보증인의 기명날인 또는 서명이 있는 서면으로 표시된 보증의 의사[415]	○ 원고는 2021. 2. 1. 피고 甲에게 1억 원을 이자 월 1%, 변제기 2021. 4. 30.로 정하여 대여하였다(주채무가 대여금채무인 경우). ○ 피고 乙은 계약 당시 원고에게 기명날인이 있는 서면으로 피고 甲의 위 대여금채무를 연대보증하였다.
6	양수금청구	양도대상 채권의 존재＋채권양도의 약정사실＋채권양도의 통지/ 통지의 도달 사실	○ 甲이 2020. 5. 1. 피고에게 1억 원을 이자 없이 변제기 2020. 11. 30.로 정하여 대여하였다. ○ 甲이 2020. 12. 10. 원고에게 위 대여금채권을 양도하였다. ○ 甲이 2020. 12. 10. 피고에게 위 채권양도 사실을 통지하여 그 통지가 2020. 12. 13. 피고에게 도달하였다.
7	소유권에 기한 부동산인도청구	원고의 목적물 소유사실＋피고의 목적물 점유사실	○ 원고는 서울 서초구 신월동 50 대 100㎡를 소유하고 있다. ○ 피고는 위 토지에서 마늘 밭을 경작하고 있다.
8	소유권에 기한 건물철거청구	원고의 토지 소유사실＋피고의 지상건물 소유사실	○ 원고는 서울 서초구 신월동 50 대 100㎡를 소유하고 있다. ○ 피고는 위 토지 위에 목조 슬레이트지붕 단층 주택 100㎡를 소유하고 있다.
9	소유권에 기한 건물퇴거청구	원고의 토지 소유사실＋피고의 제3자 소유 건물 점유사실	○ 원고는 별지 목록 기재 토지를 소유하고 있다. ○ 피고는 2020. 10. 1. 위 토지 위에 별지 목록 기재 건물에 거주하고 있다.
10	부당이득반환청구	피고의 수익＋원고의 손해＋인과관계의 존재＋이득액＋법률상 원인 흠결[416]	〈임차인이 임대차종료 이후 점포를 실질적으로 사용하고 있는 경우〉 1. 부당이득반환의무의 발생[417] [인정사실] ○ 피고가 위 임대차가 종료된 2020. 11. 30. 이후에도 현재까지 별지 목록 기재 점포를 점유하면서 임대차 당시와 같이 카센터를 운영하고 있다. 2. 부당이득반환의 범위 ○ 임차인인 피고는 위 점포를 점유·사용함으로써 그 사용이익 상당의 이익을 얻고 이로 인하여 임대인인 원고에게 같은 금액 상당의 손해를 가하였다.

---

415 민법 제428조의2 제1항 참조

416 급부부당이득(자신의 의사에 따라 급부를 한 다음 부당이득의 반환을 청구하는 경우)에 관하여는 이를 청구하는 자가 법률상 원인이 없다는 점에 대한 증명책임이 있다. 반면, 침해부당이득(타인의 재산권 등을 침해하여 이익을 얻었음을 이유로 부당이득을 청구하는 경우)에 관하여는 반환청구의 상대방이 이익을 보유할 정당한 권원이 있다는 점에 대한 증명책임이 있다(대법원 2018. 1. 24. 선고 2017다373214 판결 참조).

417 부당이득반환청구의 경우 그 의무의 발생 여부와 반환의무의 범위로 나누어서 기재하는 것이 일반적이다(민사재판실무 203쪽 참조).

			○ 통상 부동산의 점유·사용으로 인한 이득액은 그 부동산의 차임 상당액이다. 　위 임대차 종료 당시 위 점포의 차임이 월 100만 원인 사실은 앞에서 본 바와 같고 그 후의 차임도 같은 액수일 것으로 추인된다. 3. 소결론[418] 따라서 피고가 반환하여야 할 부당이득의 액수는 위 임대차 종료 다음 날인 2020. 12. 1.부터 이 사건 점포의 인도 완료일까지 월 100만 원의 비율로 계산한 돈이 된다.)
11	소유권에 기한 소유권이전 등기말소청구	원고의 소유사실＋피고의 소유권이전등기 경료 사실＋등기의 원인무효 사실	○ 피고는 매매계약서, 위임장 등 소유권이전등기에 필요한 서류를 위조하여 ○ 원고의 소유이던(원고 명의로 소유권이전등기가 마쳐져 있던)[419] ○ 서울 서초구 신월동 50 대 100㎡에 관하여 서울 중앙지방법원 등기국 2021. 3. 19. 접수 제4000호로 피고 명의의 소유권이전등기를 마쳤다. [소결론][420] 따라서 위 소유권이전등기는 원인무효의 등기이다.
12	시효취득 원인 소유권이전 등기청구	20년간(자주·평온·공연) 점유사실	○ 원고는 1994. 5. 1.부터 현재까지 20년 이상 서울 서초구 신월동 50 대 100㎡를 마늘 밭으로 경작하였다.
13	소유권에 기한 근저당권 설정등기 말소청구	원고의 소유사실＋피고의 근저당권설정등기 사실＋근저당권의 소멸사실	○ 원고는 별지 목록 기재 부동산을 소유하고 있다. ○ 원고는 2010. 2. 1. 피고로부터 1억 원을 이자 연 10%, 변제기 2011. 1. 31.로 정하여 차용하면서 피고에게 별지 목록 기재 부동산에 관하여 채권최고액 2억 원, 근저당권자 피고, 채무자 원고로 하는 근저당권설정등기를 마쳐 주었다. ○ 위 대여금채무의 변제기인 2011. 1. 31.부터 10년이 경과하였다. [소결론][421] 따라서 피고의 근저당권은 피담보채무인 위 대여금채무가 소멸하여 부종성에 따라 소멸하였다.

---

418 부당이득금의 계산결과에 해당하므로 법률효과를 기재하는 '소결론'란에 기재하는 것이 자연스럽다.

419 피고가 '특정 부동산이 원고의 소유이었던 사실'을 자백하면 전자와 같이, '원고 명의로 소유권이전등기가 되어 있는 사실'만 자백하는 경우에는 후자와 같이 기재한다.

420 세 번째 요건사실인 '등기의 원인무효'와 관련하여서는, '피고 명의의 등기는 ~ 서류를 위조하여 마쳤으므로 적법한 절차를 거치지 않아 무효의 등기인 사실'과 같이 사실인정과 법률판단을 구분하지 않고 함께 기술하여서는 아니 된다. 서류를 위조하여 등기를 마친 사실은 '인정사실'란에 기재하고 그에 따른 법률효과에 해당하는 그 등기가 적법한 절차를 거치지 않아 무효인 사정은 '소결론'란에 기재한다.

421 세 번째 요건사실인 '근저당권의 소멸사실'은, 근저당권설정계약 자체가 무효·취소되거나 피고 명의의 근저당권설정등기가 원인무효의 소유권이전등기에 기초하고 있는 경우와 피담보채무가 소멸함에 따라 부종성의 원리(민법 제369조)에 따라 근저당권도 소멸한 경우로 나누어 볼 수 있다. 실무상 후자가 더 많이 발생하는 것으로 보인다. 후자의 경우 부종성의 적용

14	임대차계약에 기한 임대차보증금 반환청구	임대차계약의 체결 사실＋임대차보증금의 지급 사실＋임대차의 종료 사실	○ 원고는 2019. 2. 1. 피고로부터 별지 목록 기재 건물을 임대차보증금 2억 원, 차임 월 100만 원, 기간 2019. 2. 1.부터 2021. 1. 31.까지로 정하여 임차하였다. ○ 원고는 같은 날 피고에게 위 임대차보증금을 지급하였다. [소결론][422] 따라서 위 임대차계약은 2021. 1. 31. 기간만료로 종료되었다.
15	임대차계약에 기한 임대차목적물 반환청구	임대차계약의 체결 사실＋목적물의 인도 사실＋임대차의 종료 사실	○ 원고는 2019. 5. 1. 피고에게 별지 목록 기재 건물을 임대차보증금 3억 원, 차임 월 150만 원, 기간 2019. 5. 1.부터 2021. 4. 31.까지로 정하여 임대하였다. ○ 원고는 같은 날 피고에게 위 건물을 인도하였다. [소결론] 따라서 위 임대차계약은 2021. 4. 31. 기간만료로 종료되었다.
16	사해행위취소 청구	피보전채권의 존재 사실＋채무자의 사해행위＋채무자의 사해의사	[관련 법리] 채무자가 자기의 유일한 재산인 부동산을 매각하여 소비하기 쉬운 금전으로 바꾸거나 타인에게 무상으로 이전하여 주는 행위는 특별한 사정이 없는 한 채권자에 대하여 사해행위가 된다고 볼 것이므로 채무자의 사해의 의사는 추정된다.[423] [인정사실] ○ 원고는 2018. 7. 1. 甲에게 2억 원을 이자 월 1.5%, 변제기 2020. 6. 30.로 정하여 대여하였다. ○ 甲은 2020. 8. 1. 자신의 장모인 피고에게 별지 목록 기재 부동산을 매도하고 같은 날 피고에게 그 소유권이전등기를 마쳐 주었다. ○ 위 매매 당시 별지 목록 기재 부동산은 甲의 유일한 재산이었다. [소결론][424] 위 인정사실을 위 관련 법리에 비추어 보면, 甲의 위 매매는 사해행위에 해당하고 甲의 사해의사는 추정된다.

이라는 법률판단 작용이 함께 기재되어야 하므로 피담보채무가 변제되었거나 소멸시효기간이 경과하였다는 점은 '인정사실'란에 기술하고 그로 인한 근저당권의 소멸은 법률효과를 기재하는 '소결론'란에 기재하는 것이 타당하다. 참고로 근저당권의 피담보채무가 당초부터 특정채무인 경우에는 '피담보채무의 확정'을 요구하지 않는 것이 실무이다(민사재판실무 403쪽).

[422] 세 번째 요건사실인 '임대차의 종료사실'과 관련하여 임대차 기간만료로 인하여 임대차가 종료된 경우 그 해당 요건사실을 기술하는 방식은, 첫 번째 요건사실인 '임대차기간을 언제까지 정하여 임차한 사실'에서 기간만료일이 드러나므로 그 후 기간이 만료된 사실은 역수(曆數)상 판단되는 대상으로 보아 '소결론'란에 기재하는 형태를 주로 취한다.

[423] 대법원 2001. 4. 24. 선고 2000다41875 판결 등

[424] 요건사실 중 '사해행위'와 '사해의사'와 관련하여 채무자의 어떠한 법률행위가 사해의사에 기초한 사해행위인지 여부는 대체로

17	채권자대위 청구	피대위채권의 존재 사실 (+피보전채권의 존재사 실[425])	[인정사실] ○ 甲은 2019. 10. 8. 피고로부터 이 사건 대지를 대금 8,000만 원에 매수하였다. ○ 원고는 2020. 4. 1. 甲으로부터 이 사건 대지를 대금 8,500만 원에 매수하였다. [소결론] 위 인정사실에 의하면, 甲은 원고에게 이 사건 대지에 관하여 2020. 4. 1. 매매를 원인으로 한 소유권이전등기절차를 이행할 의무가 있고, 원고가 甲에 대한 소유권이전등기청구권을 보전하기 위하여 甲을 대위하여 청구하는 이 사건에서, 특별한 사정이 없는 한 피고는 甲에게 이 사건 대지에 관하여 2019. 10. 8. 매매를 원인으로 한 소유권이전등기절차를 이행할 의무가 있다.
18	전부금청구	피전부채권의 존재 사실 + 전부명령 사실+제3채무자에 대한 전부명령의 송달 사실+전부명령의 확정 사실(=채무자에 대한 전부명령의 송달 사실)	○ 甲은 2020. 3. 11. 피고에게 1억 원을 이자 연 3%, 변제기 2021. 3. 10.로 정하여 대여하였다. ○ 원고는 2020. 11. 1. 공증인가 서울합동법률사무소 증서 2020년 제5000호로 작성된 집행력 있는 약속어음공정증서 정본에 기초하여 2021. 4. 10. 서울중앙지방법원 2021타채7000호로 甲의 피고에 대한 위 대여금채권에 대하여 채권압류 및 전부명령을 받았다. ○ 위 채권압류 및 전부명령이 2021. 4. 14. 피고와 甲에게 송달된 후 2021. 4. 22. 확정되었다.
19	추심금청구	피추심채권의 존재 사실 +추심명령 사실+제3채무자에 대한 추심명령의 송달 사실	○ 甲은 2019. 11. 1. 피고에게 1억 원을 이자 연 2%, 변제기 2020. 10. 31.로 정하여 대여하였다. ○ 원고는 甲에 대한 2억 원의 대여금채권을 집행채권으로 하여 2021. 3. 15. 서울중앙지방법원 2021타채5000호로 甲의 피고에 대한 위 대여금채권에 대하여 채권압류 및 추심명령을 받았다. ○ 위 채권압류 및 추심명령이 2021. 3. 20. 피고에게 송달되었다.

여러 간접사실들을 종합하여 판단하게 된다. 따라서 이를 기술할 때에는 일반적으로 '채무자가 어떠한 사해행위를 사해의사를 가지고 하였다.'라고 곧바로 기재하지 아니하고 법률행위 당시 채무자가 채무초과 상태였는지, 그 목적물이 당시 채무자의 유일한 재산이었는지, 채무자와 수익자인 피고 상호 간에 친인척관계가 있는지 등에 관하여 사실인정을 한 다음, 판례 법리에 비추어 그러한 상태에서의 채무자의 해당 법률행위는 사해행위에 해당하고 사해의사는 추정된다는 방식으로 서술한다.

425 채권자대위소송에서 피보전채권의 발생에 관한 사실을 요건사실로 볼 것인지에 관하여는 견해가 나뉘고 있으나, 일반적으로 실무에서는 사실관계 파악을 쉽게 하고 자연스러운 설시를 위하여 피보전채권의 발생에 관한 사실을 청구원인사실의 인정단계에서 경위사실처럼 기재하고 있다(민사재판실무 189쪽 각주14).

참고로, 채권자대위청구의 소에 관한 소장을 작성함에 있어서는 피보전권리의 존재 사실 이외에 채무자의 무자력 등 보전의 필요성도 함께 기재하는 것이 바람직하다.

2. 주요 항변별 기재례

유형	법률요건	기 재 례	
변제 항변	채무의 내용에 좇은 급부가 현실적으로 제공될 것(+급부가 당해 채무에 관하여 행하여질 것)[426]	[항변의 요지] 피고는 위 대여금을 변제하였다고 항변한다.[427]	
		[인정사실] 피고는 2020. 10. 1. 원고에게 위 대여금 2,000만 원과 그때까지의 약정이자 200만 원을 변제하였다.[428]	
		[소결론][429] (○ 위 대여금채권은 소멸하였다.)	🖙 법률효과 기재
		○ 피고의 위 항변은 이유 있다.	🖙 항변의 당부판단
소멸 시효 항변	특정시점에 당해 권리를 행사할 수 있었던 사실+그때부터 소멸시효기간이 도과된 사실[430]	[항변의 요지] 피고는 위 대여금채권이 시효로 소멸하였다고 항변한다.	
		[인정사실] ○ 위 대여금채권의 변제기는 2010. 9. 30.이다.[431]	🖙 특정시점에 당해 권리를 행사할 수 있었던 사실
		○ 원고의 이 사건 소는 그로부터 10년(5년/ 3년)이 경과된 후인 2021. 1. 10. 제기되었다.	🖙 그때부터 소멸시효 기간이 도과된 사실
		[소결론] ○ 위 대여금채권은 시효로 소멸하였다.	🖙 법률효과 기재
		○ 피고의 위 항변은 이유 있다.	🖙 항변의 당부판단

---

[426] 민사재판실무 337쪽

[427] 이 기재례는 항변이 받아들여지는 것을 전제로 한 것이다. 만일 항변이 배척되는 경우라면 항변의 요지에 요건사실이 드러나도록 구체적으로 적어 주어야 한다.

[428] 민사재판실무 210쪽의 판결서 기재례를 검토보고서 형식에 맞추어 변형하였다.

[429] 검토보고서를 작성할 때에 "항변의 소결론"에서는 〈인정사실에 따른 법률효과〉와 〈항변의 당부판단〉 2가지를 기재함이 원칙이다. 그러나 판결서의 경우 누구나 그에 기한 법률효과를 알 수 있는 정형화된 항변 등의 경우에는 그 법률효과를 기재하지 않는 것이 일반적이다. 이러한 예외의 대표적인 경우가 변제항변이다. 전부 변제항변이든 일부 변제항변이든 그 변제항변이 모두 받아들여지는 경우에는 채무소멸이라는 법률효과를 따로 기재하지 않아도 무방하다(민사재판실무 210쪽 각주 45). 따라서 검토보고서를 작성함에 있어서도 변제항변의 소결론에서는 **변제항변이 전부 받아들여진 경우** 그 법률효과를 기재하지 않아도 무방하다.

[430] 민사재판실무 351쪽

[431] 대여금채권에 관한 청구원인을 판단한 이후에 피고의 소멸시효 항변을 판단하게 되므로, 그 대여금채권의 변제기가 언제인지에 관하여는 이미 청구원인 단계에서 사실인정되어 적시되는 것이 일반적이다. 따라서 실제 검토보고서를 작성하는 때에는 보통 「위 대여금채권의 변제기가 2010. 9. 30.인 사실은 앞서 본 바와 같다.」와 같이 서술한다.

동시이행항변	반대의무의 발생+항변권을 행사한다는 취지의 당사자의 의사표시[432]	[항변의 요지] 피고는 원고로부터 잔금을 지급받을 때까지는 원고의 청구에 응할 수 없다고 항변한다.	
		[인정사실] ○ 피고가 매매계약 당시 원고로부터 잔금 3억 원을 2020. 12. 1. 지급받기로 약정하였다.	🖙 반대채무의 발생 사실
		○ 피고는 원고로부터 잔금을 지급받음과 동시에 원고에게 소유권이전등기절차를 이행하기로 약정하였다.	🖙 반대채무와의 동시이행관계인 사실
		[소결론] ○ 원고는 피고에게 잔금 3억 원을 지급할 의무가 있고, 피고의 소유권이전등기절차이행의무는 원고의 잔금 지급 의무와 동시이행의 관계에 있다.	🖙 법률효과(위 각 요건사실에 상응하게 '반대채무 발생'+'양 채무가 동시이행관계에 있음'으로 법률효과도 2가지로 각각 기재)
		○ 피고의 위 항변은 이유 있다.	🖙 항변의 당부판단
		〈자동채권의 변제기가 먼저 도래한 경우〉	
		[항변의 요지] 피고는 원고에 대한 대여금채권으로 위 매매잔대금채권과 상계한다고 항변한다.	
		[인정사실] ○ 피고가 2020. 3. 1. 원고에게 2,000만 원을 이자 월 2%, 변제기 2020. 5. 31.로 정하여 대여하였다.	🖙 자동채권의 발생 사실
		○ 위 매매잔대금 채권의 변제기가 2020. 8. 31.인 사실은 앞서 본 바와 같다. ○ 위 매매잔대금 채권의 변제기가 2020. 8. 31. 도래함으로써 원·피고의 양 채권은 모두 변제기에 도달하여 같은 날 상계적상에 있었다.	🖙 자동채권과 수동채권이 상계적상에 있는 사실
		○ 원·피고의 위 각 채권을 대등액에서 상계한다는 의사표시가 기재된 이 사건 2021. 2. 1.자 준비서면이 같은 날 원고에게 송달되었다.	🖙 피고가 원고에게 수동채권과의 상계의 의사표시를 한 사실

---

432 민사재판실무 339쪽

상계 항변	자동채권의 발생사실＋자동채권과 수동채권이 상계적상에 있는 사실＋피고가 원고에게 수동채권과의 상계의 의사표시를 한 사실[433]	[소결론] ○ 이로써 원고의 위 매매잔대금 채권은 위 상계적상일인 2020. 8. 31.에 소급하여 피고의 대여금채권의 위 상계적상일까지의 원리금 2,240만 원[＝2,000만 원×(1＋0.02×6개월)]과 대등액의 범위에서 소멸하였다.	☞ 법률효과
		○ 피고의 위 항변은 이유 있다.	☞ 항변의 당부판단
		〈**자동채권의 변제기가 나중에 도래한 경우(수동채권이 2개인 경우)**〉	
		[항변의 요지] 피고는 원고에 대한 승용차대금채권으로 원고의 위 각 대여금채권과 상계한다고 항변한다.	
		[인정사실] ○ 피고가 2020. 11. 30. 원고에게 중고 제네시스 승용차를 4,000만 원에 매도하면서 2020. 12. 31. 위 승용차를 인도함과 동시에 원고로부터 위 대금을 지급받기로 약정하였고, 2020. 12. 31. 원고에게 위 약정에 따라 위 승용차를 인도하였다.	☞ 자동채권의 발생사실
		○ 원고의 피고에 대한 제1대여금채권의 변제기가 2020. 10. 31.이고 제2대여금채권의 변제기가 2020. 8. 31.인 사실은 앞서 본 바와 같다. ○ 피고의 위 승용차대금채권의 변제기가 2020. 12. 31. 도래함으로써 원·피고의 각 채권이 모두 변제기에 도달하여 같은 날 상계적상에 있었다.	☞ 자동채권과 수동채권이 상계적상에 있는 사실
		○ 위 승용차대금채권과 위 각 대여금채권을 대등액에서 상계한다는 의사표시가 기재된 이 사건 2021. 2. 1.자 준비서면이 2021. 2. 5. 원고에게 송달되었다.	☞ 피고가 원고에게 수동채권과의 상계의 의사표시를 한 사실
		[소결론] ○ 이로써 원고의 위 각 대여금채권의 원리금 중 40,000,000원은 위 상계적상일인 2020. 12. 31.에 소급하여 피고의 위 승용차대금채권과 대등액의 범위에서 소멸하였다.	
		○ 상계로 소멸하는 수동채권의 범위 (1) 상계적상일 현재 수동채권의 액수 　위 상계적상일 현재 원고의 위 각 대여금 채권의 원리금의 액수는, 제1대여금 원금 4,000만 원, 이자 및 지연손해금 480만 원(＝4,000만 원×월 1.5%×8개월), 제2대여금 원금 8,000만 원, 이자 및 지연손해금 400만 원(＝8,000만 원×월 1%×5개월)이다.	☞ 상계로 소멸하는 상계적상일 현재 수동채권의 범위, 계산내역 포함하여 구체적으로 기재 cf) 제1대여금의 대여일 2020. 5. 1./ 제2대여금의 대여일 2020. 8. 1.

	(2) 상계에서의 법정변제충당 　수동채권이 둘 이상이고 자동채권으로 그 전부를 소멸하게 하지 못하는 경우 상계로 인한 수동채권의 소멸은 법정변제충당의 순서에 의하므로, 민법 제499조, 제479조 제1항에 의하여 총비용, 총이자, 총원본 순으로 소멸하고, 원본 상호 간에는 모두 변제기가 도래하였으므로, 민법 제499조, 민법 제477조 제2호에 의하여 변제이익이 더 많은 채무가 먼저 소멸한다.	☜관련 법리
	따라서 피고의 승용차대금 채권 4,000만 원은 원고의 위 각 대여금 채권의 이자 및 지연손해금 합계 880만 원(=480만 원+400만 원)에 우선적으로 충당되고, 나머지 3,120만 원(=4,000만 원 -880만 원)은 이율이 더 높아 채무자에게 변제이익이 많은 제1대여금 채무의 원금에 충당된다.	☜상계충당 내용 기재
	○ 피고의 위 항변은 이유 있다.	☜항변의 당부판단

━━━ 저자약력

박광서

서울대학교 법과대학 사법학과 졸업
서울대학교 대학원 법학과 수료
제43회 사법시험 합격
사법연수원 33기
제7회, 제9회 변호사시험 출제위원
전 사법연수원 교수(2017~2020)
현 수원고등법원 판사

송백현

서울대학교 법과대학 법학과 졸업
서울대학교 대학원 법학과 졸업
제43회 사법시험 합격
사법연수원 33기
제8회 변호사시험 출제위원
전 사법연수원 교수(2017~2020)
현 광주지방법원 순천지원 부장판사

최종원

서울대학교 법과대학 사법학과 졸업
서울대학교 대학원 법학과 졸업
제43회 사법시험 합격
사법연수원 33기
제59회 사법시험 출제위원
제9회 변호사시험 출제위원
전 사법연수원 교수(2017~2020)
현 전주지방법원 부장판사

민사기록의 이해

초판발행   2021년 1월 27일
초판2쇄발행   2023년 2월 15일

지은이   박광서·송백현·최종원
펴낸이   안종만·안상준

편 집   윤혜경
기획/마케팅   이영조
표지디자인   박현정
제 작   고철민·조영환

펴낸곳   (주) 박영사
                서울특별시 금천구 가산디지털2로 53, 210호(가산동, 한라시그마밸리)
                등록 1959. 3. 11. 제300-1959-1호(倫)

전 화   02)733-6771
f a x   02)736-4818
e-mail   pys@pybook.co.kr
homepage   www.pybook.co.kr
ISBN   979-11-303-3786-9   93360

정 가   30,000원